업무직(무기계약직)

LH 한국토지주택공사

AI면접 + NCS + 실전모의고사 4회

+ 무료NCS특강

SD에듀
㈜시대고시기획

🌸 머리말

LH 한국토지주택공사는 2023년에 업무직(무기계약직) 신입직원을 채용할 예정이다. 채용절차는 「지원서 접수 ➡ 서류전형 ➡ 필기전형 ➡ 면접전형·실기전형 ➡ 최종합격」 순서로 진행하며, 입사지원서 및 자기소개서 적격심사를 통해 필기전형 응시 기회를 부여한다. 필기전형은 직업기초능력평가로 진행하며, 직업기초능력평가에서는 의사소통능력, 수리능력, 문제해결능력 등을 평가한다. 면접전형은 온라인 인성검사, AI면접, 직무역량 및 인성 검증면접으로 평가한다. 이때, 필기전형 고득점자순으로 채용예정인원의 2배수에게만 면접전형 응시 기회가 주어지므로, 합격을 위해서는 필기전형에서의 고득점이 중요하다.

LH 한국토지주택공사 업무직 필기시험 합격을 위해 SD에듀에서는 NCS 도서 시리즈 1위의 출간경험을 토대로 다음과 같은 특징을 가진 도서를 출간하였다.

도서의 특징

❶ 기출복원문제를 통한 출제 유형 파악!
- 2020~2019년 한국토지주택공사 업무직 기출복원문제와 2022년 주요 공기업 NCS 기출복원문제를 수록하여 필기시험의 전반적인 유형과 경향을 확인할 수 있도록 하였다.

❷ 한국토지주택공사 필기시험 출제 영역별 맞춤 기출예상문제로 실력 상승!
- 직업기초능력평가 기출예상문제를 수록하여 필기시험에 완벽히 대비할 수 있도록 하였다.

❸ 실전모의고사로 완벽한 실전 대비
- 철저한 분석을 통해 실제 유형과 유사한 실전모의고사를 수록하여 자신의 실력을 점검할 수 있도록 하였다.

❹ 다양한 콘텐츠로 최종합격까지!
- 한국토지주택공사 업무직 채용 가이드와 면접 기출질문을 수록하여 채용을 준비하는 데 부족함이 없도록 하였다.
- 온라인 모의고사와 AI면접 응시 쿠폰을 제공하여 채용 전반을 대비할 수 있도록 하였다.

끝으로 본 도서를 통해 한국토지주택공사 업무직 채용을 준비하는 모든 수험생 여러분이 합격의 기쁨을 누리기를 진심으로 기원한다.

NCS직무능력연구소 씀

LH 업무직(무기계약직) 한국토지주택공사

Always **with you**

사람의 인연은 길에서 우연하게 만나거나
함께 살아가는 것만을 의미하지는 않습니다.
책을 펴내는 출판사와 그 책을 읽는 독자의 만남도 소중한 인연입니다.
SD에듀는 항상 독자의 마음을 헤아리기 위해 노력하고 있습니다.
늘 독자와 함께하겠습니다.

한국토지주택공사 이야기

Better Life with LH

국민의 더 나은 삶, 국민과 함께 하는 LH

미션
국민주거안정의 실현과 국토의 효율적 이용으로
삶의 질 향상과 국민경제 발전을 선도

비전
든든한 국민생활 파트너, LH

슬로건
혁신을 통한 새로운 도약, 신뢰를 향한 New Start LH

핵심가치
| 청렴공정 | 미래혁신 | 소통화합 | 안전신뢰 | 상생협력 |
| Transparency | Revolution | Unification | Safety-Faith | Together |

인재상
LH C.O.R.E. Leadership
소통·성과·도전·공익으로 미래가치를 창출하는 핵심인재

✿ 지원자격(공통)

❶ 성별 · 신체조건 · 용모 · 학력 · 연령 · 종교 : 제한 없음
   ❖ 단, 기술업무와 전문업무는 직무별 지원자격을 모두 충족하는 경우에 지원 가능
❷ 공사 업무직 채용 결격사유에 해당되지 않는 자
❸ 남자의 경우 병역필 또는 면제자
   ❖ 단, 전역예정자로서 전형절차에 응시 가능한 경우에는 지원 가능

✿ 전형절차

지원서 접수 ▶ 서류전형 ▶ 필기전형 ▶ 면접전형 · 실기전형 ▶ 최종합격

✿ 필기전형

구분	문항 수	평가항목
직업기초능력평가	50	의사소통능력, 문제해결능력 등

- **합격자 선정** : 필기시험 점수에 가산점을 합산한 총점의 고득점자순으로 채용예정인원의 2배수(실기전형 직무 제외) 선정

✿ 면접전형

면접방식	평가항목
온라인 인성검사(면접 참고자료)	태도, 직업윤리 등 인성 전반
AI면접(면접 참고자료)	
직무기초역량 및 인성 검증면접 (자기소개서, 인성검사 결과지 등 활용)	직무수행에 필요한 기초역량 및 인성(인터뷰 형식)

- **합격자 선정** : 면접점수에 가산점을 합산한 총점의 고득점자순으로 채용예정인원의 1배수 선정
  단, 실기전형을 실시하는 직무의 경우 실기점수(50%)와 면접점수(50%)에 각각 가산점을 합산한 총점의 고득점자순으로
  채용예정인원의 1배수 선정
- ❖ 위 채용안내는 2020년 채용공고를 기준으로 작성하였으므로, 세부내용은 반드시 확정된 채용공고를 확인하시기 바랍니다.

NCS란 무엇인가?

국가직무능력표준(NCS; National Competency Standards)

산업현장에서 직무 수행에 요구되는 능력(지식, 기술, 태도 등)을 국가가 산업 부문별, 수준별로 체계화한 설명서

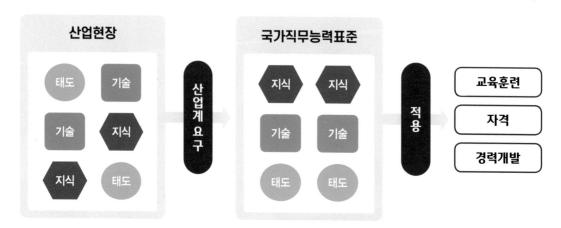

직무능력

직무능력 = 직업기초능력 + 직무수행능력

▶ 직업기초능력 : 직업인으로서 기본적으로 갖추어야 할 공통 능력
▶ 직무수행능력 : 해당 직무를 수행하는 데 필요한 역량(지식, 기술, 태도)

NCS의 필요성

❶ 산업현장과 기업에서 인적자원관리 및 개발의 어려움과 비효율성이 발생하는 대표적 요인으로 산업 전반의 '기준' 부재에 주목함

❷ 직업교육훈련과 자격이 연계되지 않은 상태로 산업현장에서 요구하는 직무수행능력과 괴리되어 실시됨에 따라 인적자원개발과 개인의 경력개발에 비효율적이며 효과성이 부족하다는 비판을 받음

❸ NCS를 통해 인재육성의 핵심 인프라를 구축하고, 산업장면의 HR 전반에서 비효율성을 해소하여 경쟁력을 향상시키는 노력이 필요함

> NCS = 직무능력 체계화 + 산업현장에서 HR 개발, 관리의 표준 적용

✿ NCS 분류

▶ 일터 중심의 체계적인 NCS 개발과 산업현장 전문가의 직종구조 분석결과를 반영하기 위해 산업현장 직무를 한국고용직업분류(KECO)에 부합하게 분류함

▶ 2022년 기준 : 대분류(24개), 중분류(81개), 소분류(269개), 세분류(1,064개)

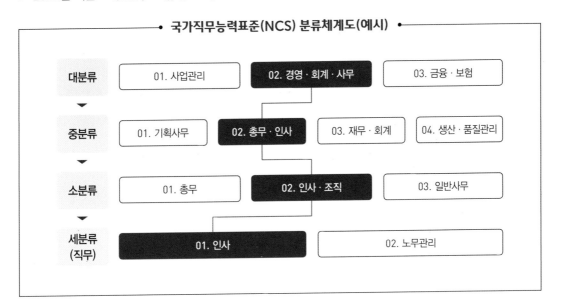

국가직무능력표준(NCS) 분류체계도(예시)

✿ 직업기초능력 영역

모든 직업인들에게 공통적으로 요구되는 기본적인 능력 10가지

❶ **의사소통능력** : 타인의 생각을 파악하고, 자신의 생각을 정확하게 쓰거나 말하는 능력

❷ **수리능력** : 사칙연산, 통계, 확률의 의미를 정확하게 이해하는 능력

❸ **문제해결능력** : 문제를 창조적이고 논리적인 사고를 통해 올바르게 인식하고 해결하는 능력

❹ **자기개발능력** : 스스로 관리하고 개발하는 능력

❺ **자원관리능력** : 자원이 얼마나 필요한지 파악하고 계획하여 업무 수행에 할당하는 능력

❻ **대인관계능력** : 사람들과 문제를 일으키지 않고 원만하게 지내는 능력

❼ **정보능력** : 정보를 수집, 분석, 조직, 관리하여 컴퓨터를 사용해 적절히 활용하는 능력

❽ **기술능력** : 도구, 장치를 포함하여 필요한 기술에 대해 이해하고 업무 수행에 적용하는 능력

❾ **조직이해능력** : 국제적인 추세를 포함하여 조직의 체제와 경영에 대해 이해하는 능력

❿ **직업윤리** : 원만한 직업생활을 위해 필요한 태도, 매너, 올바른 직업관

🌼 NCS 구성

능력단위

▶ 직무는 국가직무능력표준 분류의 세분류를 의미하고, 원칙상 세분류 단위에서 표준이 개발됨

▶ 능력단위는 국가직무능력표준 분류의 하위단위로, 국가직무능력 표준의 기본 구성요소에 해당되며 능력단위 요소(수행준거, 지식 · 기술 · 태도), 적용범위 및 작업상황, 평가지침, 직업기초능력으로 구성됨

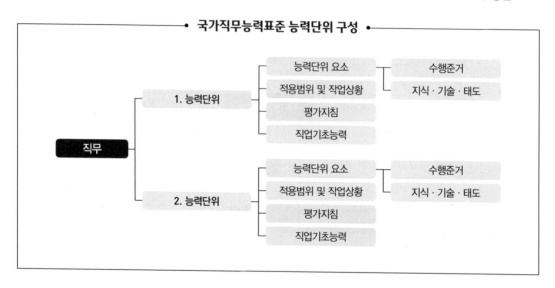

국가직무능력표준 능력단위 구성

🌼 NCS의 활용

활동 유형	활용범위
채용 (블라인드 채용)	채용 단계에 NCS를 활용하여 NCS 매핑 및 직무분석을 통한 공정한 채용 프로세스 구축 및 직무 중심의 블라인드 채용 실현
재직자 훈련 (근로자 능력개발 지원)	NCS 활용 패키지의 '평생경력개발경로' 기반 사내 경력개발경로와 수준별 교육훈련 이수 체계도 개발을 통한 현장직무 중심의 재직자 훈련 실시
배치 · 승진	현장직무 중심의 훈련체계와 배치 · 승진 · 체크리스트를 활용한 근로자 배치 · 승진으로 직급별 인재에 관한 회사의 기대와 역량 간 불일치 해소
임금 (직무급 도입)	NCS 기반 직무분석을 바탕으로 기존 관리직 · 연공급 중심의 임금체계를 직무급(직능급) 구조로 전환

합격을 위한 체크 리스트

📋 시험 전 CHECK LIST

체크	리스트
☐	수험표를 출력하고 자신의 수험번호를 확인하였는가?
☐	수험표나 공지사항에 안내된 입실 시간 및 유의사항을 확인하였는가?
☐	신분증을 준비하였는가?
☐	컴퓨터용 사인펜 · 수정테이프 · 여분의 필기구를 준비하였는가?
☐	시험시간에 늦지 않도록 알람을 설정해 놓았는가?
☐	고사장 위치를 파악하고 교통편을 확인하였는가?
☐	고사장에서 볼 수 있는 자료집을 준비하였는가?
☐	인성검사에 대비하여 지원한 공사 · 공단의 인재상을 확인하였는가?
☐	확인 체크표의 × 표시한 문제를 한 번 더 확인하였는가?
☐	자신이 취약한 영역을 두 번 이상 학습하였는가?
☐	도서의 모의고사를 통해 자신의 실력을 확인하였는가?

📋 시험 유의사항

체크	리스트
☐	시험 전 화장실을 미리 가야 한다.
☐	통신기기(휴대폰, 태블릿PC, 무선호출기, 스마트워치, 스마트밴드, 블루투스 이어폰 등)를 가방에 넣어야 한다.
☐	휴대폰의 전원을 꺼야 한다.
☐	시험 종료 후 시험지와 답안지는 제출해야 한다.

📋 시험 후 CHECK LIST

체크	리스트
☐	필기시험 후기를 작성하였는가?
☐	상하의와 구두를 포함한 면접복장이 준비되었는가?
☐	지원한 직무의 직무분석을 하였는가?
☐	단정한 헤어와 손톱 등 용모관리를 깔끔하게 하였는가?
☐	자신의 자소서를 다시 한 번 읽어보았는가?
☐	1분 자기소개를 준비하였는가?
☐	도서 내의 면접 기출 질문을 확인하였는가?
☐	자신이 지원한 직무의 최신 이슈를 정리하였는가?

주요 공기업 적중 문제

LH 한국토지주택공사

신혼부부 전세임대 ▶ 키워드

2022년 적중

※ 다음은 한국토지주택공사의 신혼부부전세임대 분양에 대한 자료이다. 다음 자료를 읽고 이어지는 질문에 답하시오.
[52~53]

- 한국토지주택공사의 청약센터에서는 2차 신규 신혼부부전세임대사업 입주자 모집공고를 하였다. 신혼부부전세임대사업에 대한 설명은 다음과 같다.
- 신혼부부전세임대사업 : 도심 내 저소득계층 (예비)신혼부부가 현 생활권에서 안정적으로 거주할 수 있도록 기존주택을 전세계약 체결하여 저렴하게 재임대하는 임대사업
- 입주자격
  - 모집공고일(2020년 2월 14일) 기준 무주택세대구성원인 혼인 7년 이내의 신혼부부 또는 예비 신혼부부로 생계·의료급여 수급자 또는 해당 세대의 월평균소득이 전년도 도시근로자 가구당 월평균소득의 70% 이하인 사람
    ※ 소득·자산기준(영구임대주택 자산기준)을 충족하지 못하는 경우 입주대상자에서 제외
  - 1순위 : 입주자 모집공고일 현재 혼인 7년 이내이고, 그 기간 내에 임신 중이거나 출산(입양 포함)하여 자녀가 있는 무주택세대구성원
  - 2순위 : 입주자 모집공고일 현재 혼인 7년 이내인 자 또는 예비신혼부부
    ※ 동일순위 경쟁 시 해당 세대의 월평균소득, 자녀의 수, 혼인기간, 입주대상자의 나이순으로 필요성이 인정되는 정도에 따라 입주자 선정
  - 임신의 경우 입주자 모집공고일 이후 임신진단서 등으로 확인
  - 출산의 경우 자녀의 기본증명서상 출생신고일, 입양의 경우 입양신고일 기준
  - 단, 입주자 모집공고일 이전 출생하였으나, 입주자 모집공고일 이후 출생신고를 한 자녀는 가족관계증명서를 확인하여 부부 사이의 자녀로 인정되는 경우 혼인기간 내에 출생한 것으로 봄
- 신청방법
  한국토지주택공사가 신혼부부 전세임대 입주자 모집 시 입주희망자는 주소지 관할 행정복지센터에 신청

임대료 구하기 ▶ 유형

2022년 적중

57 다음은 5년 분양전환 임대주택에 적용되는 각 항목에 따른 공식을 나열한 자료이다. 주택에 대한 정보를 보고 분양전환 시 공급가격으로 옳은 것은?

〈분양전환 임대주택 항목별 공식〉

- (공급가격)=(건설원가와 감정평가금액을 산술평균한 금액)
- (건설원가)=(최초 입주자모집당시의 주택가격)+(자기자금이자)−(감가상각비)
- (감정평가금액 산정가격)=(분양전환당시의 건축비)+(입주자모집공고 당시의 택지비)+(택지비 이자)
- (택지비 이자)=(입주자모집공고 당시의 택지비)×[(이자율(연)×[임대기간(월)]]
- (자기자금이자)=[[최초 입주자모집당시의 주택가격)−(국민주택기금융자금)−(임대보증금과 임대료의 상호전환전 임대보증금)]×[(이자율(연)×[임대기간(월)]]

〈정보〉

- 최초 입주자모집당시의 주택가격 : 3억 원
- 감가상각비 : 5천만 원
- 국민주택기금융자금 : 1억 원
- 임대보증금과 임대료의 상호전환전 임대보증금 : 6천만 원
- 분양전환당시의 건축비 : 1억 5천만 원
- 입주자모집공고 당시의 택지비 : 1억 5천만 원
- 이자율 : 연 2%

02 다음 글에서 추론할 수 있는 것은?

많은 재화나 서비스는 경합성과 배제성을 지닌 '사유재'이다. 여기서 경합성이란 한 사람이 어떤 재화나 서비스를 소비하면 다른 사람의 소비를 제한하는 특성을 의미하며, 배제성이란 공급자에게 대가를 지불하지 않으면 그 재화를 소비하지 못하는 특성을 의미한다. 반면 공공재란 사유재와는 반대로 비경합적이면서도 비배제적인 특성을 가진 재화나 서비스를 말한다.

그러나 우리 주위에서는 이렇듯 순수한 사유재나 공공재와는 또 다른 특성을 지닌 재화나 서비스도 많이 찾아볼 수 있다. 예를 들어 영화 관람이라는 소비 행위는 비경합적이지만 배제가 가능하다. 왜냐하면 영화는 사람들과 동시에 즐길 수 있으나 대가를 지불하지 않고서는 영화관에 입장할 수 없기 때문이다. 마찬가지로 케이블 TV를 즐기기 위해서는 시청료를 지불해야 한다.

비배제적이지만 경합적인 재화들도 찾아낼 수 있다. 예를 들어 출퇴근 시간대의 무료 도로를 생각해 보자. 자가용으로 집을 출발해서 직장에 도달하는 동안 도로에 진입하는 데에 요금을 지불하지 않으므로 도로의 소비는 비배제적이다. 하지만 출퇴근 시간대의 체증이 심한 도로는 내가 그 도로에 존재함으로 인해서 다른 사람의 소비를 제한하게 된다. 따라서 출퇴근 시간대의 도로 사용은 경합적인 성격을 갖는다. 이러한 내용을 표로 정리하면 다음과 같다.

경합성 배제성	배제적	비배제적
경합적	a	b
비경합적	c	d

① 체증이 심한 유료 도로 이용은 a에 해당한다.
② 케이블 TV 시청은 b에 해당한다.
③ 사먹는 아이스크림과 같은 사유재는 b에 해당한다.

23 A, B, C, D, E 5명에게 지난 달 핸드폰 통화 요금이 가장 많이 나온 사람을 1위에서 5위까지 그 순위를 추측하라고 하였더니 각자 예상하는 두 사람의 순위를 다음과 같이 대답하였다. 각자 예상한 순위 중 하나는 참이고, 다른 하나는 거짓이다. 이들의 대답으로 판단할 때 실제 핸드폰 통화 요금이 가장 많이 나온 사람은?

A : D가 두 번째이고, 내가 세 번째이다.
B : 내가 가장 많이 나왔고, C가 두 번째로 많이 나왔다.
C : 내가 세 번째이고, B가 제일 적게 나왔다.
D : 내가 두 번째이고, E가 네 번째이다.
E : A가 가장 많이 나왔고, 내가 네 번째이다.

① A   ② B
③ C   ④ D
⑤ E

국민건강보험공단

환율 적용한 금액 계산 ▶ 유형

30 A씨는 무역회사에 재직하고 있으며, 해외 출장을 자주 다닌다. 최근 무역계약을 위해 홍콩에 방문할 계획이 잡혔다. A씨는 여러 나라를 다니면서 사용하고 남은 화폐를 모아 홍콩달러로 환전하고자 한다. 다음 자료를 토대로 했을 때 A씨가 <u>받을 수 있는 금액</u>은 얼마인가?(단, 환전에 따른 기타 수수료는 발생하지 않는다)

> **[은행상담내용]**
> A씨 : 제가 가지고 있는 외화들을 환전해서 홍콩달러로 받고 싶은데요. 절차가 어떻게 진행되나요?
> 행원 : A고객님. 외화를 다른 외화로 환전하실 경우에는 먼저 외화를 원화로 환전한 뒤, 다시 원하시는 나라의 외화로 환전해야 합니다. 그렇게 진행할까요?
> A씨 : 네. 그렇게 해주세요. 제가 가지고 있는 외화는 미화 \$1,000, 유로화 €500, 위안화 ¥10,000, 엔화 ¥5,000입니다. 홍콩달러로 얼마나 될까요?

〈환율 전광판〉

통화명	매매 기준율	현찰		송금	
		살 때	팔 때	보낼 때	받을 때
미국 USD	1,211.60	1,232.80	1,190.40	1,223.40	1,199.80
유럽연합 EUR	1,326.52	1,356.91	1,300.13	1,339.78	1,313.26

서울교통공사 9호선

멤버십 유형별 특징(소외형, 순응형) ▶ 키워드

32 다음은 <u>멤버십 유형별 특징</u>을 정리한 자료이다. 다음 자료를 참고하여 각 유형의 멤버십을 가진 사원에 대한 리더의 대처방안으로 가장 적절한 것은?

〈멤버십 유형별 특징〉

소외형	순응형
• 조직에서 자신을 인정해주지 않음 • 적절한 보상이 없음 • 업무 진행에 있어 불공정하고 문제가 있음	• 기존 질서를 따르는 것이 중요하다고 생각함 • 리더의 의견을 거스르는 것은 어려운 일임 • 획일적인 태도와 행동에 익숙함
실무형	**수동형**
• 조직에서 규정준수를 강조함 • 명령과 계획을 빈번하게 변경함	• 조직이 나의 아이디어를 원치 않음 • 노력과 공헌을 해도 아무 소용이 없음 • 리더는 항상 자기 마음대로 함

① 소외형 사원은 팀에 협조하는 경우에 적절한 보상을 주도록 한다.
② 소외형 사원은 팀을 위해 업무에서 배제시킨다.
③ 순응형 사원에 대해서는 조직을 위해 순응적인 모습을 계속 권장한다.
④ 실무형 사원에 대해서는 징계를 통해 규정준수를 강조한다.
⑤ 수동형 사원에 대해서는 의견 존중을 통해 자신감을 가지도록 한다.

합격 선배들이 알려주는
LH 한국토지주택공사 필기시험 합격기

합격을 위한 최고의 방법을 선택하라

안녕하세요. 저는 2020년 한국토지주택공사 업무직에 합격한 합격생입니다. 저와 마찬가지로 업무직에 지원하시려는 많은 분들을 위해 저의 공부방법에 대해서 소개하고자 합니다.

LH 업무직의 경우에는 일반직과 시험 과목에서 차이가 있습니다. 일반직의 경우에는 NCS 직업기초능력과 직무역량 모두를 준비하지만, 업무직은 NCS 직업기초능력인 의사소통, 수리, 문제해결능력만 준비하면 되기에 일반직에 비해 상대적으로 부담이 덜했다고 생각합니다. 그러나 과목이 적다고해서 소홀히 준비해도 된다는 뜻은 절대로 아닙니다. 다른 시험들과 마찬가지로 제한된 시간 내에 최대한 많은 문제를 정확하게 푸는 것이 가장 중요하기에 끝없는 연습이 반드시 필요합니다. 시중에는 NCS 관련 수험서가 상당히 많았지만, 여러 면에서 따져본 결과, 저는 SD에듀에서 나온 한국토지주택공사의 기본서를 바탕으로 공부했고 봉투모의고사로 마무리를 했습니다. 실제 시험과 최대한 비슷한 환경에서 비슷한 유형과 난이도의 문제를 반복해서 풀다보니 그 결과는 필기시험 합격으로 나오게 되었습니다.

필기시험에 합격한 후에는 면접이 기다리고 있었습니다. 저는 면접을 필기시험이 끝난 뒤에 바로 준비한 것이 아니라, 필기시험을 준비하는 동안에 조금씩 준비해나갔습니다. 틈이 나는 대로 한국토지주택공사의 홈페이지에 들어가서 관련 뉴스나 보도자료 등을 틈틈이 훑어보았으며, 때로는 제가 스스로 면접관이 되어 어떤 질문을 할지 거울 앞에서 연습하기도 했습니다. 하루에 조금씩 매일 그렇게 준비하다보니 실제 면접에 가서는 오히려 매우 편한 마음으로 임할 수 있었습니다. 물론 제가 준비한 토픽이 전부 나온 것은 아니었지만 그동안 연습한대로 떨지 않고 대답을 잘 할 수 있었습니다. 무엇보다도 한국토지주택공사의 기본적인 정보에 대해서 외웠던 것 역시 큰 도움이 되었습니다.

한국토지주택공사에 지원한 분들이라면 누구나 왜 여기에 지원했는지에 대한 대답을 준비했을 것입니다. 그러나 그것보다 더 중요한 것은 내가 입사를 한다면 구체적으로 어떤 일을 할 수 있는지, 어떤 면에서 이 기업을 위해 활용할 수 있는지에 대한 중점적인 설명이 더욱 중요하다고 생각합니다. 이런 설명은 큰 메리트를 지니기에 저 역시 최종합격의 기쁨을 맛보았습니다. 제 글이 조금이나마 도움이 되어, 한국토지주택공사 업무직을 준비하시는 모든 분들이 원하시는 결과를 모두 받아보실 수 있으면 좋겠습니다.

❖ 본 독자 후기는 실제 SD에듀의 도서를 통해 공부하여 합격한 독자들께서 보내주신 후기를 재구성한 것입니다.

도서 200% 활용하기

기출복원문제로 출제 경향 파악

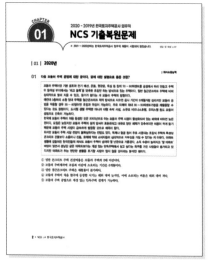

- 2020~2019년 한국토지주택공사 업무직 NCS 기출복원문제와 2022년 주요 공기업 NCS 기출문제를 복원하여 공기업 최신 출제 경향을 파악할 수 있도록 하였다.

기출유형 + 기출예상문제로 영역별 단계적 학습

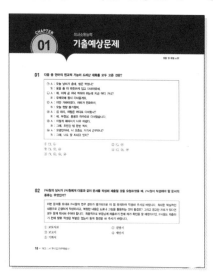
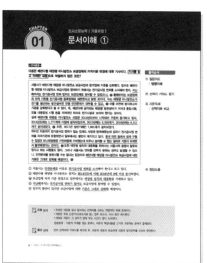

- 출제되는 NCS 영역에 대한 기출유형과 기출예상문제를 수록하여 NCS의 기본을 다지고, 영역별 문제유형과 접근 전략을 파악할 수 있도록 하였다

실전모의고사 + OMR을 활용한 최종연습

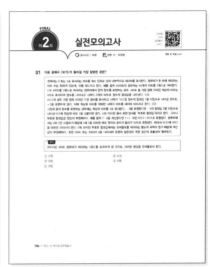

- 실전모의고사와 OMR 답안카드, 모바일 OMR 답안채점/성적분석 서비스를 통해 실제로 시험을 보는 것처럼 최종 마무리 연습을 할 수 있도록 하였다.

인성검사부터 면접까지 한권으로 최종 마무리

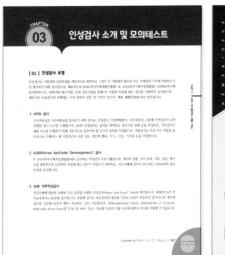

- 인성검사 모의테스트를 통해 인성검사까지 대비할 수 있도록 하였다.
- 한국토지주택공사 관련 뉴스 & 이슈와 면접 기출질문을 통해 실제 면접에서 나오는 질문을 미리 파악하고 연습할 수 있도록 하였다.

뉴스&이슈

LH 한국토지주택공사,
국민생활 밀착형 4개 경영시스템 ISO인증 동시 획득

2022.12.20.(화)

LH는 16일(금), ISO 인증 심사기관인 한국경영인증원으로부터 국민생활 밀착형 4개 LH 경영시스템에 대한 ISO 인증을 획득했다고 밝혔다.

- (보안) 정보보안 및 개인정보보호 강화를 위한 ISO 27001, 27701 획득
- (환경) 에너지 효율 제고 및 온실가스감축 이행을 위한 ISO 50001 획득
- (고객) 고객의 요구에 체계적으로 대응하기 위한 ISO 10002 인증 획득

이번 인증에는 6개월간의 준비기간 및 3개월간의 ISO 심사 등 총 9개월이 소요되었다. 먼저, LH는 금년 4월 ESG 전문평가기관인 서스틴베스트를 통해 LH의 경영시스템에 대한 ESG 수준진단을 실시해 개선사항을 도출했고, 개선사항을 토대로 국민이 체감할 수 있도록 6개월간 ESG 세부 추진계획을 마련했다. 경영시스템별 개선활동 후 ISO 심사를 거쳐 최종적으로 국제표준 인증을 획득했다.

LH는 이번에 인증받은 4개 경영시스템뿐만 아니라 2009년에 받은 ISO 9001(품질경영) 및 ISO 14001(환경경영)도 지속적으로 인증을 갱신해 나가고 있다.

오영오 LH 공정경영혁신본부장은 "국민생활과 밀접한 LH의 경영시스템 4개에 대해 우선 ISO 인증을 추진했다."며 "국제표준 및 국민 눈높이에 맞게 경영시스템을 확립해, 개선되는 서비스를 국민이 체감할 수 있도록 혁신을 지속하겠다."라고 밝혔다.

Keyword

ISO 인증 : 국제적인 표준 기준 인증으로 국내 제품이 국제 기준에도 부합함을 입증하는 기준이다. 품질경영시스템의 국제규격으로 제품이 유지되고 관리되며 환경친화적인 방침을 토대로 기업을 경영할 경우 이 인증을 받을 수 있다.

예상 면접 질문

- 한국토지주택공사에서 ISO 인증 받은 것에 대해 알고 있는 대로 말해보시오.
- 한국토지주택공사의 경영시스템에 대하여 알고 있는 대로 말해보시오.

LH 한국토지주택공사,
마포형 케어안심주택 '서봄하우스' 입주 시작

2022.12.15.(목)

LH는 지난 14일(수), 서울시 마포구와 함께 '서봄하우스' 입주식을 개최했다고 밝혔다.

'서봄(서로돌봄)하우스'는 LH와 마포구가 함께 추진한 케어안심주택이다. 안정된 주거를 기반으로 돌봄이 필요한 입주민에게 의료·복지·돌봄서비스를 통합 제공하는 특화주택으로, 양 기관이 고령화 및 가족 내 돌봄 기능 약화 등 사회변화에 발맞춰 지역사회 통합 돌봄 체계에 대한 필요성에 적극 공감하고 지난해 6월부터 추진해 온 테마형 매입임대주택이다.

LH는 마포구의 수요를 반영, 입지 및 규모 등을 고려해 주택을 선정하고 민간 신축 매입약정방식을 통해 설계 단계부터 참여했다. 문턱제거, 욕실·현관 안전손잡이 설치, 현관·방문 등 유효폭 확대 등 입주자의 편의를 위한 다양한 특화설계를 적용하고, 다섯 차례에 걸쳐 품질점검을 꼼꼼히 실시했다.

'서봄하우스'는 서울 마포구 아현동에 위치한 지하 1층~지상 10층 규모 주택으로 총 23호이며, 입주민은 지난 7월, 마포구에서 무주택, 소득·자산, 건강상태 등을 고려해 선정했다. 아울러, LH가 주택 내 근린생활시설과 커뮤니티시설을 마포구에 무상으로 지원함으로써 서봄하우스는 입주민 소통 및 지역사회 돌봄 거점 공간으로 활용될 예정이다. 특히, 입주민은 마포구에서 위탁한 운영기관을 통해 주치의 건강검진, 재활치료 및 운동, 심리상담 등 맞춤형 돌봄서비스도 받을 수 있다.

조인수 LH 서울지역본부장은 "서봄하우스는 마포구와 협업해 지역 주민을 위한 차별화된 주거모델"이라며, "앞으로도 지역의 목소리에 귀를 기울여 입주자의 니즈를 반영한 질 높은 임대주택을 공급할 수 있도록 적극 노력하겠다."고 밝혔다.

Keyword

서봄(서로돌봄)하우스 : LH와 마포구가 함께 추진한, 안정된 주거를 기반으로 돌봄이 필요한 입주민에게 의료·복지·돌봄서비스를 통합 제공하는 테마형 매입 임대주택이다.

예상 면접 질문

• 한국토지주택공사가 서봄하우스 사업을 구축하고자 하는 배경에 대해 설명해보시오.
• 입주자의 편의를 위해 서봄하우스에 도입 또는 제거해야한다고 생각하는 구조물에는 어떤 것이 있는지 개인적인 생각을 말해보시오.

뉴스&이슈

LH 한국토지주택공사,
'제8회 고객품질대상' 시상식 개최

2022.12.02.(금)

LH는 지난 1일(목), LH 판교제2테크노밸리 기업성장센터에서 '2022년 제8회 고객품질대상 시상식'을 개최했다고 밝혔다.

2015년에 시작돼 올해 8회째 개최된 'LH 고객품질대상'은 '고객품질평가' 결과를 반영해 LH 공공주택의 주거품질 향상에 기여한 업체를 선정·시상하는 행사이다. 고객품질평가에는 공공주택 입주고객이 직접 평가하는 주택 품질과 업체의 하자처리율 및 하자처리기간, 친절도 등이 반영된다.

한편, LH는 건설·공급하는 공공주택의 품질을 높여 입주민에게 살기 좋은 주거환경을 제공하고 이들의 주거만족도를 높이기 위해 적극 노력하고 있다.

박철흥 LH 공공주택사업본부장은 "고객품질대상은 입주고객이 직접 품질 및 하자관리 상태를 평가해 우수업체를 선정한다는 점에서 그 어떤 상보다 의미가 있다고 할 수 있다."며, "LH는 앞으로도 고객의 눈높이에 맞는 공공주택품질과 주거서비스의 질적 향상을 위해 더욱 노력하겠다."라고 말했다.

Keyword

고객품질대상 : 입주고객이 직접 품질과 하자처리율, 처리기간, 친절도 등을 평가하는 고객품질평가 결과를 반영해 주거품질 향상에 기여한 업체 등을 선정한다.

예상 면접 질문

- 한국토지주택공사가 입주고객을 위해 어떤 노력을 해야 한다고 생각하는지 말해보시오.
- 공공주택품질과 주거서비스의 질적 향상을 위한 방안에 대해 말해보시오.

LH 한국토지주택공사,
공공주택 용어 우리말 순화작업 추진

2022.10.07.(금)

LH는 한글날을 맞아 실시한 '우리 집 이곳저곳 우리말로 바꿔주세요' 공모전 결과를 지난 6일에 발표했다고 밝혔다.

이번 공모전은 제576돌 한글날을 맞아 발코니, 팬트리, 알파룸, 키즈 스테이션, 게스트하우스 등 공공주택에서 자주 사용되는 외국어를 우리말로 바꾸기 위해 시행됐다.

공모는 발코니, 팬트리, 알파룸, 키즈 스테이션, 게스트하우스 총 5개 단어를 대상으로 진행됐으며, 977명이 공모전에 참여해 주택에서 사용되는 외국어를 국민들이 이해하기 쉬운 우리말로 바꾸는 데 동참했다.

공모 결과, 덧마루, 더누리방, 쌈지방, 새싹 정류장, 공동 사랑채가 각 단어별 수상작으로 선정됐다. 수상작은 우리말 관련 전문가들의 검토를 거쳐 공공주택에서 사용되는 외국어 순화 작업에 사용할 예정이다.

아울러, LH는 수상작 이외에도 이번 공모전에 제출된 용어 중 국민 누구나 알기 쉽게 풀어쓴 용어 등을 선별해 외국어 순화 작업에 활용한다는 계획이다.

Keyword

우리말 순화작업 : 공공주택에서 자주 사용되는 외국어 및 외래어의 지나친 남용으로 인해 실생활에서 불편함을 겪는 일을 줄이기 위해 우리말로 바꾸기 위한 작업이다.

예상 면접 질문

· 우리말 순화작업을 통해 기대되는 효과와 부작용에 대해서 각각 설명해보시오.
· 우리말 순화작업과 같이 한국토지주택공사에서 실시할 수 있는 일에는 어떤 것이 있을지 말해보시오.

AI면접 소개

소개

▶ AI면접전형은 '공정성'과 '객관적 평가'를 면접과정에 도입하기 위한 수단으로, 최근 채용과정에 AI 면접을 도입하는 기업들이 급속도로 증가하고 있습니다.

▶ AI기반의 평가는 서류전형 또는 면접전형에서 활용됩니다. 서류전형에서는 AI가 모든 지원자의 자기 소개서를 1차적으로 스크리닝 한 후, 통과된 자기소개서를 인사담당자가 다시 평가하는 방식으로 활용되고 있습니다. 또한 면접전형에서는 서류전형과 함께 또는, 면접 절차를 대신하여 AI면접의 활용을 통해 지원자의 전반적인 능력을 종합적으로 판단하여 채용에 도움을 줍니다.

AI면접 프로세스

AI면접 분석 종류

AI면접 진행과정

✿ AI면접 정의

뇌신경과학 기반의 인공지능 면접

✿ 소요시간

60분 내외(1인)

✿ 진행순서

❶ 웹캠/음성체크　　　　　　　❷ 안면등록
❸ 기본질문　　　　　　　　　　❹ 탐색 질문
❺ 상황질문　　　　　　　　　　❻ 뇌과학게임
❼ 심층/구조화질문　　　　　　❽ 종합평가

⋯→ 뇌과학게임 : 게임 형식의 AI면접을 통해 지원자의 성과역량, 성장 가능성 분석
⋯→ 기본질문, 상황질문, 탐색질문을 통해 지원자의 강점, 약점을 분석하여 심층/구조화 질문 제시

기본적인 질문 및
상황질문

지원자의 특성을
분석하기 위한 질문

지원자의 강점/
약점 실시간 분석

심층/구조화 질문

✿ 평가요소

종합 코멘트, 주요 및 세부역량 점수, 응답신뢰 가능성 등을 분석하여 종합평가 점수 도출

❶ 성과능력지수	스스로 성과를 내고 지속적으로 성장하기 위해 갖춰야 하는 성과 지향적 태도 및 실행력
❷ 조직적합지수	조직에 적응하고 구성원들과 시너지를 내기 위해 갖춰야 하는 심리적 안정성
❸ 관계역량지수	타인과의 관계를 좋게 유지하기 위해 갖춰야 하는 고객지향적 태도 및 감정 파악 능력
❹ 호감지수	대면 상황에서 자신의 감정과 의사를 적절하게 전달할 수 있는 소통 능력

AI면접 준비

⚙ 면접 환경 점검

Windows 7 이상 OS에 최적화되어 있습니다. 웹카메라와 헤드셋(또는 이어폰과 마이크)은 필수 준비물이며, 크롬 브라우저도 미리 설치해 놓는 것이 좋습니다. 또한, 주변 정리정돈과 복장을 깔끔하게 해야 합니다.

⚙ 이미지

AI면접은 동영상으로 녹화되므로 지원자의 표정이나 자세, 태도 등에서 나오는 전체적인 이미지가 상당히 중요합니다. 특히, '상황 제시형 질문'에서는 실제로 대화하듯이 답변해야 하므로 표정과 제스처의 중요성은 더더욱 커집니다. 그러므로 자연스럽고 부드러운 표정과 정확한 발음은 기본이자 필수요소입니다.

▶ **시선 처리** : 눈동자가 위나 아래로 향하는 것은 피해야 합니다. 대면면접의 경우 아이컨택(Eye Contact)이 가능하기 때문에 대화의 흐름상 눈동자가 자연스럽게 움직일 수 있지만, AI면접에서는 카메라를 보고 답변하기 때문에 다른 곳을 응시하거나, 시선이 분산되는 경우에는 불안감으로 눈빛이 흔들린다고 평가될 수 있습니다. 따라서 카메라 렌즈 혹은 모니터를 바라보면서 대화를 하듯이 면접을 진행하는 것이 가장 좋습니다. 시선 처리는 연습하는 과정에서 동영상 촬영을 하며 확인하는 것이 좋습니다.

▶ **입 모양** : 좋은 인상을 주기 위해서는 입꼬리가 올라가도록 미소를 짓는 것이 좋으며, 이때 입꼬리는 양쪽 꼬리가 동일하게 올라가야 합니다. 그러나 입만 움직이게 되면 거짓된 웃음으로 보일 수 있기에 눈과 함께 미소 짓는 연습을 해야 합니다. 자연스러운 미소 짓기는 쉽지 않기 때문에 매일 재미있는 사진이나 동영상, 아니면 최근 재미있었던 일 등을 떠올리면서 자연스러운 미소를 지을 수 있는 연습을 해야 합니다.

▶ **발성 · 발음** : 답변을 할 때, 말을 더듬는다거나 '음…', '아…' 하는 소리는 마이너스 요인입니다. 질문마다 답변을 생각할 시간을 함께 주지만, 지원자의 의견을 체계적으로 정리하지 못한 채 답변을 시작한다면 발생할 수 있는 상황입니다. 생각할 시간이 주어진다는 것은 답변에 대한 기대치가 올라간다는 것을 의미하므로 주어진 시간 동안에 빠르게 답변구조를 구성하는 연습을 진행해야 하고, 말끝을 흐리는 습관이나 조사를 흐리는 습관을 교정해야 합니다. 이때, 연습 과정을 녹음하여 체크하는 것이 효과가 좋고, 답변에 관한 부분 또한 명료하고 체계적으로 답변할 수 있도록 연습해야 합니다.

✿ 답변방식

AI면접 후기를 보다 보면, 대부분 비슷한 유형의 질문패턴이 진행되는 것을 알 수 있습니다. 따라서 대면면접 준비방식과 동일하게 질문 리스트를 만들고 연습하는 과정이 필요합니다. 특히, AI면접은 질문이 광범위하기 때문에 출제 유형 위주의 연습이 이루어져야 합니다.

▶ 유형별 답변방식 습득
- 기본 필수질문 : 지원자들에게 필수로 질문하는 유형으로 지원자만의 답변이 확실하게 구성되어 있어야 합니다.
- 상황 제시형 질문 : AI면접에서 주어지는 상황은 크게 8가지 유형으로 분류됩니다. 각 유형별 효과적인 답변 구성 방식을 연습해야 합니다.
- 심층 / 구조화 질문(개인 맞춤형 질문) : 가치관에 따라 선택을 해야 하는 질문이 대다수를 이루는 유형으로, 여러 예시를 통해 유형을 익히고, 그에 맞는 답변을 연습해야 합니다.

▶ 유성(有聲) 답변 연습 : AI면접을 연습할 때에는 같은 유형의 예시를 연습한다고 해도, 실제 면접에서의 세부 소재는 거의 다르다고 할 수 있습니다. 이 때문에 새로운 상황이 주어졌을 때, 유형을 빠르게 파악하고 답변의 구조를 구성하는 반복연습이 필요하며, 항상 목소리를 내어 답변하는 연습을 하는 것이 좋습니다.

▶ 면접에 필요한 연기 : 면접은 연기가 반이라고 할 수 있습니다. 물론 가식적이고 거짓된 모습을 보이라는 것이 아닌, 상황에 맞는 적절한 행동과 답변의 인상을 극대화 시킬 수 있는 연기를 얘기하는 것입니다. 면접이 무난하게 흘러가면 무난하게 탈락할 확률이 높습니다. 때문에 하나의 답변에도 깊은 인상을 전달해 주어야 하고, 그런 것이 연기입니다. 특히, AI면접에서는 답변 내용에 따른 표정변화가 필요하고, 답변에 연기를 더할 수 있는 부분까지 연습이 되어있다면, 면접 준비가 완벽히 되어있다고 말할 수 있습니다.

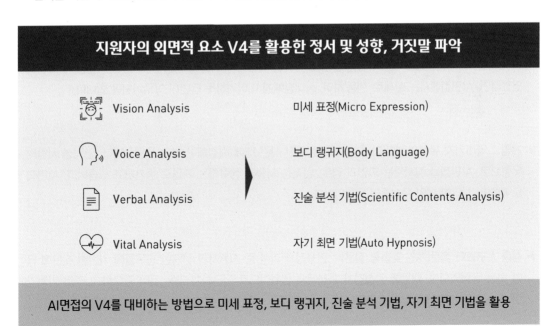

지원자의 외면적 요소 V4를 활용한 정서 및 성향, 거짓말 파악

Vision Analysis	미세 표정(Micro Expression)
Voice Analysis	보디 랭귀지(Body Language)
Verbal Analysis	진술 분석 기법(Scientific Contents Analysis)
Vital Analysis	자기 최면 기법(Auto Hypnosis)

AI면접의 V4를 대비하는 방법으로 미세 표정, 보디 랭귀지, 진술 분석 기법, 자기 최면 기법을 활용

AI면접 구성

기본
필수 질문

탐색질문
(인성검사)

상황 제시형
질문

게임

심층 구조화
질문

▶ **기본 필수질문** : 모든 지원자가 공통으로 받게 되는 질문으로, 기본적인 자기소개, 지원동기, 성격의 장단점 등을 질문하는 구성으로 되어 있습니다. 이는 대면면접에서도 높은 확률로 받게 되는 질문 유형이므로, AI면접에서도 답변한 내용을 대면면접에서도 다르지 않게 답변해야 합니다.

▶ **탐색질문(인성검사)** : 인적성 시험의 인성검사와 일치하는 유형으로, 정해진 시간 내에 해당 문장과 지원자의 가치관이 일치하는 정도를 빠르게 체크해야 하는 단계입니다.

▶ **상황 제시형 질문** : 특정한 상황을 제시하여, 제시된 상황 속에서 어떻게 대응할지에 대한 답변을 묻는 유형입니다. 기존의 대면면접에서는 이러한 질문에 대하여 지원자가 어떻게 행동할지에 대한 '설명'에 초점이 맞춰져 있었다면, AI면접에서는 실제로 '행동'하며, 상대방에게 이야기하듯 답변이 이루어져야 합니다.

▶ **게임** : 약 5가지 유형의 게임이 출제되고, 정해진 시간 내에 해결해야 하는 유형입니다. 인적성 시험의 새로운 유형으로, AI면접을 실시하는 기업의 경우, 인적성 시험을 생략하는 기업도 증가하고 있습니다. AI면접 중에서도 비중이 상당한 게임 문제풀이 유형입니다.

▶ **심층 / 구조화 질문(개인 맞춤형 질문)** : 인성검사 과정 중 지원자가 선택한 항목들에 기반한 질문에 답변을 해야 하는 유형입니다. 때문에 인성검사 과정에서 인위적으로 접근하지 않는 것이 중요하고, 주로 가치관에 대하여 묻는 질문이 많이 출제되는 편입니다.

AI면접 게임 유형 예시

✿ 도형 옮기기 유형

01 기둥에 각기 다른 모양의 도형이 꽂혀져 있다. 왼쪽 기본 형태에서 도형을 한 개씩 이동시켜서 오른쪽의 완성 형태와 동일하게 만들 때 최소한의 이동 횟수를 고르시오.

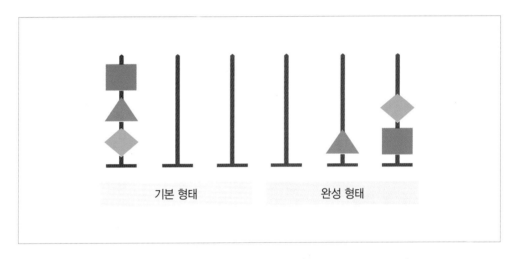

기본 형태 | 완성 형태

① 1회 ② 2회

③ 3회 ④ 4회

⑤ 5회

해설

왼쪽 기둥부터 1~3번이라고 칭할 때, 사각형을 3번 기둥으로 먼저 옮기고, 삼각형을 2번 기둥으로 옮긴 뒤 마름모를 3번 기둥으로 옮기면 됩니다. 따라서 정답은 ③입니다.

Solution

온라인으로 진행하게 되는 AI면접에서는 도형 이미지를 드래그하여 실제 이동 작업을 진행하게 됩니다. 문제 해결의 핵심은 '최소한의 이동 횟수'에 있는데, 문제가 주어지면 머릿속으로 도형을 이동시키는 시뮬레이션을 진행해 보고 손을 움직여야 합니다. 해당 유형에 익숙해지기 위해서는 다양한 유형을 접해 보고, 가장 효율적인 이동 경로를 찾는 연습을 해야 하고, 도형의 개수가 늘어나면 다소 난이도가 올라가므로 연습을 통해 유형에 익숙해지도록 해야 합니다.

✿ 동전 비교 유형

02 두 개의 동전이 있다. 왼쪽 동전 위에 쓰인 글씨의 의미와 오른쪽 동전 위에 쓰인 색깔의 일치 여부를 판단하시오.

① 일치

② 불일치

해설

왼쪽 동전 글씨의 '의미'와 오른쪽 동전 글씨의 '색깔' 일치 여부를 선택 하는 문제입니다. 제시된 문제의 왼쪽 동전 글씨 색깔은 빨강이지만 의미 자체는 노랑입니다. 또한, 오른쪽 동전 글씨 색깔은 초록이지만 의미는 파랑입니다. 따라서 노랑과 초록이 일치하지 않으므로 왼쪽 동전 글씨의 의미와 오른쪽 동전의 색깔은 불일치합니다.

Solution

빠른 시간 내에 다수의 문제를 풀어야 하기 때문에 혼란에 빠지기 쉬운 유형입니다. 풀이 방법의 한 예로 오른쪽 글씨만 먼저 보고, 색깔을 소리 내어 읽어보는 것입니다. 입으로 내뱉은 오른쪽 색깔이 왼쪽 글씨에 그대로 쓰여 있는지를 확인하도록 하는 등 본인만의 접근법 없이 상황을 판단하다 보면 실수를 할 수밖에 없기 때문에 연습을 통해 유형에 익숙해져야 합니다.
❶ 오른쪽 글씨만 보고, 색깔을 소리 내어 읽습니다.
❷ 소리 낸 단어가 왼쪽 글씨의 의미와 일치하는지를 확인합니다.

🔩 무게 비교 유형

03 A, B, C, D 4개의 상자가 있습니다. 시소를 활용하여 무게를 측정하고, 무거운 순서대로 나열하시오 (단, 무게 측정은 최소한의 횟수로 진행해야 합니다).

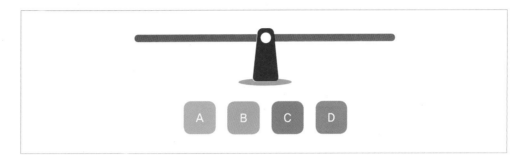

해설

온라인으로 진행하게 되는 AI면접에서는 제시된 물체의 이미지를 드래그하여 계측기 위에 올려놓고, 무게를 측정하게 됩니다. 비교적 쉬운 유형에 속하나 계측은 최소한의 횟수로만 진행해야 좋은 점수를 받을 수 있습니다. 측정의 핵심은 '무거운 물체 찾기'이므로 가장 무거운 물체부터 덜 무거운 순서로 하나씩 찾아야 하며, 이전에 진행한 측정에서 무게 비교가 완료된 물체들이 있다면, 그중 무거운 물체를 기준으로 타 물체와의 비교가 이루어져야 합니다.

Solution

❶ 임의로 두 개의 물체를 선정하여 무게를 측정합니다.

❷ · ❸ 더 무거운 물체는 그대로 두고, 가벼운 물체를 다른 물체와 교체하여 측정합니다.

❹ 가장 무거운 물체가 선정되면, 남은 3가지 물체 중 2개를 측정합니다.

❺ 남아 있는 물체 중 무게 비교가 안 된 상자를 최종적으로 측정합니다.

따라서 무거운 상자 순서는 'C>B>A>D'입니다.

✿ n번째 이전 도형 맞추기 유형

04 제시된 도형이 2번째 이전 도형과 모양이 일치하면 Y를, 일치하지 않으면 N을 기입하시오.

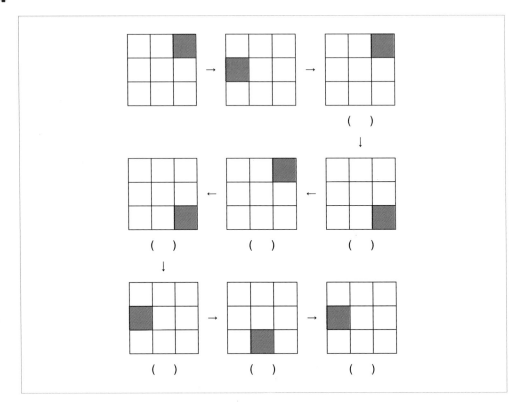

해설

n번째 이전에 나타난 도형과 현재 주어진 도형의 모양이 일치하는지에 대한 여부를 판단하는 유형입니다. 제시된 문제는 세 번째 도형부터 2번째 이전의 도형인 첫 번째 도형과 비교해 나가면 됩니다. 따라서 진행되는 순서를 기준으로 'Y → N → Y → Y → N → N → Y'입니다.

Solution

온라인 AI면접에서는 도형이 하나씩 제시되며, 화면이 넘어갈 때마다 n번째 이전 도형과의 일치 여부를 체크해야 합니다. 만약 '2번째 이전'이라는 조건이 주어졌다면 인지하고 있던 2번째 이전 도형의 모양을 떠올려 현재 도형과의 일치 여부를 판단함과 동시에 현재 주어진 도형의 모양 역시 암기해 두어야 합니다. 이는 판단과 암기가 동시에 이루어져야 하는 문항으로 난이도는 상급에 속합니다. 순발력과 암기력이 동시에 필요한 어려운 유형이기에 접근조차 못하는 지원자들도 많지만, 끊임없는 연습을 통해 유형에 익숙해질 수 있습니다. 문제 풀이의 예로 여분의 종이를 활용하여 문제를 가린 상태에서 도형을 하나씩 순서대로 보면서 문제를 풀어나가는 방법이 있습니다.

분류코드 일치 여부 판단 유형

05 도형 안에 쓰인 자음, 모음과 숫자와의 결합이 '분류코드'와 일치하면 Y를, 일치하지 않으면 N을 체크
하시오.

해설

분류코드에는 짝수, 홀수, 자음, 모음 4가지가 존재합니다. 분류코드로 짝수 혹은 홀수가 제시된 경우 도형 안에 있는
자음이나 모음은 신경 쓰지 않아도 되며, 제시된 숫자가 홀수인지 짝수인지만 판단하면 됩니다. 반대로, 분류코드로 자
음 혹은 모음이 제시된 경우에는 숫자를 신경 쓰지 않아도 됩니다. 제시된 문제에서 분류코드로 홀수가 제시되었지만,
도형 안에 있는 숫자 8은 짝수이므로 N이 정답입니다.

Solution

개념만 파악한다면 쉬운 유형에 속합니다. 문제는 순발력으로, 정해진 시간 내에 최대한 많은 문제를 풀어야 합니다.
계속해서 진행하다 보면 쉬운 문제도 혼동될 수 있으므로 시간을 정해 빠르게 문제를 해결하는 연습을 반복하고 실전
면접에 임해야 합니다.

표정을 통한 감정 판단 유형

06 주어지는 인물의 얼굴 표정을 보고 감정 상태를 판단하시오.

① 무표정
② 기쁨
③ 놀람
④ 슬픔
⑤ 분노
⑥ 경멸
⑦ 두려움
⑧ 역겨움

Solution

제시된 인물의 사진을 보고 어떤 감정 상태인지 판단하는 유형의 문제입니다. AI면접에서 제시되는 표정은 크게 8가지로 '무표정, 기쁨, 놀람, 슬픔, 분노, 경멸, 두려움, 역겨움'입니다. '무표정, 기쁨, 놀람, 슬픔'은 쉽게 인지가 가능하지만, '분노, 경멸, 두려움, 역겨움'에 대한 감정은 비슷한 부분이 많아 혼동이 될 수 있습니다. 사진을 보고 나서 5초 안에 정답을 선택해야 하므로 깊게 고민할 시간이 없습니다. 사실 해당 유형이 우리에게 완전히 낯설지는 않은데, 우리는 일상생활 속에서 다양한 사람들을 마주하게 되며 이때 무의식적으로 상대방의 얼굴 표정을 통해 감정을 판단하기 때문입니다. 즉, 누구나 어느 정도의 연습이 되어 있는 상태이므로 사진을 보고 즉각적으로 드는 느낌이 정답일 확률이 높습니다. 따라서 해당 유형은 직관적으로 정답을 선택하는 것이 중요합니다. 다만, 대다수의 지원자가 혼동하는 표정에 대한 부분은 어느 정도의 연습이 필요합니다.

✿ 카드 조합 패턴 파악 유형

07 주어지는 4장의 카드 조합을 통해 대한민국 국가 대표 야구 경기의 승패 예측이 가능하다. 카드 무늬
와 앞뒷면의 상태를 바탕으로 승패를 예측하시오(각 문제당 제한 시간 3초).

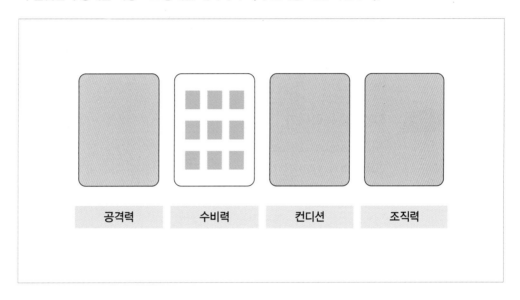

① 승리   ② 패배

Solution

계속해서 제시되는 카드 조합을 통해 정답의 패턴을 파악하는 유형입니다. 온라인으로 진행되는 AI면접에서는 답을 선
택하면 곧바로 정답 여부를 확인할 수 있습니다. 이에 따라 하나씩 정답을 확인한 후, 몇 번의 시행착오 과정을 바탕으
로 카드에 따른 패턴을 유추해 나갈 수 있게 됩니다. 그렇기 때문에 초반에 제시되는 카드 조합의 정답을 맞히기는 어
려우며, 앞서 얻은 정보들을 잘 기억해 두는 것이 핵심입니다. 제시된 문제의 정답은 패배입니다.

이 책의 차례

Add+ 특별부록

| 01 | 2020년

| 의사소통능력

01 다음 모듈러 주택 공법에 대한 글이다. 글에 대한 설명으로 옳은 것은?

> 모듈러 주택이란 기본 골조와 전기 배선, 온돌, 현관문, 욕실 등 집의 70 ~ 80퍼센트를 공장에서 미리 만들고 주택이 들어설 부지에서는 '레고 블록'을 맞추듯 조립만 하는 방식으로 짓는 주택이다. 일반 철근콘크리트 주택에 비해 상대적으로 빨리 지을 수 있고, 철거가 쉽다는 게 모듈러 주택의 장점이다.
> 예컨대 5층짜리 소형 임대 주택을 철근콘크리트 제작 방식으로 지으면 공사 기간이 6개월가량 걸리지만 모듈러 공법을 적용할 경우 30 ~ 40일이면 조립과 마감이 가능하다. 주요 자재의 최대 80 ~ 90퍼센트가량을 재활용할 수 있다는 것도 장점이다. 도시형 생활 주택뿐 아니라 대형 숙박 시설, 소규모 비즈니스호텔, 오피스텔 등도 모듈러 공법으로 건축이 가능하다.
> 한국에 모듈러 주택이 처음 등장한 것은 2003년으로 이는 모듈러 주택 시장이 활성화되어 있는 해외에 비하면 늦은 편이다. 도입은 늦었지만 모듈러 주택의 설계 방식이 표준화되고 대규모 양산 체제가 갖추어지면 비용이 적게 들기 때문에 모듈러 주택 시장이 급속하게 팽창할 것으로 예측이 많다.
> 하지만 모듈러 주택 시장 전망이 불확실하다는 전망도 있다. 목재나 철골 등이 주로 사용되는 조립식 주택의 특성상 콘크리트 건물보다 소음이나 진동, 화재에 약해 소비자들이 심리적으로 거부감을 가질 수 있다는 게 이유다. 아파트 생활에 길들여진 한국인들의 의식도 모듈러 주택이 넘어야 할 난관으로 거론된다. 소득 수준이 높아지고 '탈 아파트' 바람이 일면서 성냥갑 같은 아파트보다는 개성 있는 단독주택에서 살고 싶다는 욕구를 가진 사람들이 증가하고 있다지만 아파트가 주는 편안한 생활을 포기할 사람이 많지 않을 것이라는 분석인 셈이다.

① 일반 콘크리트 주택 건설비용은 모듈러 주택의 3배 이상이다.
② 모듈러 주택제작에 조립과 마감에 소요되는 기간은 6개월이다.
③ 일반 철근콘크리트 주택은 재활용이 불가하다.
④ 모듈러 주택이 처음 한국에 등장한 시기는 해외 대비 늦지만, 이에 소요되는 비용은 해외 대비 적다.
⑤ 모듈러 주택 공법으로 개성 있는 단독주택 설계가 가능하다.

02 다음 한국토지주택공사의 대학생 광고공모전에 대해 유추한 것으로 옳지 않은 것은?

> 한국토지주택공사(이하 LH)는 제8회 대학생 광고공모전 수상자에 대한 시상식을 개최했다. 이 공모전은 'LH 기업이미지 광고'를 주제로 하였는데, 그 결과 Z대 학생들이 공동으로 응모한 TV광고 '오래오래'가 대상 수상의 영예를 안았다. TV광고 '오래오래'는 신데렐라, 백설공주 등 디즈니사의 유명 만화영화가 모두 해피엔딩으로 끝나는 점에서 아이디어를 착안해 '행복하게 오래오래 살았습니다.'라는 메인카피로 저소득층의 주거 복지 향상을 위한 LH의 영구임대주택을 참신하고 흥미롭게 표현했다는 점에서, 심사위원 만장일치로 대상에 선정되었다.
> 이번 공모전은 미래고객인 대학생들에게 LH의 주요사업 및 역할에 대한 이해도를 높이고 그들의 참신한 아이디어를 활용하기 위하여 개최했다. 역대 최다인 1,000점에 가까운 작품이 출품되었으며, 외부 전문가의 심사를 거쳐 대상을 포함해 총 31점을 당선작으로 선정하였다. 당선작에는 상장 및 상패와 함께 상금이 수여되며 LH 기업이미지 광고 등에 적극 활용할 예정이다.

① LH 광고공모전은 대학생만 지원이 가능하다.
② '오래오래'는 긍정적인 의미를 담고 있다.
③ '오래오래'에 대해서 심사위원 전원이 긍정적인 반응을 보였다.
④ LH는 저소득층에 대한 사업을 시행하고 있다.
⑤ LH 광고공모전은 내부 심사로만 진행된다.

03 다음 상황 중 직장 내 성희롱에 해당하지 않는 것을 모두 고르면?

> ㉠ 유명 속옷브랜드 직원인 여사원 A는 이번에 촬영한 모델의 사진을 수정하는 중이었다. 지나가다 이를 본 남자팀장 B는 A에게 "가슴 좀 키워, 가슴이 커야 눈이 가지."라고 하였고, 갑자기 들려온 소리에 A는 순간 당황했지만, 사진에 대한 내용임을 인지하였다.
> ㉡ 같은 회사에서 근무하는 C팀장과 D대리는 직급은 다르지만 나이가 같아 절친한 사이이다. 같이 퇴근하는 길에 D는 C에게 "어제 애인이랑 처음 여행 갔는데 좋았어."라고 하자, C는 "왜?"라고 음흉한 표정을 지으며 물었다. D는 부끄러워하며 고객을 끄덕였다.
> ㉢ 마사지숍에 처음 근무한 F는 일이 너무 서툴러 손님의 항의가 끊이지 않았다. 이에 E팀장은 F를 마사지숍 내 비어있는 방으로 들어오게 해 "마사지도 제대로 받아본 사람이 잘해. 이리 와 봐 내가 해줄게."라고 하였지만, F는 이에 "아니에요, 괜찮습니다."라고 거부했다. 이에 E는 실력 없는 마사지사는 우리 숍에서도 필요없으니 나가달라고 요구했고, F는 하는 수 없이 E의 요구에 응했다.
> ㉣ K사무소에 근무하는 G대리는 의뢰인이 올 때마다 H사원에게만 커피심부름을 시켰는데, 이에 화가 난 H사원은 G대리에게 "대리님, 왜 저한테만 커피심부름을 시키죠? I사원도 있잖아요."라고 했다. 이에 G대리는 "예쁜 사람이 대접해줘야 더 기분 좋은 거 아니겠어?"라고 말하자 H사원은 쑥스러워하며 미소를 지었다.

① ㉠, ㉡　　　　　　　　　　　② ㉢, ㉣
③ ㉠, ㉡, ㉢　　　　　　　　　④ ㉠, ㉡, ㉣
⑤ ㉠, ㉡, ㉢, ㉣

04 다음 상황 중 직장 내 성희롱에 해당하지 않는 것을 모두 고르면?

> ⊙ A와 B는 같은 회사에 근무 중인 동기이다. 하지만 A는 계속 승진하는데 반해 B는 승진은커녕 오히려 지방으로 발령을 받았다. 이에 A를 질투한 B는 회사 내에 'A는 승진하기 위해 매일 밤 상급자들과 잠자리를 가진다.'라는 루머를 퍼뜨렸다.
>
> ⓛ 퇴근 후 회식자리에서 과도한 음주로 인해 C사원은 몸을 가눌 수 없을 정도로 취했다. 이에 D대리가 C사원을 부축해 집에 데려다 주었는데, D대리는 C사원이 정신이 없다고 판단하고 몸을 더듬으면서 부축하였다. C사원은 이에 수치심을 느꼈지만, 직장 내 관계를 망치기 싫어 모르는 척했다.
>
> ⓒ E팀장은 신입사원인 F를 보고 첫눈에 반해 다른 직원보다 F에게 업무적 또는 업무외적으로 도움을 주어, F는 내심 E팀장의 관심이 계속되길 바랐다. 그런데 어느 날 퇴근 후 E팀장에게 이러한 문자가 왔다. "다리가 예뻐서 그런가 바지보다 원피스가 더 이뻐요." 이 문자를 받은 F는 E팀장이 자신의 다리를 보며 즐거워했을 생각에 소름끼쳤다.
>
> ⓔ 출산휴가 후 복귀한 G대리에게 H과장은 "출산한 거 맞아? 몸매가 더 좋아졌어."라고 하자, G는 내심 기분이 좋았지만, 쑥스러워 "과장님, 그런 말 마세요."라고 하였다.

① ⓒ

② ⓔ

③ ⊙, ⓒ

④ ⓛ, ⓔ

⑤ ⓒ, ⓔ

05 다음 중 ⊙ ~ ⓒ에 들어갈 단어를 올바르게 짝지은 것은?

> • 회사 동료의 결혼식에 _____⊙_____ 했다.
> • 디자인 공모전에 _____ⓛ_____ 했다.
> • 회사 경영에 _____ⓒ_____ 하고 있다.

	⊙	ⓛ	ⓒ
①	참석	참가	참여
②	참석	참여	참가
③	참여	참가	참석
④	참여	참석	참가
⑤	참가	참석	참여

06 다음은 우주 쓰레기에 대한 글이다. 글의 내용과 일치하는 것은?

NASA 보고에 따르면 지구 주변 우주 쓰레기는 약 3만여 개에 달한다고 한다. 이러한 우주 쓰레기는 노후한 인공위성이나 우주인이 놓친 연장 가방에서 나온 파편, 역할을 다한 로켓 부스터 등인데, 때로는 이것들이 서로 충돌하면서 작은 조각으로 부서지기도 한다.

이러한 우주 쓰레기가 심각한 이유는 연간 3 ~ 4개의 우주 시설이 이와 같은 우주 쓰레기 탓에 파괴되고 있는 탓이다. 이대로라면 GPS를 포함한 우주 기술사용이 불가능해질 수도 있다는 전망이다. 또 아주 큰 우주 쓰레기가 지상에 떨어지는 경우가 있어 각국에서는 잇따른 피해가 계속 보고되고 있다.

이에 우주 쓰레기를 치우기 위한 논의가 각국에서 지속되고 있으며, 2007년 유엔에서는 '우주 쓰레기 경감 가이드라인'을 만들기에 이르렀고, 유럽우주국은 2025년에 우주 쓰레기 수거 로봇을 발사할 계획임을 밝혔다.

이 우주 쓰레기 수거 로봇은 스위스에서 개발한 것으로 4개의 팔을 뻗어 지구 위 800km에 있는 소형 위성 폐기물을 감싸 쥐고 대기권으로 진입하는 방식으로 우주 쓰레기를 수거하는데, 이때 진입하는 과정에서 마찰열에 의해 우주선과 쓰레기가 함께 소각되어지게 된다.

이 외에도 고열을 이용해 우주 쓰레기를 태우는 방법, 자석으로 쓰레기를 끌어들여 궤도로 떨어뜨리는 방법, 쓰레기에 레이저를 발사해 경로를 바꾼 뒤 지구로 떨어뜨리는 방법, 위성 제작 시 수명이 다 하면 분해에 가깝게 자체 파괴되도록 제작하는 방법 등이 있다.

실제로 2018년 영국에서 작살과 그물을 이용해 우주 쓰레기를 수거하는 실험에 성공한 적이 있다. 하지만 한 번에 100kg 정도의 쓰레기밖에 처치하지 못해 여러 번 발사해야 한다는 점, 비용이 많이 든다는 점, 자칫 쓰레기 폭발을 유도해 파편 숫자만 늘어난다는 점 등이 단점이었다.

이러한 우주 쓰레기 처리는 전 국가의 과제이지만, 천문학적 세금이 투입되는 사업이라 누구도 선뜻 나서지 못하는 것이 현 상황이다. 하루 빨리 우주개발 국가 공동의 기금을 마련해 대책을 마련하지 않는다면, 인류의 꿈은 이러한 우주 쓰레기에 발목 잡힌다 해도 과언이 아닐 것이다.

① 우주 쓰레기들이 서로 충돌하게 되면 우주 쓰레기의 개수는 더 적어질 것이다.
② 우주 쓰레기는 우주에서 떠돌아 지구 내에는 피해가 없다.
③ 우주 쓰레기 수거 로봇은 유럽에서 개발되었으며, 성공적인 결과를 얻었다.
④ 우주 쓰레기를 청소하는 방법은 여러 가지가 있지만 성공한 사례는 아직까지 없다.
⑤ 우주 쓰레기 청소는 저소득국가에서는 하기 힘든 사업이다.

07 다음 밑줄 친 단어와 같은 의미로 사용된 것은?

> 아무래도 말을 꺼내기가 조심스럽다.

① 아이가 말을 배우기 시작했다.
② 빈칸에 들어갈 적절한 말을 찾으시오.
③ 민지와 슬기는 서로 말을 놓기로 하였다.
④ 주영이가 떠난다는 말이 퍼지기 시작했다.
⑤ 경서는 무료해 보이는 연주에게 말을 건넸다.

08 다음 중 ㉠ ~ ㉢에 들어갈 단어를 올바르게 짝지은 것은?

> • 제가 ㉠ (있다가 / 이따가) 다시 전화하겠습니다.
> • 주어진 시간이 다 ㉡ (돼서 / 되서) 그만 나가야 합니다.
> • 그러면 다음 주 목요일에 ㉢ (뵈요 / 봬요).

	㉠	㉡	㉢			㉠	㉡	㉢
①	있다가	돼서	뵈요		②	있다가	되서	뵈요
③	이따가	되서	뵈요		④	이따가	되서	봬요
⑤	이따가	돼서	봬요					

09 철수는 매년 말에 한 명의 세입자에게서 일정한 금액의 임대료를 지불받아 3년 후에 4,000만 원을 마련하려고 한다. 연이율이 5%이고 1년마다 복리로 계산할 때, 매년 임대료를 얼마씩 받아야 하는가?(단, $1.05^3 = 1.16$으로 계산한다)

① 1,100만 원
② 1,200만 원
③ 1,250만 원
④ 1,300만 원
⑤ 1,320만 원

10 작년에 동아리에 가입한 사원수는 총 90명이었다. 올해 가입한 동아리원 수는 작년에 비하여 남성은 10% 감소하고 여성은 12% 증가하여 작년보다 총 2명이 증가했다. 올해 동아리에 가입한 여성의 수는?

① 40명

② 44명

③ 50명

④ 56명

⑤ 60명

11 다음 중 서로 다른 3개의 주사위를 동시에 던졌을 때, 나온 숫자의 합이 6이 되는 확률은?

① $\dfrac{5}{108}$

② $\dfrac{1}{18}$

③ $\dfrac{11}{216}$

④ $\dfrac{7}{108}$

⑤ $\dfrac{1}{9}$

12 A사원이 혼자서 작업하면 24일이 걸리는 업무가 있다. 이 업무를 B사원이 혼자서 작업하면 120일이 걸리며, C사원이 혼자서 작업하면 20일이 걸린다. 세 사람이 함께 이 업무를 진행할 때, 작업에 소요되는 기간은?

① 6일

② 10일

③ 12일

④ 20일

⑤ 25일

13 어떤 회사에는 속도가 다른 승강기 A, B가 있다. A승강기는 1초에 1층씩 움직이며, B승강기는 1초에 2층씩 움직인다. 1층에서 A승강기를 타고 올라간 사람과 15층에서 B승강기를 타고 내려가는 사람이 동시에 엘리베이터에 탔다면, 두 사람은 몇 층에서 같은 층이 되는가?

① 4층
② 5층
③ 6층
④ 8층
⑤ 10층

14 어떤 회사는 2002년부터 일정한 규칙에 따라 신입사원을 선발하고 있다. 다음은 2002년부터 2013년까지 매년 선발한 신입사원의 수라고 할 때, 2002년부터 2020년까지 선발한 총 신입사원의 수는?

2002년	2003년	2004년	2005년	2006년	2007년	2008년	2009년	2010년	2011년	2012년	2013년	…
1	3	6	5	6	8	16	15	16	18	36	35	

① 650명
② 680명
③ 700명
④ 710명
⑤ 750명

15 기획팀은 A팀장, B과장, C대리, D주임, E사원으로 구성되어 있다. 각자 다음과 같이 출근한다고 할 때, 기획팀 팀 구성원 중 가장 먼저 출근한 사람부터 나열한 것으로 옳은 것은?

〈규칙〉

- E사원은 항상 A팀장보다 먼저 출근한다.
- 모든 직원은 10시 이전에 출근한다.
- B과장은 8시 30분에 출근하며, B과장보다 일찍 출근하는 팀원은 한 명뿐이다.
- C대리는 8시 이후에 출근한다.
- D주임보다 늦게 출근하는 직원은 두 명 있다.
- C대리는 팀원 중 가장 일찍 출근한다.

① C대리 – B과장 – D주임 – E사원 – A팀장
② C대리 – B과장 – E사원 – D주임 – A팀장
③ C대리 – E사원 – B과장 – D주임 – A팀장
④ E사원 – A팀장 – B과장 – D주임 – C대리
⑤ E사원 – B과장 – D주임 – C대리 – A팀장

16 김 주임은 해외 주택청약 사례와 관련된 세미나를 준비하기 위해 서울 지부에서 부산 본사로 출장을 갈 예정이다. 세미나는 11월 24일 오후 2시에 시작하여 오후 6시에 끝나며, 김 주임은 당일에 내려갔다가 세미나 종료 직후 올라오되, 교통비를 최소화하고 세미나 시작 2시간 전에는 부산 본사에 도착하고자 한다. 또한 김 주임은 필요한 물품을 구입하여 부산으로 출발하여야 한다. 서울 지부와 부산 본사로부터 각각 김포공항, 김해공항까지는 택시를 타고 이동하며, 소요되는 시간은 30분, 비용은 2만 원으로 동일하다. 김 주임이 서울 지부에서 부산 본사로 출장을 갔다가 서울 지부로 다시 돌아오기까지의 물품 구입비 및 교통비의 합으로 옳은 것은?(단, 물품 구매 시간은 고려하지 않는다)

〈김포공항 – 김해공항 항공편〉

항공편	출발일	출발시간	도착시간	요금(편도)
AX381	11월 24일	09:30	10:40	38,500원
TA335	11월 24일	10:40	11:40	33,000원
AC491	11월 24일	11:30	12:50	45,000원
BU701	11월 24일	12:20	13:30	29,000원

〈김해공항 – 김포공항 항공편〉

항공편	출발일	출발시간	도착시간	요금(편도)
TC830	11월 24일	18:20	19:40	44,800원
YI830	11월 24일	18:30	20:00	48,000원

〈필요물품〉

물품명	필요수량	개당가격
유리잔	2	5,000원
파일	4	1,000원
유성매직	1	2,000원
테이프	2	1,500원

① 125,500원   ② 148,000원
③ 165,000원   ④ 185,500원
⑤ 213,000원

17 다음은 김 주임의 7월 월급내역서이다. 8월에는 기존에 지급내역 계에서 3.3%가 공제되던 건강보험료의 보험료율이 5%로 증가하였다. 또한 기본급과 직무수당이 전월인 7월에 비해 각각 15만 원, 연장근로수당이 20만 원 더 지급되었을 때, 김 주임이 8월 지급액에서 공제 후 실수령할 금액으로 옳은 것은?(단, 주어진 내역 외에는 7월과 8월이 같다)

지급내역			공제내역		
	기본급	1,200,000		갑근세	900,000
	직책수당	400,000		주민세	9,000
	직무수당	300,000		건강보험	99,000
	연장근로	150,000		국민연금	135,000
	심야근로	250,000		고용보험	24,000
	휴일근로	300,000		근태공제	–
	월차수당	400,000		기타	–
	합계	3,000,000		합계	1,167,000

① 1,580,000원
② 1,890,500원
③ 2,045,000원
④ 2,257,000원
⑤ 2,340,000원

18 A주임은 주말을 맞아 집에서 쿠키를 만들려고 한다. 종류별 쿠키를 만드는 데 필요한 재료와 A주임이 보유한 재료가 다음과 같을 때, A주임이 주어진 재료로 한 번에 만들 수 있는 쿠키의 종류별 개수의 조합으로 옳지 않은 것은?

쿠키 종류	1개 제작에 필요한 재료
스모어스 쿠키	박력분 10g, 버터 5g, 설탕 8g, 초코시럽 10g, 마쉬멜로우 1개
딸기 쿠키	박력분 10g, 버터 5g, 설탕 8g, 딸기잼 20g
초코칩 쿠키	박력분 10g, 버터 5g, 설탕 8g, 초코시럽 5g, 초코칩 10개
마카다미아 쿠키	박력분 10g, 버터 10g, 설탕 8g, 마카다미아 3개

〈보유재료〉

박력분 80g, 버터 40g, 초코시럽 40g, 마쉬멜로우 6개, 초코칩 60개, 마카다미아 12개, 설탕 80g, 딸기잼 20g

① 스모어스 쿠키 4개
② 스모어스 쿠키 2개, 초코칩 쿠키 1개
③ 딸기 쿠키 1개, 초코칩 쿠키 3개
④ 딸기 쿠키 1개, 마카다미아 쿠키 4개
⑤ 초코칩 쿠키 3개, 마카다미아 쿠키 2개

19 다음은 한국토지주택공사의 인사규정의 일부이다. 다음 규정에 따라 판단할 때, 〈보기〉의 내용 중 옳지 않은 것을 모두 고른 것은?

제34조(휴직) 직원이 다음 각 호의 어느 하나에 해당할 때에는 휴직을 명할 수 있다.

1. 신체 정신상의 장애로 2개월 이상 장기요양이 필요할 때
2. 업무로 인한 질병 또는 부상으로 6개월 이상 장기요양이 필요할 때
3. 병역법에 따른 병역의무를 위하여 징집 또는 소집되었을 때
4. 천재지변 또는 전시사변이나 그 밖의 사유로 생사 또는 소재가 불명하게 되었을 때
5. 법령에 따른 의무를 수행하기 위하여 직무를 이탈할 때
6. 국제기구, 외국기관 및 민간기업에 임시 채용되었을 때
7. 공사 업무와 유관한 분야의 해외유학을 하게 될 때
8. 만 8세 이하(취학 중인 경우에는 초등학교 2학년 이하를 말한다)의 자녀를 양육하기 위하여 필요하거나 여자직원이 임신 또는 출산하게 된 때
9. 부모, 배우자, 자녀 또는 배우자의 부모가 사고나 중병으로 간호가 필요할 때
10. 배우자가 국외근무를 하게 된 때
11. 배우자가 학위취득을 목적으로 해외유학을 하거나 본인 또는 배우자가 외국에서 1년 이상 연구나 연수하게 된 때
12. 삭제
13. 5년 이상(대학 재학 중 입사한 직원의 학위취득 목적인 경우는 예외로 한다) 재직한 직원이 직무 관련 연구과제 수행 또는 자기개발을 위하여 학습, 연구 등을 하게 된 때

제35조(휴직기간)

휴직기간은 다음 각 호와 같다.

1. 제34조 제1호의 경우 : 1년 이내로 하되, 부득이한 경우 1년의 범위에서 연장 가능
2. 제34조 제2호의 경우 : 3년 이내
3. 제34조 제3호 및 제5호의 경우 : 징집·소집기간 또는 해당 의무 수행기간
4. 제34조 제4호의 경우 : 3개월 이내
5. 제34조 제6호의 경우 : 3년 이내
6. 제34조 제7호, 제10호 및 제11호의 경우 : 3년 이내로 하되, 부득이한 경우에는 2년의 범위에서 연장 가능
7. 제34조 제8호의 경우 : 3년 이내
8. 제34조 제9호의 경우 : 1년(재직기간 중 총 3년) 이내
9. 제34조 제13호의 경우 : 1년 이내

제36조(휴직의 효력)

① 휴직자는 직원의 신분은 보유하나 직무에 종사하지 못한다.
② 휴직기간은 재직기간에 산입하지 않는다.

ㄱ. 배우자가 미국에서 1년 이상 연구를 진행하게 된 A의 경우, 본인도 학위취득을 목적으로 해외유학을 가지 않는 한 휴직은 불가능하다.
ㄴ. 업무와 관련하여 해외유학을 하게 된 B의 경우, 해당 사유로 최대 3년간 휴직이 가능하다.
ㄷ. 업무 중 큰 발목 부상을 당해 8개월 이상의 치료가 필요한 C의 경우, 최대 3년의 휴직이 가능하다.
ㄹ. 인도로 출장을 갔다가 실종된 D의 경우, 3개월 이내의 휴직이 명해진다.

① ㄱ, ㄴ   ② ㄱ, ㄷ
③ ㄴ, ㄷ   ④ ㄴ, ㄹ
⑤ ㄷ, ㄹ

┃ 의사소통능력

20 다음 중 밑줄 친 ㉠과 ㉡의 관계와 다른 것은?

> 제천시의 산채건강마을은 산과 하천이 어우러진 전형적인 산촌으로, 돌과 황토로 지은 8개 동의 전통 ㉠ <u>가옥</u> 펜션과 한방 명의촌, 한방주 체험관, 황토 게르마늄 구들 찜질방, 약용 식물원 등의 시설을 갖추고 있다.
> 산채건강마을의 한방주 체험관에서는 전통 가양주를 만들어 보는 체험을 할 수 있다. 체험객들은 개인의 취향대로 한약재를 골라 넣어 가양주를 담그고, 자신이 직접 담근 가양주는 ㉡ <u>집</u>으로 가져갈 수 있다.

① 친구(親舊) : 벗   ② 수확(收穫) : 벼
③ 금수(禽獸) : 짐승   ④ 계란(鷄卵) : 달걀
⑤ 주인(主人) : 임자

┃ 의사소통능력

21 다음 밑줄 친 ㉠ ~ ㉤ 중 단어의 사용이 적절하지 않은 것은?

> 서울시는 '공동주택 공동체 활성화 공모 사업' 5년 차를 맞아 아파트 단지의 ㉠ <u>자생력(自生力)</u>을 강화하도록 지원 내용을 변경할 예정이다. 기존에는 사업비 자부담률이 지원 연차와 관계없이 일괄적으로 적용되었지만, 앞으로는 연차에 따라 ㉡ <u>차등(次等)</u> 적용된다. 한편, 서울시는 한 해 동안의 공동체 활성화 사업의 성과와 우수사례를 소개하고 공유하는 '공동주택 공동체 활성화 사업 우수사례발표회'를 개최하고 있다. 지난해 개최된 발표회에서는 심사를 거쳐 ㉢ <u>엄선(嚴選)</u>된 우수단지의 사례를 발표한 바 있다. 올해도 이웃 간 소통과 교류를 통해 아파트 공동체를 회복하고 각종 생활 불편들을 자발적으로 해결해나가는 방안을 ㉣ <u>도출(導出)</u>하여 '살기 좋은 아파트 만들기 문화'를 확산해 나갈 예정이다. 서울시 관계자는 "공동주택이라는 주거 공동체가 공동체 활성화 사업을 통해 ㉤ <u>지속적(持續的)</u>으로 교류하고 소통할 수 있도록 적극적으로 지원해나가겠다."고 말했다.

① ㉠   ② ㉡
③ ㉢   ④ ㉣
⑤ ㉤

에이즈(AIDS; Acquired Immune Deficiency Syndrome)는 HIV(Human Immunodeficiency Virus), 즉 인체면역결핍 바이러스가 몸속에 침입하여 면역 세포를 파괴함으로써 체내의 면역 기능을 저하시키는 감염병이다. HIV에 감염되어도 별다른 증상이 나타나지 않아 감염 사실을 알지 못하는 환자가 많다. 일반적으로 6주에서 12주 정도가 지나야 항체가 형성되는데, 항체가 형성되어야만 감염 여부를 검사할 수 있기 때문에 심각한 감염 증상이 발생한 후에야 에이즈로 진단되는 경우가 많다.

에이즈 감염자는 에이즈에 대한 편견과 오해로 사회 곳곳에서 차별을 당하고 있다. 에이즈는 음식을 같이 먹으면 감염된다거나 침이 묻어도 감염된다는 등의 소문으로 인해 감염성이 높은 질병이라는 인식이 강하다. 그러나 음식에 들어간 HIV는 생존할 수 없으며, 땀이나 침에는 극히 소량의 HIV가 들어있어 상대방의 체내로 들어간다 해도 감염을 일으키기는 어렵다. 에이즈에 걸리려면 충분한 양의 HIV가 체내로 들어와야 하므로 일상적인 신체 접촉으로는 감염되지 않는다.

그렇다면 에이즈에 걸리면 곧 죽게 될까? 사실 에이즈에 걸린다고 해서 금방 사망에 이르지는 않는다. HIV에 감염된 후 아무런 치료를 받지 않더라도 사망에 이르기까지는 약 10~12년이 걸린다. 게다가 의학의 발달로 새로운 치료제가 계속 개발되고 있어 꾸준히 치료한다면 30년 이상 생존할 수 있다. 과거에는 에이즈가 원인도 알 수 없는 불치병이었으나, 지금은 약물로 치료하면 증상이 개선될 수 있는 질병이 되었다. 1991년에 에이즈 감염 사실을 공개한 미국의 프로농구 선수 매직 존슨은 지금까지도 정상적인 삶을 살고 있다.

│ 의사소통능력

22 다음 중 글을 이해한 내용으로 옳은 것은?

① 에이즈는 면역계의 결함으로 인해 나타나는 선천성 질환이다.

② HIV에 감염되더라도 항체가 형성되기 전이라면 별다른 증상이 나타나지 않는다.

③ HIV는 음식에 들어가 생존할 수 없으나, 인체의 체액 내에서는 생존할 수 있다.

④ 에이즈는 악수를 통해서도 전염될 수 있으므로 직접적인 접촉은 피하는 것이 좋다.

⑤ 의학의 발달로 에이즈를 완치할 수 있는 치료제들이 계속 개발되고 있다.

│ 의사소통능력

23 다음 〈보기〉를 참고할 때, 글쓴이가 주장할 내용으로 가장 적절한 것은?

> **보기**
>
> 정부가 국민들을 대상으로 실시한 설문 조사 결과, 국민들은 에이즈(AIDS)에 대해 '불치병', '죽음' 등 부정적으로 인식하는 경우가 많은 것으로 나타났다. 그러나 실제 응답자 중 주변에서 에이즈 감염인을 본 적이 있다는 답변은 0.6%에 불과하여 에이즈에 대한 잘못된 인식은 미디어를 통해 간접 경험한 낙인이 내면화된 것으로 보인다.

① 에이즈 환자는 자신의 감염 사실을 주변에 적극적으로 알려야 한다.

② 주기적인 검진을 통해 병을 조기에 발견한다면 건강을 지킬 수 있다.

③ 에이즈에 감염된 채 살아가야 하는 환자의 삶을 존중해야 한다.

④ 에이즈 치료제를 개발하기 위한 연구에 보다 많은 투자가 필요하다.

⑤ 에이즈를 다루고 있는 미디어에 대한 보다 검증적인 시각이 필요하다.

24 다음 빈칸 ㉠ ~ ㉣에 들어갈 단어로 적절한 것은?

> 시중에 판매 중인 손 소독제 18개 제품을 수거해 에탄올 _____㉠_____의 표준 제조 기준 검사를 실시한 결과, 식약처 표준 제조 기준에 미달하는 제품 7개를 적발하였다. 이들 제품 중에는 변경 허가 없이 다른 소독제 _____㉡_____을 섞거나 _____㉢_____에 물을 혼합해 생산한 제품도 있었다. 식약처 의약외품 표준 제조 기준에 의하면 손 소독제는 54.7 ~ 70%의 에탄올을 _____㉣_____해야 한다.

	㉠	㉡	㉢	㉣
①	함량	성분	원료	함유
②	함량	성분	원료	내재
③	함량	성질	원천	내재
④	분량	성질	원천	함유
⑤	분량	성분	원천	함유

25 A회사는 한국어, 중국어, 영어, 일본어를 사용하고, B회사는 중국어, 러시아어를, C회사는 한국어, 영어, D회사는 러시아어, 일본어, E회사는 중국어, 영어, 러시아어를 사용한다. 다음 중 언어가 통하지 않는 회사끼리 연결된 것은?

① A, B
② A, C
③ B, C
④ B, E
⑤ D, E

26 총무팀 A, B, C, D, E 5명은 주중에 돌아가면서 한 번씩 야근을 하려고 한다. 총무팀 5명 중 가장 마지막에 야근을 하는 팀원은?

> • B는 E의 하루 뒤에 야근을 하고, B의 이틀 뒤에는 A가 야근을 한다.
> • D보다 먼저 야근을 하는 사람은 없다.
> • C는 목요일에 야근을 한다.

① A
② B
③ C
④ D
⑤ E

27 L공사는 최근 문서정리를 위해 머신러닝알고리즘을 배치하였다. 8월 4일에 머신러닝알고리즘은 문서를 몇 건 정리하였는가?

- 7월 29일에는 테스트로 10건만 문서정리를 진행하였다.
- 7월 30일부터는 전날 정리한 양의 2배보다 10건 더 문서정리를 진행하였다.
- 7월과 8월 모두 31일까지 있다.
- 문서정리는 쉬는 날 없이 매일 진행하였다.

---

① 630건   ② 640건

③ 1,270건   ④ 1,280건

⑤ 1,300건

28 A사원은 콘퍼런스에 참석하기로 했다. 공항버스, 비행기, 시외버스를 모두 이용하여 도착한다고 할 때, A사원이 콘퍼런스에 제시간에 도착하지 못할 확률은?(단, 확률에서 소수점 이하는 버림한다)

- 공항버스를 타고 제시간에 K공항에 도착할 확률은 95%이다.
- K공항에서 비행기를 타고 제시간에 Z공항에 도착할 확률은 88%이다.
- Z공항에서 시외버스를 타고 제시간에 콘퍼런스에 도착할 확률은 92%이다.

---

① 20%   ② 23%

③ 25%   ④ 28%

⑤ 30%

29 K공장은 상품을 만들면서 안정성 검사와 기능 검사를 병행하고 있다. 1시간 동안 안정성 검사와 기능 검사를 동시에 받는 상품은 몇 개인가?

- 상품은 15초에 1개씩 만들어진다.
- 안정성 검사는 12번째 상품마다 검사한다.
- 기능 검사는 9번째 상품마다 검사한다.

---

① 12개   ② 10개

③ 8개   ④ 6개

⑤ 4개

30 다음은 독감의 변인 3가지에 대한 실험을 하고 난 보고서이다. 다음과 같은 변인 3가지 외에 다른 변인은 없다고 했을 때, 이를 해석한 〈보기〉 중 옳은 것을 모두 고른 것은?

> 선택 1. 수분섭취를 잘하였고, 영양섭취와 예방접종은 하지 않았는데 독감에 걸리지 않았다.
> 선택 2. 수분섭취는 하지 않고, 영양섭취와 예방접종은 하였는데 독감에 걸리지 않았다.
> 선택 3. 영양섭취와 예방접종, 수분섭취를 모두 하였는데 독감에 걸리지 않았다.
> 선택 4. 영양섭취는 하였고, 예방접종을 하지 않았으며, 수분섭취는 하였는데 독감에 걸렸다.

> **보기**
>
> ㄱ. 선택 1, 2를 비교해 보았을 때 수분섭취를 하지 않아 독감에 걸렸을 것으로 추정된다.
> ㄴ. 선택 1, 4를 비교해 보았을 때 영양섭취를 하지 않아 독감에 걸리지 않았을 것으로 추정된다.
> ㄷ. 선택 2, 4를 비교해 보았을 때 예방접종을 하여 독감에 걸렸을 것으로 추정된다.
> ㄹ. 선택 3, 4를 비교해 보았을 때 예방접종을 하면 독감에 걸리지 않는 것으로 추정된다.

① ㄱ
② ㄴ, ㄷ
③ ㄷ, ㄹ
④ ㄴ, ㄹ
⑤ ㄱ, ㄴ, ㄹ

31 다음 중 신입사원 5명 중 가장 나이가 적은 사람과 가장 나이가 많은 사람의 나이 차는?

> • 신입사원은 5명이다.
> • 신입사원의 평균 나이는 28.8세이다.
> • 중앙값은 28세, 최빈값은 32세이다.

① 7세
② 9세
③ 11세
④ 13세
⑤ 15세

※ 다음은 법 개정에 따른 일·가정 양립 휴가 지원제도의 변화를 나타낸 표이다. 다음 자료를 바탕으로 이어지는 질문에 답하시오. [32~33]

휴가 분류	변경 전	변경 후
출산 전후 휴가 (배우자)	- 3 ~ 5일 사용가능(유급 3일) - 정부지원 없음 - 출산한 날부터 30일 이내 청구 - 분할 사용 불가 - 같은 자녀에 대해 부부 동시 육아휴직 불가	- 유급 10일 사용가능 - 유급 5일분 정부지원(통상임금 100%) - 출산한 날부터 90일 이내 청구 - 1회 분할 사용 가능 - 같은 자녀에 대해 부부 동시 육아휴직 가능
출산 전후 휴가 (임신 당사자)	- 통상임금 100%, 상한액 180만 원 - 90일(다태아 120일) / 출산 후에 45일 이상의 기간 보장(다태아 60일)	- 통상임금 100%, 상한액 200만 원 - 기간 동일
가족 돌봄 휴직	- 가족의 질병·사고·노령 사유만 인정 - 연간 90일(사용기간 단위 최소 30일) - 부모, 배우자, 자녀 또는 배우자의 부모	- 현행 휴직 사유+자녀 양육 사유 - 연간 휴직기간 90일 중 10일은 1일 단위로 사용 - 부모, 배우자, 자녀 또는 배우자의 부모+조부모, 손자녀
육아기 근로시간 단축	- (육아휴직)+(근로시간 단축)=최대 1년 - 하루 2 ~ 5시간(주 10 ~ 25시간) - 통상임금 80% 지원(상한액 150만 원)	- (육아휴직 최대 1년)+(근로시간 단축)=[최대 2년(근로시간 단축 1년 이상 가능)] - 하루 1 ~ 5시간(주 5 ~ 25시간) - 하루 1시간까지 통상임금. 나머지 단축분은 80% 지원(상한액 200만 원)

▎의사소통능력

32 다음 중 변경 후 내용에 대한 설명으로 옳은 것은?

① 다태아가 아닐 경우 출산 50일 전에 출산 전후 휴가를 신청할 수 있다.
② 아내와 같은 직장에 다니고 있는 남편은 아내의 육아휴직 기간이 끝나야 육아휴직을 할 수 있다.
③ 손자의 양육을 사유로 가족 돌봄 휴직을 신청할 수 없다 .
④ 1시간에 해당하는 통상임금이 1만 원이라면 육아기 근로시간 단축 중 한 주 최대 20만 원을 지원받을 수 있다.
⑤ 임신한 아내의 배우자가 출산 전후 휴가를 최대로 사용하여도 그 달의 통상임금은 변화가 없다.

▎의사소통능력

33 다음 중 ㉠ ~ ㉣에 들어갈 수의 총합은?

- 쌍둥이를 임신한 배우자를 둔 남편은 출산 전후 휴가를 총 ____㉠____ 일을 쓸 수 있다.
- 육아기 근로시간 단축을 신청하려는 A씨는 출산 휴가를 2개월만 썼기 때문에 총 ____㉡____ 개월을 신청할 수 있다.
- 아내가 출산한 지 27일(당일 포함)이 지났다면 남편은 ____㉢____ 일 내에 출산 전후 휴가를 청구해야 한다.
- 출산 전후 휴가 중인 B씨의 월급이 100만 원이라면, 한 달에 최고 ____㉣____ 만 원을 받을 수 있다.

① 165
② 195
③ 205
④ 235
⑤ 315

※ 다음 글을 읽고 이어지는 질문에 답하시오. **[1~2]**

(가) 사실 19세기 중엽은 전화 발명으로 무르익은 시기였고, 전화 발명에 많은 사람이 도전했다고 볼 수 있다. 한 개인이 전화를 발명했다기보다 여러 사람이 전화 탄생에 기여했다는 이야기로 이어질 수 있다. 하지만 결국 최초의 공식 특허를 받은 사람은 벨이며, 벨이 만들어낸 전화 시스템은 지금도 세계 통신망에 단단히 뿌리를 내리고 있다.

(나) 그러나 벨의 특허와 관련된 수많은 소송은 무치의 죽음, 벨의 특허권 만료와 함께 종료되었다. 그레이와 벨의 특허 소송에서도 벨은 모두 무혐의 처분을 받았고, 1887년 재판에서 전화의 최초 발명자는 벨이라는 판결이 났다. 그레이가 전화의 가능성을 처음 인지한 것은 사실이지만, 전화를 완성하기 위한 후속 조치를 취하지 않았다는 것이었다.

(다) 하지만 벨이 특허를 받은 이후 누가 먼저 전화를 발명했는지에 대해 치열한 소송전이 이어졌다. 여기에는 그레이를 비롯하여 안토니오 무치 등 많은 사람이 관련돼 있었다. 특히 무치는 1871년 전화에 대한 임시특허를 신청하였지만, 돈이 없어 정식 특허로 신청하지 못했다. 2002년 미국 하원 의회에서는 무치가 10달러의 돈만 있었다면 벨에게 특허가 부여되지 않았을 것이라며 무치의 업적을 인정하기도 했다.

(라) 알렉산더 그레이엄 벨은 전화를 처음 발명한 사람으로 알려져 있다. 1876년 2월 14일 벨은 설계도와 설명서를 바탕으로 전화에 대한 특허를 신청했고, 같은 날 그레이도 전화에 대한 특허 신청서를 제출했다. 1876년 3월 7일 미국 특허청은 벨에게 전화에 대한 특허를 부여했다.

| 의사소통능력

01 다음 중 (가) ~ (라) 문단을 논리적 순서대로 바르게 연결한 것은?

① (가) – (라) – (다) – (나)　　　　② (가) – (다) – (라) – (나)

③ (라) – (가) – (다) – (나)　　　　④ (라) – (나) – (가) – (다)

⑤ (라) – (다) – (나) – (가)

| 의사소통능력

02 다음 중 글의 내용과 일치하는 것은?

① 법적으로 전화를 처음으로 발명한 사람은 벨이다.

② 그레이는 벨보다 먼저 특허 신청서를 제출했다.

③ 무치는 1871년 전화에 대한 정식 특허를 신청하였다.

④ 현재 세계 통신망에는 그레이의 전화 시스템이 사용되고 있다.

⑤ 그레이는 전화의 가능성을 인지하지 못하였다.

※ 다음 글을 읽고 이어지는 질문에 답하시오. [3~4]

변혁적 리더십은 리더가 조직 구성원의 사기를 고양하기 위해 미래의 비전과 공동체적 사명감을 강조하고, 이를 통해 조직의 장기적 목표를 달성하는 것을 핵심으로 한다. 거래적 리더십이 협상과 교환을 통해 구성원의 동기를 부여한다면, 변혁적 리더십은 구성원의 변화를 통해 동기를 부여하고자 한다. 또한 거래적 리더십은 합리적 사고와 이성에 호소하는 반면, 변혁적 리더십은 감정과 정서에 호소하는 측면이 크다.

이러한 변혁적 리더십은 조직의 합병을 주도하고 신규 부서를 만들어 내며, 조직문화를 창출해 내는 등 조직 변혁을 주도하고 관리한다. 따라서 오늘날 급변하는 환경과 조직의 실정에 적합한 리더십 유형으로 주목받고 있다. 변혁적 리더는 주어진 목적의 중요성과 의미에 대한 구성원의 인식 수준을 제고시키고, 개인적 이익을 넘어서 구성원 자신과 조직 전체의 이익을 위해 일하도록 만든다. 그리고 구성원의 욕구 수준을 상위 수준으로 끌어올림으로써 구성원을 근본적으로 변혁시킨다. 즉, 거래적 리더십을 발휘하는 리더는 구성원에게서 기대되었던 성과만을 얻어내지만, 변혁적 리더는 _____

변혁적 리더가 변화를 이끌어내는 전문적 방법의 하나는 카리스마와 긍정적인 행동 양식을 보여주는 것이다. 이를 통해 리더는 구성원들의 신뢰와 충성심을 얻을 수 있다. 조직의 비전을 구체화하여 알려주고 어떻게 목표를 달성할 것인지를 설명해주거나 높은 윤리적 기준으로 모범이 되는 것도 좋은 방법이 된다.

지속적으로 구성원의 동기를 부여하는 것도 매우 중요하다. 팀워크를 장려하고, 조직의 비전을 구체화하여 개인의 일상 업무에도 의미를 부여할 수 있도록 해야 한다. 변혁적 리더는 구성원이 조직의 중요한 부분이 될 수 있도록 노력하게 만드는 데에 초점을 둔다. 따라서 높지만 달성 가능한 목표를 세워 구성원의 생산력을 향상시키고, 구성원에게는 성취 경험을 제공하여 그들이 계속 성장할 수 있도록 만들어야 한다.

현재 상황에 대한 의문은 새로운 변화를 일어나게 한다. 변혁적 리더는 구성원들의 지적 자극을 불러일으켜 조직의 이슈에 대해 적극적으로 관심을 갖도록 만들며, 이를 통해서 참신한 아이디어와 긍정적인 변화가 일어날 수 있도록 한다.

변혁적 리더는 개개인의 관점을 소홀히 생각하지 않는다. 각각의 구성원들을 독특한 재능, 기술 등을 보유한 독립된 개인으로 인지한다. 리더가 구성원들을 개인으로 인지하게 되면 그들의 능력에 적합한 역할을 부여할 수 있으며, 구성원들 역시 개인적인 목표를 용이하게 달성할 수 있게 된다. 따라서 리더는 각 구성원의 소리에 귀 기울이고, 구성원 개개인에게 관심을 표현해야 한다.

03 다음 중 빈칸에 들어갈 내용으로 적절한 것은?

① 개개인의 성과를 얻어낼 수 있다.
② 구체적인 성과를 얻어낼 수 있다.
③ 기대 이상의 성과를 얻어낼 수 있다.
④ 참신한 아이디어도 함께 얻어낼 수 있다.
⑤ 구성원들의 신뢰도 함께 얻어낼 수 있다.

04 다음 중 글의 내용과 일치하지 않는 것은?

① 변혁적 리더는 구성원의 합리적 사고와 이성에 호소한다.
② 변혁적 리더는 구성원의 변화를 통해 동기를 부여하고자 한다.
③ 변혁적 리더는 구성원이 자신과 조직 전체의 이익을 위해 일하도록 한다.
④ 변혁적 리더는 구성원에게 카리스마와 긍정적 행동 양식을 보여준다.
⑤ 변혁적 리더는 구성원 개개인에게 관심을 표현한다.

※ 다음 글을 읽고 이어지는 질문에 답하시오. **[5~6]**

(가) 1682년, 영국의 엘리아스 에쉬몰(Elias Ashmole)이 자신의 수집품을 대학에 기증하면서 '박물관(Museum)'이라는 용어가 처음 등장하였고, 이후 유럽과 미국에서 박물관은 서로 다른 양상으로 발전하였다. 유럽의 경우 주로 개인이 소장품을 국가에 기증하면 국가는 이를 바탕으로 박물관을 설립하였다. 즉, 국가의 지원과 통제하에 박물관이 설립된 것이다. 반면, 미국의 경우는 민간 차원에서 일반 대중에게 봉사한다는 취지로 미술품 애호가들이나 개인 법인에 의해 박물관이 설립되었다.

(나) 19세기 이전 대부분의 박물관은 종합 박물관의 성격을 띠었으나, 19세기 이후 과학의 진보와 함께 수집품이 증가하고, 이들의 분류·정리가 이루어지면서 전문 박물관이 설립되기 시작했다. 한편, 신흥 도시가 번영의 힘을 과시하기 위해 장식과 기교가 많고 화려한 박물관을 설립하기도 하였다.

(다) 1851년 런던의 대박람회와 1876년 미국 독립 100주년 기념 대박람회는 박물관 사업을 촉진하는 계기가 되었다. 그 결과 뉴욕의 자연사박물관, 메트로폴리탄 박물관, 보스턴미술관 등이 설립되었다. 이 시기의 박물관은 시민의 교육기관이라는 위상을 갖추기 시작했다. 박물관이 학생 교육, 대중의 지식 개발 등 교육에 기여하는 바가 크다는 사실을 인식한 것이다. 또한 자연과학의 발달과 생물학·인류학·고고학 등의 연구가 활발해지면서 전문 박물관도 급진적으로 증가하게 되었다.

(라) 1930 ~ 1940년대 미국에서는 막대한 재력을 가진 개인이 본격적인 후원의 주체가 되는 양상이 나타났다. 재력가들이 미술품 수집에 관심을 보이면서 박물관에 대한 지원이 기업 이윤의 사회 환원이라는 명목으로 이루어졌다. 미국은 미술품을 구입하는 개인이나 법인에 세제상의 혜택을 주어 간접적인 미술의 발전을 도모하였고, 이로 인해 1945년 이후 많은 박물관이 형성되었다. 1876년 약 200여 개였던 미국의 박물관 수는 1940년에는 2,500개, 1965년에는 5,000여 개에 달하였으며, 1974년에는 약 7,000여 개로 집계되었다.

(마) 그러나 경제 대공황기 이후 박물관이 예술 작품을 역사와 무관하게 상품적 가치가 있는 것, 미적인 눈요깃감으로 왜곡시키고 있다는 비판을 받기 시작했다. 이에 따라 동시대의 작품에 많은 관심을 기울여야 한다는 움직임이 활발하게 진행되면서 신흥 재벌의 후원으로 뉴욕의 현대미술관, 워싱턴의 국립미술관 등이 건립되었다. 그들은 보유하고 있는 소장품을 기부하는 방법으로 후원하였으며, 19세기 말 이후의 작품들이 전시됨으로써 현대 미술을 일반에게 알리는 데 기여하였다.

▎의사소통능력

05 다음 중 글의 내용과 일치하지 않는 것은?

① 국가 차원에서 설립된 유럽의 박물관은 국가의 지원과 통제를 받았다.
② 19세기 이후 신흥 도시에서는 박물관 설립을 통해 번영의 힘을 과시하기도 하였다.
③ 과학의 발전과 함께 등장한 전문 박물관은 19세기 후반 그 수가 급격하게 증가하였다.
④ 미국의 박물관은 교육의 목적이 아닌 경제적 이윤을 목적으로 한다.
⑤ 뉴욕의 현대미술관과 워싱턴의 국립미술관은 주로 19세기 말 이후의 현대 미술 작품을 전시한다.

▎의사소통능력

06 다음 중 문단별 주제가 바르게 연결된 것은?

① (가) - 박물관의 정의
② (나) - 19세기 이전 박물관의 성격
③ (다) - 전문 박물관의 등장 배경
④ (라) - 1930 ~ 1940년대 미국 박물관의 특징
⑤ (마) - 경제 대공황 이후 박물관의 쇠퇴

07 다음은 L공사에서 제공하고 있는 T신혼희망타운의 청약과 관련된 자료이다. 자료를 참고하였을 때, 〈보기〉 중 청약 가점이 가장 높은 사람은?

〈T신혼희망타운 청약 가점제〉

혼인 2년 초과 7년 이내 신혼부부 및 3세 이상 6세 이하(만 2세 이상 만 7세 미만을 말함) 자녀를 둔 한부모가족에게 가점제로 공급

가점항목	평가항목	점수	비고
미성년 자녀수	3명 이상	3	태아 및 입양 포함
	2명	2	
	1명	1	
무주택기간	3년 이상	3	신청자가 만 30세가 되는 날(만 30세 이전 혼인한 경우 혼인신고일)부터 공고일 기준 세대구성원(예비신혼부부는 혼인으로 구성될 세대) 전원이 계속하여 무주택인 기간
	1년 이상 3년 미만	2	
	1년 미만	1	
해당 시·도 연속 거주기간	2년 이상	3	시는 특별시·광역시·특별자치시 기준이고, 도는 도·특별자치도 기준
	1년 이상 2년 미만	2	
	1년 미만	1	
주택청약종합저축 납입인정 횟수	24회 이상	3	입주자저축 가입 확인서 기준
	12회 이상 23회 이하	2	
	6회 이상 11회 이하	1	

보기

- A는 혼인 신고한 지 24개월 된 신혼부부로 10세 쌍둥이 자녀 2명이 있고, 부부 모두 무주택 기간이 30개월이 넘었다. 청약 받고자 하는 도시에서 28개월을 세입자로 거주하였고, 주택청약종합저축은 총 10회 납입하였다.
- B는 38세이고, 이혼한 후 6세 여자아이 둘을 혼자 키우고 있으며, 집을 소유한 적이 없다. 청약 받고자 하는 도시에서 13개월을 거주하였으며, 주택청약종합저축은 14회 납입하였다.
- C는 청약 받고자 하는 도시에서 태어난 28살 청년으로 결혼한 지 3년이 되었다. 부인은 현재 임신 중이며, 부모님이 물려준 자기 소유 집을 10개월 전에 매매하였다. 주택청약종합 저축은 26회 납입하였으며, 현재 5회 납입은 횟수로 인정되지 않았다.
- D는 이직을 하면서 처음 가는 도시에서 청약을 하려 한다. 이혼한 지 7년이 되었으며, 자녀는 2명으로 25살 아들과 입양한 6살 딸이 있다. 집은 18개월 전에는 있었으나 매매하였고, 주택청약종합저축은 24회 납입하였다.
- E는 만 2세가 된 자식을 둔 4년 차 신혼부부로 이번 청약을 위해 5회 주택청약종합저축을 하였으며, 현재 청약 받을 도시에서 자기 명의로 된 주택에서 12개월째 거주하고 있다. 앞으로 2명의 자식을 더 가질 계획이다.

① A

② B

③ C

④ D

⑤ E

08 현재 1,000만 원을 보유한 A씨는 매년 이자가 10%인 K예금상품에 3년 동안 전액을 예치하려 한다. 예금방식이 단리식과 연복리식이 있을 때, 두 경우의 원리합계의 합은 얼마인가?[단, $(1.1)^3 = 1.331$이다]

> • 단리예금 : 목돈을 원하는 만큼 맡기고, 원금에 대해서만 이자를 산정하여 만기 시까지 추가 입금이 불가한 금융상품이다.
> • 복리예금 : 원금과 이자에 대한 이자를 받을 수 있고, 만기 시까지 추가 입금이 불가하며, 이자 지급기간에 따라 연복리, 월복리, 일복리로 구분하는 금융상품이다.

① 2,122만 원
② 2,482만 원
③ 2,631만 원
④ 2,896만 원
⑤ 3,027만 원

09 L공사는 5층짜리 선반에 사무용품을 정리해 두고 있다. 선반의 각 층에는 서로 다른 두 종류의 사무용품이 놓여 있다고 할 때, 다음 〈조건〉을 참고하여 바르게 추론한 것은?

> **조건**
> • 선반의 가장 아래층에는 인덱스 바인더가 지우개와 함께 놓여 있다.
> • 서류정리함은 보드마카와 스테이플러보다 아래에 놓여 있다.
> • 보드마카와 접착 메모지는 같은 층에 놓여 있다.
> • 2공 펀치는 스테이플러보다는 아래에 놓여있지만, 서류정리함보다는 위에 놓여 있다.
> • 접착 메모지는 스테이플러와 볼펜보다 위에 놓여 있다.
> • 볼펜은 2공 펀치보다 위에 놓여있지만, 스테이플러보다 위에 놓여 있는 것은 아니다.
> • 북엔드는 선반의 두 번째 층에 놓여 있다.
> • 형광펜은 선반의 가운데 층에 놓여 있다.

① 스테이플러는 보드마카보다 위에 놓여 있다.
② 서류정리함은 북엔드보다 위에 놓여 있다.
③ 볼펜은 3층 선반에 놓여 있다.
④ 보드마카와 접착 메모지가 가장 높은 층에 놓여 있다.
⑤ 2공 펀치는 북엔드와 같은 층에 놓여 있다.

10 L공사에 근무 중인 A ~ D는 이번 인사발령을 통해 용인, 인천, 안양, 과천 4개 지점에서 각각 근무하게 되었다. 다음 〈조건〉을 참고할 때, 반드시 참인 것은?

> **조건**
> • 이미 근무했던 지점에서는 다시 근무할 수 없다.
> • A와 B는 용인 지점에서 근무한 적이 있다.
> • C와 D는 인천 지점에서 근무한 적이 있다.
> • A는 이번 인사발령을 통해 과천 지점에서 근무하게 되었다.

① A는 안양 지점에서 근무한 적이 있다.
② B는 과천 지점에서 근무한 적이 있다.
③ B는 인천 지점에서 근무하게 되었다.
④ C는 용인 지점에서 근무하게 되었다.
⑤ D는 안양 지점에서 근무하게 되었다.

11 다음 글의 주제로 가장 적절한 것은?

> 멸균이란 곰팡이, 세균, 박테리아, 바이러스 등 모든 미생물을 사멸시켜 무균 상태로 만드는 것을 의미한다. 멸균 방법에는 물리적, 화학적 방법이 있으며, 멸균 대상의 특성에 따라 적절한 멸균 방법을 선택하여 실시할 수 있다. 먼저 물리적 멸균법에는 열이나 화학약품을 사용하지 않고 여과기를 이용하여 세균을 제거하는 여과법, 병원체를 불에 태워 없애는 소각법, 100℃에서 10 ~ 20분간 물품을 끓이는 자비소독법, 미생물을 자외선에 직접 노출시키는 자외선 소독법, 160 ~ 170℃의 열에서 1 ~ 2시간 동안 건열 멸균기를 사용하는 건열법, 포화된 고압증기 형태의 습열로 미생물을 파괴시키는 고압증기 멸균법 등이 있다. 다음으로 화학적 멸균법은 화학약품이나 가스를 사용하여 미생물을 파괴하거나 성장을 억제하는 방법을 말한다. 여기에는 E.O 가스, 알코올, 염소 등 여러 가지 화학약품이 사용된다.

① 멸균의 중요성
② 뛰어난 멸균 효과
③ 다양한 멸균 방법
④ 멸균 시 발생할 수 있는 부작용
⑤ 실생활에서 사용되는 멸균

12 다음 밑줄 친 ㉠ ~ ㉢ 중 맥락에 어울리는 단어를 올바르게 연결한 것은?

> 앞으로는 공무원이 공공기관 민원시스템에서 신고성 민원 등의 서류를 출력해도 민원인 정보는 자동으로 삭제된다. 또한 민원인 정보를 제3자에게 제공할 때도 유의사항 등을 담은 세부 처리지침이 ㉠ 조성 / 조장된다. 국민권익위원회는 이 같은 내용을 담은 '공공기관 민원인 개인정보 보호 강화방안'을 마련해 499개 공공기관과 행정안전부에 제도 개선을 권고했다. 권고안에는 민원담당 공무원이 기관별 민원시스템에서 신고성 민원 등의 내용을 출력해도 민원인 이름 등 개인정보는 자동으로 삭제되고 민원 내용만 인쇄되도록 하는 내용이 담겨 있다.
>
> 이와 함께 민원인 정보를 제3자에게 제공할 때 민원담당자가 지켜야 하는 세부 처리지침을 '민원행정 및 제도개선 기본지침'에 반영하도록 했다. 특히 각 기관에서 신고성 민원을 처리할 때 민원인 비밀보장 준수, 신고자 보호·보상 제도 안내 등 관련 유의사항이 담기도록 했다.
>
> 그간 개인정보보호를 위한 정부의 노력에도 불구하고 민원처리 과정에서 민원인 정보가 유출되어 국민의 권익이 침해되는 사례가 지속해서 발생하고 있었다. 하지만 민원처리 지침 등에는 민원인 정보 유출 관련 주의사항, 처벌 규정 등만 ㉡ 명시 / 암시되어 있을 뿐 민원인 정보를 제3자에게 제공할 수 있는 범위와 한계 등에 관한 규정이 없었다. 기관별로 접수되는 신고성 민원은 내용과 요건에 따라 부패·공익신고에 해당할 경우 신고자 보호 범위가 넓은 공익신고자 보호법 등에 따라 처리되어야 함에도 민원 담당자들이 이를 제대로 알지 못해 신고자 보호 규정을 제대로 준수하지 못했기에 이를 보완하려는 후속 조치가 마련된 것이다.
>
> 국민권익위원회의 권익개선정책국장은 "이번 제도개선으로 공공기관 민원처리 과정에서 신고성 민원 등을 신청한 민원인의 개인정보가 유출되는 사례를 방지할 수 있을 것"이라며 "앞으로도 국민권익위 정부 혁신 실행과제인 국민의 목소리를 ㉢ 반영 / 투입한 생활밀착형 제도개선을 적극 추진하겠다."라고 말했다.

	㉠	㉡	㉢
①	조성	명시	반영
②	조성	명시	투입
③	조성	암시	반영
④	조장	명시	반영
⑤	조장	암시	투입

※ 다음은 2018 ~ 2019년 투여경로별 의약품 생산 및 수입 실적 현황이다. 다음 자료를 참고하여 이어지는 질문에 답하시오. [13~14]

〈2018년 투여경로별 의약품 생산 및 수입 실적 현황〉

(단위 : 개, 억 원)

실적	투여경로	전체 의약품		전문 의약품		일반 의약품	
		품목 수	금액	품목 수	금액	품목 수	금액
생산 실적	전체	19,494	159,048	13,901	134,131	5,593	24,917
	경구약	14,659	111,025	10,308	91,225	4,351	19,800
	주사제	2,460	34,313	2,460	34,313	0	0
	외용약	2,375	13,710	1,133	8,593	1,242	5,117
수입 실적	전체	2,194	43,717	1,954	42,262	240	1,455
	경구약	916	23,429	817	22,590	99	839
	주사제	789	15,851	789	15,851	0	0
	외용약	489	4,437	348	3,821	141	616

〈2019년 투여경로별 의약품 생산 및 수입 실적 현황〉

(단위 : 개, 억 원)

실적	투여경로	전체 의약품		전문 의약품		일반 의약품	
		품목 수	금액	품목 수	금액	품목 수	금액
생산 실적	전체	19,632	172,181	13,982	143,646	5,650	28,535
	경구약	14,766	118,945	10,346	96,478	4,420	22,467
	주사제	2,476	37,979	2,476	37,979	0	0
	외용약	2,390	15,257	1,160	9,189	1,230	6,068
수입 실적	전체	2,202	42,717	1,979	41,336	223	1,381
	경구약	926	21,246	836	20,545	90	701
	주사제	779	16,359	779	16,359	0	0
	외용약	497	5,112	364	4,432	133	680

※ 모든 의약품은 경구약, 주사제, 외용약으로만 구분한다.

| 수리능력

13 다음 중 2018년 투여경로별 의약품 생산 및 수입 실적 현황에 대한 설명으로 옳은 것은?

① 전체 수입금액은 전체 생산금액의 30% 이상이다.
② 전체 주사제 수입금액은 전체 주사제 생산금액의 50% 미만이다.
③ 외용약의 전문 의약품 수입품목 수는 경구약 전문 의약품 수입품목 수의 50% 이상이다.
④ 전체 경구약 생산품목 수 중 전문 의약품 품목 수의 비율은 80% 이상이다.
⑤ 전체 수입금액 중 전문 의약품 수입금액이 차지하는 비율은 90% 미만이다.

14 다음 〈보기〉 중 자료에 대한 설명으로 옳지 않은 것을 모두 고르면?

> **보기**
>
> ㄱ. 2018년과 2019년 모두 일반 의약품 품목 수가 전문 의약품 품목 수보다 모든 품목에서 크다.
> ㄴ. 2019년 전체 경구약 수입품목 수는 2018년 대비 5% 이상 감소하였다.
> ㄷ. 2019년 경구약 전문 의약품의 생산금액은 수입금액의 3.5배를 초과한다.
> ㄹ. 전체 의약품의 전체 생산금액과 전문 의약품의 전체 생산금액은 2018년과 2019년 모두 전년 대비 20% 이상 증가하였다.

① ㄱ, ㄴ   ② ㄱ, ㄹ

③ ㄴ, ㄷ   ④ ㄱ, ㄴ, ㄹ

⑤ ㄴ, ㄷ, ㄹ

15 다음은 K회사에서 실시한 직원들의 진급시험 점수 분포표이다. 다음 표를 참고할 때, 전체 평균 점수는 얼마인가?

〈진급시험 점수 분포표〉

(단위 : 점, 명)

점수	인원	점수	인원
55	9	80	5
60	7	85	4
65	0	90	6
70	6	95	3
75	8	100	2

① 70점   ② 72점

③ 74점   ④ 76점

⑤ 78점

※ 다음을 읽고 이어지는 질문에 답하시오. [16~17]

〈임대인·임차인의 권리〉

임대인의 권리	임차인의 권리
1. 월세지급청구권 임대인은 임차인에게 정해진 일자에 월세를 주도록 청구할 수 있음(민법 제618조)	※ 임대주택 사용·수익권 임차인은 임대차계약을 통해 주택을 사용·수익할 수 있는 권리를 취득함(민법 제618조)
2. 임대물 반환청구권 임대차계약이 종료하면 임대인은 임차인에게 임대주택을 반환해 주도록 청구할 수 있음	※ 임대차등기협력청구권 계약당사자 간의 별도의 약정이 없을 경우 임차인은 임대인에게 주택임대차등기에 협력해 주도록 청구할 수 있음(민법 제621조 제1항) 임대차가 끝났음에도 보증금이 반환되지 않은 경우 임차인은 법원의 임차권등기명령제도를 이용해 임차권등기를 할 수 있음(주택임대차보호법 제3조의3 제1항) 임대차등기 관련 분쟁이 발생하여 소송을 진행해 승소를 한 경우에는 단독으로 등기를 할 수 있음(부동산등기법 제23조 제4항 참조)
3. 차임(월세 등)증액청구권 임대인은 약정한 월세나 보증금이 임대주택에 대한 조세, 공과금, 그 밖의 경제사정의 변동으로 적절하지 않게 된 경우 그 이후로 올려달라고 청구할 수 있음(주택임대차보호법 제7조 본문)	※ 차임(월세 등)감액청구권 임차인은 ① 임차주택의 일부가 임차인의 잘못 없이 멸실되거나 그 밖의 사유로 사용·수익할 수 없게 된 경우(민법 제627조 제1항) ② 약정한 월세나 보증금이 임대주택에 대한 조세, 공과금, 그 밖의 경제사정의 변동으로 적절하지 않게 된 경우 그 이후로 내려달라고 청구할 수 있음(주택임대차보호법 제7조 본문)
4. 원상회복청구권 임대차계약이 종료하면 (㉠)은 (㉡)에게 임대주택을 임대해줄 당시와 같이 원상복구하여 돌려줄 것을 요구할 수 있음(민법 제654조 및 제615조)	※ 부속물매수청구권 임차인은 사용편의를 위해 임대인의 동의를 얻어 주택에 부속시킨 물건이 있거나 임대인으로부터 매수한 부속물이 있는 경우 임대차가 종료하면 임대인에게 그 부속물의 매수를 청구할 수 있음(민법 제646조) ※ 부속물 철거권 임대인이 부속물의 매수를 원하지 않을 경우 임차인은 부속물을 철거할 수 있음(민법 제654조 및 제615조)
5. 임대물의 보존에 필요한 행위를 할 권리 임대인이 임대주택의 보존에 필요한 행위를 하는 경우 임차인은 이를 거절하지 못함(민법 제624조)	※ 필요비상환청구권 임차인은 임차주택의 보존에 관해 필요비를 지출한 경우 비용이 발생한 즉시 임대인에게 그 비용을 청구할 수 있음(민법 제626조 제1항) ※ 유익비상환청구권 (㉢)이 유익비를 써서 임대차가 끝났을 때까지도 그 가치가 증가해 증가액이 있는 경우 임차인은 임대인에게 지출한 금액이나 그 증가액만큼을 돌려주도록 청구할 수 있음(민법 제626조 제2항)

16 ㉠~㉢에 들어갈 말로 올바른 것은?

	㉠	㉡	㉢
①	임차인	임대인	임대인
②	임차인	임대인	임차인
③	임대인	임차인	임차인
④	임대인	임차인	임대인
⑤	임대인	임대인	임차인

17 밑줄 친 어휘의 설명으로 올바른 것은?

① 지급 : 돈이나 물품을 받아들임
② 멸실 : 건축물이 없어지는 것
③ 원상복구 : 본디의 형편이나 상태
④ 매수 : 값을 받고 물건의 소유권을 다른 사람에게 넘김
⑤ 보존 : 무엇을 움직이게 하거나 부리어 씀

18 A대학생은 현재 보증금 3천만 원, 월세 50만 원을 지불하면서 B원룸에 거주하고 있다. 다음 해부터는 월세를 낮추기 위해 보증금을 증액하려고 한다. 다음 규정을 보고 A대학생이 월세를 최대로 낮췄을 때의 월세와 보증금으로 올바르게 짝지어진 것은?

〈B원룸 월 임대료 임대보증금 전환 규정〉

• 월 임대료의 56%까지 보증금으로 전환 가능

• 연 1회 가능

• 전환이율 6.72%

※ (환산보증금)= $\dfrac{\text{(전환 대상 금액)}}{\text{(전환이율)}}$

---

① 월세 22만 원, 보증금 7천만 원

② 월세 22만 원, 보증금 8천만 원

③ 월세 22만 원, 보증금 9천만 원

④ 월세 30만 원, 보증금 8천만 원

⑤ 월세 30만 원, 보증금 9천만 원

19 다음 밑줄 친 ㉠~㉤ 중 단어의 사용이 적절하지 않은 것은?

보건복지부는 포용적 사회보장의 기반 마련을 위해 복지 대상자를 중심에 두고 필요한 정보를 연계·통합한 '차세대 사회보장 정보시스템' ㉠ 창안(創案) 계획을 발표했다. 이에 포괄적 사회 보장 지원을 원하는 국민은 누구나 '복지 멤버십'의 회원으로 등록할 수 있다. 등록 시 조사에 동의한 가구·소득·재산 정보를 토대로 사회 보장 급여·서비스의 지원기준에 맞춰 정보시스템이 우선 대상자를 ㉡ 판정(判定)한다. 임신·출산·입학·실직·퇴직·중대질병·장애 발생·입원 등 경제 상황 변동에 따른 사회보장 정보를 제공한다. 보건복지부 관계자는 "안내를 받은 국민이 사회보장급여와 서비스를 편리하게 신청할 수 있도록 하여 복지 ㉢ 사각(四角)지대를 해소하고, 정책개선 체감도를 높이고자 한다."고 말했다.

빅데이터를 활용한 시스템도 도입한다. 기존에 단전·단수 정보나 건강 보험료 체납정보 등의 빅데이터 정보를 활용했지만, 앞으로는 단순 빈곤을 넘어 고립·관계단절·정신적·인지적 문제가 있는 경우까지 발굴할 수 있는 방안을 연구하고, 이에 대한 사회적 논의를 신중히 진행할 예정이다. 이를 위해 정부는 보건복지콜센터 상담사나 민간 복지 기관 ㉣ 종사(從事)자 등 다양한 인적 안전망을 통해 들어오는 위기 정보를 체계적으로 관리하여 빅데이터 분석에 활용할 계획이다. 또 고용 위기 등 기초자치단체에서 지역 특성을 고려해 자체적으로 위기가구를 분석하고, 원룸·고시원·판자촌 등 주민 등록 정보 관리가 어려운 지역은 위기 징표가 ㉤ 밀집(密集)된 곳의 위치정보를 제공할 계획이다.

---

① 창안(創案)　　　　　　　　② 판정(判定)

③ 사각(四角)　　　　　　　　④ 종사(從事)

⑤ 밀집(密集)

20 다음은 Q사진관이 올해 찍은 사진의 용량 및 개수를 나타낸 자료이다. 올해 찍은 사진을 모두 모아서 한 개의 USB에 저장하려고 할 때, 최소 몇 GB의 USB가 필요한가?[단, 1MB=1,000KB, 1GB=1,000MB이며, 합계 파일 용량(GB)에서 소수점 이하는 버림한다]

〈올해 사진 자료〉

구분	크기(cm)	용량	개수
반명함	3×4	150KB	8,000개
신분증	3.5×4.5	180KB	6,000개
여권	5×5	200KB	7,500개
단체사진	10×10	250KB	5,000개

① 3.0GB
② 3.5GB
③ 4.0GB
④ 4.5GB
⑤ 5.0GB

| 코레일 한국철도공사 / 의사소통능력

01 다음 글의 주제로 가장 적절한 것은?

이제 2023년 6월부터 민법과 행정 분야에서 나이를 따질 때 기존 계산하는 방식에 따라 1 ~ 2살까지 차이가 났던 우리나라 특유의 나이 계산법이 국제적으로 통용되는 '만 나이'로 일원화된다. 이는 태어난 해를 0살로 보고 정확하게 1년이 지날 때마다 한 살씩 더하는 방식을 말한다.

이에 대해 여론은 대체적으로 긍정적이나, 일각에서는 모두에게 익숙한 관습을 벗어나 새로운 방식에 적응해야 한다는 점을 우려하고 있다. 특히 지금 받고 있는 행정서비스에 급격한 변화가 일어나 혹시라도 손해를 보거나 미리 따져 봐야 할 부분이 있는 건 아닌지, 또 다른 혼선이 야기되는 건 아닌지 하는 것들이 이에 해당한다.

한국의 나이 기준은 우리가 관습적으로 쓰는 '세는 나이'와 민법 등에서 법적으로 규정한 '만 나이', 일부 법령이 적용하고 있는 '연 나이' 등 세 가지로 되어 있다. 이처럼 국회가 법적 나이 규정을 만 나이로 정비한 이유는 한 사람의 나이가 계산 방식에 따라 최대 2살이 달라져 '나이 불일치'로 인한 각종 행정서비스 이용과 계약체결 과정에서 혼선과 법적 다툼이 발생했기 때문이다.

더군다나 법적 나이를 규정한 민법에서조차 표현상으로 만 나이와 일반 나이가 혼재되어 있어 문구를 통일해야 한다는 지적이 나왔다. 표현상 '만 ○○세'로 돼 있지 않아도 기본적으로 만 나이로 보는 게 관례이지만, 법적 분쟁 발생 시 이는 해석의 여지를 줄 수 있기 때문이다. 다른 법에서 특별히 나이의 기준을 따로 두지 않았다면 민법의 나이 규정을 따르도록 되어 있는데, 실상은 민법도 명확하지 않았던 것이다.

정부는 내년부터 개정된 법이 시행되면 우선 그동안 문제로 지적됐던 법적·사회적 분쟁이 크게 줄어들 것으로 기대하고 있지만, 국민 전체가 일상적으로 체감하는 변화는 크지 않을 것으로 보고 있다. 이번 법 개정의 취지 자체가 나이 계산법 혼용에 따른 분쟁을 해소하는 데 맞춰져 있고, 오랜 세월 확립된 나이에 대한 사회적 인식이 법 개정으로 단번에 바뀔 수 있는 건 아니기 때문이다.

또한 여야와 정부는 연 나이를 채택해 또래 집단과 동일한 기준을 적용하는 것이 오히려 혼선을 막을 수 있고 법 집행의 효율성이 담보된다고 합의한 병역법, 청소년보호법, 민방위기본법 등 52개 법령에 대해서는 연 나이 규정의 필요성이 크다면 굳이 만 나이 적용을 하지 않겠다고 밝혔다.

① 연 나이 계산법 유지의 필요성
② 우리나라 나이 계산법의 문제점
③ 기존 나이 계산법 개정의 필요성
④ 나이 계산법 혼용에 따른 분쟁 해소 방안
⑤ 나이 계산법의 변화로 달라지는 행정서비스

02 다음 글의 내용으로 가장 적절한 것은?

미디어 플랫폼의 다변화로 콘텐츠 이용에 대한 선택권이 다양해졌지만, 장애인은 OTT로 콘텐츠 하나 보기가 어려운 현실이다.

지난 장애인 미디어 접근 콘퍼런스에서 한국시각장애인연합회 정책팀장은 "올해 한 기사를 보니 한 시각장애인 분이 OTT는 넷플릭스나 유튜브로 보고 있다고 돼 있었는데, 두 가지가 다 외국 플랫폼이었다는 것이 마음이 아팠다. 외국과 우리나라에서 장애인을 바라보는 시각의 차이가 바로 이런 것이구나 생각했다."며 "장애인을 소비자로 보느냐 시혜대상으로 보느냐, 사업자가 어떤 생각을 갖고 있느냐에 따라 콘텐츠를 어떻게 제작할 것인가의 차이가 있다고 본다."고 말했다.

실제 시각장애인은 OTT의 기본 기능도 이용하기 어렵다. 국내 OTT에서는 동영상 재생 버튼을 설명하는 대체 텍스트(문구)가 제공되지 않아 시각장애인들이 재생 버튼을 선택할 수 없었으며 동영상 시청 중에는 일시 정지할 수 있는 버튼, 음량 조정 버튼, 설정 버튼 등이 화면에서 사라졌다. 재생 버튼에 대한 설명이 제공되는 넷플릭스도 영상 재생 시점을 10초 앞으로 또는 뒤로 이동하는 버튼은 이용하기 어렵다.

이에 국내 OTT 업계의 경우 장애인 이용을 위한 기술을 개발 및 확대한다는 계획을 밝히며 정부 지원이 필요하다고 덧붙였다. 정부도 규제와 의무보다는 사업자의 자율적인 부분을 인정해주고 사업자 노력을 드라이브 걸 수 있는 지원책을 마련하여야 한다. 이는 OTT 시장이 철저한 자본에 의한 경쟁시장이며, 자본이 있는 만큼 서비스가 고도화되고 그 고도화를 통해 이용자 편의성을 높일 수 있기 때문이다.

① 외국 OTT 플랫폼은 장애인을 위한 서비스를 활발히 제공하고 있다.
② 국내 OTT 플랫폼은 장애인을 위한 서비스를 제공하고 있지 않다.
③ 외국 OTT 플랫폼은 국내 플랫폼보다 장애인을 시혜대상으로 바라보고 있다.
④ 우리나라 장애인의 경우 외국 장애인보다 상대적으로 OTT 플랫폼의 이용이 어렵다.
⑤ 정부는 OTT 플랫폼에 장애인 편의 기능을 마련할 것을 촉구했지만 지원책은 미비했다.

03 다음 문단을 논리적 순서대로 바르게 나열한 것은?

(가) 물론 이전과 달리 노동 시장에서 여성이라서 채용하지 않는 식의 직접적 차별은 많이 감소했지만, 실질적으로 고학력 여성들이 면접 과정에서 많이 탈락하거나 회사에 들어간 후에도 승진을 잘 하지 못하고 있다. 이는 여성이 육아 휴직 등을 사용하는 경우가 많아 회사가 여성을 육아와 가사를 신경 써야 하는 존재로 간주해 여성의 생산성을 낮다고 판단하고 있기 때문이다.

(나) 한국은 직종(Occupation), 직무(Job)와 사업장(Establishment)이 같은 남녀 사이의 임금 격차 또한 다른 국가들에 비해 큰 것으로 나타났는데, 영국의 한 보고서의 따르면 한국은 조사국 14개국 중 직종, 직무, 사업장별 남녀 임금 격차에서 상위권에 속했다. 즉, 한국의 경우 같은 직종에 종사하며 같은 직장에 다니면서 같은 업무를 수행하더라도 성별에 따른 임금 격차가 다른 국가들에 비해 상대적으로 높다는 이야기다.

(다) OECD가 공개한 '성별 간 임금 격차(Gender Wage Gap)'에 따르면 지난해 기준 OECD 38개 회원국들의 평균 성별 임금 격차는 12%였다. 이 중 한국의 성별 임금 격차는 31.1%로 조사국들 중 가장 컸으며, 이는 남녀 근로자를 각각 연봉 순으로 줄 세울 때 정중앙인 중위 임금을 받는 남성이 여성보다 31.1%를 더 받았다는 뜻에 해당한다. 한국은 1996년 OECD 가입 이래 26년 동안 줄곧 회원국들 중 성별 임금 격차 1위를 차지해 왔다.

(라) 이처럼 한국의 남녀 간 성별 임금 격차가 크게 유지되는 이유로 노동계와 여성계는 연공서열제와 여성 경력 단절을 꼽고 있다. 이에 대해 A교수는 노동 시장 문화에는 여성 경력 단절이 일어나도록 하는 여성 차별이 있어 여성이 중간에 떨어져 나가거나 승진을 못하는 것이 너무나 자연스러운 일처럼 보인다고 말했다.

이에 정부는 여성 차별적 노동 문화의 체질을 바꾸기 위해서는 정책적으로 여성에게만 혜택을 더 주는 것으로 보이는 시혜적 정책은 지양하되, 여성 정책이 여성한테 무언가를 해주기보다는 남녀 간 평등을 촉진하는 방향으로 나아갈 수 있도록 해야 할 것이다.

① (나) – (다) – (가) – (라)
② (나) – (다) – (라) – (가)
③ (나) – (가) – (다) – (라)
④ (다) – (나) – (가) – (라)
⑤ (다) – (나) – (라) – (가)

04 다음 글의 빈칸에 들어갈 내용으로 가장 적절한 것은?

제주 한라산 천연보호구역에 있는 한 조립식 건물에서 불이 나 3명의 사상자가 발생했다. 이 건물은 무속 신을 모시는 신당으로 수십 년 동안 운영된 곳이었으나, 실상은 허가 없이 지은 불법 건축물에 해당되었다. 특히 해당 건물은 조립식 샌드위치 패널로 지어져 있어 이번 화재는 자칫 대형 산불로 이어져 한라산까지 타버릴 아찔한 사고였지만, 행정당국은 불이 난 뒤에야 이 건축물의 존재를 파악했다.

해당 건물에서의 화재는 30여 분 만에 빠르게 진화되었지만, 이 불로 건물 안에 있던 40대 남성이 숨지고, 60대 여성 2명이 화상을 입어 병원으로 이송되었다. 이는 해당 건물이 _____ 불이 삽시간에 번져 나갔기 때문이었다.

행정당국은 서귀포시는 산림이 울창하고 인적이 드문 곳이어서 관련 신고가 접수되지 않는 등 단속에 한계가 있다고 밝히며 행정의 손이 미치지 않는 취약한 지역, 산지나 으슥한 지역은 관련 부서와 협의를 거쳐 점검할 필요가 있다고 말했다.

① 화재에 취약한 구조로 지어져 있어
② 산지에 위치해 기후가 건조했기 때문에
③ 안정성을 검증받지 못한 가건물에 해당되어
④ 소방시설과 거리가 있는 곳에 위치하고 있어
⑤ 인적이 드문 지역에 위치하여 발견이 쉽지 않아

05 세현이의 몸무게는 체지방량과 근육량을 합하여 65kg이었다. 세현이는 운동을 하여 체지방량은 20% 줄이고, 근육량은 25% 늘려서 전체적으로 몸무게를 4kg 줄였다. 이때 체지방량과 근육량을 각각 구하면?

① 36kg, 25kg

② 34kg, 25kg

③ 36kg, 23kg

④ 32kg, 25kg

⑤ 36kg, 22kg

06 가로의 길이가 140m, 세로의 길이가 100m인 직사각형 모양의 공터 둘레에 일정한 간격으로 꽃을 심기로 했다. 네 모퉁이에 반드시 꽃을 심고, 심는 꽃의 수를 최소로 하고자 할 때, 꽃은 몇 송이를 심어야 하는가?

① 21송이

② 22송이

③ 23송이

④ 24송이

⑤ 25송이

07 K공장에서 생산되는 제품은 50개 중 1개의 불량품이 발생한다고 한다. 이 공장에서 생산되는 제품 중 2개를 고른다고 할 때, 2개 모두 불량품일 확률은?

① $\dfrac{1}{25}$

② $\dfrac{1}{50}$

③ $\dfrac{1}{250}$

④ $\dfrac{1}{1,250}$

⑤ $\dfrac{1}{2,500}$

08 다음은 S공사의 성과급 지급 기준에 대한 자료이다. 甲대리가 받은 성과평가 등급이 아래와 같을 때, 甲대리가 받게 될 성과급은 얼마인가?

〈S공사 성과급 지급 기준〉

■ 개인 성과평가 점수

(단위 : 점)

실적	난이도평가	중요도평가	신속성	합
30	20	30	20	100

■ 각 성과평가 항목에 대한 등급별 가중치

구분	실적	난이도평가	중요도평가	신속성
A등급(매우 우수)	1	1	1	1
B등급(우수)	0.8	0.8	0.8	0.8
C등급(보통)	0.6	0.6	0.6	0.6
D등급(미흡)	0.4	0.4	0.4	0.4

■ 성과평가 결과에 따른 성과급 지급액

구분	성과급 지급액
85점 이상	120만 원
75점 이상 85점 미만	100만 원
65점 이상 75점 미만	80만 원
55점 이상 65점 미만	60만 원
55점 미만	40만 원

〈甲대리 성과평가 등급〉

실적	난이도평가	중요도평가	신속성
A등급	B등급	D등급	B등급

① 40만 원
② 60만 원
③ 80만 원
④ 100만 원
⑤ 120만 원

09 S공사의 K대리는 지사 4곳을 방문하여 재무건전성을 조사하려고 한다. 다음 〈조건〉에 따라 이동한다고 할 때, K대리가 방문할 지사를 순서대로 바르게 나열한 것은?

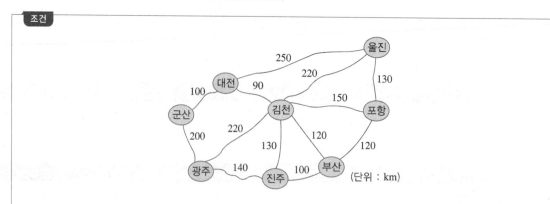

- K대리는 방금 대전 지사에서 재무조사를 마쳤다.
- 대전을 포함하여 기 방문한 도시는 재방문하지 않는다.
- 이동 방법은 디스크 스케줄링 기법인 SSTF(Shortest Seek Time First)를 활용한다.

※ SSTF : 현 위치에서 가장 짧은 거리를 우선 탐색하는 기법

① 군산 – 광주 – 김천
② 군산 – 광주 – 진주
③ 김천 – 부산 – 진주
④ 김천 – 부산 – 포항
⑤ 울진 – 김천 – 광주

10 S공사는 유럽의 P회사와 체결한 수출계약 건으로 물품을 20ft 컨테이너의 내부에 가득 채워 보내려고 한다. 물품은 A와 B로 구성되어 있어 개별로 포장되며, 물품 A 2박스와 물품 B 1박스가 결합했을 때 완제품이 되는데, 이를 정확히 파악하기 위해서 컨테이너에는 한 세트를 이루도록 넣고자 한다. 20ft 컨테이너 내부 규격과 물품 A와 B의 포장규격이 다음과 같다면, 총 몇 박스의 제품이 실리겠는가?

- 20ft 컨테이너 내부 규격 : (L)6,000mm×(W)2,400mm×(H)2,400mm
- 물품 A의 포장규격 : (L)200mm×(W)200mm×(H)400mm
- 물품 B의 포장규격 : (L)400mm×(W)200mm×(H)400mm

① 1,440박스
② 1,470박스
③ 1,530박스
④ 1,580박스
⑤ 1,620박스

11 다음 중 리더와 관리자를 비교하는 내용으로 적절하지 않은 것은?

	리더	관리자
①	계산된 리스크(위험)를 수용한다.	리스크(위험)를 최대한 피한다.
②	'어떻게 할까'를 생각한다.	'무엇을 할까'를 생각한다.
③	사람을 중시한다.	체제·기구를 중시한다.
④	새로운 상황을 만든다.	현재 상황에 집중한다.
⑤	내일에 초점을 둔다.	오늘에 초점을 둔다.

12 다음 중 임파워먼트의 장애요인에 대한 내용으로 적절하지 않은 것은?

① 개인 차원 : 주어진 일을 해내는 역량의 결여, 대응성, 동기의 결여, 결의의 부족, 책임감 부족 등
② 대인 차원 : 다른 사람과의 성실성 결여, 약속 불이행, 성과를 제한하는 조직의 규범(Norm) 등
③ 관리 차원 : 효과적 리더십 발휘능력 결여, 경험 부족, 정책 및 기획의 실행능력 결여 등
④ 조직 차원 : 공감대 형성이 없는 구조와 시스템, 제한된 정책과 절차 등
⑤ 업무 차원 : 새로운 동기부여에 도움이 되는 시스템, 환경 변화에 따라 변화하는 업무 실적 등

13 다음 중 빈칸 ㉠, ㉡에 들어갈 접속어가 차례로 연결된 것은?

> 도덕적 명분관은 인간의 모든 행위에 대해 인간의 본성에 근거하는 도덕적 정당성의 기준을 제시함으로써 개인의 정의감이나 용기를 뒷받침한다. 즉, 불의에 대한 비판 의식이라든가 타협을 거부하는 선비의 강직한 정신 같은 것이 바로 그것인데, 이는 우리 사회를 도덕적으로 건전하게 이끌어 오는 데 기여하였다. 또한 사회적 행위에 적용되는 도덕적 명분은 공동체의 정당성을 확고하게 하여 사회를 통합하는 데 기여해 왔다. ____㉠____ 자신의 정당성에 대한 신념이 지나친 나머지 경직된 비판 의식을 발휘하게 되면 사회적 긴장과 분열을 초래할 수도 있다. ____㉡____ 조선 후기의 당쟁(黨爭)은 경직된 명분론의 대립으로 말미암아 심화한 측면이 있는 것이다.

① 게다가, 예컨대
③ 하지만, 그리고

② 그리고, 왜냐하면
④ 그러나, 예컨대

14 석훈이와 소영이는 운동장에 있는 달리기 트랙에서 같은 지점에서 출발해 반대방향으로 달리기 시작했다. 석훈이는 평균 6m/s의 속력으로, 소영이는 평균 4m/s의 속력으로 달렸는데 처음 만날 때를 제외하고 두 번째 만날 때까지 걸린 시간이 1분 15초일 때, 운동장 트랙의 길이는 얼마인가?

① 315m

② 325m

③ 355m

④ 375m

15 A휴게소의 물품 보관함에는 자물쇠로 잠긴 채 오랫동안 방치되고 있는 보관함 네 개가 있다. 휴게소 관리 직원인 L씨는 방치 중인 보관함을 정리하기 위해 사무실에서 보유하고 있는 1 ~ 6번까지의 열쇠로 네 개의 자물쇠를 모두 열어 보았다. 그 결과가 〈조건〉과 같이 나왔을 때, 다음 중 항상 참인 것은?(단, 하나의 자물쇠는 정해진 하나의 열쇠로만 열린다)

> **조건**
> • 첫 번째 자물쇠는 1번 또는 2번 열쇠로 열렸다.
> • 두 번째 자물쇠와 네 번째 자물쇠는 3번 열쇠로 열리지 않았다.
> • 6번 열쇠로는 어떤 자물쇠도 열지 못했다.
> • 두 번째 또는 세 번째 자물쇠는 4번 열쇠로 열렸다
> • 세 번째 자물쇠는 4번 또는 5번 열쇠로 열렸다.

① 첫 번째 자물쇠는 반드시 1번 열쇠로 열린다.

② 두 번째 자물쇠가 2번 열쇠로 열리면, 세 번째 자물쇠는 5번 열쇠로 열린다.

③ 세 번째 자물쇠가 5번 열쇠로 열리면, 네 번째 자물쇠는 2번 열쇠로 열린다.

④ 3번 열쇠로는 어떤 자물쇠도 열지 못한다.

16 S공단에서 근무하고 있는 김인턴은 경기본부로 파견 근무를 나가고자 한다. 다음 〈조건〉에 따라 파견일을 결정할 때, 김인턴이 경기본부로 파견 근무를 갈 수 있는 날짜는?

〈12월 달력〉

일	월	화	수	목	금	토
				1	2	3
4	5	6	7	8	9	10
11	12	13	14	15	16	17
18	19	20	21	22	23	24
25	26	27	28	29	30	31

조건

- 김인턴은 12월 중에 경기본부로 파견 근무를 나간다.
- 파견 근무는 2일 동안 진행되며, 이틀 동안 연이어 진행하여야 한다.
- 파견 근무는 주중에만 진행된다.
- 김인턴은 12월 1일부터 12월 7일까지 연수에 참석하므로 해당 기간에는 근무를 진행할 수 없다.
- 김인턴은 12월 27일부터는 부서이동을 하므로, 27일부터는 파견 근무를 포함한 모든 담당 업무를 후임자에게 인계하여야 한다.
- 김인턴은 목요일마다 H본부로 출장을 가며, 출장일에는 파견 근무를 수행할 수 없다.

① 12월 6~7일
② 12월 11~12일
③ 12월 14~15일
④ 12월 20~21일
⑤ 12월 27~28일

17 다음은 S공단 자기소개서 가산점 기준표의 일부를 나타낸 자료이다. 이를 참고하여 〈보기〉의 가산점 계산 시 가산점이 5점, 4점, 2점인 경우는 각각 몇 가지인가?

〈S공단 자기소개서 가산점 기준표〉

분야		관련 자격증 및 가산점		
		5점	4점	2점
학위		박사학위	석사학위	학사학위
정보처리		• 정보관리기술사 • 전자계산기조직응용기술사	• 정보처리기사 • 전자계산기조직응용기사 • 정보보안기사	• 정보처리산업기사 • 사무자동화산업기사 • 컴퓨터활용능력 1 · 2급 • 워드프로세서 1급 • 정보보안산업기사
전자 · 통신		• 정보통신기술사 • 전자계산기기술사	• 무선설비 · 전파통신 · 전파전자 · 정보통신 · 전자 · 전자계산기기사 • 통신설비기능장	• 무선설비 · 전파통신 · 전파전자 · 정보통신 · 통신선로 · 전자 · 전자계산기산업기사
국어		• 한국실용글쓰기검정 750점 이상 • 한국어능력시험 770점 이상 • 국어능력인증시험 162점 이상	• 한국실용글쓰기검정 630점 이상 • 한국어능력시험 670점 이상 • 국어능력인증시험 147점 이상	• 한국실용글쓰기검정 550점 이상 • 한국어능력시험 570점 이상 • 국어능력인증시험 130점 이상
외국어	영어	• TOEIC 900점 이상 • TEPS 850점 이상 • IBT 102점 이상 • PBT 608점 이상 • TOSEL 880점 이상 • Flex 790점 이상 • PELT 446점 이상	• TOEIC 800점 이상 • TEPS 720점 이상 • IBT 88점 이상 • PBT 570점 이상 • TOSEL 780점 이상 • Flex 714점 이상 • PELT 304점 이상	• TOEIC 600점 이상 • TEPS 500점 이상 • IBT 57점 이상 • PBT 489점 이상 • TOSEL 580점 이상 • Flex 480점 이상 • PELT 242점 이상
	일어	• JLPT 1급 • JPT 850점 이상	• JLPT 2급 • JPT 650점 이상	• JLPT 3급 • JPT 550점 이상
	중국어	• HSK 9급 이상	• HSK 8급	• HSK 7급

※ 자격증 종류에 따라 5점, 4점, 2점으로 차등적으로 부여되며, 점수의 합산을 통해 최대 5점(5점이 넘는 경우도 5점으로 적용)까지만 받을 수 있다.
※ 같은 분야에 포함된 자격증에 대해서는 점수가 높은 자격증만 인정된다.

보기

(가) : 정보관리기술사, 사무자동화산업기사, TOEIC 750점, JLPT 2급
(나) : TOSEL 620점, 워드프로세서 1급, PELT 223점
(다) : 한국실용글쓰기검정 450점, HSK 6급, 정보보안산업기사
(라) : JPT 320점, 석사학위, TEPS 450점
(마) : 무선설비산업기사, JLPT 3급, ITQ OA 마스터
(바) : TOEIC 640점, 국어능력인증시험 180점, HSK 8급
(사) : JLPT 3급, HSK 5급, 한국어능력시험 530점
(아) : IBT 42점, 컴퓨터활용능력 2급, 에너지관리산업기사

	5점	4점	2점
①	2가지	3가지	3가지
②	2가지	4가지	2가지
③	3가지	2가지	3가지
④	3가지	4가지	1가지
⑤	2가지	5가지	1가지

18 다음은 S사 직무전결표의 일부분이다. 이에 따라 결재한 기안문으로 가장 적절한 것은?

〈직무전결표〉

직무 내용	위임 시 전결권자			대표이사
	부서장	상무	부사장	
주식관리 – 명의개서 및 제신고		O		
기업공시에 관한 사항				O
주식관리에 관한 위탁계약 체결				O
문서이관 접수	O			
인장의 보관 및 관리	O			
4대 보험 관리		O		
직원 국내출장			O	
임원 국내출장				O

① 신입직원의 고용보험 가입신청을 위한 결재 : 대리 김철민 / 부장 전결 박경석 / 상무 후결 최석우

② 최병수 부장의 국내출장을 위한 결재 : 대리 서민우 / 부장 박경석 / 상무 대결 최석우 / 부사장 전결

③ 임원변경에 따른 기업공시를 위한 결재 : 부장 최병수 / 상무 임철진 / 부사장 대결 신은진 / 대표이사 전결 김진수

④ 주식의 명의개서를 위한 결재 : 주임 신은현 / 부장 전결 최병수 / 상무 후결 임철진

⑤ 박경석 상무의 국내출장을 위한 결재 : 대리 서민우 / 부장 박경석 / 상무 대결 최석우 / 부사장 전결

19 다음 글을 읽고 추론한 내용으로 적절하지 않은 것은?

지난 1년간 한 번 이상 정신질환에 이환된 적이 있는 사람의 비율을 나타내는 일년유병률은 11.9%로, 지난 1년간 정신건강 문제를 경험한 사람은 470만 명으로 추산됐다.

주요 정신질환별 조사 결과를 살펴 보면, 기분장애의 대표 질환인 주요우울장애(우울증) 평생유병률은 5.0%로, 여성의 경우 남성보다 2배 이상 높았다. 일년유병률은 1.5%로, 지난 1년간 우울증을 경험한 사람은 61만 명으로 추산됐다. 또한 불안장애 평생유병률은 9.3%, 일년유병률 5.7%로, 지난 1년간 불안장애를 경험한 사람은 224만 명으로 추산됐다. 망상이나 환각, 현실에 대한 판단력 저하로 사회적, 직업적 또는 학업적 영역에서 적응에 상당한 문제를 겪는 상태인 조현병 스펙트럼장애 평생유병률은 0.5%로 나타났다. 지역사회에서 1년간 조현병 스펙트럼장애를 경험한 적이 있는 사람은 6만 3천 명, 입원·입소해 있는 조현병 스펙트럼장애 환자 수는 5만 명 등 총 11만 3천 명으로 추산된다.

C병원 H교수는 "전반적으로 정신질환 유병률은 감소 추세이다. 정신건강 서비스의 이용률 증가로 인한 정신질환 예방이나 조기치료의 효과 등이 작용했을 것으로 보인다."면서 "다만, 아직도 선진국에 비해서는 정신건강 서비스의 이용이 적어 정신질환에 대한 인식개선과 서비스 접근성 확보 등 정책적 노력이 계속 되어야 한다."고 설명했다.

정신건강증진센터는 지역별로 위치해 있다. 센터를 이용하기 위해서는 우선 보건복지부 상담 전화 또는 24시간 정신건강상담 전화를 통해 자신이 거주하고 있는 지역에 있는 센터를 찾아야 한다. 거주지에 해당하는 센터에서만 상담과 치료를 받을 수 있다는 점을 유의하자. 서울 및 광역시의 정신건강증진센터는 구 단위로 설치·운영 중이며, 그 외 시·도의 경우에는 시, 군 단위로 설치돼 있다.

거주지 관할 센터를 알았다면 전화를 걸어 상담 예약을 해야 한다. 상시 대기 중인 정신보건 전문요원과 상담을 하고, 이후 진단 결과에 따라 내소·방문 상담 여부 및 치료 방향을 논의하게 된다. 정신건강증진센터에서 개인별 상황과 증상의 정도에 따른 치료 계획이 결정되면, 방문자는 정신건강 상태에 대한 기본 문진 및 치료와 지속적인 상담을 통해 마음과 생각을 치료받게 된다.

이외에도 정신건강증진센터에서는 자살 및 우울증 예방, 약물·PC 등 중독관리, 노인 대상 게이트 키퍼 교육 등 센터별로 다양한 프로그램을 운영하고 있으므로 우울증이나 스트레스 증상이 의심될 때는 망설임 없이 상담 및 치료받을 것을 권장한다.

① 가장 빈번하게 나타나는 정신건강 문제 유형은 불안장애이다.

② 정신질환 예방과 조기치료는 정신질환 유병률 감소에 효과가 있다.

③ 상담과 치료를 원할 때는 24시간 정신건강상담 전화를 통해 현재 자신의 위치와 가장 가까운 센터로 가야 한다.

④ 개인별 상황과 증상에 대해 상담한 후에 치료 계획이 세워져 전문적이라고 할 수 있다.

⑤ 센터별로 다양한 프로그램이 운영되고 있으므로 우울증에 국한된 것이 아닌 여러 정신질환에 대해서 상담받을 수 있다.

20 다음은 아이돌봄서비스에 대한 글이다. 〈보기〉 중 이에 대한 설명으로 적절하지 않은 것을 모두 고르면?

> 아이돌봄서비스는 만 12세 이하 아동을 둔 맞벌이 가정 등에 아이돌보미가 직접 방문하여 아동을 안전하게 돌봐주는 서비스로, 정부 차원에서 취업 부모들을 대신하여 그들의 자녀에 대한 양육 및 이와 관련된 활동을 지원해 준다. 이는 가정의 아이돌봄을 지원하여 아이의 복지증진과 보호자의 일·가정 양립을 통한 가족구성원의 삶의 질 향상과 양육 친화적인 사회 환경을 조성하는 데 목적이 있다. 아동의 안전한 보호를 위해 영아 및 방과 후 아동에게 개별 가정의 특성과 아동발달을 고려하여 아동의 집에서 돌봄서비스를 제공하며, 취업 부모의 일·가정 양립을 위해 야간·주말 등 틈새시간의 '일시 돌봄' 및 '영아 종일 돌봄' 등 수요자가 원하는 서비스를 제공한다.
> 서비스는 이용 구분에 따라 시간제돌봄서비스, 영아종일제돌봄서비스, 기관연계돌봄서비스, 질병감염아동특별지원서비스로 나뉜다. 시간제돌봄서비스의 이용 대상은 만 3개월 이상 만 12세 이하의 아동이며, 주 양육자가 올 때까지 임시보육, 놀이 활동, 식사 및 간식 챙겨 주기, 보육시설이나 학교 등·하원 등의 서비스를 받을 수 있다. 영아종일제돌봄서비스의 이용 대상은 만 3개월 이상 만 24개월 이하의 영아이며, 이유식, 젖병 소독, 기저귀 갈기, 목욕 등 영아돌봄과 관련된 건강·영양·위생·교육 등의 서비스를 지원받을 수 있다. 기관연계돌봄서비스는 사회복지시설이나 학교, 유치원, 보육시설 등 만 0 ~ 12세 아동에 대한 돌봄서비스가 필요한 기관이 이용 대상이다. 돌보미 1인당 돌볼 수 있는 최대 아동수의 제한이 있으며, 한 명의 돌보미가 여러 연령대의 아동을 대상으로 동시에 서비스를 제공할 수는 없다. 질병감염아동특별지원서비스의 이용 대상은 수족구병 등 법정 전염성 및 유행성 질병에 감염되어 사회복지시설, 유치원, 보육시설 등을 이용하고 있는 만 12세 이하 아동으로, 다른 서비스에 반해 별도로 정부의 지원시간 제한이 없으며, 비용의 50%를 정부가 지원한다. 해당하는 아동은 병원 이용 동행 및 재가 돌봄서비스를 제공받을 수 있다.

보기

> ㉠ 만 12세를 초과한 아동은 아이돌봄서비스를 이용할 수 없다.
> ㉡ 장애 아동의 경우 질병감염아동특별지원서비스를 제공받을 수 있다.
> ㉢ 맞벌이 가정뿐만 아니라 학교·유치원·보육시설도 아이돌봄서비스를 이용할 수 있다.
> ㉣ 야간이나 주말에는 아이돌봄서비스를 이용할 수 없다.

① ㉠, ㉡　　　　　　　　　　　　② ㉠, ㉢
③ ㉡, ㉢　　　　　　　　　　　　④ ㉡, ㉣
⑤ ㉢, ㉣

21 다음은 각국 보험비교를 위해 게재한 독일의 산재보험에 대한 글이다. 이에 대한 설명으로 가장 적절한 것은?

〈독일 산재보험〉

- 담당기구 : 업종별, 지역별로 별도의 산재보험조합(BG)이 조직되어 있으며, 각 산재보험조합은 자율권을 가지고 있는 독립적인 공공법인이고, 국가는 주요 업무사항에 대한 감독권만을 가지고 있다.
- 적용대상 : 산재보험 적용대상에는 근로자뿐만 아니라 학생 및 교육훈련생 집단, 기타 집단 등도 포함된다. 자영업자(같이 근무하는 배우자)는 의무 가입대상이 아닌 임의 가입대상이다.
- 징수 : 근로자 부담분은 없으며, 사업주는 위험등급에 따라 차등화된 보험료를 납부하는데 평균보험료율은 임금지급총액의 1.33%이다.
- 보상 : 보상의 경우 통근재해를 인정하고 있으며, 일일평균임금산정 시 휴업급여는 재해발생 직전 3개월간의 임금총액을 고려하지만, 연금으로 지급되는 급여(상병·장해·유족)는 상병이 발생한 날이 속하는 연도로부터 1년간을 고려한다.
- 요양급여 : 1일 이상의 모든 재해에 대하여 의약품, 물리치료, 그리고 보조도구의 구입을 위한 일체의 비용을 부담한다.
- 휴업급여 : 재해발생 이후 처음 6주간은 사업주가 임금 전액을 지급하고, 사업주의 임금지불의무가 없어지는 7주째부터 산재보험에서 휴업급여가 지급되며, 휴업급여는 1일 단위로 계산(1개월 단위로 계산하는 경우에는 1일 단위로 산출된 값에 30을 곱함)하여 기준소득의 80%를 지급하되, 세금 등을 공제한 순소득을 초과할 수 없다.
- 직업재활급여 : 새로운 일자리를 얻거나 요청하기 위해 소요되는 제반 경비, 장해로 인해 전직하는 경우에 교육훈련을 포함한 직업준비, 직업적응훈련·향상훈련·전직훈련 및 이를 위하여 필요한 경우 정규 학교교육, 불편 없이 학교교육을 받기 위한 보조·도움 및 이에 필요한 준비 또는 학교교육 시작 전에 정신적 및 육체적 기능을 발전·개발시키기 위한 지원, 장애인 전용 사업장에서의 직업훈련 등을 제공한다. 현금급여(전환급여)는 근로생활 복귀를 지원하고자 직업재활을 실행하는 과정에서 근로자에게 지급하는 금전으로, 가족관계에 따라 기준소득에 68~75%를 곱하여 산출한다.
- 장해급여 : 노동능력이 최소한 20% 이상 감소하고 장해가 26주 이상 지속될 경우, 이 두 가지 모두에 해당될 때만 지급된다. 지급액은 노동능력의 상실 정도와 전년도 소득 등 두 가지 기준을 이용하여 결정한다.
- 유족급여 : 유족은 배우자, 유자녀, 직계존속(부모) 등이 해당되고, 총 유족연금은 연간근로소득의 80%를 초과할 수 없다.

---

① 단기 계약직 근로자라도 교육훈련생의 지위를 가지고 있다면, 산재보험의 적용을 받을 수 없다.
② 예산의 효율적 활용을 위해 국가에 의해 통합적으로 운영된다.
③ 휴업급여와 연금식 급여의 일일평균임금산정 방식은 동일하다.
④ 1일을 기준으로 기준소득 대비 급여지급액 비율은 휴업급여의 경우가 직업재활급여 현금급여의 경우보다 높다.
⑤ 근로 중 장해를 당하여 노동능력이 33% 감소하였고, 장해가 24주간 지속되는 근로자는 장해급여를 지급받는다.

22 다음 기사를 읽고 보인 반응으로 적절하지 않은 것은?

C공단은 지난 1일부터 노인돌봄전달체계 개편시범사업에 본격 착수했다고 밝혔다.

이는 저소득층 어르신을 대상으로 보건의료(ICT방문진료 등), 요양(수시방문형 재가서비스 등), 주거지원(주택개조 등), 생활지원(이동 등) 등 다양한 분야의 서비스를 제공한다. 사업대상 지역은 경기 화성시와 강원 춘천시이며, 행정안전부 및 보건복지부, 지자체 등과 협업한다. 해당 지역 내 권역별 통합돌봄본부를 설치하고 C공단 주거지원전문관, 지자체 보건·복지 담당자 등이 상주하며 업무를 수행한다. 그중 C공단은 기술 및 인력 지원을 통한 '고령자 맞춤형 주택 개조사업'을 추진하고 '맞춤형 임대주택' 또한 공급한다. 이를 통해 지역 어르신들은 기존 거주하던 지역을 벗어나지 않고도 안전하고 쾌적한 주거환경을 누릴 수 있게 될 전망이다.

'고령자 맞춤형 주택 개조 사업'은 총 210호를 대상으로 하며, 지자체 예산을 활용해 호당 4백만 원 규모의 수선급여 방식으로 추진된다. 단순 개보수 외에도 낙상 예방을 위한 미끄럼 방지 장치 및 안전 손잡이를 설치하고, 보행에 장애가 되는 문턱도 제거한다. 또한, 돌봄 대상 저소득 어르신에게는 어르신 맞춤형 임대주택을 제공하며, 주택 물색 등이 필요한 경우에는 상담 등 정보도 지원한다.

한편, C공단은 임대주택 단지 내 유휴 공간을 활용해 주민 공유공간 및 생활 SOC시설을 설치하고, 공동생활 도우미 지원 등 다양한 주거 서비스를 제공해 주민들에게 쾌적한 주거환경이 구축될 수 있도록 지속적으로 노력하고 있다.

C공단 본부장은 "기존의 돌봄서비스 등이 요양병원과 시설 중심이었다면 이번 시범사업은 기존 거주 지역을 중심으로 진행된다."며, "돌봄이 필요한 어르신들이 양질의 주거환경과 함께 쾌적하고 안전한 삶을 누릴 수 있도록 최선을 다하겠다."라고 말했다.

① 이전의 노인돌봄 복지는 요양병원과 시설 중심이었어.
② 사업 대상에 특성을 맞춘 내용을 담은 복지를 제공해.
③ 이 사업을 통해 사회적 약자는 보다 나은 주거환경을 누릴 수 있어.
④ 현재 전국적으로 시행되고 있는 사업이야.
⑤ 다양한 기관과의 협업을 통해 추진되는 사업이야.

23 다음 글 뒤에 이어질 내용으로 가장 적절한 것은?

"모든 사람이 건강보험 혜택을 받아야 한다." 이는 네덜란드 법에 명시된 '건강권' 조항의 내용이다. 취약계층을 비롯한 모든 국민이 차별 없이 건강 보호를 받아야 하고, 단순히 질병 치료만이 아니라 건강증진과 재활 등의 영역에 이르기까지 충분한 보건의료 서비스를 보장받아야 한다는 취지이다.

GGD는 네덜란드 국민의 건강 형평성을 위해 설립된 기관으로, 네덜란드 모든 지역에 공공보건서비스를 제공하기 위해 이를 설립하여 운영하고 있다. 네덜란드 국민이라면 생애 한 번 이상은 GGD를 방문한다. 임신한 여성은 산부인과 병원이 아닌 GGD를 찾아 임신부 관리를 받고, 어린 자녀를 키우는 부모는 정기적으로 GGD 어린이 건강센터를 찾아 아이의 성장과 건강을 확인한다. 열대 지방을 여행하고 돌아온 사람은 GGD의 여행 클리닉에서 예방 접종을 받으며, 바퀴벌레나 쥐 때문에 골치 아픈 시민이라면 GGD에 해충 방제 서비스를 요청해 문제를 해결한다. 성병에 걸렸거나 알코올중독·마약중독으로 고통을 겪는 환자도 GGD에서 검사와 치료를 받을 수 있다. 가정폭력 피해자의 상담과 치료도 이곳에서 지원한다. 예방프로그램 제공, 의료환경 개선, 아동보건의료 제공, 전염성질환 관리가 모두 GGD에서 이뤄진다. 특히 경제적 취약계층을 위한 보건의료서비스를 GGD가 책임지고 있다.

GGD는 한국의 보건의료원과 비슷한 역할을 하지만, 그보다 지원 대상과 영역이 방대하고 더 적극적으로 지원 대상을 발굴한다. 특히 전체 인력 중 의료진이 절반 이상으로 전문성을 갖췄다. GGD 암스테르담에 근무하는 약 1,100명의 직원 가운데 의사와 간호사는 600명이 넘는다. 이 중 의사는 100여 명으로, 감염, 법의학, 정신질환 등을 담당한다. 500여 명의 간호사는 의사들과 팀을 이뤄 활동하고 있다. 이곳 의사는 모두 GGD 소속 공무원이다. 반면, 한국의 보건소, 보건지소, 보건의료원 의사 대부분은 병역의무를 대신해 3년만 근무하는 공중보건의다. 하지만 공중보건의도 최근 7년 사이 1,500명 이상 줄어들면서 공공의료 공백 우려도 있다.

'평등한 건강권'은 최근 국내에서 개헌 논의가 시작되면서 본격적으로 논의되기 시작한 개념이다. 기존 헌법에 '모든 국민은 보건에 관하여 국가의 보호를 받는다.'는 조항이 포함돼 있지만, 아직 건강권의 보장 범위가 협소하고 애매하다. 한국은 건강 불평등 격차가 큰 나라 중 하나이다. 국제구호개발기구가 2013년 발표한 전 세계 176개국의 '건강 불평등 격차'에서 우리나라는 33위를 차지했다. 건강 불평등 격차는 보건서비스에 접근이 쉬운 사람과 그렇지 않은 사람 사이의 격차가 얼마나 큰지를 나타내는 지수로, 격차가 클수록 가난한 사람들의 보건 교육, 예방, 치료 등이 보장되지 않음을 의미한다.

① 네덜란드의 보험 제도 또한 많은 문제점을 지니고 있다.

② 네덜란드의 보험 제도를 참고하여 우리나라의 건강 불평등 해소 방향을 생각해 볼 수 있다.

③ 한국의 건강보험공단은 네덜란드의 보험 제도 개혁에 있어 많은 도움을 줄 수 있을 것이다.

④ 우리나라의 건강 불평등 격차를 줄이기 위해서는 무엇보다도 개헌이 시급하다.

⑤ 우리나라 보건의료원의 수준은 네덜란드 GGD와 비교하였을 때 결코 뒤처지지 않는다.

24 다음은 근로복지공단에서 개최한 맞춤형통합서비스 발표회에 대한 보도자료이다. 이에 따라 추론한 내용으로 적절하지 않은 것은?

〈근로복지공단, 맞춤형통합서비스 우수사례 발표회 개최〉

근로복지공단은 올 한해 동안 산재노동자의 재활성공 사례에 대해 2018년도 맞춤형통합서비스 우수사례 발표회를 개최하여 내일찾기서비스 부문 12건, 일반서비스 부문 4건을 우수사례로 선정 후 시상했다.

맞춤형통합서비스는 산재노동자가 보다 원활하게 직업에 복귀할 수 있도록 지원하는 고객 중심의 산재보험 재활업무 프로세스이다. 이는 요양초기단계부터 재활전문가인 잡코디네이터가 1 : 1 사례관리를 진행하는 내일찾기서비스, 요양서비스 과정에서 위기상황에 맞게 적절히 개입하는 일반서비스로 구분된다. 올해 일곱 번째를 맞이하는 우수사례 발표회는 한 해 동안의 재활사업 성과를 평가하고 우수사례 노하우를 공유·확산하는 장으로, 산재노동자의 직업복귀를 촉진시키고 재활사업의 발전방안을 모색하는 자리이기도 하다.

내일찾기서비스 부문 대상은 "서로에게 주는 기쁨"이라는 주제로 발표한 대구지역본부 과장이 수상의 영예를 안았다. 분쇄기에 손이 절단되는 재해를 입고 극심한 심리불안을 겪는 50대 여성 산재노동자 이씨에게 미술심리치료 11회 등 심리상담을 통하여 자존감을 회복하게 하였고, 재활스포츠지원을 통해 재활의욕을 고취하였으며, 사업주를 위한 직장복귀지원금 지급 등 공단의 다양한 재활서비스 지원을 통해 원직복귀에 성공한 사례이다.

일반서비스 부문 대상은 "캄보디아 외국인노동자의 '삶의 희망찾기' 프로젝트"라는 주제로 발표한 안산지사에서 수상했다. 캄보디아 산재노동자 핑씨가 프레스 기계에 손이 협착되었음에도 사업주와 의료진에 대한 불신 때문에 치료를 거부하자 주한 캄보디아 대사관, 외국인지원센터와 연계하여 현 상황을 정확히 설명하였고, 그로 인해 치료의 골든타임을 놓치지 않고 적기에 치료를 제공한 사례이며, 만약 치료를 거부하고 귀국했다면 생명까지 매우 위험한 상태였을 거라는 게 의학전문가의 공통된 소견이다.

근로복지공단 이사장은 "산재노동자의 눈높이에 맞는 맞춤형 서비스를 제공할 수 있도록 업무 프로세스를 더욱 보완·발전시켜 현장 중심의 고객감동 서비스로 산재노동자의 든든한 희망버팀목이 되겠다."고 밝혔다.

---

① 맞춤형통합서비스는 각 요양단계 및 상황에 맞게 구분되어 제공된다.
② 맞춤형통합서비스 우수사례 발표회는 2012년부터 시행되었다.
③ 내일찾기서비스의 경우, 산재노동자가 처한 위기상황에 따라 잡코디네이터가 사례관리를 진행한다.
④ 신체적 상해를 입은 산재노동자의 근로현장 복귀를 위해서는 심리적 지원이 필요할 수 있다.
⑤ 근로자의 신체 및 생명을 보호하는 차원에서도 근로자와 사업주 간의 신뢰구축이 필요하다.

25 다음 글을 읽고 AMI에 대한 설명으로 적절하지 않은 것은?

> 스마트그리드 구축이라는 정부 정책과 신재생에너지 확대 등의 추세에 따라 AMI에 대한 관심이 높아지고 있다. C공단은 총 1조 7천억 원을 투입해 지난 2013년부터 현재까지 AMI를 보급하고 있다. AMI를 각 가정에 설치한 뒤 통신망을 구축하면 C공단에서 각 가정의 전력 사용량을 실시간으로 확인할 수 있는 방식이다. 검침원이 각 가정을 돌아다니며 전력 사용량을 확인하는 고전적인 검침 방식이 필요 없어 불필요한 인력소모를 줄일 수 있다는 장점이 있다. 최종 구축이 완료되면 보다 최적화된 발전계획을 수립하거나 시간대별로 전기요금을 차등 적용할 수 있어 전력 사용을 효율화 시킬 수 있다.
>
> AMI는 지능형 전력계량시스템으로, 양방향 통신을 이용해 전력 사용량과 시간대별 요금 정보 등 전기 사용 정보를 고객에게 제공해 자발적인 전기 절약을 유도하는 계량시스템이다. 이번에 C공단이 도입한 AMI 장애진단시스템은 인공지능과 빅데이터 기술을 적용한 지능화된 프로그램이다. 실시간 장애로그 패턴분석과 업무규칙에 따른 장애분류 기능 등을 복합적으로 제공한다.
>
> 정확한 고장위치 판단을 위한 네트워크 토폴로지(네트워크 요소들인 링크나 노드 등의 물리·논리적 연결) 분석 기능도 지원한다. 기존 AMI의 경우 설비가 고장 나면 전문 인력이 현장에 출동해 각종 설비와 통신 상태를 직접 확인한 후 판단할 수밖에 없었다.
>
> 이러한 상황에서 AMI 구축 규모는 확대되고 있으며, 지능형 전력계량기 보급이 늘어날수록 데이터집중장치와 모뎀, 스마트미터 등 현장 설비의 유지보수, 고장수리를 위한 인력 또한 증가될 것으로 예상되고 있는 실정이다. 이에 C공단은 그동안 AMI 설비 고장으로 전문 인력이 직접 나가 확인하는 구조 방식을 개선하기 위해 AMI 장애진단시스템을 개발했다.
>
> 무엇보다 AMI 장애진단시스템은 원격으로 검침정보 소스를 수집·저장하고, 이를 활용해 어떤 장애인지 장애진단 웹에 전송해 AMI 운영 담당자가 확인할 수 있다. C공단은 지난 7월부터 시범적으로 제주지역을 대상으로 AMI 설비의 검침과 통신 데이터 3개월분(약 2테라바이트)의 빅데이터를 정밀 분석해본 결과 총 31종의 고장 유형을 분류했다. 인공지능 기술을 통해 설비 장애와 통신 불량에 따른 일시적 장애를 구분함으로써 불필요한 현장 출동을 최소화할 수 있도록 한 것이다.

① AMI는 가정에서 사용하는 전력의 양을 시간대별로 가정에서 직접 확인할 수 있도록 해주는 장치이다.
② AMI가 모든 가정에 도입되고 장애진단시스템도 활성화된다면 기존의 전기 계량기 검침원은 거의 사라질 것이다.
③ 기존의 AMI는 양방향 통신이 가능할 뿐만 아니라, 장애가 발생했을 경우 장애 정보를 스스로 C공단에 보낼 수 있다는 장점이 있었다.
④ AMI 장애진단시스템은 AMI 관련 문제가 발생하였을 때 원격 해결도 가능하도록 한다.
⑤ 기존 AMI의 단점을 보완한 장애진단시스템 도입을 위해 제주도의 고장 유형을 분석하였다.

26 다음 문단을 논리적 순서대로 바르게 나열한 것은?

> (가) 고전주의 예술관에 따르면 진리는 예술 작품 속에 이미 완성된 형태로 존재한다. 독자는 작가가 담아 놓은 진리를 '원형 그대로' 밝혀내야 하고, 작품에 대한 독자의 감상은 언제나 작가의 의도와 일치해야 한다. 결국 고전주의 예술관에서 독자는 작품의 의미를 수동적으로 받아들이는 존재일 뿐이다. 하지만 작품의 의미를 해석하고 작가의 의도를 파악하는 존재는 결국 독자이다. 특히 현대 예술에서는 독자에 따라 작품에 대한 다양한 해석이 가능하다고 여긴다. 바로 여기서 수용미학이 등장한다.
>
> (나) 이저는 텍스트 속에 독자의 역할이 들어 있다고 보았다. 그러나 독자가 어떠한 역할을 수행할지는 정해져 있지 않기 때문에 독자는 텍스트를 읽는 과정에서 텍스트의 내용과 형식에 끊임없이 반응한다. 이러한 상호작용 과정을 통해 독자는 작품을 재생산한다. 텍스트는 다양한 독자에 따라 다른 작품으로 태어날 수 있으며, 같은 독자라도 시간과 장소에 따라 다른 작품으로 생산될 수 있는 것이다. 이처럼 텍스트와 독자의 상호작용을 강조한 이저는 작품의 내재적 미학에서 탈피하여 작품에 대한 다양한 해석의 가능성을 열어주었다.
>
> (다) 야우스에 의해 제기된 독자의 역할을 체계적으로 정리한 사람은 '이저'이다. 그는 독자의 능동적 역할을 밝히기 위해 '텍스트'와 '작품'을 구별했다. 텍스트는 독자와 만나기 전의 것을, 작품은 독자가 텍스트와의 상호작용을 통해 그 의미가 재생산된 것을 가리킨다. 그런데 이저는 텍스트에는 '빈틈'이 많다고 보았다. 이 빈틈으로 인해 텍스트는 '불명료성'을 가진다. 텍스트에 빈틈이 많다는 것은 부족하다는 의미가 아니라 독자의 개입에 의해 언제나 새롭게 해석될 수 있다는 것을 의미한다.
>
> (라) 수용미학을 처음으로 제기한 사람은 야우스이다. 그는 "문학사는 작품과 독자 간의 대화의 역사로 쓰여야 한다."고 주장했다. 이것은 작품의 의미는 작품 속에 갇혀 있는 것이 아니라 독자에 의해 재생산되는 것임을 의미한다. 이로부터 문학을 감상할 때 작품과 독자의 관계에서 독자의 능동성이 강조되었다.

① (가) - (다) - (라) - (나) 　　② (다) - (가) - (나) - (라)
③ (가) - (라) - (다) - (나) 　　④ (라) - (가) - (나) - (다)
⑤ (나) - (가) - (다) - (라)

27 다음은 C국가고시 현황에 대한 자료이다. 이를 그래프로 나타낸 내용으로 적절하지 않은 것은?

〈C국가고시 현황〉

(단위 : 명, %)

구분	2017년	2018년	2019년	2020년	2021년
접수자	3,540	3,380	3,120	2,810	2,990
응시자	2,810	2,660	2,580	2,110	2,220
응시율	79.40	78.70	82.70	75.10	74.20
합격자	1,310	1,190	1,210	1,010	1,180
합격률	46.60	44.70	46.90	47.90	53.20

※ 응시율(%) : $\dfrac{(\text{응시자 수})}{(\text{접수자 수})} \times 100$, 합격률(%) : $\dfrac{(\text{합격자 수})}{(\text{응시자 수})} \times 100$

① 연도별 미응시자 수 추이

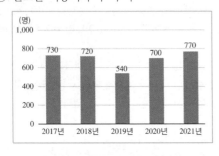

② 연도별 응시자 중 불합격자 수 추이

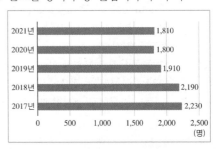

③ 2018 ~ 2021년 전년 대비 접수자 수 변화량

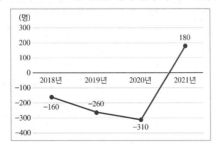

④ 2018 ~ 2021년 전년 대비 합격자 수 변화량

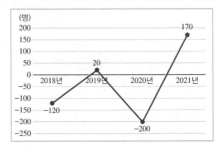

⑤ 2018 ~ 2021년 전년 대비 합격률 증감량

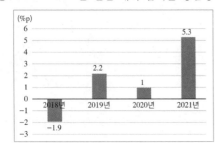

28 다음 글의 빈칸에 들어갈 내용으로 가장 적절한 것은?

> 최근 온라인 커뮤니티 등에서 '여드름약 이소티논 최저가로 처방받는 법'과 같은 게시물을 쉽게 찾아볼 수 있다. 지난 6월부터는 이소티논을 반드시 보험 적용 없이 비급여 항목으로만 처방이 가능하도록 바뀌었지만, 그 전까지 일부 비대면 의료 앱들이 보험을 적용해 저렴한 가격에 구매할 수 있다고 사회관계망서비스(SNS) 등을 통해 대대적으로 광고를 띄웠기 때문이다.
>
> 하지만 이소티논은 유산과 태아 기형을 일으킬 수 있어 임산부에게는 복용이 제한된 의약품으로, 안전하게 복용할 수 있도록 약사 지도가 필요하다. 실제로 약사들도 해당 약을 조제할 때 임신 계획이나 피임약 복용 여부 등을 확인한 후 처방하고 있다.
>
> 이처럼 비대면 의료가 코로나19(COVID-19) 상황에서 한시적으로 허용된 가운데 허술한 규제를 틈타 일부 병원에서 비대면 의료 앱을 이용해 부작용 우려가 있는 전문 의약품을 부당하게 급여 처방해온 것이다. 이는 사실상 소비자에게 의약품 쇼핑을 부추기고 있는 것이나 마찬가지이다.
>
> 또한 현재 약사법은 오남용을 방지하기 위해 이소티논과 같은 전문 의약품의 대중매체 광고를 허용하지 않고 있다. 하지만 일부 의료 앱에서는 해당 광고 내에서 의약품의 이름을 교묘하게 바꿔 광고를 계속하고 있으며, 의료광고는 사전 자율심의를 받아야 하지만 비대면 진료 앱들은 현재 제도의 사각지대에 놓여 있기에 심의 없이도 광고를 할 수 있는 상황이다.
>
> 이에 일부에서는 "코로나19 이후 비대면 의료 앱과 이용자 모두 급증한 상황에서 전문 의약품 오남용 등 부작용이 우려되는 만큼 관련 규제 정비가 필요하다."라고 지적하였으며, A의원은 "온라인 플랫폼을 이용한 비대면 진료에서 가장 우려했던 나쁜 사례"라며, "건강보험 급여 기준을 무시하고 피부미용과 관련된 약물처방을 조장해 의료 상업화를 유도한 불법행위"라고 지적했다. 또한 "현 정부에서 비대면 진료의 무제한 허용을 방치하여 불법 사례들이 속출하고 있는 만큼, 이제는 _____하여 안전한 의료생태계로 갈 수 있도록 꼼꼼한 제도설계가 필요하다."고 언급하였다.

① 의약품 판매처를 확대
② 재진 환자에 한정해 비대면 진료를 허용
③ 대면 진료 중심으로 비대면 진료를 활용
④ 비대면 의료 앱에서의 의료광고를 제한
⑤ 비대면 진료에서의 의약품 처방을 제한

29 다음 글에 나타난 국민건강보험제도의 특성으로 적절한 것은 〈보기〉에서 모두 몇 개인가?

건강보험이란 의료비용을 지불해주는 보험의 한 형태이다. 좀 더 넓은 의미로는 장애, 장기 요양 및 관리를 포함하기도 한다. 이는 정부가 지원하는 사회보험을 통해 제공될 수도 있고, 공동체가 구성원을 위해 가입할 수도 있으며, 개인적으로 가입할 수도 있다. 각 경우 가입자 개인이나 단체는 보험료 또는 세금을 내어 불시에 닥친 높은 의료비로부터 자신을 지킬 수 있다. 이와 비슷한 효과는 정부가 제공하는 사회복지를 통해 실현할 수도 있다.

우리나라 국민건강보험제도의 특성은 다음과 같다.

1. 보험가입을 기피할 경우 국민 상호 간 위험부담을 통하여 의료비를 공동으로 해결하고자 하는 건강보험제도의 목적 실현이 어렵다. 역으로 질병위험이 큰 사람만 보험에 가입할 경우 보험재정이 파탄되어 원활한 건강보험 운영이 불가능하게 된다.

2. 민간보험은 사법상의 법률관계에 따라 사적계약에 의하여 보험관계가 이루어지기 때문에 위험의 종류와 정도, 급여의 내용, 계약조건 등에 따라 보험료를 부담하지만, 사회보험방식인 건강보험에서는 사회적인 연대를 기초로 의료비 문제를 해결하고자 하는 것이므로 소득수준 등 보험료부담능력에 따라 차등적으로 부담한다.

3. 민간보험은 보험료 부과수준, 계약기간 및 내용에 따라 차등급여를 받지만, 사회보험은 보험료부담수준에 관계없이 관계법령에 의하여 의료요구에 따라 보험급여가 이루어진다.

4. 가입이 강제적이라는 점에서 강제보험제도의 실효성을 확보하기 위하여 피보험자에게는 보험료 납부의 의무가 주어지며, 보험자에게는 보험료징수의 강제성이 부여된다.

5. 사회보장제도인 건강보험은 민간보험과 달리 원칙적으로 국가가 설계하고, 운영·관리하는 것이다. 사회보장에 있어서 국민생활의 원조, 보장정책, 제도의 채택, 실시여부는 국가의 본래적 임무이고 법적 책임이라는 점에서 건강보험의 대상, 범위, 내용이나 수준에 대하여도 전 국민에 대하여 인간적인 생활수준을 보장할 책임은 국가에게 부여되어 있는 것이다. 즉, 건강보험은 종국적으로 국가가 국민의 생활에 강제적으로 개입하여 관여하게 된다는 점에서 필연적으로 국가가 건강보험을 관리·운영하게 된다.

6. 건강보험은 연금보험과는 달리 1년 단위의 회계연도를 기준으로 수입과 지출을 예정하여 보험료를 계산하며, 지급조건과 지급액도 보험료 납입기간과는 상관이 없고 지급기간이 단기간에 이루어지는 보험이다.

보기

- 강제적용
- 책임주체는 국가
- 부담능력에 따른 보험료의 차등부담
- 보험료 납부의 강제성
- 단기보험
- 보험급여의 균등한 수혜

① 2개
② 3개
③ 4개
④ 5개
⑤ 6개

30 다음 글의 내용으로 적절하지 않은 것은?

건강보험심사평가원은 2022년 5월 3일 '세계 천식의 날'을 맞아 2020년(8차) 천식 적정성 평가 결과를 분석했다. 그 결과 폐기능검사 시행률이 꾸준히 증가하고 있으나, 평가 대상 환자 중 42.4%만 검사를 받아 여전히 낮은 것으로 나타났다. 천식 악화의 조기 발견 및 약제 조절 등 질환 관리를 위해서는 최소 1년에 한 번 이상 폐기능검사를 받아야 한다. 연령별로는 70대의 폐기능검사 시행률이 48.5%로 가장 높고, 90대 이상이 27.6%로 가장 낮았다. 성별로는 여성이 40.9%, 남성이 44.2%로 전 연령에서 여성이 남성보다 폐기능검사 시행률이 낮게 나타났다. 흡입스테로이드(ICS) 처방 환자비율도 55.9%로 낮아 검사와 처방 지표 모두 낮은 결과를 보였다.

아울러 폐기능검사 장비를 보유한 기관이 보유하지 않은 기관보다 모든 평가 지표에서 좋은 결과를 보였다.

천식은 외래에서 효과적으로 진료가 이루어질 경우, 질병의 악화를 예방할 수 있는 만성 호흡기 질환이다. 2019년 우리나라 천식의 19세 이상 유병률은 3.2%, 65세 이상은 5.0%로 나이가 들수록 높게 나타났고, 천식 입원율의 경우 인구 10만 명당 65명으로, OECD 평균 34.4명에 비해 높게 나타났다.

국민건강통계에서 추정하는 천식 유병률에 비해 진료받는 환자수는 적게 나타나고 있어 천식 조기진단을 위한 폐기능검사 시행이 더욱 중요한 실정이다.

이에 심사평가원 김위원은 "호흡기능검사(폐기능검사) 중에는 간편하게 받을 수 있는 종류도 있다."며, "천식 의심환자는 물론이고, 치료를 받고 있는 환자도 적어도 1년에 한 번씩은 호흡기능검사를 받도록 권장한다."고 설명했다.

① 연령별 통계 결과 20대의 폐기능검사 시행률이 가장 낮다.
② 흡입스테로이드는 가능한 모든 천식 환자들이 사용하는 것이 좋다.
③ 천식은 질병의 악화를 예방할 수 있는 만성 질환이다.
④ 폐기능검사로 일컬어지는 호흡기능검사 중에는 간편하게 받을 수 있는 종류 또한 존재한다.
⑤ 천식 의심환자 역시 1년에 한 번씩은 호흡기능검사를 받는 것이 좋다.

31 다음 글을 읽고 판단한 내용으로 적절하지 않은 것은?

> 최근 의약품에 불순물이 함유되는 등 사유로 식품의약품안전처의 제조번호 단위 회수명령이 증가하고 있다. 국민이 의약품을 사용하기 전에 회수하거나 폐기하는 안전한 의약품 환경 조성이 중요해지고 있는 것이다.
>
> 이에 건강보험심사평가원은 국민이 안심하고 의약품을 사용할 수 있도록 '위해(危害)의약품 유통정보 알림서비스'를 확대 제공하기로 결정하였다. 이는 의약품관리종합정보센터가 의약품 공급정보를 기반으로 회수대상 의약품 정보 관련 출고 시 의약품 공급자에게 알리고, 입고 시 요양기관에 알려 해당 의약품이 조기 회수될 수 있도록 지원하는 방식으로 이루어진다.
>
> 이번 알림서비스 확대 내용은 회수대상 의약품뿐만 아니라 '유효기한 경과의약품'의 요양기관 입고정보를 제공하는 것을 포함하며, 오는 8월부터는 '유효기한 임박의약품' 정보도 추가 제공해 위해의약품이 사용되지 않도록 하는 것을 목표로 한다. 해당 서비스는 요양기관업무포털에서 정보 제공에 동의하고 알림 신청을 한 요양기관에 한해 제공되며, 해당 요양기관은 위해의약품의 공급일자, 공급자 등에 대한 내용을 문자(MMS)로 제공받을 수 있다.
>
> 또한 의약품정보센터장은 요양기관뿐만 아니라 국민이 안심하고 의약품을 사용할 수 있도록 의약품의 제조번호, 제조일 등 상세 공급정보를 적극 활용해 모바일 앱 '약! 찍어보는 안심정보' 기능을 보완하였다고 밝혔다. 이는 앱을 통해 의약품 바코드를 모바일로 촬영할 경우, 해당 의약품이 위해의약품에 해당하면 즉시 '회수대상 또는 유효기한 경과 의약품' 문구를 팝업으로 알려주는 모바일 서비스를 말한다.

① 과거에 비해 의약품에 불순물 함유량이 늘어나 의약품 취급에 주의를 둬야겠군.
② 위해(危害)의약품 유통정보 알림서비스는 양방향으로 정보를 제공하는 서비스군.
③ 이전에는 단순 유효기간이 만료된 의약품에 대해서는 별다른 조치가 없었군.
④ 위해(危害)의약품 유통정보 알림서비스는 사후 조치보다는 사전 예방에 목적을 두는 서비스겠군.
⑤ 위해(危害)의약품 유통정보 알림서비스는 필수가 아닌 선택사항에 해당하겠군.

32 다음 글의 제목으로 가장 적절한 것은?

보건복지부는 지난 20일 건강보험정책심의위원회가 제16차 회의를 열어 졸겐스마를 포함한 의약품 5개(7개 품목)를 오는 8월부터 건강보험에 신규 적용하겠다는 내용의 '약제 급여 목록 및 급여 상한금액표 개정안'을 의결했다고 밝혔다.

졸겐스마는 한국 건강보험 사상 가장 비싼 약으로 알려졌는데, 척수성 근위축증(SMA) 치료제로 유명하다. 척수성 근위축증은 SMN1 유전자가 돌연변이를 일으켜 운동 신경세포를 생성하지 못해 근육이 점차 위축되는 질환으로, 병이 진행될수록 근육이 약해지면서 스스로 호흡하지 못하게 되는 상황을 초래하는 질환이다.

이와 같은 질환의 치료제인 졸겐스마는 1회 투약만으로도 완치가 기대되는 약이었지만, 1회 투약 비용 상한 금액이 1억 8,000만 원에 해당하는 고가의 약인 탓에 투약 기회가 많지는 않았다. 하지만 이번 건강보험 적용의 결정으로 환자 부담 금액이 최대 598만 원으로 감소하게 되었다.

한국SMA환우회는 "이런 고가의 약에 건강보험이 적용되어 이미 태어난 아이뿐 아니라 태어날 아이들에게 투약 기회가 많아져 다행이다."며, "졸겐스마는 조기에 맞을수록 효과가 높다 하니 신생아 선별검사에 SMA유전자 검사 항목을 꼭 넣어줬으면 좋겠다."고 전했다.

보건복지부는 이번 건강보험 적용을 통해 5년간 주기적인 반응평가 등 장기추적조사에 대한 이행 동의서를 환자의 보호자가 작성해야 한다고 밝혔다. 환자는 투약 전 급여기준이 정하는 투여 대상 적합 여부에 대한 사전심사도 거치게 된다.

① 희귀질환, 이제 고칠 수 있어
② 희귀질환 치료 빠르면 빠를수록 좋아
③ 희귀질환 치료제의 건강보험 적용 확대
④ 희귀질환 조기치료를 위해 SMA유전자 검사 항목 도입 필요
⑤ 희귀질환 치료제의 개발로 많은 환자들이 완치될 것으로 예상

33 다음 글의 빈칸에 들어갈 내용으로 가장 적절한 것은?

> 최근 보건복지부와 한국건강증진개발원은 비의료 건강관리서비스 인증 시범사업 심의위원회 심의를 거쳐 31개의 서비스 업체 중 12곳에 대해 시범 인증을 부여하기로 결정하였다.
>
> 비의료 건강관리서비스란 _____가 아닌, 건강 유지·증진 및 질병의 사전예방·악화방지 등을 목적으로 제공되는 상담·교육·훈련·실천 프로그램 및 이와 관련한 서비스이다. 만성질환관리형, 생활습관개선형, 건강정보제공형으로 구분하여 총 12개 업체 등에 대한 인증을 진행하였다.
>
> 특히 이번 인증은 정부가 지난달 초 '비의료 건강관리서비스 가이드라인 및 사례집'을 개정해 그동안 원칙적으로 불가능했던 만성질환자 대상 비의료 건강관리서비스를 의료인이 의뢰한 경우를 전제로 대폭 허용한 가운데 진행되었다. 이에 따라 비의료기관인 헬스케어 업체 등이 의료법을 어기지 않고도 만성질환자를 대상으로 하는 비의료 건강관리서비스의 제공이 가능하게 된 것이다.
>
> 하지만 이와 관련해 의료단체들은 사실상 의료 민영화 정책이라고 반발하고 있으며, 보건의료단체연합은 해당 인증 제도에 대해 "망가진 일차보건의료체계로 인한 공백을 기업 돈벌이로 채우려 하고 있다."며 "영리병원이 불허된 한국에서 제도를 우회하여 기업이 질환자를 대상으로 의료행위를 할 수 있도록 허용해주는 것"이라고 비판하였다.

① 환자를 대상으로 하는 치료 목적의 서비스
② 의사처럼 병명을 확인해 주거나 진단·처방·처치를 수반하는 서비스
③ 올바른 건강관리를 유도하기 위한 제공자의 판단이 개입된 서비스
④ 특정 증상에 대해 질환의 발생 유무·위험을 직접 확인해 주는 서비스
⑤ 면허와 자격을 갖춘 의료인이 행하는 검사·진단처방·처치·시술·수술·지도 등과 같은 서비스

34 S공사의 감사팀은 과장 2명, 대리 3명, 사원 3명으로 구성되어 있다. A ~ D지역의 지사로 2명씩 나눠서 출장을 간다고 할 때, 각 출장 지역에 대리급 이상이 1명 이상 포함되어 있어야 하고 과장 2명이 각각 다른 지역으로 가야 한다. 이때 과장과 대리가 한 조로 출장을 갈 확률은?

① $\dfrac{1}{2}$

② $\dfrac{1}{3}$

③ $\dfrac{2}{3}$

④ $\dfrac{3}{4}$

⑤ $\dfrac{3}{8}$

35 서류전형을 통과한 8명의 입사지원자들과 사원 2명이 토론면접을 준비하고 있다. 입사지원자와 사원을 섞어서 면접을 진행할 예정이고 신분을 숨기기 위해 모두 1번부터 10번까지 번호를 붙인다. 사원이 각각 1번과 10번을 받았고 마주보고 앉아있다고 할 때, 입사지원자들과 사원이 원탁에 둘러앉을 수 있는 경우의 수는?

① $_8C_4$

② $4! \times 4!$

③ $2 \times 4!$

④ $8! \div 2$

⑤ $8!$

36 A원뿔의 밑면의 반지름은 4cm, 높이는 $h$cm이다. B원뿔의 밑면의 반지름이 5cm라고 하면, B원뿔의 높이가 몇 cm일 때 두 원뿔의 부피가 같아지겠는가?

① $\dfrac{3}{5}h$cm

② $\dfrac{16}{25}h$cm

③ $\dfrac{17}{25}h$cm

④ $\dfrac{18}{25}h$cm

⑤ $\dfrac{19}{25}h$cm

37 가로의 길이가 5m, 세로의 길이가 12m인 직사각형 모양의 농구코트가 있다. 철수는 농구코트의 모서리에서 서 있으며, 농구공은 농구코트 안에서 철수와 가장 멀리 떨어진 곳에 있다. 철수가 최단거리로 농구공을 가지러 간다면 얼마만큼 이동하게 되는가?

① 8m

② 10m

③ 12m

④ 13m

⑤ 15m

38 다음은 의료급여진료비 통계에 대한 자료이다. 이를 토대로 상황에 맞는 2023년도 외래 의료급여 예상비용은 얼마인가?[단, 증감율(%)과 비용은 소수점 첫째 자리에서 반올림한다]

<의료급여진료비 통계>

구분		환자 수 (천 명)	청구건수 (천 건)	내원일수 (천 일)	의료급여비용 (억 원)
2017년	입원	424	2,267	37,970	28,576
	외래	1,618	71,804	71,472	24,465
2018년	입원	455	2,439	39,314	30,397
	외래	1,503	71,863	71,418	26,005
2019년	입원	421	2,427	40,078	32,333
	외래	1,550	72,037	71,672	27,534
2020년	입원	462	2,620	41,990	36,145
	외래	1,574	77,751	77,347	31,334
2021년	입원	459	2,785	42,019	38,356
	외래	1,543	77,686	77,258	33,003

<상황>

건강보험심사평가원의 A사원은 의료급여진료비에 대해 분석을 하고 있다. 표면적으로 2017년부터 매년 입원 환자 수보다 외래 환자 수가 많고, 청구건수와 내원일수도 외래가 더 많았다. 하지만 의료급여비용은 입원 환자에게 들어가는 비용이 여러 날의 입원비로 인해 더 많았다. 의료급여비용이 2022년에는 2018년도 전년 대비 증가율과 같았고, 입원 및 외래 진료비용이 매년 증가하여 A사원은 올해 예상비용을 2020년부터 2022년까지 전년 대비 평균 증가율로 계산하여 보고하려고 한다.

① 35,840억 원
② 37,425억 원
③ 38,799억 원
④ 39,678억 원
⑤ 40,021억 원

39 다음 〈조건〉에 따를 때, 1층에서 엘리베이터를 탄 갑이 20층에 도착할 때까지 소요된 시간은?

> **조건**
> - 정지 중이던 엘리베이터가 한 층을 올라갈 때 소요되는 시간은 3초이며, 이후 가속이 붙어 한 층을 올라갈 때마다 0.2초씩 단축되나, 1.4초보다 빠르지는 않다.
> - 정지 중이던 엘리베이터가 한 층을 내려갈 때 소요되는 시간은 2.5초이며, 이후 가속이 붙어 한 층을 내려갈 때마다 0.3초씩 단축되나, 1.3초보다 빠르지는 않다.
> - 1층에서 엘리베이터를 탄 갑은 20층을 눌러야 할 것을 잘못하여 30층을 눌러 30층에 도착하였으나, 다시 20층을 눌러 해당 층으로 이동하였다.
> - 갑이 타는 동안 엘리베이터는 1층, 30층, 20층 순으로 각 한 번씩만 정차하였으며, 각 층에 정차한 시간은 고려하지 않는다.

① 62.4초
② 63.8초
③ 65.1초
④ 65.2초
⑤ 66.5초

40 다음은 달리기 시합을 한 A ~ E 다섯 사람의 진술이다. 달리기 시합에서 두 번째로 도착할 수 있는 사람을 모두 고르면?

> A : 나는 D보다 빨리 달렸어.
> B : 나는 C와 E의 사이에서 달렸어.
> C : 나는 1등이 아니야.
> D : 나는 B보다 결승선에 먼저 도착했어.
> E : 나는 A보다 느리지만 마지막으로 도착하지는 않았어.

① A, B ② A, C

③ B, D ④ C, D

⑤ D, E

41 S공사에 근무하는 A사원은 다음 시트에서 생년월일이 표시된 [B2:B5] 영역을 이용하여 [C2:C5] 영역에 다음과 같이 팀원들의 나이를 표시하였다. [C2] 셀에 입력된 수식으로 적절한 것은?(단, 올해는 2022년이며, 1월 1일이 지나면 1살 더 먹은 것으로 가정한다)

	A	B	C
1	성명	생년월일	나이
2	유상철	19920627	31
3	이강인	19980712	25
4	서요셉	19950328	28
5	백승호	19960725	27

① $=2022-\text{LEFT}(B2,4)+1$

② $=2022-\text{LEFT}(B2,4)$

③ $=2022-\text{RIGHT}(B2,4)+1$

④ $=2022-\text{RIGHT}(B2,4)$

⑤ $=2022-\text{MID}(B2,4,2)+1$

42 다음은 한국인의 주요 사망원인에 대한 자료이다. 이를 참고하여 인구 10만 명의 사망원인별 인원수를 나타낸 그래프로 옳은 것은?(단, 모든 그래프의 단위는 '명'이다)

한국인 10만 명 중 무려 185명이나 암으로 사망한다는 통계를 바탕으로 암이 한국인의 사망원인 1위로 알려진 가운데, 그 밖의 순위에 대한 관심도 뜨겁다. 2위와 3위는 각각 심장과 뇌 관련 질환으로 알려졌으며, 1위와의 차이는 20명 미만으로 큰 차이를 보이지 않아 한국인의 주요 3대 사망원인으로 손꼽아진다. 특히 4위는 자살로 알려져 큰 충격을 더하고 있는데, 우리나라의 경우 20대·30대 사망원인 1위가 자살이며, 인구 10만 명당 50명이나 이로 인해 사망한다고 한다. 그 다음으로는 당뇨, 치매, 고혈압의 순서이다.

①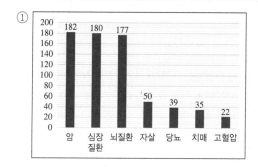

②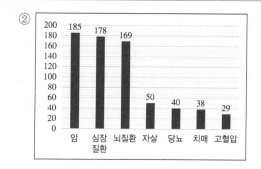

③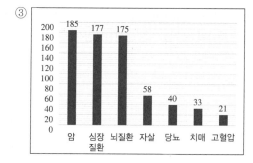

④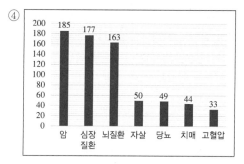

43 다음은 C은행 금융통화위원회의 구성 및 운영에 대한 규정이다. 이에 대한 설명으로 적절하지 않은 것은?

- 금융통화위원회의 구성

  금융통화위원회는 C은행의 통화신용정책에 관한 주요 사항을 심의·의결하는 정책결정기구로서 C은행 총재 및 부총재를 포함하여 총 7인의 위원으로 구성된다.

  C은행 총재는 금융통화위원회 의장을 겸임하며, 국무회의 심의를 거쳐 대통령이 임명한다. 부총재는 총재의 추천에 의해 대통령이 임명하며, 다른 5인의 위원은 각각 기획재정부 장관, C은행 총재, 금융위원회 위원장, 대한상공회의소 회장, 전국은행연합회 회장 등의 추천을 받아 대통령이 임명한다.

  총재의 임기는 4년이고 부총재는 3년으로 각각 1차에 한하여 연임할 수 있으며, 나머지 금통위원의 임기는 4년으로 연임할 수 있다.

- 금융통화위원회의 운영

  C은행 총재는 금융통화위원회를 대표하는 의장으로서 회의를 주재한다. 금융통화위원회의 본회의는 의장이 필요하다고 인정하는 때 또는 위원 2인 이상의 요구가 있을 때 의장이 소집할 수 있는데, 현재는 매월 둘째 주, 넷째 주 목요일에 정기회의가 개최되고 있다. 본회의에 상정되는 안건을 심의·의결하기 위해서는 통상 7인의 금통위원 중 5인 이상의 출석과 출석위원 과반수의 찬성이 필요하며 금융통화위원회가 의결을 한 때에는 의결서를 작성한다. 한편, 본회의의 논의내용에 대해서는 의사록을 작성하고 의사록 내용 중 통화신용정책에 관한 사항에 대해서는 외부에 공개한다.

  본회의 이외의 회의로는 상정 안건과 관련한 논의 등을 위한 간담회, 금융경제동향 등에 관하여 관련 부서의 보고를 듣고 서로 의견을 교환하기 위한 협의회 등이 있다. 한편, 대국회 보고를 위한 통화신용정책보고서나 연차보고서, 금융안정보고서, C은행의 예산 등과 같은 중요 사안에 대해서는 별도로 심의위원회를 구성하여 보다 면밀한 검토가 이루어지도록 하고 있다.

---

① 면밀한 검토가 필요한 사안에 대해서는 본회의 외에 별도로 위원회가 구성되기도 한다.

② 금융통화위원회 의장은 C은행 총재이다.

③ 총재와 부총재를 제외한 금융통화위원은 총재가 임명한다.

④ 정기회의 개최를 위해서는 의장을 제외한 금융통화위원 최소 2인의 요구가 필요하다.

44 다음 글의 제목으로 가장 적절한 것은?

시장경제는 국민 모두가 잘살기 위한 목적을 달성하기 위한 수단으로서 선택한 나라 살림의 운영 방식이다. 그러나 최근에 재계, 정계, 그리고 경제 관료 사이에 벌어지고 있는 시장경제에 대한 논쟁은 마치 시장경제 그 자체가 목적인 것처럼 왜곡되고 있다. 국민들이 잘살기 위해서는 경제가 성장해야 한다. 그러나 경제가 성장했는데도 다수의 국민들이 잘사는 결과를 가져오지 못하고 경제적 강자들의 기득권을 확대 생산하는 결과만을 가져온다면 국민들은 시장경제를 버리고 대안적 경제 체제를 찾을 것이다. 그렇기에 시장경제를 유지하기 위해서는 성장과 분배의 균형이 중요하다.

시장경제는 경쟁을 통해서 효율성을 높이고 성장을 달성한다. 경쟁의 동기는 사적인 이익을 추구하는 인간의 이기적 속성에 기인한다. 국민 각자는 모두가 함께 잘살기 위해서가 아니라 내가 잘살기 위해서 경쟁을 한다. 모두가 함께 잘살기 위해 공동의 목적을 달성하기 위한 수단으로 시장경제를 선택한 것이지만, 개개인은 이기적인 동기로 시장에 참여하는 것이다. 이와 같이 시장경제는 개인과 공동의 목적이 서로 상반되는 모순을 갖는 것이 그 본질이다. 그래서 시장경제가 제대로 운영되기 위해서는 국가의 소임이 중요하다.

시장경제에서 국가가 할 일을 크게 세 가지로 나누어 볼 수 있다. 첫째는 경쟁을 유도하는 시장 체제를 만드는 것이고, 둘째는 공정한 경쟁이 이루어지도록 시장 질서를 세우는 것이며, 셋째는 경쟁의 결과로 얻은 성과가 모두에게 공평하게 분배되도록 조정하는 것이다. 최근에 벌어지고 있는 시장경제의 논쟁은 국가의 세 가지 역할 중에서 논쟁의 주체들이 자신의 이해관계에 따라 선택적으로 시장경제를 왜곡하고 있다. 경쟁에서 강자의 위치를 확보한 재벌들은 경쟁 촉진을 주장하면서 공정 경쟁이나 분배를 말하는 것은 반시장적이라고 매도한다. 정치권은 인기 영합의 수단으로, 일부 노동계는 이기적 동기에서 분배를 주장하면서 분배의 전제가 되는 성장을 위해서 필요한 경쟁을 훼손하는 모순된 주장을 한다. 경제 관료들은 자신의 권력을 강화하기 위한 부처의 이기적인 관점에서 경쟁 촉진과 공정 경쟁 사이에서 줄타기 곡예를 하며 분배에 대해서 말하는 것을 금기시한다. 모두가 자신들의 기득권을 위해서 선택적으로 왜곡하고 있는 것이다.

경쟁은 원천적으로 공정성을 보장하지 못한다. 서로 다른 능력이 주어진 천부적인 차이는 물론이고, 물려받는 재산과 환경의 차이로 인하여 출발선에서부터 불공정한 경쟁이 시작된다. 그럼에도 불구하고 경쟁은 창의력을 가지고 노력하는 사람에게 성공을 가져다주는 체제이다. 그래서 출발점이 다를지라도 노력과 능력에 따라 성공의 기회가 제공되도록 보장하기 위해서 공정 경쟁이 중요하다.

경쟁은 또한 분배의 공평성을 보장하지 못한다. 경쟁의 결과는 경쟁에 참여한 모든 사람의 노력의 결과로 이루어진 것이지, 승자만의 노력으로 이루어진 것은 아니다. 경쟁의 결과가 승자에 의해서 독점된다면 국민들은 경쟁으로의 참여를 거부할 수밖에 없다. 그래서 경쟁에 참여한 모두에게 공평한 분배가 이루어지는 것이 중요하다.

① 시장경제에서의 개인과 경쟁의 상호 관계
② 시장경제에서의 국가의 역할
③ 시장경제에서의 개인 상호 간의 경쟁
④ 시장경제에서의 경쟁의 양면성과 그 한계

45 다음 글의 빈칸에 들어갈 내용으로 가장 적절한 것은?

한 존재가 가질 수 있는 욕망과 그 존재가 가졌다고 할 수 있는 권리 사이에는 모종의 개념적 관계가 있는 것 같다. 권리는 침해될 수 있는 것이고, 어떤 것에 대한 개인의 권리를 침해하는 것은 그것과 관련된 욕망을 좌절시키는 것이다. 예를 들어 당신이 차를 가지고 있다고 가정해 보자. 이때 나는 우선 그것을 당신으로부터 빼앗지 말아야 한다는 의무를 가진다. 그러나 그 의무는 무조건적인 것이 아니다. 이는 부분적으로 당신이 그것과 관련된 욕망을 가지고 있는지 여부에 달려 있다. 만약 당신이 차를 빼앗기든지 말든지 관여치 않는다면, 내가 당신의 차를 빼앗는다고 해서 당신의 권리를 침해하는 것은 아닐 수 있다.

물론 권리와 욕망 간의 관계를 정확히 설명하는 것은 어렵다. 이는 졸고 있는 경우나 일시적으로 의식을 잃는 경우와 같은 특수한 상황 때문인데, 그러한 상황에서도 졸고 있는 사람이나 의식을 잃은 사람에게 권리가 없다고 말하는 것은 옳지 않을 것이다. 그러나 이와 같이 권리의 소유가 실제적인 욕망 자체와 연결되지는 않는다고 하더라도, 권리를 소유하려면 어떤 방식으로든 관련된 욕망을 가지는 능력이 있어야 한다. 어떤 권리를 소유할 수 있으려면 최소한 그 권리와 관련된 욕망을 가질 수 있어야 한다는 것이다.

이러한 관점을 '생명에 대한 권리'라는 경우에 적용해 보자. 생명에 대한 권리는 개별적인 존재의 생존을 지속시킬 권리이고, 이를 소유하는 데 관련되는 욕망은 개별존재로서 생존을 지속시키고자 하는 욕망이다. 따라서 자신을 일정한 시기에 걸쳐 존재하는 개별존재로서 파악할 수 있는 존재만이 생명에 대한 권리를 가질 수 있다. 왜냐하면,

---

① 생명에 대한 권리를 가질 수 있는 존재만이 개별존재로서 생존을 지속시키고자 하는 욕망을 가질 수 있기 때문이다.

② 자신을 일정한 시기에 걸쳐 존재하는 개별존재로서 파악할 수 있는 존재는 다른 존재자의 생명을 빼앗지 말아야 한다는 의무를 지니기 때문이다.

③ 자신을 일정한 시기에 걸쳐 존재하는 개별존재로서 파악할 수 있는 존재만이 개별존재로서 생존을 지속시키고자 하는 욕망을 가질 수 있기 때문이다.

④ 개별존재로서 생존을 지속시키고자 하는 욕망을 가질 수 있는 존재만이 자신을 일정한 시기에 걸쳐 존재하는 개별존재로서 파악할 수 있기 때문이다.

46 다음 (가) ~ (라) 문단의 소제목으로 적절하지 않은 것은?

> (가) 우리 경제는 1997년을 기준으로 지난 30년간 압축성장을 이룩하는 과정에서 많은 문제점을 안게 되었다. 개발을 위한 물자 동원을 극대화하는 과정에서 가명·무기명 금융거래 등 잘못된 금융 관행이 묵인되어 음성·불로 소득이 널리 퍼진 소위 지하경제가 번창한 것이다.
>
> (나) 이에 따라 계층 간 소득과 조세 부담의 불균형이 심화되었으며, 재산의 형성 및 축적에 대한 불신이 팽배해져 우리 사회의 화합과 지속적인 경제성장의 장애 요인이 되고 있었다. 또한 비실명거래를 통해 부정한 자금이 불법 정치자금·뇌물·부동산투기 등에 쓰이면서 각종 비리와 부정부패의 온상이 되기도 하였다. 이는 일반 국민들 사이에 위화감을 조성하였으며, 대다수 국민들의 근로의욕을 약화시키는 요인이 되었다.
>
> (다) 이와 같이 비실명 금융거래의 오랜 관행에서 발생되는 폐해가 널리 번짐에 따라 우리 경제가 더 나은 경제로 진입하기 위해서는 금융실명제를 도입하여 금융거래를 정상화할 필요가 절실했으며, 그러한 요구가 사회단체를 중심으로 격렬하게 제기되었다.
>
> (라) 이에 문민정부는 과거 정권에서 부작용을 우려하여 실시를 유보하였던 금융실명제를 과감하게 도입했다. 금융실명제는 모든 금융거래를 실제의 명의(實名)로 하도록 함으로써 금융거래와 부정부패·부조리를 연결하는 고리를 차단하여 깨끗하고 정의로운 사회를 구현하고자 하는 데 의미가 있었다.

① (가) : 잘못된 금융 관행으로 나타난 지하경제
② (나) : 비실명 금융거래의 폐해
③ (다) : 금융실명제의 경제적 효과
④ (라) : 금융실명제의 도입과 의미

47 A팀과 B팀은 보안등급별 해당하는 문서를 나누어 보관하고 있다. 두 팀은 보안을 위해 다음과 같은 규칙에 따라 각 팀의 비밀번호를 지정하였을 때, A팀 또는 B팀에 들어갈 수 있는 암호배열로 옳은 것은?

> **〈규칙〉**
>
> • 1 ~ 9까지의 숫자로 (한 자리 수)×(두 자리 수)=(세 자리 수)=(두 자리 수)×(한 자리 수) 형식의 비밀번호로 구성한다.
> • 가운데에 들어갈 세 자리 수의 숫자는 156이며, 숫자는 중복 사용할 수 없다. 즉, 각 팀의 비밀번호에 1, 5, 6이란 숫자가 들어가지 않는다.
>
> $$\boxed{} \times \boxed{} = 156 = \boxed{} \times \boxed{}$$
>
> A팀   B팀

① 27   ② 29
③ 37   ④ 39

48 다음은 K인터넷쇼핑몰의 8 ~ 11월 판매내역을 정리한 자료이며, 일부 내용에 잉크가 번져 보이지 않는 상황이다. 8 ~ 11월의 총 반품금액에 대한 11월 반품금액의 비율과 8 ~ 11월의 총 배송비에 대한 8월 배송비의 비율을 뺀 값으로 옳은 것은?

〈K인터넷쇼핑몰 판매내역〉

구분	판매금액	반품금액	취소금액	배송비	매출
8월	2,400,000	300,000			1,870,000
9월	1,700,000		160,000	30,000	1,360,000
10월	2,200,000	180,000	140,000		1,840,000
11월			180,000	60,000	1,990,000
합계	8,800,000	900,000		160,000	7,060,000

※ (매출)=(판매금액)−(반품금액)−(취소금액)−(배송비)

① 11.25%
② 11.5%
③ 11.75%
④ 12%
⑤ 12.25%

49 A ~ D사원은 각각 홍보부, 총무부, 영업부, 기획부 소속으로 3 ~ 6층의 서로 다른 층에서 근무하고 있다. 이들 중 한 명이 거짓말을 하고 있을 때, 다음 중 바르게 추론한 것은?(단, 각 팀은 서로 다른 층에 위치한다)

> A사원 : 저는 홍보부와 총무부 소속이 아니며, 3층에서 근무하고 있지 않습니다.
> B사원 : 저는 영업부 소속이며, 4층에서 근무하고 있습니다.
> C사원 : 저는 홍보부 소속이며, 5층에서 근무하고 있습니다.
> D사원 : 저는 기획부 소속이며, 3층에서 근무하고 있습니다.

① A사원은 홍보부 소속이다.
② B사원은 영업부 소속이다.
③ 기획부는 3층에 위치한다.
④ 홍보부는 4층에 위치한다.
⑤ D사원은 5층에서 근무하고 있다.

50 다음 중 벤치마킹(Benchmarking)에 대한 설명으로 가장 적절한 것은?

① 외부로부터 기술만 받아들이는 것이다.
② 뛰어난 기술 등을 비합법적으로 응용하는 것이다.
③ 모방과 달리 받아들인 것들을 환경에 맞추어 재창조한다.
④ 직접적 벤치마킹은 인터넷 등에서 자료를 모아 수행하는 것을 말한다.
⑤ 오늘날 특정 분야에 특화되어 활용되고 있다.

51 다음 기안문을 〈조건〉을 토대로 수정한다고 할 때 필요 없는 단축키는?

	A	B	C	D	E	F	E	F	I
1					기 안 문				
2	문 서 번 호		185791		결	담당	과장	부장	사장
3	기 안 일 자		2021. 5. 4		재				
4	시 행 일 자		2021. 7. 25			최신식			
5	보 존 기 한		2022. 5. 25						
6	장 소		강남		참 석 대 상	만 8세 미만 아이를 둔 부모			
7	목 적		판매촉진		예 상 인 원	150 ~ 200명			
8	제 목		베이비아토 홍보를 위한 무료 배포 행사						
9									
10	1. 베이비아토는 민감성 피부를 가진 영유아를 대상으로 만들어진 기능성 화장품으로써 만								
11	8세 미만의 아이를 둔 부모의 관심이 높습니다.								
12	2. 특히 미세먼지로 인해 아이들의 피부 트러블이 심해지고 있어 베이비아토처럼 순한 화장								
13	품에 대한 관심이 더욱 높아질 것으로 판단됩니다.								
14	3. 무료 배포를 통해 브랜드 홍보효과를 볼 수 있을 것으로 기대되므로 재가하여 주시기 바랍								
15	니다.								
16									
17					— 아래 —				
18									
19									
20	(1) 소요예산 : 870,000원 (2) 기대효과 : 브랜드 홍보와 베이비아토 제품 판매촉진								
21									

조건

- [A1] 셀의 글자를 굵게 하고 크기를 13p로 바꾼다.
- [A2:I21] 셀의 테두리를 굵은 바깥쪽 테두리로 설정한다.
- 기안문의 내용 부분에 기대효과의 내용을 줄바꿈하여 소요예산과 좌측정렬로 배치한다.

① 〈Ctrl〉+〈Shift〉+〈P〉   ② 〈Alt〉+〈Enter〉
③ 〈Ctrl〉+〈1〉   ④ 〈Ctrl〉+〈B〉
⑤ 〈Ctrl〉+〈I〉

52 다음과 같이 파워포인트 슬라이드 화면에 3개의 직사각형 도형이 배치되어 있으며, 직사각형 도형을 모두 지정한 후 오른쪽 그림의 개체 맞춤 기능을 활용하여 직사각형을 배치하려고 한다. 개체 맞춤 기능으로 배치된 도형의 위치로 적절하지 않은 것은?

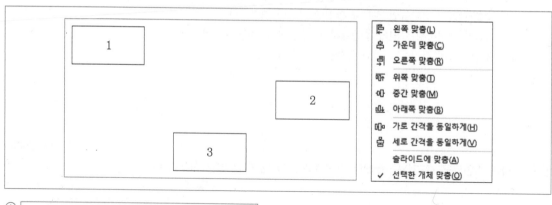

①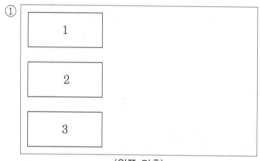
〈왼쪽 맞춤〉

②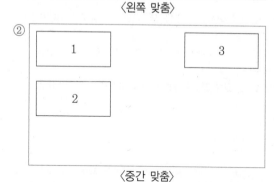
〈중간 맞춤〉

③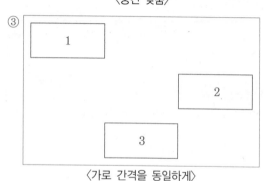
〈가로 간격을 동일하게〉

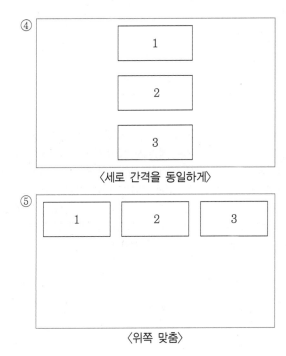

〈세로 간격을 동일하게〉

④

〈위쪽 맞춤〉

⑤

53 다음 중 데이터베이스 관리자시스템(DBMS)의 운용 시 고려사항으로 적절하지 않은 것은?

① 다수 사용자의 이용에 따른 시스템의 보안기능 확보

② 효율적 운영 및 성능 최적화를 위한 관련 전문가의 확보 요구

③ 다양한 장애에 대비한 백업 파일의 확보

④ 효율적 검색지원을 위한 데이터 구조 비표준화의 적극 추진

⑤ 데이터의 중복 최소화

54 다음 글을 읽고 노와이(Know-Why)의 사례로 가장 적절한 것은?

> 기술은 노하우(Know-How)와 노와이(Know-Why)로 구분할 수 있다. 노하우는 특허권을 수반하지 않는 과학자, 엔지니어 등이 가지고 있는 체계화된 기술을 의미하며, 노와이는 어떻게 기술이 성립하고 작용하는가에 대한 원리적 측면에 중심을 둔 개념이다.
>
> 이 두 가지는 획득과 전수방법에 차이가 있다. 노하우는 경험적이고 반복적인 행위에 의해 얻어지는 것이며, 이러한 성격의 지식을 흔히 Technique 혹은 Art라고 부른다. 반면, 노와이는 이론적인 지식으로서 과학적인 탐구에 의해 얻어진다. 오늘날 모든 기술과 경험이 공유되는 시대에서 노하우는 점점 경쟁력을 잃어가고 있으며, 노와이가 점차 각광받고 있다. 즉, 노하우가 구성하고 있는 환경, 행동, 능력을 벗어나 신념과 정체성, 영성 부분도 관심받기 시작한 것이다. 과거에는 기술에 대한 공급이 부족하고 공유가 잘 되지 않았기 때문에 노하우가 각광받았지만, 현재는 기술에 대한 원인과 결과 간의 관계를 파악하고, 그것을 통해 목적과 동기를 새로 설정하는 노와이의 가치가 높아졌다. 노와이가 말하고자 하는 핵심은 왜 이 기술이 필요한지를 알아야 기술의 가치가 무너지지 않는다는 것이다.

① 요식업에 종사 중인 S씨는 영업시간 후 자신의 초밥 만드는 비법을 아들인 B군에게 전수하고 있다.
② 자판기 사업을 운영하고 있는 K씨는 이용자들의 화상을 염려하여 화상 방지 시스템을 개발하였다.
③ J사에 근무 중인 C씨는 은퇴 후 중장비학원에서 중장비 운영 기술을 열심히 공부하고 있다.
④ H병원에서 근무 중인 의사 G씨는 방글라데시의 의료진에게 자신이 가지고 있는 선진의술을 전수하기 위해 다음 주에 출국할 예정이다.
⑤ D사는 최근에 제조 관련 분야에서 최소 20년 이상 근무해 제조 기술에 있어 장인 수준의 숙련도를 가진 직원 4명을 D사 명장으로 선정하여 수상하였다.

55 다음 중 기술에 대한 설명으로 적절하지 않은 것은?

① Know-How란 흔히 특허권을 수반하지 않는 과학자, 엔지니어 등이 가지고 있는 체계화된 기술이다.
② Know-Why는 어떻게 기술이 성립하고 작용하는가에 대한 원리적 측면에 중심을 둔 개념이다.
③ 시대가 지남에 따라 Know-How의 중요성이 커지고 있다.
④ 현대의 기술은 주로 과학을 기반으로 하는 기술이 되었다.
⑤ Know-How는 경험적이고 반복적인 행위에 의해 얻어진다.

56 다음은 신재생에너지 산업에 대한 자료이다. 이에 대한 설명으로 옳은 것은?

<신재생에너지원별 산업 현황>

구분	기업체 수 (개)	고용인원 (명)	매출액 (억 원)	내수 (억 원)	수출액 (억 원)	해외공장 매출 (억 원)	투자액 (억 원)
태양광	127	8,698	75,637	22,975	33,892	18,770	5,324
태양열	21	228	290	290	0	0	1
풍력	37	2,369	14,571	5,123	5,639	3,809	583
연료전지	15	802	2,837	2,143	693	0	47
지열	26	541	1,430	1,430	0	0	251
수열	3	46	29	29	0	0	0
수력	4	83	129	116	13	0	0
바이오	128	1,511	12,390	11,884	506	0	221
폐기물	132	1,899	5,763	5,763	0	0	1,539
합계	493	16,177	113,076	49,753	40,743	22,579	7,966

① 태양광에너지 분야의 기업체 수가 가장 많다.
② 태양광에너지 분야의 고용인원이 전체 고용인원의 반 이상을 차지한다.
③ 전체 매출액 중 풍력에너지 분야의 매출액이 차지하는 비율은 15% 이상이다.
④ 바이오에너지 분야의 수출액은 전체 수출액의 1% 미만이다.

57 다음 기사를 이해한 내용으로 적절하지 않은 것은?

> 정부가 탈(脫)원전 이후 태양광·풍력을 중심으로 신재생에너지 발전을 20%까지 늘리겠다는 방침을 밝히자 에너지 업계와 학계에선 "현실화하기 쉽지 않다."는 반응이 나오고 있다. 우리나라는 태양광 발전을 늘리기엔 국토 면적이나 일사량, 발전단가 등에서 상대적으로 조건이 열등하기 때문이다. 한 전문가는 "우리는 신재생에너지 발전 환경이 좋지 않기 때문에 태양광·풍력 등 순수 신재생에너지가 차지할 수 있는 비중은 10%가 최대치"라면서 "그 이상 끌어올리려 하면 자연 훼손과 전기요금 상승 등 부작용이 따를 수밖에 없다."고 말했다.
>
> 이처럼 일사량이 부족하니 태양광 발전소 이용률도 낮다. 평균 설비 이용률(24시간 가동했을 때 최대 설계 전력량 대비 실제 전력량)은 15%로, 미국(21%)과 중국(17%)에 미치지 못한다. 2008년에 10% 밑으로 떨어졌다가 2011년 엔 15%를 웃도는 등 수치를 가늠할 수 없어 안심할 수도 없다. 영월발전소는 그나마 태양 위치에 따라 태양광 패널이 움직이는 최신 '추적식' 시스템을 적용하여 효율이 국내 최고지만 17%를 넘지 못한다. 영월발전소 관계자는 "보통 7월은 하루 평균 4.6시간을 발전하는데, 올해는 장마 등의 영향으로 3.2시간밖에 돌리지 못했다."고 말했다. 또한 "일사량을 바꿀 수 없으니 효율을 높여야 하는데 기술적으로 상당한 어려움이 있다."고 말했다.
>
> 좁은 땅덩이도 걸림돌이다. 태양광은 통상 원전 1기 정도 발전량인 1GW 전력을 만드는 데 축구장 1,300개 넓이인 10km2에 태양광 패널을 깔아야 한다. 정부 구상대로 태양광 설비를 29GW로 늘리려면 서울 면적 절반가량인 290km2가 필요한 것이다. 국토의 70%가 산인 우리나라에선 만만치 않다. 영월 태양광 발전소를 만들 때도 야산 3개를 깎아야 했다. 에너지 전공 교수는 "원전이 '자본 집약적' 발전이라면, 태양광 등 신재생에너지는 '토지 집약적'"이라며 "기술 발전으로 효율을 높이더라도 국토 여건상 빠르게 확대하긴 무리"라고 말했다.
>
> 사정이 이렇다 보니 발전 단가도 비싸다. 땅값과 일사량 등을 고려한 태양광 발전 단가는 한국이 MWh당 101.86달러로, 미국(53.5달러)이나 중국(54.84달러)의 2배이며, 스페인(87.33달러)이나 독일(92.02달러)보다도 비싸다. 땅이 좁다 보니 건설 과정에서 지역 주민과의 마찰도 통과 의례이다. 인근에 태양광 발전소 건설이 추진 중인 충북 음성군 소이면 비산리의 이장은 "태양광 발전 시설로 주변 온도가 2~3℃ 올라간다는데 복숭아 농사에 치명적이다."라고 말했다. 일부 유휴지나 도로, 건물 옥상, 농지 등을 활용하는 방안도 나왔지만 도시 미관 등 다양한 문제가 발생한다. 건물 옥상 같은 경우 발전 단가가 평지일 때보다 20~50% 비싸다는 것도 문제이다.
>
> 태양광 발전은 설비만 확충했다고 끝나는 게 아니다. 발전 단가가 비싸다 보니 시장에서 외면받을 수밖에 없어 태양광 발전 비율을 높이기 위해서는 정부가 보조금 지원이나 세액 공제 등 혜택을 줘야 한다. 태양광 발전 사업자에게 보조금을 주는 발전 차액 보조금(FIT)이 대표적인데, 이는 정부 재정에 부담으로 작용한다는 게 문제이다. 과거 우리도 FIT를 운영하다 매년 3,000억 원 이상씩 지출이 불어나자 2011년 이를 폐지했다. 독일과 일본, 중국 등도 FIT 제도를 도입하며 태양광 설비를 늘렸지만, 나중에 재정 압박과 전기 요금 인상으로 이어지면서 이를 축소하거나 폐지하고 있다. 국내 태양광 관련 업계에서는 여전히 "FIT를 부활해야 한다."고 주장한다. 그러나 에너지경제연구원 선임 연구위원은 "정부가 태양광을 키우기 위해 사업자에 대해 보조금 등 혜택을 너무 많이 주게 되면 결국 '모럴 해저드'를 유발할 수 있다."며 "자칫 국민 세금으로 자생력 없는 신재생에너지 사업자들에게 돈만 쥐여주는 꼴이 될 수 있다."고 말했다.

① 발전 차액 보조금 FIT는 국민 세금 낭비로 이어질 수 있다.

② 태양광 발전의 단가가 싸다 보니 시장에서 외면받고 있다.

③ 우리나라는 태양광 발전소를 운영하기에 일사량이 부족한 상황이다.

④ 태양광 발전은 토지 집약적이기 때문에 우리나라의 국토 특성상 빠르게 확대되기에는 무리가 있다.

58 다음 글의 빈칸에 들어갈 수 있는 단어로 적절하지 않은 것은?

> 원상복구는 도배, 장판 등 임대주택 전용 부분에 기본적으로 제공된 시설물을 퇴거 시 입주 당시의 상태로 유지하는 것과 별도설치 품목 및 해당 품목 설치를 위한 천공, 변형 등 부수행위에 대해 입주 당시의 상태로 복원하는 것을 말한다. 따라서 임차인은 _____된 부분에 대한 원상복구의 의무를 지닌다.

① 오손(汚損) 　　　　　　② 박리(剝離)

③ 망실(亡失) 　　　　　　④ 고의(故意)

⑤ 손모(損耗)

59 다음 글의 내용으로 적절하지 않은 것은?

> 파리기후변화협약은 2020년 만료 예정인 교토의정서를 대체하여 2021년부터의 기후변화 대응을 담은 국제협약으로, 2015년 12월 프랑스 파리에서 열린 제21차 유엔기후변화협약(UNFCCC) 당사국총회(COP21)에서 채택되었다. 파리기후변화협약에서는 산업화 이전 대비 지구의 평균기온 상승을 2℃보다 상당히 낮은 수준으로 유지하고, 1.5℃ 이하로 제한하기 위한 노력을 추구하기로 하였다. 또 국가별 온실가스 감축량은 각국이 제출한 자발적 감축 목표를 인정하되, 5년마다 상향된 목표를 제출하도록 하였다. 차별적인 책임 원칙에 따라 선진국의 감축 목표 유형은 절대량 방식을 유지하며, 개발도상국은 자국 여건을 고려해 절대량 방식과 배출 전망치 대비 방식 중 채택하도록 하였다. 미국은 2030년까지 온실가스 배출량을 2005년 대비 26 ~ 65%까지 감축하겠다고 약속했고, 우리나라도 2030년 배출 전망치 대비 37%를 줄이겠다는 내용의 감축 목표를 제출했다. 이 밖에도 온실가스 배출량을 꾸준히 감소시켜 21세기 후반에는 이산화탄소의 순 배출량을 0으로 만든다는 내용에 합의하고, 선진국들은 2020년부터 개발도상국 등의 기후변화 대처를 돕는 데 매년 최소 1,000억 달러(약 118조 원)를 지원하기로 했다.
>
> 파리기후변화협약은 사실상 거의 모든 국가가 서명했을 뿐 아니라 환경 보존에 대한 의무를 전 세계의 국가들이 함께 부담하도록 하였다. 즉, 온실가스 감축 의무가 선진국에만 있었던 교토의정서와 달리 195개의 당사국 모두에게 구속력 있는 보편적인 첫 기후 합의인 것이다.
>
> 그런데 2017년 6월, 미국의 트럼프 대통령은 환경 보호를 위한 미국의 부담을 언급하며 파리기후변화협약 탈퇴를 유엔에 공식 통보하였다. 그러나 발효된 협약은 3년간 탈퇴를 금지하고 있어 2019년 11월 3일까지는 탈퇴 통보가 불가능하였다. 이에 따라 미국은 다음날인 11월 4일 유엔에 협약 탈퇴를 통보했으며, 통보일로부터 1년이 지난 뒤인 2020년 11월 4일 파리기후변화협약에서 공식 탈퇴했다. 서명국 중에서 탈퇴한 국가는 미국이 유일하다.

① 교토의정서는 2020년 12월에 만료된다.

② 파리기후변화협약은 2015년 12월 3일 발효되었다.

③ 파리기후변화협약에서 우리나라는 개발도상국에 해당한다.

④ 현재 미국을 제외한 194개국이 파리기후변화협약에 합의한 상태이다.

⑤ 파리기후변화협약에 따라 선진국과 개발도상국 모두에게 온실가스 감축 의무가 발생하였다.

60 다음 글의 내용으로 가장 적절한 것은?

비재무적 위험요인이 초래할 수 있는 재무적 충격을 숫자로 나타내고자 하는 노력은 점차 성과를 거두고 있다. 특히 ESG 중에서 E(환경)를 중심으로 가시화된 형태가 나타나고 있다. 이미 EU(유럽연합)를 시작으로 한국·미국 등 주요국에서는 온실가스 거래시장이 만들어졌다. 지구온난화를 초래하는 온실가스에 가격을 매겨 온실가스를 배출하는 기업들이 비용을 치르게 하자는 발상이 현실화된 대표적 사례이다.

2008년 금융위기 극복을 위한 글로벌 협의체 G20(주요 20개국) 회의의 하부기구인 TCFD(기후변화 위험의 재무공시를 위한 태스크포스)를 비롯해 SASB(지속가능회계기준위원회), ISO(국제표준화기구) 등 기구들이 ESG 요소를 재무적으로 관측할 수 있도록 하는 수단을 만들어왔고, 이를 보다 세련되게 다듬는 노력을 기울이고 있다. 예전에는 측정할 수 없다는 이유로 경영·투자판단에 고려되지 않았던 ESG 등 비재무적 요소들이 하나둘씩 숫자의 형태로 나타나기 시작했다는 것이다.

외국 기관투자자들의 전유물로만 여겨지곤 했던 ESG를 국내에서 가장 선도적으로 투자에 반영한 곳이 바로 국민연금이다. 국민 노후보장의 최후 보루인 국민연금의 규모는 2020년 말 기준 834조 원에 이르고, 이 중 국내 주식자산의 규모만 177조 원에 달한다. 코스피·코스닥 전체의 시가총액 합계가 약 2,300조 원인데, 이 중 7.5% 가량을 국민연금이 보유하고 있다는 얘기다. 더불어 국민연금은 국내 회사채·여신채 등 민간기업들이 발행한 채권도 75조 원가량을 보유하고 있다.

국내 기업들의 자금상환 능력이 쪼그라들거나 기업가치가 훼손될 경우 국민연금이 타격을 입을 수밖에 없는 구조이다. 이 때문에 국민연금이 가장 선도적으로 ESG 요소를 투자에 접목해왔던 것이다. 국민연금은 이미 15년 전, 국내에선 아직 ESG 이슈가 낯설었던 2006년부터 위탁 운용을 통해 ESG 전략을 투자에 접목해왔고 ESG 투자 규모를 늘려왔다.

2020년 기준으로 전체 기금 자산에서 차지하는 ESG 투자자산의 비중은 현재 10%에 불과하지만, 이를 내년까지 50%까지 늘리겠다는 비전을 제시한 바 있다. ESG 투자 대상 자산도 현재의 국내 주식 일부에서 국내 채권, 해외 주식·채권 등으로 대폭 확장될 예정이다.

국민연금은 2009년 UN PRI(유엔책임투자원칙) 서명 기관으로 가입한 것은 물론이고 2019년에는 ICGN(국제기업지배구조네트워크), 2020년에는 AIGCC(기후변화 관련 아시아 투자자 그룹)에 잇따라 가입했다. 글로벌 연기금 및 기관들과의 적극적인 정보교류와 협력 인프라를 구축하겠다는 차원에서다. 나아가 ESG 투자와 관련한 글로벌 원칙과 기준을 형성하는 과정에도 국민연금의 목소리가 반영될 수 있을 것으로 보인다. 머지않아 기금 규모 1,000조 원 돌파를 눈앞에 둔 국민연금의 ESG 투자는 세계 일류로 도약하는 우리 기업들의 지속가능성을 높이는 데도 기여하고 있다는 평가를 받는다.

① 미국에서 처음으로 온실가스 배출에 비용을 치르자는 제안을 했다.
② 이전에도 사람들은 투자에 있어서 비재무적인 요소를 고려했다.
③ 국민연금은 10여 년 전부터 ESG 관련 투자를 해왔다.
④ 2020년을 기준으로 국민연금 전체 기금 자산에서 ESG 투자자산이 차지하는 비율은 50%에 달한다.
⑤ 국민연금의 기금 규모는 1,000조 원을 돌파했다.

PART 1

직업기초능력평가

CHAPTER 01

의사소통능력

합격 CHEAT KEY

의사소통능력은 포함되지 않는 공사·공단이 없을 만큼 필기시험에서 중요도가 높은 영역이다. 또한, 일부 공사·공단을 제외하고 의사소통능력의 문제 출제 비중이 가장 높다. 이러한 점을 볼 때, 의사소통능력은 공사·공단 NCS를 준비하는 수험생이라면 정복해야 하는 숙명의 과목이다.

국가직무능력표준에 따르면 의사소통능력의 세부 유형은 문서이해, 문서작성, 의사표현, 경청, 기초외국어로 나눌 수 있다. 이때, 문서이해·문서작성과 같은 제시문에 대한 주제, 일치 문제의 출제 비중이 높으며, 공문서·기획서·보고서·설명서 등 문서의 특성을 파악하는 문제도 일부 공사·공단에서 출제되고 있다. 따라서 이러한 분석을 바탕으로 전략을 세우는 것이 매우 중요하다.

01 문제에서 요구하는 바를 먼저 파악하라!

의사소통능력에서 가장 중요한 것은 제한된 시간 안에 빠르고 정확하게 답을 찾아내는 것이다. 그러기 위해서는 우리가 의사소통능력을 공부하는 이유를 잊지 말아야 한다. 우리는 지식을 쌓기 위해 의사소통능력 지문을 보는 것이 아니다. 즉 의사소통능력에서는 지문이 아닌 문제가 주인공이다! 지문을 보기 전 문제를 먼저 파악해야 한다. 주제찾기 문제라면 첫 문장과 마지막 문장 또는 접속어를 주목하자! 내용일치 문제라면 지문과 문항의 일치 / 불일치 여부만 파악한 뒤 빠져 나오자! 지문에 빠져드는 순간 우리의 시간은 속절없이 흘러버린다!

02 잠재되어 있는 언어능력을 발휘하라!

의사소통능력에는 끝이 없다! 의사소통의 방대함에 포기한 적이 있는가? 세상에 글은 많고 우리가 학습할 수 있는 시간은 한정적이다. 이를 극복할 수 있는 방법은 다양한 글을 접하는 것이다. 실제 시험장에서 어떤 내용의 지문이 나올지 아무도 예측할 수 없다. 따라서 평소에 신문, 소설, 보고서 등 여러 글을 접하는 것이 필요하다. 잠재되어 있는 글에 대한 안목이 시험장에서 빛을 발할 것이다.

03 상황을 가정하라!

업무 수행에 있어 상황에 따른 언어 표현은 중요하다. 같은 말이라도 상황에 따라 다르게 해석될 수 있기 때문이다. 그런 의미에서 자신의 의견을 효과적으로 전달할 수 있는 능력을 평가하는 것은 당연하다. 따라서 다양한 상황에서의 언어표현능력을 함양하기 위한 연습의 과정이 요구된다. 업무를 수행하면서 발생할 수 있는 여러 상황을 가정하고 그에 따른 올바른 언어 표현을 정리하는 것이 필요하다. 의사표현 영역의 경우 출제 빈도가 높지는 않지만 상황에 따른 판단력을 평가하는 문항인 만큼 대비하는 것이 필요하다.

04 말하는 이의 입장에서 생각하라!

잘 듣는 것 또한 하나의 능력이다. 상대방의 이야기에 귀 기울이고 공감하는 태도는 업무를 수행하는 관계 속에서 필요한 요소이다. 그런 의미에서 다양한 상황에서의 듣는 능력을 평가한다. 말하는 이가 요구하는 듣는 이의 태도를 파악하고, 이에 따른 판단을 할 수 있도록 언제나 말하는 사람의 입장이 되어 보는 연습이 필요하다.

05 반복만이 살길이다!

학창 시절 외국어를 공부했을 때를 떠올려 보자! 셀 수 없이 많은 표현들을 익히기 위해 얼마나 많은 반복의 과정을 거쳤는가? 의사소통능력 역시 그러하다. 하나의 문제 유형을 마스터하기 위해 가장 중요한 것은 바로 여러 번, 많이 풀어보는 것이다.

┌연속출제┐

다음은 베란다형 태양광 미니발전소 보급업체의 자격기준 변경에 대한 기사이다. 기사를 읽고 이해한 내용으로 적절하지 않은 것은?

서울시가 베란다형 태양광 미니발전소 보급사업의 참가업체 기준을 강화했다. 앞으로 베란다형 태양광 미니발전소 보급사업에 참여하기 위해서는 전기공사업 면허를 소지해야 한다. 지난해까지는 전기공사업 면허 없이도 보급업체로 참여할 수 있었으나, ❹ 올해부터는 보급업체의 자격 기준을 전기공사업 등록업체로 제한한다고 밝힌 것이다. 이는 태양광 미니발전소가 전기를 생산하는 발전설비인 만큼 안전문제가 대두될 수 있고, ❶ 이를 미연에 방지하고자 기준을 강화했다고 볼 수 있다. 즉, 베란다에 설치되는 태양광 발전설비가 거치대 풍압시험, 모듈 내풍압성 시험 등을 거쳐야만 하므로 전기시설로 보아야 한다는 것이다.

실제 베란다형 태양광 미니발전소 사업은 2014년도부터 시작되어 꾸준히 증가하고 있다. 2014년도에는 1,777개의 가정에 설치되었으며, 2015년에는 3,259개가, 2016년에는 8,311개가 설치되었다. ❷ 또한, 2017년 상반기에만 7,991개가 설치되었다.

하지만 지금까지 전기공사업 면허가 없는 업체도 사업에 참여해왔는데 갑자기 전기공사업 면허를 자격기준에 포함하면서 일부에서는 불만이 제기되고 있다. 동네 마트 등에서 쉽게 구할 수 있었던 미니태양광은 가전제품에 가까웠는데 아무나 설치할 수 없는 설비로 기준이 바뀌면서 불편해졌다는 것이다. ❸ 또한 태양광 설치의 대중화를 위해서는 서울시의 결정이 잘못되었다고 보는 사람들도 많다. 그러나 서울시는 면허를 갖추지 못하는 경우도 발생할 수 있으나, 안전문제를 등한시할 수는 없다는 입장으로 베란다형 태양광 미니발전소 보급사업에 대한 기준은 그대로 강화될 예정이다. ❺

① 서울시는 안전문제를 이유로 전기공사업 면허를 소지해야 한다고 보고 있다.
② 베란다형 태양광 미니발전소 설치는 2014년도에 비해 2016년에 3배 이상 증가하였다.
☑ 보급업체 자격 기준 변경으로 일부에서는 태양광 설치의 대중화를 기대하고 있다.
④ 지난해까지는 전기공사업 면허가 없어도 보급사업에 참여할 수 있었다.
⑤ 일부의 불만이 있지만 보급사업에 대한 기준은 그대로 강화될 예정이다.

풀이순서

1) 질문의도
   : 법령이해

2) 선택지 키워드 찾기

3) 지문독해
   : 선택지와 비교

4) 정답도출

📋 유형 분석
• 주어진 지문을 읽고 일치하는 선택지를 고르는 전형적인 독해 문제이다.
• 지문은 주로 신문기사(보도자료 등), 업무 보고서, 시사 등이 제시된다.
• 대체로 지문이 긴 경우가 많아 푸는 시간이 많이 소요된다.
  응용문제 : 지문의 주제를 찾는 문제나, 지문의 핵심내용을 근거로 추론하는 문제가 출제된다.

📋 풀이 전략
먼저 선택지의 키워드를 체크한 후, 지문의 내용과 비교하며 내용의 일치유무를 신속히 판단한다.

다음 중 내용과 일치 하지 않는 것은?

2016년 9월 정부는 태양광 연계형 ESS REC 가중치 5.0을 신설하면서 2020년까지 약 4,400억 원(800MWh)의 ESS 시장 창출을 기대한다고 밝힌 바 있다. 실제로 태양광 발전시설만 설치할 때보다 ESS를 연계해 설치할 경우 월 수익이 2 ~ 3배 더 늘어나는 것으로 알려지면서 보급규모가 늘어났다. ❶ 당분간 태양광 업계에서 ESS 수요는 계속해서 늘어날 전망이다. 정부가 태양광 연계 ESS REC 가중치 5.0을 2018년 6월 말까지 그대로 지속하겠다고 밝혀서다. ❷ 2017년 연말까지만 해도 2018년 가중치는 하향 조정될 것으로 점쳐졌었다. 2017년 ESS를 설치하고 싶어도 리튬이온 배터리 수급부족 등의 이유로 사업 자체를 포기하는 사례가 있었던 만큼 업계는 한시름 놨다는 입장이다.

2017년 초부터 시작한 ESS 전용특례요금제도도 보급 확대에 역할을 했다. ESS의 경우 설치 비용과 유지보수비 등 초기비용이 많이 들기 때문에 경제규모가 크지 않은 이상 쉽게 설치하기 어렵다. ❸ 이러한 부분을 개선하고자 한전에서는 2015년부터 ESS와 관련해 특례 할인을 실시해왔다. 경부하 시간대인 심야시간 충전전력의 10%에 해당하는 전력요금을 할인해 준 것이다. 이후 2017년 1월부터는 경부하 시간대 ESS 충전요금에 대한 할인율을 최대 50%까지 올려 사업자들의 투자비 부담 경감을 꾀했다. ❹ 또 한전은 2019년까지 한시적으로 ESS 피크감축량에 해당하는 기본요금을 3배까지 할인한다. 이미 2016년 4월부터 기본요금을 할인해왔지만 투자비용이 비싸 보급실적이 저조하다는 이유로 할인액수를 올렸다. 2020년부터 2026년 3월까지는 피크감축량에 해당하는 기본요금만 할인받을 수 있다. 정부는 이를 통해 ESS 설치 투자비의 회수 기간이 단축될 수 있을 것으로 기대한다. 업계 관계자는 "ESS 설치 투자 비용을 보전받기까지는 평균적으로 6 ~ 9년이 걸린다." ❺ 며 "하지만 4년 가량의 짧은 시간 안에 투자비를 보전받는 업체도 나타나면서 ESS 설치에 대한 업계의 관심이 계속해서 모이는 중"이라고 말했다.

① 태양광 발전시설만 설치할 때보다 ESS를 같이 설치했을 때 월 수익이 증가한다.
✔ 태양광 연계 ESS REC 가중치는 2018년 1월부터 하향 조정되었다.
③ ESS는 초기비용이 많이 든다는 단점이 있다.
④ 정부는 ESS 전용특례요금제도를 도입해 투자비 부담을 경감시키고 있다.
⑤ ESS 설치 투자비용을 보전받기까지는 평균적으로 6 ~ 9년이 걸린다.

풀이순서

1) 질문의도
: 내용이해 → 적용

2) 지문파악

4) 지문독해
: 선택지와 비교

3) 선택지 키워드 찾기

📋 **유형 분석**
- 주어진 지문에 대한 이해를 바탕으로 유추할 수 있는 내용을 고르는 문제이다.
- 지문은 주로 업무 보고서, 기획서, 보도자료 등이 제시된다.
- 일반적인 독해 문제와는 달리 선택지의 내용이 애매모호한 경우가 많으므로 꼼꼼히 살펴 보아야 한다.

📋 **풀이 전략**
주어진 지문이 어떠한 내용을 다루고 있는지 파악한 후 선택지의 키워드를 체크한다. 그리고 나서 지문의 내용에서 도출할 수 있는 내용을 선택지에서 찾아야 한다.

┌연속출제┐

다음 중 밑줄 친 단어와 의미가 유사 한 것은?

> 흑사병은 페스트균에 의해 발생하는 급성 열성 감염병으로, 쥐에 기생하는 벼룩에 의해 사람에게 전파된다. 국가위생건강위원회의 자료에 따르면 중국에서는 최근에도 <u>간헐적</u>으로 흑사병 확진 판정이 나온 바 있다. 지난 2014년에는 중국 북서부에서 38세의 남성이 흑사병으로 목숨을 잃었으며, 2016년과 2017년에도 각각 1건씩 발병 사례가 확인됐다.

① 근근이   ② 자못

✓ 이따금   ④ 빈번히

⑤ 흔히

풀이순서

1) 질문의도
   : 유의어

2) 지문파악
   : 문맥을 보고 단어의
     뜻 유추

3) 정답도출

📋 **유형 분석**
- 주어진 지문에서 밑줄 친 단어의 유의어를 찾는 문제이다.
- 자료는 지문, 보고서, 약관, 공지 사항 등 다양하게 제시된다.
- 다른 문제들에 비해 쉬운 편에 속하지만 실수를 하기 쉽다.

응용문제 : 틀린 단어를 올바르게 고치는 등 맞춤법과 관련된 문제가 출제된다.

📋 **풀이 전략**   앞뒤 문장을 읽어 문맥을 파악하여 밑줄 친 단어의 의미를 찾는다.

┌연속출제─

다음 중 공문서 작성 요령으로 적절하지 않은 것은?

① 전문 용어 사용을 지양한다.

✓ 1. → 1) → (1) → 가. → 가)와 같이 항목을 순서대로 표시한다.

③ 첨부물이 있다면 붙임 표시문 다음에 '끝'을 표시한다.

④ 뜻을 정확하게 전달하기 위해 괄호 안에 한자를 함께 적을 수 있다.

⑤ 쌍점(:)은 앞말에 붙여 쓰고 뒷말과는 띄어 쓴다.

풀이순서

1) 질문의도
   : 문서작성 방법

2) 선택지 확인
   : 공문서 작성법

3) 정답도출
   : 공문서의 번호체계
   는 1. → 가. → (1)
   → (가) → 1)과 같
   이 적용한다.

📑 **유형 분석**
- 실무에서 적용할 수 있는 공문서 작성방법의 개념을 익히고 있는지 평가하는 문제이다.
- 지문은 실제 문서 형식, 조언하는 말하기, 조언하는 대화가 주로 제시된다.

응용문제 : 문서 유형별 문서작성방법에 대한 내용이 출제된다. 맞고 틀리고의 문제가 아니라 적합한 방법을 묻는 것이기 때문에 구분이 안 되어 있으면 틀리기 쉽다.

📑 **풀이 전략**　　공문서 작성법을 익히고 해당 내용이 올바르게 적용되었는지 파악한다.

┌연속출제┐

다음 빈칸에 들어갈 경청 단계가 차례대로 연결된 것은?

<경청의 5단계>

단계	경청 정도	내용
㉠	0%	상대방은 이야기를 하지만, 듣는 사람에게 전달되는 내용은 하나도 없는 단계
㉡	30%	상대방의 이야기를 듣는 태도는 취하고 있지만, 자기 생각 속에 빠져 있어 이야기의 내용이 전달되지 않는 단계
㉢	50%	상대방의 이야기를 듣기는 하나, 자신이 듣고 싶은 내용을 선택적으로 듣는 단계
㉣	70%	상대방이 어떤 이야기를 하는지 내용에 집중하면서 듣는 단계
㉤	100%	상대방의 이야기에 집중하면서 의도와 목적을 추측하고, 이해한 내용을 상대방에게 확인하면서 듣는 단계

	㉠	㉡	㉢	㉣	㉤
①	선택적 듣기	무시	듣는 척하기	공감적 듣기	적극적 듣기
②	듣는 척하기	무시	선택적 듣기	적극적 듣기	공감적 듣기
③	듣는 척하기	무시	선택적 듣기	공감적 듣기	적극적 듣기
✓④	무시	듣는 척하기	선택적 듣기	적극적 듣기	공감적 듣기

풀이순서

1) 질문의도
   : 경청 방법

2) 지문파악
   : 경청 정도에 따른 단계

3) 정답도출

 유형 분석
- 경청 단계에 대해 이해하고 있는지를 묻는 문제이다.
- 경청 방법에 대한 지식이 있어도 대화 상황이나 예가 제시되었을 때 그 자료를 해석하지 못하면 소용이 없다. 지식과 예를 연결지어 학습해야 한다.
  응용문제 : 경청하는 태도와 방법에 대한 질문, 경청을 방해하는 요인 등의 지식을 묻는 문제들이 출제된다.

풀이 전략 경청하는 단계에 대한 지식을 익히고 문제에 적용한다.

의사표현

┌연속출제┐

다음 제시문에 나타난 의사소통의 저해요인으로 가장 적절한 것은?

> '말하지 않아도 알아요.' TV 광고 음악에 많은 사람이 공감했던 것과 같이 과거 우리 사회에서는 자신의 의견을 직접적으로 드러내지 않는 것을 미덕이라고 생각했다. 하지만 직접 말하지 않아도 상대가 눈치껏 판단하고 행동해주길 바라는 '눈치' 문화가 오히려 의사소통 과정에서의 불신과 오해를 낳는다.

① 의사소통 기법의 미숙
② 부족한 표현 능력
③ 평가적이며 판단적인 태도
✔ 선입견과 고정관념
⑤ 폐쇄적인 의사소통 분위기

풀이순서

1) 질문의도
　: 의사소통 저해요인

2) 지문파악
　: 과거의 미덕
　　→ 불신과 오해

3) 정답도출
　: 사회적으로 미덕으로 인식되던 긍정적 고정관념이 시대가 변함에 따라 불신과 오해를 낳는 이유가 되었다는 것이 제시문의 내용이다.

📋 **유형 분석**
- 상황에 적합한 의사표현법에 대한 이해를 묻는 문제이다.
- 의사표현 방법에 대한 지식이 있어도 대화 상황이나 예가 제시되었을 때 그 자료를 해석하지 못하면 소용이 없다. 지식과 예를 연결지어 학습해야 한다.
  응용문제 : 의사표현방법, 의사표현을 방해하는 요인 등의 지식을 묻는 문제들이 출제된다.

📋 **풀이 전략**　의사소통의 저해요인에 대한 지식을 익히고 문제에 적용한다.

01 다음 중 언어의 친교적 기능이 드러난 대화를 모두 고른 것은?

> ㉠ A : 오늘 날씨가 춥네. 밥은 먹었니?
>   B : 옷을 좀 더 따뜻하게 입고 다녀야겠네.
> ㉡ A : 얘, 이제 곧 저녁 먹어야 하는데 지금 어디 가니?
>   B : 우체국에 잠시 다녀올게요.
> ㉢ A : 이만 가봐야겠다. 이따가 전화하자.
>   B : 오늘 정말 즐거웠어.
> ㉣ A : 김 대리, 여행은 어디로 다녀왔나?
>   B : 네, 부장님. 홍콩과 마카오로 다녀왔습니다.
> ㉤ A : 이렇게 헤어지기 너무 아쉽다.
>   B : 그래, 조만간 밥 한번 먹자.
> ㉥ A : 오랜만이네. 너 요즘도 거기서 근무하니?
>   B : 그래, 너도 잘 지내고 있지?

① ㉠, ㉡   ② ㉡, ㉣

③ ㉠, ㉢, ㉤   ④ ㉡, ㉣, ㉥

⑤ ㉠, ㉢, ㉤, ㉥

02 P사원의 상사가 P사원에게 다음과 같이 문서를 작성해 제출할 것을 요청하였을 때, P사원이 작성해야 할 문서의 종류는 무엇인가?

> 이번 문서를 토대로 P사원의 업무 결과가 평가되므로 이 점 유의하여 작성해 주시길 바랍니다. 최대한 핵심적인 내용으로 간결하게 작성하시고, 복잡한 내용은 도표나 그림을 활용하는 것이 좋겠죠? 그리고 참고한 자료가 있다면 모두 함께 제시해 주어야 합니다. 최종적으로 부장님께 제출하기 전에 제가 확인을 할 예정이지만, P사원도 제출하기 전에 잘못 작성된 부분은 없는지 등의 점검을 해 주시기 바랍니다.

① 보도자료   ② 설명서

③ 보고서   ④ 제안서

⑤ 기획서

03 다음 중 기획서 작성에 대한 설명으로 옳지 않은 것을 모두 고르면?

> ㄱ. 기획서가 의도한 메시지가 정확히 도출되도록 구체적으로 작성한다.
> ㄴ. 삽화를 삽입하는 등의 다양한 표현형식보다는 공문서에 준하는 엄격한 양식과 건조한 문체로 작성한다.
> ㄷ. 목차는 개괄적으로 최대한 단순하게 작성하고, 본문 내용을 상세히 작성한다.
> ㄹ. 인용된 자료의 출처가 정확한지 확인하여야 한다.

① ㄱ, ㄴ   ② ㄱ, ㄷ
③ ㄴ, ㄷ   ④ ㄴ, ㄹ
⑤ ㄷ, ㄹ

04 다음 중 문서작성 시의 주의사항에 대한 설명으로 옳은 것을 모두 고르면?

> ㄱ. 반드시 문서의 목적과 내용을 명확히 하여야 한다.
> ㄴ. 문서는 작성자 개인의 사고력과 표현력이 총동원된 결정체이어야 한다.
> ㄷ. 문서에는 대상과 주제는 반드시 포함되어야 하나, 작성 시기는 재량사항이다.
> ㄹ. 기획서와 제안서의 경우 기대효과가 포함되어야 한다.

① ㄱ, ㄴ   ② ㄱ, ㄷ
③ ㄴ, ㄷ   ④ ㄱ, ㄴ, ㄹ
⑤ ㄴ, ㄷ, ㄹ

05 다음의 대화에서 설명하는 의사소통의 특성은?

> 보라 : (독백) 매일 야근에 프로젝트 팀원들은 잘 도와주지도 않고, 남자친구와도 싸우고, 왜 이렇게 힘든 일이 많지? 너무 지치네.
> 정식 : 오, 보라야. 거기서 뭐해? 이번에 승진한 거 축하한다. 잘 지내고 있지?
> 보라 : 그럼요 과장님. 잘 지내고 있습니다. 감사합니다.
> 정식 : 보라는 항상 밝아서 좋아. 오늘 하루도 힘내고! 이따가 보자.
> 보라 : 네 감사합니다. 오후 미팅 때 뵐게요!

① 반성적 사고   ② 고유성
③ 측정불가능성   ④ 대화가능성
⑤ 체계성

기업은 상품의 사회적 마모를 촉진시키는 주체이다. 생산과 소비가 지속되어야 이윤을 남길 수 있기 때문에, 하나의 상품을 생산해서 그 상품의 물리적 마모가 끝날 때까지를 기다렸다가는 기업이 망하기 십상이다. 이러한 상황에서 늘 수요에 비해서 과잉 생산을 하는 기업이 살아남을 수 있는 길은 상품의 사회적 마모를 짧게 해서 사람들로 하여금 계속 소비하게 만드는 것이다.

그래서 ⊙ 기업들은 더 많은 이익을 내기 위해서 상품의 성능을 향상시키기보다는 디자인을 변화시키는 것이 더 바람직하다고 생각한다. 산업이 발달하여 ⊙ 상품의 성능이나 기능, 내구성이 이전보다 더욱 향상되었는데도 불구하고 상품의 생명이 이전보다 더 짧아지는 것은 어떻게 생각하면 자본주의 상품이 지닌 모순이라고 할 수 있다. 섬유의 질은 점점 좋아지지만 그 옷을 입는 기간은 이에 비해서 점점 짧아지게 되는 것이 바로 자본주의 상품이 지니고 있는 모순이다. 산업이 계속 발달하여 상품의 성능이 향상되는데도 상품의 사회적인 마모 기간이 누군가에 의해서 엄청나게 짧아지고 있다. 상품의 질은 향상되고 내가 버는 돈은 늘어가는 것 같은데 늘 무엇인가 부족한 듯한 느낌이 드는 것도 이것과 관련이 있다.

06 윗글을 읽고 추론한 내용으로 적절하지 않은 것은?

① 기업은 물리적 마모가 짧을수록 유리하기 때문에 제품의 성능에 신경 쓰지 않는다.
② 사회적 마모 기간이 짧아지면 생산과 소비는 지속된다.
③ 기업은 이익을 위해 상품의 디자인 변화가 이윤추구에 더 바람직하다고 생각한다.
④ 자본주의 시대를 사는 사람들은 제품의 품질이 좋아져도 오래 사용하지 않는다.
⑤ 사회적 마모 기간이 짧아지는 것을 자본주의의 모순으로 볼 수도 있다.

07 다음 중 ⊙에 대해 제기할 수 있는 반론으로 가장 적절한 것은?

① 상품의 성능은 그대로 두어도 향상될 수 있는가?
② 디자인에 관한 소비자들의 취향이 바뀌는 것을 막을 방안은 있는가?
③ 상품의 성능 향상을 등한시하며 디자인만 바꾼다고 소비가 증가할 것인가?
④ 사회적 마모 기간이 점차 짧아지면 디자인을 개발하는 것이 기업에 도움이 되겠는가?
⑤ 소비 성향에 맞춰 디자인을 다양화할 수 있는가?

08 다음 중 ⊙이 가장 잘 나타난 사례로 볼 수 있는 것은?

① 같은 가격이라면 남들이 많이 가지고 있는 것을 산다.
② 자신에게 필요가 없게 된 물건은 싼값에 남에게 판다.
③ 옷을 살 때는 디자인이나 기능보다는 가격을 더 고려한다.
④ 휴대전화를 가지고 있으면서도 새로운 모델의 휴대전화를 사기 위해 돈을 모은다.
⑤ 기능을 고려하여 가장 비싼 노트북을 산다.

09 다음 기사문의 주제로 가장 적절한 것은?

정부는 조직 구성원의 다양성 확보와 포용 사회 구현을 위해 지난 2017년 11월 공공부문 여성 대표성 제고 5개년 계획을 수립하고, 2022년까지 고위공무원 여성의 비율 10%, 공공기관 임원 여성의 비율 20% 달성 등 각 분야의 목표치를 설정하였다.

12개 분야 가운데 고위공무원단은 지난해 목표치인 6.8%에 못 미쳤으나, 나머지 11개 분야는 2018년 목표치를 달성했다. 국가직 고위공무원단 여성 비율은 2017년 6.5%에서 2018년 6.7%로 상승했다. 국가직 본부 과장급 공무원 여성 비율은 같은 기간 14.8%에서 17.5%로, 공공기관 임원은 11.8%에서 17.9%로 확대됐다. 여성 국립대 교수는 15.8%에서 16.6%로, 여성 교장·교감은 40.6%에서 42.7%로 늘었다. 또한 여성군인 간부 비율은 5.5%에서 6.2%로 상승했으며, 일반 경찰 중 여성 비율은 10.9%에서 11.7%로, 해경은 11.3%에서 12.0%로 늘었다. 정부위원회 위촉직 여성 참여율은 41.9%까지 높아졌다.

정부는 올해 여성 고위공무원이 없는 중앙부처에 1명 이상의 임용을 추진하고, 범정부 균형 인사 추진계획을 마련할 예정이다. 또한 여성 임원이 없는 공공기관에 여성 임원을 최소 1인 이상 선임하도록 독려할 방침이다. 여성 관리직 목표제 적용 대상은 300인 이상 기업에서 전체 지방공기업으로 확대된다. 국립대 교수 성별 현황 조사를 위한 양성평등 실태조사 법적 근거를 마련하고, 여성군인·경찰 신규 채용을 늘릴 계획이다. 헌법기관·중앙행정기관 위원회 성별 참여 조사 결과도 처음으로 공표한다. 그 외 여성의 실질적인 의사결정 권한 정도가 측정되도록 정부혁신평가 지표를 개선하고 자문단 운영, 성 평등 교육도 계속 시행한다.

여성가족부 장관은 "의사결정 영역에서의 성별 균형적 참여는 결과적으로 조직의 경쟁력 제고에 도움이 된다."라며 "이에 대해 공감대를 갖고 자율적으로 조직 내 성별 균형성을 확보해 나가려는 민간부문에 대해서도 지원할 계획"이라고 말했다.

① 여성 고위관리직 확대를 위한 노력
② 유리천장, 여성들의 승진을 가로막는 장애물
③ 고위공무원단의 여성 비율이 낮은 이유
④ 성차별 없는 블라인드 채용
⑤ 취업난 해결을 위한 정부 정책의 문제점

10 다음 글을 통해 추론할 수 있는 사실로 옳은 것은?

> 매이먼의 루비 레이저가 개발된 이후 기체, 액체, 고체, 반도체 등의 매질로 많은 종류의 레이저가 만들어졌으며 그들의 특성은 다양하다. 하지만 모든 레이저광선은 기본적으로 단일한 파장과 방향성을 가진 광자로 이루어져 있고, 거의 완벽하게 직진하므로 다른 방향으로 퍼지지 않는다. 또한 렌즈를 통해 극히 작은 점에 빛을 수렴시킬 수 있다. 이는 다양한 광자로 이루어져 있고, 다른 방향으로 쉽게 퍼지며, 렌즈를 통해서 쉽게 수렴이 되지 않는 보통의 빛과 크게 다른 점이다.
>
> 이러한 특성들을 바탕으로 레이저광선은 보통의 빛이 도저히 할 수 없는 일을 해내고 있다. 공중에 원하는 글자나 멋진 그림을 펼쳐 보이고, CD의 음악을 재생한다. 제조업에서는 레이저광선으로 다양한 물체를 정밀하게 자르거나 태우고, 의사는 환자의 수술에 레이저광선을 활용한다. 단위 시간에 엄청난 양의 통신 정보를 실어 나를 수 있는 통신 매체의 기능을 하기도 한다. 레이저는 현대의 거의 모든 제품과 서비스에 막대한 영향을 끼치는 최첨단 기술로 자리 잡았다.

① 레이저광선은 빛의 성질을 닮아 다른 방향으로 쉽게 퍼지지 않는다.
② 보통의 빛은 단일한 파장과 방향성을 갖는 광자로 이루어져 있다.
③ 빛의 특성을 잘 이용한다면, 보통의 빛을 통해서도 CD의 음악을 재생할 수 있다.
④ 루비 레이저와 달리 반도체 레이저의 광선은 서로 다른 파장과 방향성을 가진 광자로 이루어져 있다.
⑤ 레이저는 과거보다 현재 더 높은 경제적 가치를 지닌다.

11 다음 밑줄 친 부분에 해당하는 한자성어는?

> M전자는 2019년 대비 신제품 개발에 앞서 국내 및 세계 경쟁사 제품을 모두 모아 각각의 특성 및 장단점을 꼼꼼히 살펴봤다. 매출이 훨씬 앞서 나간 제품은 물론, 같은 제품군에 해당하는 국내외 모든 제품을 한데 모아 객관적이고 냉철하게 비교했다. 이는 경쟁사 제품을 보면서 새로운 아이디어를 창출해내고, 동시에 신제품에 대한 감각을 익혀 실제 제품 개발은 물론 앞으로의 시장에 대비할 전략을 세우고자 함이다.
>
> 이는 '상대방을 알고 나를 파악함'으로써 2019년 시장 대비 매출 증가의 전력을 위한 토대를 다지고자 하는 사업 전략의 일부이다. 실제로 스마트폰 시장은 말 그대로 초과 상태이며, 많은 전문가가 M전자의 스마트폰 사업을 위태롭게 본다. 따라서 2017년 시장 매출은 이 환경 속에서 과연 어떠한 경쟁력과 차별점을 내세우느냐에 따라 결정된다. 기본적으로 M전자가 현재 자부하고 있는 타사와의 차별점은 '품질 및 프리미엄 제조 업무능력'으로, '언제든 기술로 시장에서 역전할 수 있다.'는 자신감 및 장인 정신이다. 이를 바탕으로 M전자는 초지일관 제품 개발에 힘써 왔다. 하지만 이제는 기술뿐만 아니라 고객과 시장의 요구를 파악할 줄 알아야 한다.
>
> 따라서 M전자의 기술력과 비결을 기본으로 삼고, 세부적으로 분석한 경쟁사 제품의 장단점을 보완하여 반영한다면 2019년 상반기 시장에서 충분한 실적은 물론 세계 경쟁 사회에서 살아남을 수 있을 것이다.

① 지피지기(知彼知己)
② 지록위마(指鹿爲馬)
③ 백전백승(百戰百勝)
④ 붕우유신(朋友有信)
⑤ 막상막하(莫上莫下)

12 다음 중 빈칸에 들어갈 내용으로 적절한 것은?

> 세율에는 세액을 과세 표준으로 나눈 값인 평균 세율, 세액을 과세 이전 총소득으로 나눈 값인 실효 세율 등이 있다. 다음 예를 통해 세율에 대해 이해해 보자. 소득세의 세율이 과세 표준 금액 1,000만 원 이하는 10%, 1,000만 원 초과 4,000만 원 이하는 20%라 하자. 이처럼 과세 표준을 몇 개의 구간으로 나누는 까닭은 소득에 대응하는 세율을 일일이 획정하는 것이 현실적으로 어렵기 때문이다. 과세 표준 금액이 3,000만 원인 사람의 세액은 '1,000만 원×10%+2,000만 원×20%=500만 원'으로 계산된다. _____ 과세 표준에 세율을 어떻게 적용할 것인지에 따라 세율 구조가 결정된다. 과세 표준이 클수록 높은 세율로 과세하는 것을 누진 세율 구조라고 한다. 그런데 누진 세율 구조가 아니더라도 고소득일수록 세액이 증가할 수 있으므로 세율 구조는 평균 세율의 증가 여부로 판단하는 것이 적절하다. 즉 과세 표준이 증가할 때 평균 세율이 유지되면 비례 세율 구조, 평균 세율이 오히려 감소하면 역진 세율 구조, 함께 증가하면 누진 세율 구조이다.

① 이 경우 평균 세율은 500÷3,000×100≒16.7%가 된다.

② 이 경우 평균 세율은 1,000÷3,000×100≒33.3%가 된다.

③ 이 경우 평균 세율은 1,500÷3,000×100≒50%가 된다.

④ 이 경우 평균 세율은 2,000÷3,000×100≒66.7%가 된다.

⑤ 이 경우 평균 세율은 2,500÷3,000×100≒83.3%가 된다.

13 다음 글의 빈칸에 들어갈 문장을 〈보기〉에서 찾아 순서대로 나열한 것으로 가장 적절한 것은?

한 조사 기관에 따르면, 해마다 척추 질환으로 병원을 찾는 청소년들이 연평균 5만 명에 이르며 그 수가 지속적으로 증가하고 있다. 청소년의 척추 질환은 성장을 저해하고 학업의 효율성을 저하시킬 수 있다. ____(가)____ 따라서 청소년 척추 질환의 원인을 알고 예방하기 위한 노력이 필요하다.

전문가들은 앉은 자세에서 척추에 가해지는 하중이 서 있는 자세에 비해 1.4배 정도 크기 때문에 책상 앞에 오래 앉아 있는 청소년들의 경우, 척추 건강에 적신호가 켜질 가능성이 매우 높다고 말한다. 또한 전문가들은 청소년들의 운동 부족도 청소년 척추 질환의 원인이라고 강조한다. 척추 건강을 위해서는 기립근과 장요근 등을 강화하는 근력 운동이 필요하다. 그런데 실제로 질병관리본부의 조사에 따르면, 청소년들 가운데 주 3일 이상 근력 운동을 하고 있다고 응답한 비율은 남성이 약 33%, 여성이 약 9% 정도밖에 되지 않았다.

청소년들이 생활 속에서 비교적 쉽게 척추 질환을 예방할 수 있는 방법은 무엇일까? 첫째, 바른 자세로 책상 앞에 앉아 있는 습관을 들여야 한다. ____(나)____ 또한 책을 보기 위해 고개를 아래로 많이 숙이는 행동은 목뼈가 받는 부담을 크게 늘려 척추 질환을 유발하므로 책상 높이를 조절하여 목과 허리를 펴고 반듯하게 앉아 책을 보는 것이 좋다. 둘째, 틈틈이 척추 근육을 강화하는 운동을 해 준다. ____(다)____

그리고 발을 어깨보다 약간 넓게 벌리고 서서 양손을 허리에 대고 상체를 서서히 뒤로 젖혀 준다. 이러한 동작들은 척추를 지지하는 근육과 인대를 강화시켜 척추가 휘어지거나 구부러지는 것을 막아 준다. 따라서 이런 운동은 척추 건강을 위해 반드시 필요하다.

보기

㉠ 허리를 곧게 펴고 앉아 어깨를 뒤로 젖히고 고개를 들어 하늘을 본다.
㉡ 그렇기 때문에 적절한 대응 방안이 마련되지 않으면 문제가 더욱 심각해질 것이다.
㉢ 의자에 앉아 있을 때는 엉덩이를 의자 끝까지 밀어 넣고 등받이에 반듯하게 상체를 기대 척추를 꼿꼿하게 유지해야 한다.

	(가)	(나)	(다)
①	㉡	㉠	㉢
②	㉡	㉢	㉠
③	㉢	㉠	㉡
④	㉢	㉡	㉠
⑤	㉠	㉡	㉢

14 다음 빈칸에 들어갈 단어로 가장 적절한 것은?

현대사회에는 외모가 곧 경쟁력이라는 인식이 만연해 있다. 어느 조사에 따르면 한국 여성의 53%가 성형을 받기를 원하며, 성형외과 고객 중 3분의 1은 남성이라고 한다. 한국의 거식증 환자 수는 이미 1만 명을 넘었으며, 지금도 그 수는 증가하고 있다. 평범한 외모를 가졌고 정상 체중인 사람도 불안감에 시달리게 하는 외모 강박의 시대가 된 셈이다. 우리는 왜 외모 욕망에서 자유로울 수 없는 것일까?

우리는 스스로 멋지거나 바람직하게 생각하는 모습, 즉 이상자아를 자신에게서 발견할 때 만족감을 느끼는데, 이것을 자아감을 느낀다고 표현한다. 그런데 이상자아는 주체의 참된 본질이 아니라 자신을 둘러싼 환경 즉, 자신에 대한 주변인들의 평가, 학교 교육, 대중매체, 광고, 문화 이데올로기 등의 담론과 자신을 동일시함으로써 형성된다. 이렇게 탄생한 이상자아는 자아를 이끌어가는 바람직한 자아의 모습으로 주체의 무의식에 깊게 자리잡는다. 그리하여 우리가 이상적인 자아에 못 미치는 모습을 자신에게서 발견할 때, 예를 들어 날씬한 몸매가 이상적인 자아인데 현실의 몸매는 뚱뚱할 때, 우리의 자아는 고통을 받는다. 이러한 고통으로부터 벗어나기 위해서는 이상자아에 맞추어 자신의 모습을 날씬하게 바꾸거나, 자신의 이상자아를 뚱뚱한 몸매로 바꾸어 만족감을 얻어야 한다. 그러나 전자는 체중감량과 유지가 어렵기 때문에, 후자는 자아의 무의식 구성을 급진적으로 바꾸는 것이기 때문에 쉽지 않다.

또한, 외모는 단순히 '보기 좋음'을 넘어 다양한 의미를 표상한다. 외모 문화에는 미의 기준을 제시하는 대중매체의 담론과, 여성의 외모를 중시하는 가부장적인 이데올로기가 뿌리 깊게 작용하고 있다. 더 깊게 들어가서는 관상을 중시하는 시각문화, 외모에서조차 경쟁과 서열화를 만드는 자본주의 문화, 성공을 부추기는 유교적 출세주의, 서구의 미적 기준의 식민화, 개인의 개성을 인정하지 않는 집단획일주의 등 수많은 문화적·사회구조적 이데올로기가 개개인의 외모 욕망을 부추겨 외모 문화를 구축한다.

외모지상주의의 문제점을 단편적으로 제시하며 이를 거부할 것을 주장하는 사람들이 있다. 그러나 외모에 대한 욕망은 한두 가지 관점에서 비판함으로써 제거될 수 있는 것이 아니다. 하나의 단순한 현상처럼 보이지만, 그 기저에는 _____ 담론 코드가 끊임없이 작용하고 있는 것이다.

① 심층적인 ② 다층적인
③ 획일적인 ④ 주관적인
⑤ 일반적인

15 다음 글의 중심 주제로 가장 적절한 것은?

경제학에서는 한 재화나 서비스 등의 공급이 기업에 집중되는 양상에 따라 시장 구조를 크게 독점시장, 과점시장, 경쟁시장으로 구분하고 있다. 소수의 기업이 공급의 대부분을 차지할수록 독점시장에 가까워지고, 다수의 기업이 공급을 나누어 가질수록 경쟁시장에 가까워진다. 이렇게 시장 구조를 구분하기 위해서 사용하는 지표 중의 하나가 바로 '시장집중률'이다.

시장집중률을 이해하기 위해서는 먼저 '시장점유율'에 대한 이해가 있어야 한다. 시장점유율이란 시장 안에서 특정 기업이 차지하고 있는 비중을 의미하는데, 생산량, 매출액 등을 기준으로 측정할 수 있다. Y기업의 시장점유율을 생산량 기준으로 측정한다면 '[(Y기업의 생산량) ÷ (시장 내 모든 기업의 생산량의 총합)] × 100'으로 나타낼 수 있다.

시장점유율이 시장 내 한 기업의 비중을 나타내 주는 수치라면, 시장집중률은 시장 내 일정 수의 상위 기업들이 차지하는 비중을 나타내 주는 수치, 즉 일정 수의 상위 기업의 시장점유율을 합한 값이다. 몇 개의 상위 기업을 기준으로 삼느냐는 나라마다 자율적으로 결정하고 있는데, 우리나라에서는 상위 3대 기업의 시장점유율을 합한 값을, 미국에서는 상위 4대 기업의 시장점유율을 합한 값을 시장집중률로 채택하여 사용하고 있다. 이렇게 산출된 시장집중률을 통해 시장 구조를 구분해 볼 수 있는데, 시장집중률이 높으면 그 시장은 공급이 소수의 기업에 집중되어 있는 독점시장으로 구분하고, 시장집중률이 낮으면 공급이 다수의 기업에 의해 분산되어 있는 경쟁시장으로 구분한다. 한국개발연구원에서는 어떤 산업에서의 시장집중률이 80% 이상이면 독점시장, 60% 이상 80% 미만이면 과점시장, 60% 미만이면 경쟁시장으로 구분하고 있다.

시장집중률을 측정하는 기준에는 여러 가지가 있기 때문에 어느 것을 기준으로 삼느냐에 따라 측정 결과에 차이가 생기며 이에 대한 경제학적인 해석도 달라진다. 어느 시장의 시장집중률을 '생산량' 기준으로 측정했을 때 A, B, C기업이 상위 3대 기업이고 시장집중률이 80%로 측정되었다고 하더라도, '매출액' 기준으로 측정했을 때는 D, E, F기업이 상위 3대 기업이 되고 시장집중률이 60%가 될 수도 있다.

이처럼 시장집중률은 시장 구조를 구분하는 데 매우 유용한 지표이며, 이를 통해 시장 내의 공급이 기업에 집중되는 양상을 파악해 볼 수 있다.

① 시장 구조의 변천사
② 시장집중률의 개념과 의의
③ 독점시장과 경쟁시장의 비교
④ 우리나라 시장점유율의 특성
⑤ 시장집중률을 확대하기 위한 방안

16

> 대답을 들을 <u>사이</u>도 없이 자전거를 되짚어 타고 가 버렸다.

① 그는 친구들 <u>사이</u>에 인기가 많아.　　　② 영주와 세영이 <u>사이</u>가 좋다고?
③ 서연아, 하루 <u>사이</u>에 많이 여위었구나!　④ 나는 너무 바빠서 잠시 앉아 쉴 <u>사이</u>도 없다.
⑤ 나는 친구와 담 하나를 <u>사이</u>하여 살았다.

17

> 목표달성을 위해서는 먼저 계획을 세우는 습관을 <u>길러야</u> 한다.

① 그는 화초를 <u>기르는</u> 취미를 가지고 있다.
② 아이를 잘 <u>기르기</u> 위해서는 부모의 많은 노력이 필요하다.
③ 그녀는 오랫동안 <u>기른</u> 머리를 단숨에 잘라버렸다.
④ 아침에 일찍 일어나는 버릇을 <u>길러라</u>.
⑤ 병을 <u>기르면</u> 치료하기가 점점 어렵게 된다.

18 제시된 글에서 틀린 단어는 모두 몇 개인가?

> ● **관심지구 알리미**
> '관심지구 알리미'란 LH 마이홈 콜센터로 분양 및 임대를 받고자 하는 관심지구를 등록한 고객에 대하여 해당지구 모집공고 시 안내사항을 장문메시지(LMS; Long Message Service)로 발송해 드리는 서비스입니다.
>
> 1. **등록기간**
>   월 ~ 금요일, 오전 9시 ~ 오후 6시(주말과 공휴일은 관심지구 등록이 제공되지 안습니다)
> 2. **등록방법**
>   • 국번 없이 1600-1004
>   일반통화요금이 부가되며, 별도의 정보이용료는 없습니다.
>   • 관심지구 알리미 서비스는 1인에 한하여 3개 지역(시, 군, 구 단위)까지 신청가능하며, 신청한 지역벌 1개의 공급유형을 선택하실 수 있습니다.
>   • 등록일 기준 1년간 서비스되며, 기간만료시 항후 연장이 가능합니다.

① 없음　　　　　　② 1개
③ 2개　　　　　　④ 3개
⑤ 4개

저명한 철학자 화이트헤드는 철학을 '관념들의 모험'이라고 하였다. 실로 그렇다. 그러나 어떠한 모험도 위험이 뒤따르며 철학의 모험도 예외가 아니다. 여기서는 철학의 모험을 처음으로 시도하려고 할 때에 겪을 수 있는 몇 가지 위험을 지적해 보겠다.

일반적으로 적은 지식은 위험하다고 말하곤 한다. 그러나 커다란 지식을 얻기 위해서는 적은 양에서 시작하지 않으면 안 된다. 또한, 커다란 지식을 갖추었다고 하더라도 위험이 완전히 배제되는 것은 아니다. 예를 들면, 원자 에너지의 파괴적인 위력에 대해 지대한 관심을 가진 사람들이 원자의 비밀을 꿰뚫어 보려고 막대한 노력을 기울였다. 그러나 원자에 대한 지식의 획득에도 불구하고 사람들이 느끼는 위험은 줄어들지 않고 오히려 늘어났다. 이와 같이 증대하는 지식이 새로운 난점들을 발생시킨다는 사실을 알게 된 것은 최근의 일이 아니다. 서양 철학자 플라톤의 '동굴의 비유'는 지식의 획득과 그에 따른 대가 지불을 불가분의 관계로 이해하고 있음을 보여준다.

㉠'동굴의 비유'에 의하면, 사람들은 태어나면서부터 앞만 보도록 된 곳에 앉은 쇠사슬에 묶인 죄수와 같다는 것이다. 사람들의 등 뒤로는 불이 타오르고, 그 불로 인해 모든 사물은 동굴의 벽에 그림자로 나타날 뿐이다. 혹 동굴 밖의 환한 세상으로 나온 이가 있다면, 자신이 그동안 기만과 구속의 흐리멍덩한 삶을 살아왔음을 깨닫게 될 것이다. 그리하여 그가 동굴로 돌아가 사람들을 계몽하고자 한다면, 그는 오히려 무지의 장막에 휩싸인 자들에게 불신과 박해를 받게 될 것이다. 여기에서 박해를 받는 것은 깨달음에 가해진 '선물'이라고 할 수 있다.

철학 입문자들은 실제로 지적(知的)으로 도전을 받기를 원하는 사람들이다. 그들은 정신의 모험에 참여하겠다는 서명을 한 셈이다. 또한 그들은 자신들을 위해 계획된 새로운 내용과 높은 평가 기준이 자신에게 적용되기를 바란다. 그들은 앞으로 무슨 일이 일어날지 거의 모르고 있지만, 그들 자신은 자발적으로 상당한 정도의 개인적인 위험을 기꺼이 감수하려 든다. 이러한 위험을 구체적으로 말하면, 자기를 인식하는 데 따르는 위험이며, 이전부터 갖고 있던 사고와 행위 방식을 혼란시킬지도 모르는 모험이며, 학습하는 도중에 발생할 수 있는 미묘하고도 중대한 위험이다. 한 번 문이 열리면 다시 그 문을 닫기란 매우 어렵다. 일반 사람들은 더 큰 방, 더 넓은 인생 공간에 나아가면 대부분 두려움을 느끼며 용기를 잃게 된다. 그러나 몇몇의 뛰어난 입문자들은 사활(死活)을 걸어야 하는 도전에 맞서, 위험을 감싸 안으며 흥미로운 작업을 진전시키기 위해 지성적 도구들을 예리하게 간다.

철학의 모험은 자주 거칠고 무한한 혼돈의 바다에 표류하는 작은 뗏목에 비유된다. 어떤 철학적 조난자들은 뗏목과 파도와 날씨 등의 직접적인 환경을 더욱 깊이 알게 될 것이다. 또한 어떤 조난자들은 조류의 속도나 현재의 풍향을 알게 될 것이다. 또 어떤 조난자들은 진리의 섬을 얼핏 보고 믿음이라는 항구를 향해 힘차게 배를 저어 나아갈 것이다. 또 다른 조난자들은 막막함과 절망의 중심에서 완전히 좌초해 버릴 수도 있다. 뗏목과 그 위에 탄 사람들은 '보험'에 들어 있지 않다. 거기에는 보증인이 없다. 그러나 뗏목은 늘 거기에 있으며, 이미 뗏목을 타고 있는 사람들은 더 많은 사람이 자신이 있는 곳으로 올 수 있도록 자리를 마련할 것이다.

19 윗글의 서술상의 특징으로 적절한 것은?

① 비유적인 표현으로 대상의 특성을 밝히고 있다.

② 여러 가지를 비교하면서 우월성을 논하고 있다.

③ 상반된 이론을 대비하여 독자의 관심을 유도하고 있다.

④ 용어의 개념을 제시하여 대상의 범위를 한정하고 있다.

⑤ 대상의 문제점을 파악하고 나름의 해결책을 모색하고 있다.

20 다음 글의 글쓴이가 밑줄 친 ㉠을 인용한 이유를 바르게 추리한 것은?

① 자신의 운명은 스스로 개척해야 한다는 것을 주지시키기 위해
② 인간의 호기심은 불행한 결과를 초래한다는 것을 알려 주기 위해
③ 인간이 지켜야 할 공동의 규범은 반드시 따라야 함을 강조하기 위해
④ 새로운 지식을 획득하려면 대가를 치러야 한다는 것을 주지시키기 위해
⑤ 커다란 지식을 갖추는 것이 중요함을 알리기 위해

21 다음 글에서 〈보기〉가 들어갈 위치로 옳은 것은?

그럼 이제부터 제형에 따른 특징과 복용 시 주의점을 알아보겠습니다. 먼저 산제나 액제는 복용해야 하는 용량에 맞게 미세하게 조절이 가능합니다. 그리고 정제나 캡슐제에 비해 노인이나 소아가 약을 삼키기 쉽고 약효도 빠르게 나타납니다. (가) 캡슐제는 캡슐로 약물을 감싸서 자극이 강한 약물을 복용할 때 생기는 불편을 줄일 수 있고, 정제로 만들면 약효가 떨어질 수 있는 경우에 사용되어 약효를 유지할 수 있습니다. (나) 하지만 캡슐제는 캡슐이 목구멍이나 식도에 달라붙을 수 있기 때문에 충분한 양의 물과 함께 복용해야 합니다. (다)
그리고 정제는 일정한 형태로 압축되어 있어 산제나 액제에 비해 보관이 간편하고 정량을 복용하기 쉽습니다. 이러한 정제는 약물의 성분이 빠르게 방출되는 속방정과 서서히 지속적으로 방출되는 서방정으로 구분할 수 있습니다. (라) 서방정은 오랜 시간 일정하게 약의 효과를 유지할 수 있어 복용 횟수를 줄일 수 있습니다. 그런데 서방정은 함부로 쪼개거나 씹어서 먹으면 안 됩니다. 왜냐하면 약물의 방출 속도가 달라져 부작용의 위험이 커질 수 있기 때문입니다.
오늘 강연 내용은 유익하셨나요? 이번 강연이 약에 대한 이해를 높일 수 있는 계기가 되었으면 합니다. 또한 약과 관련해 더 궁금한 내용이 있다면 '온라인 의약 도서관'을 통해 찾아보실 수 있습니다. (마) 마지막으로 상세한 복약 정보는 꼭 의사나 약사에게 확인하시기 바랍니다. 경청해 주셔서 감사합니다.

> **보기**
> 하지만 이 둘은 정제에 비해 변질되기 쉬우므로 특히 보관에 주의해야 하고 복용 전 변질 여부를 잘 확인해야 합니다.

① (가)   ② (나)
③ (다)   ④ (라)
⑤ (마)

인공 지능을 면접에 활용하는 것은 바람직하지 않다. 인공 지능 앞에서 면접을 보느라 진땀을 흘리는 인간의 모습을 생각하면 너무 안타깝다. 미래에 인공 지능이 인간의 고유한 영역까지 대신할 것이라고 사람들은 말하는데, ㉠ 인공 지능이 인간을 대신할 수 있을까? 인간과 인공 지능의 관계는 어떠해야 할까?

인공 지능은 인간의 삶을 편리하게 돕는 도구일 뿐이다. 인간이 만든 도구인 인공 지능이 인간을 평가할 수 있는지에 대해 생각해 볼 필요가 있다. 도구일 뿐인 기계가 인간을 평가하는 것은 정당하지 않다. 인간이 개발한 인공 지능이 인간을 판단한다면 ㉡ 주체와 객체가 뒤바뀌는 상황이 발생할 것이다.

인공 지능이 발전하더라도 인간과 같은 사고는 불가능하다. 인공 지능은 겉으로 드러난 인간의 말과 행동을 분석하지만, 인간은 말과 행동 이면의 의미까지 고려하여 사고한다. 인공 지능은 빅데이터를 바탕으로 결과를 도출해 내는 기계에 불과하므로 통계적 분석을 할 뿐 타당한 판단을 할 수 없다. 기계가 타당한 판단을 할 것이라는 막연한 기대를 한다면 머지않아 인간이 기계에 예속되는 상황이 벌어질지도 모른다.

인공 지능은 사회적 관계를 맺을 수 없다. 반면 인간은 사회에서 의사소통을 통해 관계를 형성한다. 이 과정에서 축적된 인간의 경험이 바탕이 되어야 타인의 잠재력을 발견할 수 있다.

22 다음 중 밑줄 친 ㉠에 대한 글쓴이의 주장으로 가장 적절한 것은?

① 인공 지능은 인간을 대신하여 인간의 말과 행동을 분석하고, 통계적 분석을 바탕으로 판단을 내린다. 즉, 인공 지능이 인간의 대리인 역할을 수행한다.

② 인공 지능은 인간을 온전히 대신할 수 없다. 다만, 인공 지능은 인간의 부족한 부분을 채워주며 인간과 상호 보완의 관계를 갖는다.

③ 현재의 인공 지능은 인간을 대체할 수 없다. 그러나 기술이 계속 발전한다면 미래의 인공 지능은 인간과 같은 사고를 하게 될 것이다.

④ 인공 지능이 인간을 대신한다는 것은 어불성설이다. 인간과의 사회적 의사소통을 통해 경험을 충분히 쌓은 뒤에야 인간과 대등한 관계를 맺을 수 있다.

⑤ 인공 지능은 인간을 대체할 수 없다. 인간의 삶을 결정하는 주체는 인간이고, 인공 지능은 인간이 이용하는 객체일 뿐이다.

23 다음 중 밑줄 친 ㉡에 해당하는 한자성어로 적절한 것은?

① 괄목상대(刮目相對)　　　　② 청출어람(靑出於藍)

③ 과유불급(過猶不及)　　　　④ 당랑거철(螳螂拒轍)

⑤ 객반위주(客反爲主)

24 다음 글을 읽고 이해한 것으로 올바르지 않은 것은?

신혼부부 가구의 주거안정을 위해서는 우선적으로 육아·보육지원 정책의 확대·강화가 필요한 것으로 나타났다. 신혼부부 가구는 주택 마련 지원 정책보다 육아수당, 육아보조금, 탁아시설 확충과 같은 육아·보육지원 정책의 확대·강화가 더 필요하다고 생각하고 있으며 특히, 믿고 안심할 수 있는 육아·탁아시설의 확대가 필요한 것으로 나타났다. 이는 최근 부각된 보육기관에서의 아동학대문제 등 사회적 분위기의 영향과 맞벌이 가구의 경우, 안정적인 자녀 보육환경이 전제되어야만 안심하고 경제활동을 할 수 있기 때문인 것으로 보인다.

신혼부부 가구 중 아내의 경제활동 비율은 평균 38.3%이며 맞벌이 비율은 평균 37.2%로 나타났으나, 일반적으로 자녀 출산 시기로 볼 수 있는 혼인 3년 차에서의 맞벌이 비율은 30% 수준까지 낮아지는 경향을 보이는데 자녀의 육아환경 때문으로 판단된다. 또한, 외벌이 가구의 81.5%가 자녀의 육아·보육을 위해 맞벌이를 하지 않는다고 하였으며 이는 결혼 여성의 경제활동 지원을 위해서는 무엇보다 육아를 위한 보육시설의 확대가 필요하다는 것을 시사한다.

맞벌이의 주된 목적이 주택비용 마련임을 고려할 때, 보육시설의 확대는 결혼 여성에게 경제활동의 기회를 제공하여 신혼부부 가구의 경제력을 높이고, 내 집 마련 시기를 앞당길 수 있다는 점에서 중요성을 갖는다.

특히, 신혼부부 가구가 계획하고 있는 총 자녀의 수는 1.83명이나 자녀 양육 환경문제 등으로 추가적인 자녀계획을 포기하는 경우가 나타날 수 있으므로 실제 이보다 낮은 자녀 수를 보일 것으로 예상된다. 따라서 출산장려를 위해서도 결혼 여성의 경제활동을 지원하기 위한 강화된 국가적 차원의 배려와 관심이 필요하다고 할 수 있다.

① 육아·보육지원은 신혼부부의 주거안정을 위한 정책이다.
② 신혼부부들은 육아수당, 육아보조금 등이 주택 마련 지원보다 더 필요하다고 생각한다.
③ 자녀의 보육환경이 개선되면 맞벌이 비율이 상승할 것이다.
④ 경제활동에 참여하는 여성이 많아질수록 출산율은 낮아질 것이다.
⑤ 보육환경의 개선은 신혼부부 가구가 내 집 마련을 보다 이른 시기에 할 수 있게 해 준다.

다음 글을 통해 글쓴이가 말하고자 하는 것으로 가장 적절한 것은?

프랜시스 베이컨은 사람을 거미와 같은 사람, 개미와 같은 사람, 꿀벌과 같은 사람 세 종류로 나누어 보았다.

첫째, '거미'와 같은 사람이 있다. 거미는 벌레들이 자주 날아다니는 장소에 거미줄을 쳐놓고 숨어 있다가, 벌레가 거미줄에 걸리면 슬그머니 나타나 잡아먹는다. 거미와 같은 사람은 땀 흘려 노력하지 않으며, 누군가 실수하기를 기다렸다가 그것을 약점으로 삼아 그 사람의 모든 것을 빼앗는다.

둘째, '개미'와 같은 사람이 있다. 개미는 부지런함의 상징이 되는 곤충이다. 더운 여름에도 쉬지 않고 땀을 흘리며 먹이를 물어다 굴속에 차곡차곡 저장한다. 그러나 그 개미는 먹이를 남에게 나누어 주지는 않는다. 개미와 같은 사람은 열심히 일하고 노력하여 돈과 재산을 많이 모으지만, 남을 돕는 일에는 아주 인색하여 주변 이웃의 불행을 모른 체하며 살아간다.

셋째, '꿀벌'과 같은 사람이 있다. 꿀벌은 꽃의 꿀을 따면서도 꽃에 상처를 남기지 않고, 이 꽃 저 꽃으로 날아다니며 열매를 맺도록 도와준다. 만약 꿀벌이 없다면 많은 꽃은 열매를 맺지 못할 것이다. 꿀벌과 같은 사람은 책임감을 갖고 열심히 일하면서도 남에게 도움을 준다. 즉, 꿀벌과 같은 사람이야말로 우리 사회에 반드시 있어야 할 이타적 존재이다.

① 노력하지 않으면서 성공을 바라는 사람은 결코 성공할 수 없다.
② 다른 사람의 실수를 모른 체 넘어가 주는 배려를 해야 한다.
③ 자신의 일만 열심히 하다 보면 누군가는 반드시 알아본다.
④ 맡은 바 책임을 다하면서도 남을 돌볼 줄 아는 사람이 되어야 한다.
⑤ 자신의 삶보다 이웃의 삶을 소중하게 돌봐야 한다.

CHAPTER 02

수리능력

합격 CHEAT KEY

수리능력은 사칙연산, 통계, 확률의 의미를 정확하게 이해하고, 이를 업무에 적용하는 능력으로, 기초연산과 기초통계, 도표분석 및 작성의 문제 유형으로 출제된다. 수리능력 역시 포함되지 않는 공사·공단이 거의 없을 만큼 필기시험에서 중요도가 높은 영역이다.

수리능력은 NCS 기반 채용을 진행한 거의 모든 기업에서 다루었으며, 문항 수는 전체의 평균 16% 정도로 많이 출제되었다. 특히, 난이도가 높은 공사·공단의 시험에서는 도표분석, 즉 자료해석 유형의 문제가 많이 출제되고 있고, 응용수리 역시 꾸준히 출제하는 공사·공단이 많기 때문에 기초연산과 기초통계에 관한 공식의 암기와 자료해석능력을 기를 수 있는 꾸준한 연습이 필요하다.

01 응용수리능력의 공식은 반드시 암기하라!

응용수리능력은 지문이 짧지만, 풀이 과정은 긴 문제도 자주 볼 수 있다. 그렇기 때문에 도서에 수록한 응용수리능력의 공식을 반드시 암기하여 문제의 상황에 맞는 공식을 적절하게 적용하여 답을 도출해야 한다. 따라서 문제에서 묻는 것을 정확하게 파악하여 그에 맞는 공식을 적절하게 적용하는 꾸준한 연습과 공식을 암기하는 연습이 필요하다.

02 통계에서의 사건이 동시에 발생하는지 개별적으로 발생하는지 구분하라!

통계에서는 사건이 개별적으로 발생했을 때, 경우의 수는 합의 법칙, 확률은 덧셈정리를 활용하여 계산하며, 사건이 동시에 발생했을 때, 경우의 수는 곱의 법칙, 확률은 곱셈정리를 활용하여 계산한다. 특히, 기초통계능력에서 출제되는 문제 중 순열과 조합의 계산 방법이 필요한 문제도 다수 출제되는 편이므로 순열(순서대로 나열)과 조합(순서에 상관없이 나열)의 차이점을 숙지하는 것 또한 중요하다. 통계 문제에서의 사건 발생 여부만 잘 판단하여도 계산과 공식을 적용하기가 수월하므로 문제의 의도를 잘 파악하는 것이 중요하다.

03 자료의 해석은 자료에서 즉시 확인할 수 있는 지문부터 확인하라!

대부분의 공사·공단 취업준비생들이 어려워하는 영역이 수리영역 중 도표분석, 즉 자료해석능력이다. 자료는 표 또는 그래프로 제시되고, 쉬운 지문은 증가 혹은 감소 추이, 간단한 사칙연산으로 풀이가 가능한 지문 등이 있고, 자료의 조사기간 동안 전년 대비 증가율 혹은 감소율이 가장 높은 기간을 찾는 지문들도 있다. 따라서 일단 증가·감소 추이와 같이 눈으로 확인이 가능한 지문을 먼저 확인한 후 복잡한 계산이 필요한 지문을 확인하는 방법으로 문제를 풀이한다면, 시간을 조금이라도 아낄 수 있다. 특히, 그래프와 같은 경우에는 그래프에 대한 특징을 알고 있다면, 그래프의 길이 혹은 높낮이 등으로 대강의 수치를 빠르게 확인이 가능하므로 이에 대한 숙지도 필요하다. 또한, 여러 가지 보기가 주어진 문제 역시 지문을 잘 확인하고 문제를 풀이한다면 불필요한 계산이 줄어들 수 있으므로 항상 지문부터 확인하는 습관을 들이기를 바란다.

04 도표작성능력에서 지문에 작성된 도표의 제목을 반드시 확인하라!

도표작성은 하나의 자료 혹은 보고서와 같은 수치가 표현된 자료를 도표로 작성하는 형식으로 출제되는데, 대체로 표보다는 그래프를 작성하는 형태로 많이 출제된다. 지문을 살펴 보면 각 지문에서 주어진 도표에도 소제목이 있는 경우가 대부분이다. 이때, 자료의 수치와 도표의 제목이 일치하지 않는 경우 함정이 존재하는 문제의 비중이 높으므로 도표의 제목을 반드시 확인하는 것이 중요하다. 도표작성의 경우 대부분 비율 계산이 많이 출제되는데, 도표의 제목과는 다른 수치로 작성된 도표가 존재하는 경우가 있다. 그렇기 때문에 지문에서 작성된 도표의 소제목을 먼저 확인하는 연습을 하여 간단하지 않은 비율 계산을 두 번 하는 일이 없도록 해야 한다.

┌연속출제┐

일정한 규칙으로 숫자와 문자를 나열할 때, 빈칸에 들어갈 숫자 또는 문자로 옳은 것은?

	1		3		8		21		
a	2	c	5	h	13	( )		34	

↑
u

① k
② n
③ q
④ u
⑤ r

풀이순서

1) 질문의도
   : 규칙찾기

2) 규칙찾기
   (i) 알파벳
        → 숫자변환
   (ii) 피보나치 수열

3) 정답도출
   21 → u

📋 **유형 분석**
- 나열된 숫자의 규칙을 찾아 정답을 고르는 수열 문제이다.
- 기존 적성검사의 수 추리 문제와 유사한 유형이다.
- 등차·등비수열 등 다양한 수열 규칙을 미리 알아두면 쉽게 풀어 나갈 수 있다.

응용문제 : 나열된 숫자들의 관계가 사칙연산으로 이루어진 형식의 문제가 출제된다.

📋 **풀이 전략**
수열 규칙을 바탕으로 나열된 숫자들의 관계를 찾아내어 정답을 고른다. 사전에 수열 규칙에 대해 학습하도록 한다.

기초연산 ①

┌연속출제┐

금연프로그램을 신청한 흡연자 A씨는 K공단에서 진료 및 상담비용과 금연보조제 비용의 일정 부분을 지원받고 있다. A씨는 <u>의사와 상담을 6회 받았고</u>, 금연보조제로 <u>니코틴 패치 3묶음을 구입</u>했다고 할 때, 다음 지원 현황에 따라 흡연자 A씨가 <u>지불하는 부담금</u>은 얼마인가?

풀이순서

1) 질문의도
   : 지불하려는 부담금

2) 조건확인
   ⓐ 일정 부분 지원
   ⓑ 상담 6회
   ⓒ 금연보조제 3묶음

3) 정답도출

〈금연프로그램 지원 현황〉

구분	진료 및 상담	금연보조제(니코틴패치)
가격	30,000원/회	12,000원/묶음
지원금 비율	90%	75%

※ 진료 및 상담료 지원금은 6회까지 지원한다.

① 21,000원
② 23,000원
③ 25,000원
④ 27,000원

$$(30,000 \times 0.1 \times 6) + (12,000 \times 0.25 \times 3) = 27,000원$$

📋 유형 분석
- 문제에서 제공하는 정보를 파악한 뒤 사칙연산을 활용하여 계산하는 전형적인 수리문제이다.
- 다양한 직무상황과 연관을 지어 복잡하게 문제를 출제하지만 실제로 정답을 도출하는 과정은 단순하다.
- 문제를 풀기 위한 정보가 산재되어 있는 경우가 많으므로 꼼꼼히 읽어야 한다.

응용문제 : 최소공배수 등 수학 이론을 활용하여 계산하는 문제도 출제된다.

📋 풀이 전략
문제에서 묻는 것을 정확하게 확인한 후, 필요한 조건 또는 정보를 구분하여 신속하게 풀어간다. 단, 계산에 착오가 생기지 않도록 유의하여야 한다.

┌연속출제┐

K건설회사 ○○시 신도시 아파트 분양을 위하여 다음 주에 모델하우스를 오픈한다. 아파트 입주자 모집을 성황리에 마무리 짓기 위해 방문하시는 고객에게 소정의 사은품을 나눠 줄 예정이다. K건설회사에 근무 중인 A사원은 오픈행사 시 고객 1인당 1개의 쇼핑백을 나눠 줄 수 있도록 준비 중인데, 각 쇼핑백에 각티슈 1개, 위생장갑 1pack, 롤팩 3개, 물티슈 2개, 머그컵 1개가 들어가야 한다. 각 물품 수량을 다음과 같이 보유하고 있다면 최대 몇 명에게 사은품을 줄 수 있는가?(단, 사은품 구성 물품과 수량은 1개라도 부족해서는 안 된다)

ⓐ
ⓑ
ⓒ

풀이순서

2) 조건확인
  : ⓐ ~ ⓒ

1) 질문의도
  : 최대 증정 인원 수

각티슈 200개, 위생장갑 250pack, 롤백 600개, 물티슈 400개, 머그컵 150개

$\dfrac{}{1}=200$ $\dfrac{}{1}=250$ $\dfrac{}{3}=200$ $\dfrac{}{2}=200$ $\dfrac{}{1}=150$

(K건설회사 로고가 찍힌 쇼핑백은 사은품 구성 Set만큼 주문할 예정임)

---

3) 계산

4) 정답도출
  : 최대 150명

① 150명
③ 250명
⑤ 350명
② 200명
④ 300명

📋 **유형 분석**
- 문제에서 제공하는 정보를 파악한 뒤 사칙연산을 활용하여 계산하는 전형적인 수리문제이다.
- 다양한 직무상황과 연관을 지어 복잡하게 문제를 출제하지만 실제로 정답을 도출하는 과정은 단순하다.
- 문제를 풀기 위한 정보가 산재되어 있는 경우가 많으므로 꼼꼼히 읽어야 한다.
- 응용문제 : 표, 그림 및 도표 등이 제시되고 문제에서 요구하는 정보를 찾아야 하는 문제가 출제된다. 이러한 문제의 경우에는 계산이 복잡하거나 단위가 커서 실수하기 쉽다.

📋 **풀이 전략**
문제에서 묻는 것을 정확하게 확인한 후, 필요한 조건 또는 정보를 구분하여 신속하게 풀어간다. 단, 계산에 착오가 생기지 않도록 유의하여야 한다.

┌연속출제┐

다음은 의약품 종류별 상자 수에 따른 가격표이다. 종류별 상자 수를 가중치로 적용하여 가격 ⓐ
에 대한 가중평균을 구하면 66만 원이다. 이때 빈칸에 들어갈 가격으로 적절한 것은?
ⓑ

풀이순서

1) 질문의도
  : 빈칸 구하기

〈의약품 종류별 가격 및 상자 수〉

(단위 : 만 원, 개)

구분	A	B	C	D
원값 ← 가격	( )	70	60	65
가중치 ← 상자 수	30	20	30	20

① 60만 원

② 65만 원

③ 70만 원 ✓

④ 75만 원

⑤ 80만 원

2) 규칙찾기
  ⓐ 가중치 적용
  ⓑ 가중평균

3) 정답도출

$$\frac{(a \times 30) + (70 \times 20) + (60 \times 30) + (65 \times 20)}{30 + 20 + 30 + 30} = 66 \rightarrow \frac{30a + 4,500}{100} = 66$$

$$\rightarrow 30a = 6,600 - 4,500 \rightarrow a = \frac{2,100}{30} \rightarrow a = 70$$

유형 분석
- 통계와 관련한 이론을 활용하여 계산하는 문제이다.
- 기초연산능력과 마찬가지로 중·고등 수준의 통계 이론을 알아두어야 한다.
- 주로 상대도수, 평균, 표준편차, 최댓값, 최솟값, 가중치 등이 활용된다.

풀이 전략
우선 질문을 꼼꼼히 읽고 정답을 이끌어내기 위한 통계 이론을 적절하게 활용하여 정확히 계산한다.

┌─연속출제─┐

다음은 2019년도 국가별 국방예산 그래프이다. 그래프를 이해한 내용으로 옳지 않은 것은?
(단, 비중은 소수점 이하 둘째 자리에서 반올림한다)

풀이순서

1) 질문의도
   : 도표분석

3) 도표분석
   : 국가별 국방예산

① 국방예산이 가장 많은 국가와 가장 적은 국가의 예산 차이는 324억 원이다.

② 사우디아라비아 국방예산은 프랑스 예산보다 14% 이상 많다.

③ 인도보다 국방예산이 적은 국가는 5개 국가이다.

✓ 영국과 일본의 국방예산 차액은 독일과 일본의 국방예산 차액의 55% 이상이다.

⑤ 8개 국가 국방예산 총액에서 한국이 차지하는 비중은 약 8.8%이다.

2) 선택지 키워드 찾기

4) 정답도출

📋 **유형 분석**
- 문제에서 주어진 도표를 분석하여 각 선택지의 정답 유무를 판단하는 문제이다.
- 주로 그래프와 표로 많이 제시되며, 경영·경제·산업과 관련된 최신 이슈를 많이 다룬다.
- 정답을 도출하는 데 상당한 시간이 걸리며, 증감률·비율·추세 등을 자주 묻는다.

응용문제 : 도표(그래프, 표)와 함께 신문기사 혹은 보도자료 등을 함께 제공하여 복합적으로 판단하는 형식의 문제도 출제된다. 때로는 선택지에 경제·경영학 이론을 묻는 경우도 있다.

📋 **풀이 전략**   선택지를 먼저 읽고 필요한 정보를 도표(그래프, 표)에서 찾아 정답 유무를 판단한다.

도표작성

┌연속출제┐

※ 다음 글을 읽고 이어지는 질문에 답하시오.

풀이순서

(가) 지난해 콜탄 1, 2위 생산국은 민주콩고와 르완다로, 두 나라가 전 세계 콜탄 생산량의 66%를 차지하고 있다. 미국 지질조사국에 의하면 콜탄은 미국에서만 1년 새 소비량이 27% 늘었고, 2017년 9월 1kg의 가격은 224달러로 2015년의 193달러에서 16%가 올랐다. 스마트폰이 나오기 직전인 2006년 1kg당 70달러였던 가격에 비하면 300% 이상 오른 것이다. ⓐ · ⓑ

(나) 이 콜탄이 민주콩고의 내전 장기화에 한몫했다는 주장이 곳곳에서 나오고 있다. 휴대폰 이용자들이 기기를 바꿀 때마다 콩고 주민 수십 명이 죽는다는 말도 있다. '피 서린 휴대폰(Bloody Mobile)'이란 표현이 나올 정도다. 1996년 시작된 콩고 내전은 2003년 공식 종료되면서 500만 명을 희생시켰으나, 이후로도 크고 작은 분쟁이 그치질 않고 있다.

3) 정답도출
   (가) 문단
   • 스마트폰 사용 현황
   • 콜탄의 가격 상승

글의 내용을 효과적으로 전달하기 위해 다음과 같은 자료를 만들었다고 할 때, (가) ~ (나) 문단 중 다음 자료에 해당하는 문단은?

1) 질문의도
   : 자료의 시각화

2) 도표제목 확인
   ⓐ 스마트폰 교체 주기
   ⓑ 콜탄 값 얼마나 올랐나

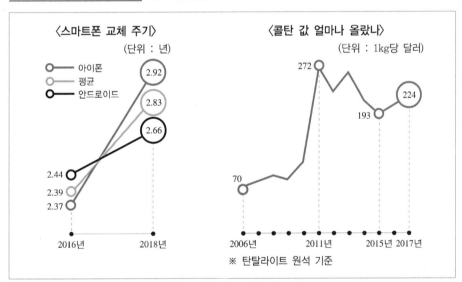

유형 분석
• 문제에서 주어진 자료를 읽고 도표를 작성하는 문제이다.
• 주어진 자료에 있는 수치와 그래프 또는 표에 있는 수치가 서로 일치하는지 여부를 판단하는 것이다.
• 문제에서 주어지는 자료는 보고서나 신문기사 등의 일부 내용을 제시하거나 혹은 표를 제시하고 있다.

풀이 전략
각 선택지에 있는 도표의 제목을 먼저 확인한다. 제목에서 어떠한 정보가 필요한지 확인한 후에 문제에서 주어진 자료를 읽으면서 일치 여부를 판단한다.

정답 및 해설 p.26

01 S회사의 감사팀은 과장 2명, 대리 3명, 사원 3명으로 구성되어 있다. A, B, C, D지역의 지사로 두 명씩 나눠서 출장을 간다고 할 때, 각 출장 지역에 대리급 이상이 한 명 이상 포함되어 있어야 하고 과장 2명이 각각 다른 지역으로 가야 한다. 과장과 대리가 한 조로 출장을 갈 확률은?

① $\dfrac{1}{2}$

② $\dfrac{1}{3}$

③ $\dfrac{2}{3}$

④ $\dfrac{3}{4}$

⑤ $\dfrac{3}{8}$

02 최대 70대의 항공기를 세워 둘 수 있는 어느 공항이 있다. 현재 30대가 세워져 있고 항공기가 착륙하여 들어오는 숫자가 시간당 9대, 이륙하여 나가는 숫자가 시간당 3대일 때, 몇 시간이 지나면 더 이상 항공기를 세워 둘 수 없는 시점이 도래하겠는가?

① 5시간 30분

② 5시간 50분

③ 6시간 20분

④ 6시간 30분

⑤ 6시간 40분

03 H매장은 모자를 전문으로 판매하는 곳이다. 이 매장에서 가장 잘 판매되는 모자는 F이다. F모자는 유아용과 성인용으로 구분되어 있고, 색상은 흰색과 파란색이 있다. 성인용 흰색 모자와 파란색 모자는 1 : 2의 비율로 매장에 구비되어 있고, 유아용 파란색 모자와 성인용 파란색 모자는 3 : 2의 비율로 매장에 구비되어 있다. 유아용 흰색 모자가 F모자 전체 개수의 40%일 때, 다음 중 가장 적은 값은?

① 유아용 흰색 + 유아용 파란색

② 유아용 흰색 + 성인용 흰색

③ 유아용 흰색 + 성인용 파란색

④ 유아용 파란색 + 성인용 흰색

⑤ 유아용 파란색 + 성인용 파란색

04 A사는 고객에게 인터넷 할인 쿠폰을 50장에서 시작하여 다음과 같이 장수를 늘려 매일 제공할 예정이다. 40일이 되는 날까지 제공되는 인터넷 할인 쿠폰은 모두 몇 장인가?

〈인터넷 할인 쿠폰 제공 현황〉

일수(일)	1	2	3	4	5
인터넷 쿠폰 개수(장)	50	55	60	65	70

① 5,800장
② 5,900장
③ 6,000장
④ 6,100장
⑤ 6,200장

05 C씨는 올해 총 6번의 토익시험에 응시하였다. 2회 차 시험점수가 620점 이상 700점 이하였고 토익 평균점수가 750점이었을 때, ⓛ에 들어갈 수 있는 최소 점수는?

1회	2회	3회	4회	5회	6회
620점	㉠	720점	840점	㉡	880점

① 720점
② 740점
③ 760점
④ 780점
⑤ 800점

06 다음 글을 근거로 판단할 때, K백화점이 한해 캐롤 음원이용료로 지불해야 하는 최대 금액은?

K백화점에서는 매년 크리스마스트리 점등식(11월 네 번째 목요일) 이후 돌아오는 첫 월요일부터 크리스마스(12월 25일)까지 백화점 내에서 캐럴을 틀어 놓는다(단, 휴점일 제외). 이 기간에 캐럴을 틀기 위해서는 하루에 2만 원의 음원 이용료를 지불해야 한다. K백화점 휴점일은 매월 네 번째 수요일이지만, 크리스마스와 겹칠 경우에는 정상영업을 한다.

① 48만 원
② 52만 원
③ 58만 원
④ 60만 원
⑤ 66만 원

07 다음은 S기업의 정수기 판매량에 따른 평균 수입과 평균 비용을 나타낸 자료이다. 현재 4개를 판매하고 있는 S기업이 이윤을 극대화하기 위한 판단으로 옳은 것은?

판매량(개)	1	2	3	4	5	6
평균 수입(만 원)	6	6	6	6	6	6
평균 비용(만 원)	6	4	4	5	6	7

※ (평균 수입)$=\dfrac{(총수입)}{(판매량)}$, (평균 비용)$=\dfrac{(총비용)}{(판매량)}$

① 이윤은 판매량이 1개 또는 5개일 때 극대화된다.
② 평균 수입이 평균 비용보다 높으므로 판매량을 늘려야 한다.
③ 평균 수입이 평균 비용보다 낮으므로 판매량을 줄여야 한다.
④ 판매량을 3개로 줄일 경우 이윤이 증가하므로 판매량을 줄여야 한다.
⑤ 판매량이 현재와 같이 유지될 때 이윤이 가장 크다.

08 다음은 갑 연구소에서 제습기 A ~ E의 습도별 연간소비전력량을 측정한 자료이다. 이에 대한 〈보기〉의 설명 중 옳은 것만을 모두 고르면?

〈제습기 A ~ E의 습도별 연간소비전력량〉

(단위 : kWh)

습도 제습기	40%	50%	60%	70%	80%
A	550	620	680	790	840
B	560	640	740	810	890
C	580	650	730	800	880
D	600	700	810	880	950
E	660	730	800	920	970

보기

ㄱ. 습도가 70%일 때 연간소비전력량이 가장 적은 제습기는 A이다.
ㄴ. 각 습도에서 연간소비전력량이 많은 제습기부터 순서대로 나열하면, 습도 60%일 때와 습도 70%일 때의 순서는 동일하다.
ㄷ. 습도가 40%일 때 제습기 E의 연간소비전력량은 습도가 50%일 때 제습기 B의 연간소비전력량보다 많다.
ㄹ. 제습기 각각에서 연간소비전력량은 습도가 80%일 때가 40%일 때의 1.5배 이상이다.

① ㄱ, ㄴ   ② ㄱ, ㄷ
③ ㄴ, ㄹ   ④ ㄱ, ㄷ, ㄹ
⑤ ㄴ, ㄷ, ㄹ

※ 다음은 재료비 상승에 따른 분기별 국내 철강사 수익 변동을 조사하기 위해 수집한 자료이다. 다음 자료를 참고하여 이어지는 질문에 답하시오. [9~10]

〈제품가격과 재료비에 따른 분기별 수익〉

(단위 : 천 원/톤)

구분	2019년	2020년			
	4분기	1분기	2분기	3분기	4분기
제품가격	627	597	687	578	559
재료비	178	177	191	190	268
수익	449	420	496	388	291

※ 제품가격은 재료비와 수익의 합으로 책정된다.

〈제품 1톤당 소요되는 재료〉

(단위 : 톤)

철광석	원료탄	철 스크랩
1.6	0.5	0.15

09 다음 중 자료에 대한 해석으로 옳은 것은?

① 수익은 지속해서 증가하고 있다.
② 모든 금액에서 2020년 4분기가 2019년 4분기보다 높다.
③ 재료비의 변화량과 수익의 변화량은 밀접한 관계가 있다.
④ 조사 기간에 수익이 가장 높을 때는 재료비가 가장 낮을 때이다.
⑤ 2020년 3분기에 이전 분기 대비 수익 변화량이 가장 큰 것으로 나타난다.

10 2021년 1분기에 재료당 단위가격이 철광석 70,000원, 원료탄 250,000원, 철 스크랩 200,000원으로 예상된다는 보고를 받았다. 2021년 1분기의 수익을 2020년 4분기와 같게 유지한다면 제품가격은 얼마인가?

① 558,000원
② 559,000원
③ 560,000원
④ 578,000원
⑤ 597,000원

11 다음은 장래인구추계에 관한 자료이다. 이에 대한 설명으로 올바른 것은?

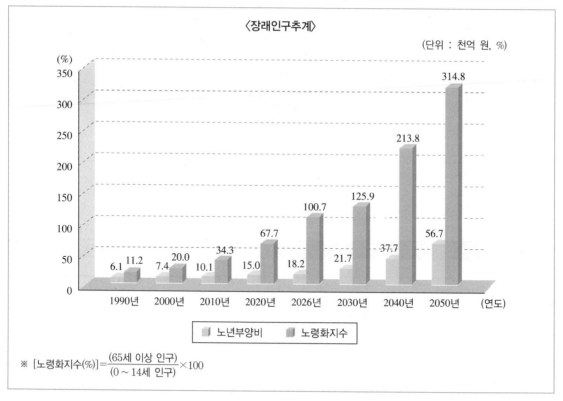

① 1990년 대비 2016년 노령화지수는 7배 이상 증가했다.
② 노년부양비가 2020년 이후 급격히 증가하는 것은 그만큼의 GDP가 증가하기 때문이라고 할 수 있다.
③ 2020년 대비 2030년 노령화지수 증가율과 2010년 대비 2020년 노령화지수 증가율은 모두 100%를 넘는다.
④ 2010년 이후 인구증가율이 1% 미만이라면 2016년 이후의 노령화지수가 급격하게 상승하는 이유는 기대수명이 길어진 것 때문이라고 할 수 있다.
⑤ 노년부양비가 1조 원을 초과한 시점부터 10년당 증가액은 항상 두 배가 넘게 추정되었다.

12 다음은 A기업 지원자의 인턴 및 해외연수 경험과 합격여부에 관한 자료이다. 이에 대한 〈보기〉의 설명 중 옳은 것만을 모두 고르면?

〈A기업 지원자의 인턴 및 해외연수 경험과 합격여부〉

(단위 : 명, %)

| 인턴 경험 | 해외연수 경험 | 합격여부 | | 합격률 |
		합격	불합격	
있음	있음	53	414	11.3
	없음	11	37	22.9
없음	있음	0	16	0.0
	없음	4	139	2.8

※ 1) $[합격률(\%)] = \dfrac{(합격자\ 수)}{(합격자\ 수) + (불합격자\ 수)} \times 100$

2) 합격률은 소수점 이하 둘째 자리에서 반올림한 값이다.

보기

ㄱ. 해외연수 경험이 있는 지원자가 해외연수 경험이 없는 지원자보다 합격률이 높다.

ㄴ. 인턴 경험이 있는 지원자가 인턴 경험이 없는 지원자보다 합격률이 높다.

ㄷ. 인턴 경험과 해외연수 경험이 모두 있는 지원자 합격률은 인턴 경험만 있는 지원자 합격률의 2배 이상이다.

ㄹ. 인턴 경험과 해외연수 경험이 모두 없는 지원자와 인턴 경험만 있는 지원자 간의 합격률 차이는 30%p보다 크다.

① ㄱ, ㄴ
② ㄱ, ㄷ
③ ㄴ, ㄷ
④ ㄱ, ㄴ, ㄹ
⑤ ㄴ, ㄷ, ㄹ

13 다음은 A, B기업의 2017 ~ 2020년 에너지원단위 및 매출액 자료이다. 이에 대한 〈보기〉의 설명 중 옳은 것만을 모두 고르면?

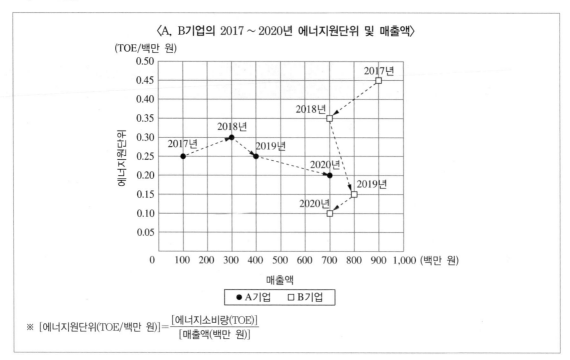

〈A, B기업의 2017 ~ 2020년 에너지원단위 및 매출액〉

$$[\text{에너지원단위(TOE/백만 원)}] = \frac{[\text{에너지소비량(TOE)}]}{[\text{매출액(백만 원)}]}$$

보기

ㄱ. A, B기업은 각각 에너지원단위가 매년 감소하였다.

ㄴ. A기업의 에너지소비량은 매년 증가하였다.

ㄷ. 2019년 에너지소비량은 B기업이 A기업보다 많다.

① ㄱ   ② ㄴ
③ ㄷ   ④ ㄱ, ㄴ
⑤ ㄴ, ㄷ

14 다음은 방송통신위원회가 발표한 지상파방송의 주요국별 프로그램 수출입 현황이다. 프로그램 수입에서 영국이 차지하는 비율은?

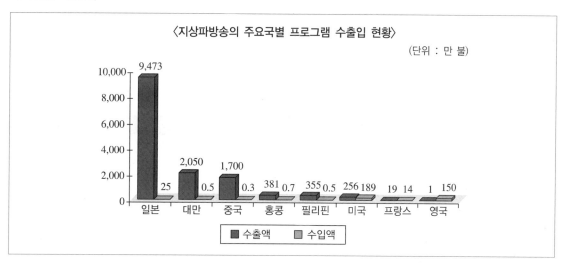

① 약 45.2%
② 약 43.8%
③ 약 41.1%
④ 약 39.5%
⑤ 약 37.7%

15 다음은 A, B, C 세 사람의 신장과 체중을 비교한 자료이다. 자료에 대한 설명으로 옳은 것은?

〈A, B, C 세 사람의 신장·체중 비교표〉

(단위 : cm, kg)

구분	2012년		2017년		2020년	
	신장	체중	신장	체중	신장	체중
A	136	41	152	47	158	52
B	142	45	155	51	163	49
C	138	42	153	48	166	55

① 세 사람 모두 신장과 체중은 계속 증가하였다.
② 세 사람의 신장 순위는 2012년과 2020년이 동일하다.
③ B는 세 사람 중 가장 키가 크다.
④ 2012년 대비 2020년 신장이 가장 많이 증가한 사람은 C이다.
⑤ 2012년 대비 2017년 체중이 가장 많이 증가한 사람은 B이다.

16 다음 글과 표를 근거로 판단할 때, A사원이 선택할 4월의 광고수단은?

- 주어진 예산은 월 3천만 원이며, A사원은 월별 광고효과가 가장 큰 광고수단 하나만을 선택한다.
- 광고비용이 예산을 초과하면 해당 광고수단은 선택하지 않는다.
- 광고효과는 아래와 같이 계산한다.

$$(광고효과) = \frac{(총 광고 횟수) \times (회당 광고 노출자 수)}{(광고비용)}$$

- 광고수단은 한 달 단위로 선택된다.

광고수단	광고 횟수	회당 광고 노출자 수	월 광고비용(천 원)
TV	월 3회	100만 명	30,000
버스	일 1회	10만 명	20,000
KTX	일 70회	1만 명	35,000
지하철	일 60회	2천 명	25,000
포털사이트	일 50회	5천 명	30,000

① TV
② 버스
③ KTX
④ 지하철
⑤ 포털사이트

17 전체가 200명인 집단을 대상으로 S, K, M 3개의 방송사 오디션 프로그램에 대한 선호도를 조사하였더니 다음과 같은 결과를 얻었다. S방송사의 오디션 프로그램을 좋아하는 사람 중 남자의 비율은 얼마인가?

〈선호도 조사결과〉

- 각 응답자는 S사, K사, M사 중 하나로 응답하였다.
- 전체 응답자 중 여자는 60%이다.
- 여자 응답자 중 50%가 S사를 선택했다.
- K사를 선택한 남자 응답자는 30명이다.
- 남자 응답자 중 M사를 선택한 사람은 40%이다.
- M사를 선택한 여자 응답자는 20명이다.

① $\frac{1}{5}$
② $\frac{2}{5}$
③ $\frac{3}{13}$
④ $\frac{19}{39}$
⑤ $\frac{5}{23}$

18 다음은 갑 ~ 무 도시에 위치한 두 브랜드(해피카페, 드림카페)의 커피전문점 분포에 대한 자료이다. 이에 대한 〈보기〉의 설명으로 옳은 것만을 모두 고르면?

〈갑 ~ 무 도시별 커피전문점 분포〉

(단위 : 개)

브랜드	구분	갑	을	병	정	무	평균
해피카페	점포 수	7	4	2	( )	4	4
	편차	3	0	2	1	0	( )
드림카페	점포 수	( )	5	( )	5	2	4
	편차	2	1	2	1	2	1.6

※ 편차는 해당 브랜드 점포 수 평균에서 각 도시의 해당 브랜드 점포 수를 뺀 값의 절댓값임

보기

ㄱ. 해피카페 편차의 평균은 드림카페 편차의 평균보다 크다.
ㄴ. 갑 도시의 드림카페 점포 수와 병 도시의 드림카페 점포 수는 다르다.
ㄷ. 정 도시는 해피카페 점포 수가 드림카페 점포 수보다 적다.
ㄹ. 무 도시에 있는 해피카페 중 1개 점포가 병 도시로 브랜드의 변경 없이 이전할 경우, 해피카페 편차의 평균은 변하지 않는다.

① ㄱ, ㄷ
② ㄴ, ㄷ
③ ㄷ, ㄹ
④ ㄱ, ㄴ, ㄹ
⑤ ㄴ, ㄷ, ㄹ

19 각기 다른 무게의 A ~ E 다섯 개의 추가 있다. 이 중 다섯 개의 추에서 3개의 추를 골라 무게를 재었을 때, 무게가 다음과 같았다면 A ~ E 중 가장 무거운 추의 무게는?

- A+B+C=46kg
- A+B+D=37kg
- A+B+E=39kg
- A+C+D=29kg
- A+C+E=31kg
- B+C+D=41kg
- B+C+E=43kg
- B+D+E=34kg
- A+D+E=22kg
- C+D+E=26kg

① 20kg
② 21kg
③ 22kg
④ 23kg
⑤ 24kg

※ 다음은 O사에서 제품별 밀 소비량을 조사한 그래프이다. 그래프를 참고하여 이어지는 질문에 답하시오. [20~21]

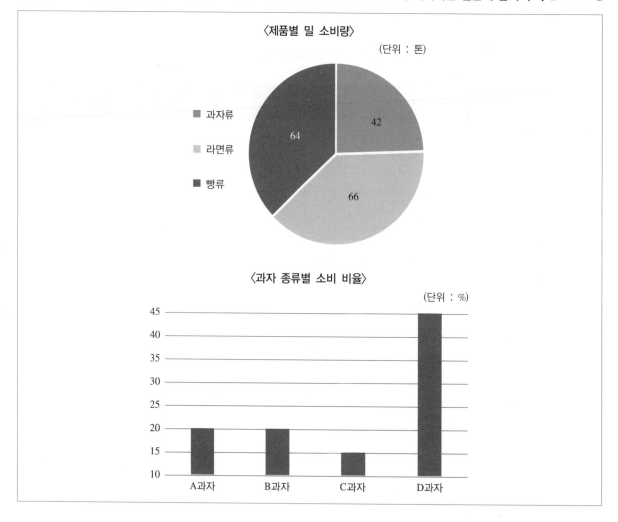

〈제품별 밀 소비량〉

(단위 : 톤)

- 과자류
- 라면류
- 빵류

〈과자 종류별 소비 비율〉

(단위 : %)

20 O사가 과자류에 밀 사용량을 늘리기로 결정하였다. 라면류와 빵류에 소비되는 밀 소비량의 각각 10%씩을 과자류에 사용한다면, 과자류에는 총 몇 톤의 밀을 사용하게 되는가?

① 45톤
② 50톤
③ 55톤
④ 60톤
⑤ 65톤

21 A ~ D과자 중 가장 많이 밀을 소비하는 과자와 가장 적게 소비하는 과자의 밀 소비량 차이는 몇 톤인가?(단, 제품별 밀 소비량 그래프의 과자류 밀 소비량 기준이다)

① 10.2톤   ② 11.5톤
③ 12.6톤   ④ 13톤
⑤ 14.4톤

22 작년 한 해 업무평가 점수가 가장 높았던 A, B, C, D 네 명의 직원에게 성과급을 지급했다. 제시된 조건에 따라 성과급은 A직원부터 D직원까지 차례로 지급되었다고 할 때, 네 직원에게 지급된 성과급 총액은 얼마인가?

- A직원은 성과급 총액의 $\frac{1}{3}$ 보다 20만 원을 더 받았다.

- B직원은 A직원이 받고 남은 성과급의 $\frac{1}{2}$ 보다 10만 원을 더 받았다.

- C직원은 A, B직원이 받고 남은 성과급의 $\frac{1}{3}$ 보다 60만 원을 더 받았다.

- D직원은 A, B, C직원이 받고 남은 성과급의 $\frac{1}{2}$ 보다 70만 원을 더 받았다.

① 860만 원   ② 900만 원
③ 940만 원   ④ 960만 원
⑤ 1,020만 원

※ S공사에서 2019년과 2020년에 농가 5곳을 대상으로 재배작물을 수매한 내역을 정리한 자료이다. 자료를 참고하여 이어지는 질문에 답하시오. [23~24]

[23~24]

〈농가별 재배작물 수매가격〉

(단위 : 원/20kg)

구분		백미	경기미	고시히카리
2019년	A농가	78,000	86,000	94,000
	B농가	76,000	88,000	92,000
	C농가	74,000	85,000	98,000
	D농가	80,000	88,000	95,000
	E농가	75,000	85,000	95,000
2020년	A농가	82,000	91,000	98,000
	B농가	81,000	90,000	102,000
	C농가	80,000	88,000	103,000
	D농가	83,000	90,000	98,000
	E농가	80,000	90,000	100,000

23 S공사는 백미의 원활한 수급을 위해 백미의 2019년 수매가격 대비 2020년 수매가격 증가율이 낮은 두 농가에서 백미를 공급받기로 하였다. 이에 해당하는 농가는 어디인가?(단, 증가율은 소수점 이하 둘째 자리에서 반올림한다)

① A, B   ② A, D
③ A, E   ④ B, D
⑤ B, E

24 S공사는 수매작물 관리를 위해 백미·경기미·고시히카리의 2019년 총 수매가격 대비 2020년 총 수매가격 증가액이 가장 높은 두 농가에서 공급받지 않기로 하였다. 이에 해당하는 농가는 어디인가?

① A, B   ② A, D
③ A, E   ④ B, D
⑤ B, E

25 다음은 A패스트푸드점의 메인·스낵·음료 메뉴의 영양성분에 관한 자료이다. 이에 대한 설명으로 옳은 것은?

〈표 1〉 메인 메뉴 단위당 영양성분표

구분 메뉴	중량(g)	열량(kcal)	성분함량			
			당(g)	단백질(g)	포화지방(g)	나트륨(mg)
치즈버거	114	297	7	15	7	758
햄버거	100	248	6	13	5	548
새우버거	197	395	9	15	5	882
치킨버거	163	374	6	15	5	719
불고기버거	155	399	13	16	2	760
칠리버거	228	443	7	22	5	972
베이컨버거	242	513	15	26	13	1,197
스페셜버거	213	505	8	26	12	1,059

〈표 2〉 스낵 메뉴 단위당 영양성분표

구분 메뉴	중량(g)	열량(kcal)	성분함량			
			당(g)	단백질(g)	포화지방(g)	나트륨(mg)
감자튀김	114	352	0	4	4	181
조각치킨	68	165	0	10	3	313
치즈스틱	47	172	0	6	6	267

〈표 3〉 음료 메뉴 단위당 영양성분표

구분 메뉴	중량(g)	열량(kcal)	성분함량			
			당(g)	단백질(g)	포화지방(g)	나트륨(mg)
콜라	425	143	34	0	0	19
커피	400	10	0	0	0	0
우유	200	130	9	6	5	100
오렌지주스	175	84	18	0	0	5

① 중량 대비 열량의 비율이 가장 낮은 메인 메뉴는 새우버거이다.
② 모든 메인 메뉴는 나트륨 함량이 당 함량의 50배 이상이다.
③ 서로 다른 두 메인 메뉴를 한 단위씩 주문한다면, 총 단백질 함량은 항상 총 포화지방 함량의 2배 이상이다.
④ 메인 메뉴 각각의 단위당 중량은 모든 스낵 메뉴의 단위당 중량 합보다 적다.
⑤ 메인 메뉴, 스낵 메뉴 및 음료 메뉴에서 각각 한 단위씩 주문하여 총 열량이 500kcal 이하가 되도록 할 때 주문할 수 있는 음료 메뉴는 커피뿐이다.

CHAPTER 03

문제해결능력

문제해결능력은 업무를 수행하면서 여러 가지 문제 상황이 발생하였을 때, 창의적이고 논리적인 사고를 통하여 이를 올바르게 인식하고 적절히 해결하는 능력을 말한다. 하위능력으로는 사고력과 문제처리능력이 있다.

문제해결능력은 NCS 기반 채용을 진행하는 대다수의 기업에서 다루어졌으며, 문항 수는 평균 24% 정도로 상당히 많이 출제되고 있다. 하지만 많은 수험생들은 더 많이 출제되는 다른 영역에 몰입하고 문제해결능력은 집중하지 않는 실수를 하고 있다. 다른 영역보다 더 많은 노력이 필요할 수는 있지만 그렇기에 차별화할 수 있는 득점영역이므로 포기하지 말고 꾸준하게 노력해야 한다.

01 질문의 의도를 정확하게 파악하라!

문제해결능력은 문제에서 무엇을 묻고 있는지 정확하게 파악하여 풀이방향을 설정하는 것이 가장 효율적인 방법이다. 특히, 조건이 주어지고 답을 찾는 창의적, 분석적인 문제가 주로 출제되고 있기 때문에 처음에 정확한 풀이방향이 설정되지 않는다면 시간만 허비하고 결국 문제도 풀지 못하게 되므로 첫 번째로 문제의도파악에 집중해야 한다.

02 중요한 정보는 반드시 표시하라!

위에 말한 정확한 문제의도파악을 하기 위해서는 문제에서 중요한 정보는 반드시 표시나 메모를 하여 하나의 조건, 단서도 잊고 넘어가는 일이 없도록 해야 한다. 실제 시험에서는 시간의 압박과 긴장감으로 정보를 잘못 적용하거나 잊고 지나쳐 틀리는 실수가 많이 발생하므로 사전에 충분한 연습이 필요하다. 가령 명제문제의 경우 주어진 명제와 그 명제의 대우를 본인이 한 눈에 파악할 수 있도록 기호화, 도식화하여 메모하면 흐름을 이해하기가 더 수월하다. 이를 통해 자신만의 풀이순서와 방향, 기준 또한 생길 것이다.

03 반복풀이를 통해 취약유형을 파악하라!

길지 않은 한정된 시간 동안 모든 문제를 다 푸는 것은 조금은 어려울 수도 있다. 따라서 고득점을 얻을 수 있는 방법은 효율적인 문제풀이다.

반복적인 문제풀이를 통해 본인의 취약한 유형을 파악하는 것이 중요하다. 취약유형 파악은 종료시간이 임박했을 때 빛을 발할 것이다. 풀 수 있는 문제부터 빠르게 풀고 취약한 유형은 나중에 푸는 효율적인 문제풀이를 통해 최대한의 고득점을 받는 것이 중요하다. 본인의 취약유형을 파악하기 위해서는 많은 문제를 풀어봐야 한다.

04 타고나는 것이 아니므로 열심히 노력하라!

대부분의 수험생들이 문제해결능력은 공부해도 실력이 늘지 않는 영역이라고 생각한다. 하지만 그렇지 않다. 문제해결능력이야말로 노력을 통해 충분히 득점이 가능한 영역이다. 정확한 질문 의도 파악, 취약한 유형의 반복적인 풀이, 빈출유형 파악 등의 방법으로 충분히 실력을 향상할 수 있다. 자신감을 갖고 공부하기 바란다.

CHAPTER 03

사고력 ①

┌연속출제┐

다음 명제가 모두 참일 때, 반드시 참인 명제는?

- 도보로 걷는 사람은 자가용을 타지 않는다.
  p $\sim q$
- 자전거를 타는 사람은 자가용을 탄다.
  r q
- 자전거를 타지 않는 사람은 버스를 탄다.
  $\sim r$ s

① 자가용을 타는 사람은 도보로 걷는다. $q \rightarrow p$
② 버스를 타지 않는 사람은 자전거를 타지 않는다. $\sim s \rightarrow \sim r$
③ 버스를 타는 사람은 도보로 걷는다. $s \rightarrow p$
④ 도보로 걷는 사람은 버스를 탄다. $p \rightarrow s$

풀이순서

1) 질문의도
   : 명제추리

2) 문장분석
   : 기호화

3) 정답도출

📋 **유형 분석**
- 주어진 문장을 토대로 논리적으로 추론하여 참 또는 거짓을 구분하는 문제이다.
- 대체로 연역추론을 활용한 명제 문제가 출제되고 있다.

응용문제 : 자료를 제시하고 새로운 결과나 자료에 주어지지 않은 내용을 추론해 가는 형식의 문제가 출제된다.

📋 **풀이 전략**
각 문장에 있는 핵심단어 또는 문구를 기호화하여 정리한 뒤, 선택지와 비교하여 참 또는 거짓을 판단한다.

사고력 ②

―연속출제―

다음은 2019년 상반기 노동시장의 특징 및 주요 요인에 대한 자료이다. 다음 〈보기〉 중 자료에 대한 설명으로 옳지 않은 것을 모두 고른 것은?

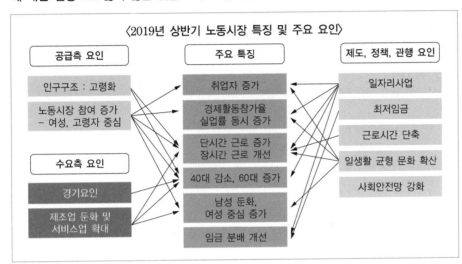

〈2019년 상반기 노동시장 특징 및 주요 요인〉

보기

ㄱ. 정부의 일자리사업으로 60대 노동자가 증가하였다.
ㄴ. 제조업이 둔화함에 따라 남성 중심의 노동시장이 둔화하고 있다.
ㄷ. 정부의 최저임금 정책으로 단시간 근로자 수가 증가하였다.
ㄹ. 여성의 노동시장 참여가 늘어나면서 전체 취업자 수가 증가하였다.
ㅁ. 인구 고령화가 심화됨에 따라 경제활동참가율과 실업률이 동시에 증가하고 있다.

① ㄱ, ㄴ
② ㄱ, ㄷ
③ ㄴ, ㄹ
④ ㄴ, ㅁ
✔ ㄷ, ㅁ

풀이순서

1) 질문의도
   : 요인 → 주요 특징
   ⇒ 피라미드 기법

2) 사고법 적용

3) 정답도출

📋 **유형 분석**
- 문제해결에 필요한 사고력을 평가하기 위한 문제이다.
- 주로 피라미드 구조 기법, 5Why 기법, So What 기법 등을 활용한 문제들이 출제되고 있다.

📋 **풀이 전략**
질문을 읽고 문제를 해결하기 위해 필요한 사고법을 선별한 뒤 적용하여 풀어 나간다.
- 피라미드 구조 기법 : 하위의 사실이나 현상으로부터 상위의 주장을 만들어 나가는 방법
- 5Why 기법 : 주어진 문제에 대해서 계속하여 이유를 물어 가장 근본이 되는 원인을 찾는 방법
- So What 기법 : '그래서 무엇이지?'라고 자문자답하며 눈앞에 있는 정보로부터 의미를 찾아내어 가치 있는 정보를 이끌어 내는 방법

문제처리 ①

다음은 한국전력공사가 추진 중인 '그린수소' 사업에 관한 보도 자료와 한국전력공사에 대한 SWOT 분석 결과이다. SWOT 분석 결과를 참고할 때, '그린수소' 사업이 해당하는 전략은 무엇인가?

> 한국전력공사는 전라남도, 나주시와 '그린수소 사업 협력 MOU'를 체결하였다. 지난 5월 정부는 탄소 배출 없는 그린수소 생산을 위해 한국전력공사를 사업자로 선정하였고, 재생에너지 잉여전력을 활용한 수전해(P2G) 기술을 통해 그린수소를 만들어 저장하는 사업을 정부 과제로 선정하여 추진하기로 하였다.
>
> 그린수소 사업은 정부의 '재생에너지 3020 계획'에 따라 계속 증가하는 재생에너지를 활용해 수소를 생산함으로써 재생에너지 잉여전력 문제를 해결할 것으로 예상된다.
>
> MOU 체결식에서 한국전력공사 사장은 "한국전력공사는 전라남도, 나주시와 지속적으로 협력하여 정부 에너지전환 정책에 부응하고, 사업에 필요한 기술개발을 위해 더욱 노력할 것"이라고 밝혔다.

〈SWOT 분석 결과〉

장점(Strength)	약점(Weakness)
• 적극적인 기술개발 의지 • 차별화된 환경기술 보유	• 해외시장 진출에 대한 두려움 • 경험 많은 기술 인력의 부족
기회(Opportunity)	위협(Threat)
• 발전설비를 동반한 환경설비 수출 유리 • 세계 전력 시장의 지속적 성장	• 재생에너지의 잉여전력 증가 • 친환경 기술 경쟁 심화

① SO전략   ✓ ST전략

③ WO전략   ④ WT전략

⑤ OT전략

풀이순서

1) 질문의도
   : SWOT 분석

2) 결과분석

3) 정답도출

📑 **유형 분석**
- 상황에 대한 환경 분석 결과를 통해 주요 과제를 도출하는 문제이다.
- 주로 3C 분석 또는 SWOT 분석을 활용한 문제들이 출제되고 있으므로 해당 분석도구에 대한 사전 학습이 요구된다.

📑 **풀이 전략**
문제에서 제시된 분석도구가 무엇인지 확인한 후, 분석 결과를 종합적으로 판단하여 각 선택지의 전략 과제와 일치하는지를 판단한다.

문제처리 ②

┌연속출제┐

K씨는 인터넷뱅킹 사이트에 가입하기 위해 가입절차에 따라 정보를 입력하는데 그중 패스워드 만드는 과정이 까다로워 계속 실패 중이다. 사이트 가입 시 패스워드 〈조건〉이 다음과 같을 때, 〈조건〉에 부합하는 패스워드는 무엇인가?

풀이순서

1) 질문의도
  : 패스워드 조합

> 조건
> • 패스워드는 7자리이다. ❺
> • 영어 대문자와 소문자, 숫자, 특수기호를 적어도 하나씩 포함해야 한다. ❹ · ❺
> • 숫자 0은 다른 숫자와 연속해서 나열할 수 없다. ❶
> • 영어 대문자는 다른 영어 대문자와 연속해서 나열할 수 없다. ❶ · ❺
> • 특수기호를 첫 번째로 사용할 수 없다. ❸

2) 조건확인

① a?102CB
③ #38Yup0
⑤ 6LI◇23

☑ 7!z0bT4
④ ssng99&

3) 정답도출

📋 **유형 분석**
- 주어진 상황과 정보를 종합적으로 활용하여 풀어 가는 문제이다.
- 비용, 시간, 순서, 해석 등 다양한 주제를 다루고 있어 문제유형을 한 가지로 단일화하기가 어렵다.
- 대체로 2문제 혹은 3문제가 묶여서 출제되고 있으며, 문제가 긴 경우가 많아 푸는 시간이 많이 걸린다.

📋 **풀이 전략**   먼저 문제에서 묻는 것을 파악한 후, 필요한 상황과 정보를 찾아 이를 활용하여 문제를 풀어 간다.

※ 다음 사례를 읽고 이어지는 질문에 답하시오. **[1~2]**

〈상황〉

설탕과 프림을 넣지 않은 고급 인스턴트 블랙커피를 커피믹스와 같은 스틱 형태로 선보이겠다는 아이디어를 제시하였지만, 인스턴트커피를 제조하고 판매하는 F회사의 경영진의 반응은 차가웠다. F회사의 커피믹스가 너무 잘 판매되고 있었기 때문이었다.

〈회의 내용〉

기획팀 부장 : 신제품 개발과 관련된 회의를 진행하도록 하겠습니다. 이 자리는 누구에게 책임이 있는지를 묻는 회의가 아닙니다. 신제품 개발에 대한 서로의 상황을 인지하고 문제 상황을 해결해보자는 데 그 의미가 있습니다. 먼저 신제품 개발과 관련하여 마케팅팀 의견을 제시해주십시오.

마케팅 부장 : A제품이 생산될 수 있도록 연구소 자체 공장에 파일럿 라인을 만들어 샘플을 생산하였으면 합니다.

연구소 소장 : 성공 여부가 불투명한 신제품을 위한 파일럿 라인을 만들기는 어렵습니다.

기획팀 부장 : 조금이라도 신제품 개발을 위해 생산현장에서 무언가 협력할 방안은 없을까요?

마케팅 부장 : 고급 인스턴트커피의 생산이 가능한지를 먼저 알아본 후 한 단계씩 전진하면 어떨까요?

기획팀 부장 : 좋은 의견인 것 같습니다. 소장님은 어떻게 생각하십니까?

연구소 소장 : 커피 전문점 수준의 고급 인스턴트커피를 만들기 위해서는 최대한 커피 전문점이 만드는 커피와 비슷한 과정을 거쳐야 할 것 같습니다.

마케팅 부장 : 그렇습니다. 하지만 100% 커피전문점 원두커피를 만드는 것이 아닙니다. 전문점 커피를 100으로 봤을 때, 80 ~ 90% 정도 수준이면 됩니다.

연구소 소장 : 퀄리티는 높이고 일회용 스틱 형태의 제품인 믹스의 사용 편리성은 그대로 두자는 이야기죠?

마케팅 부장 : 그렇습니다. 우선 120°로 커피를 추출하는 장비가 필요합니다. 또한, 액체인 커피를 봉지에 담지 못하니 동결건조방식을 활용해야 할 것 같습니다.

연구소 소장 : 보통 믹스커피는 하루 1t 분량의 커피를 만들 수 있는데, 이야기한 방법으로는 하루에 100kg도 못 만듭니다.

마케팅 부장 : 예, 잘 알겠습니다. 그 부분에 대해서는 조금 더 논의가 필요할 것 같습니다. 검토를 해보겠습니다.

---

01 마케팅 부장이 취하는 문제해결방법은 무엇인가?

① 소프트 어프로치　　　　　　　　　② 하드 어프로치

③ 퍼실리테이션　　　　　　　　　　④ 비판적 사고

⑤ 창의적 사고

02 F회사의 신제품 개발과 관련하여 가장 필요했던 것은?

① 전략적 사고   ② 분석적 사고
③ 발상의 전환   ④ 내・외부자원의 효과적 활용
⑤ 성과지향 사고

03 국내 금융그룹의 SWOT 분석 결과가 다음과 같을 때, 분석 결과에 대응하는 전략과 그 내용이 올바르게 짝지어진 것은?

국내 금융그룹 SWOT 분석	
〈S(강점)〉	〈W(약점)〉
• 탄탄한 국내 시장 지배력 • 뛰어난 위기관리 역량 • 우수한 자산건전성 지표 • 수준 높은 금융 서비스	• 은행과 이자수익에 편중된 수익구조 • 취약한 해외 비즈니스와 글로벌 경쟁력 • 낙하산식 경영진 교체와 관치금융 우려 • 외화 자금 조달 리스크
〈O(기회)〉	〈T(위협)〉
• 해외 금융시장 진출 확대 • 기술 발달에 따른 핀테크의 등장 • IT 인프라를 활용한 새로운 수익 창출 • 계열사 간 협업을 통한 금융 서비스	• 새로운 금융 서비스의 등장 • 은행의 영향력 약화 가속화 • 글로벌 금융사와의 경쟁 심화 • 비용 합리화에 따른 고객 신뢰 저하

① SO전략 : 해외 비즈니스TF팀 신설로 상반기 해외 금융시장 진출 대비
② ST전략 : 금융 서비스를 다방면으로 확대해 글로벌 경쟁사와의 경쟁에서 우위 차지
③ WO전략 : 국내의 탄탄한 시장점유율을 기반으로 핀테크 사업 진출
④ WT전략 : 국내금융사의 우수한 자산건전성 지표를 홍보하여 고객 신뢰 회복
⑤ WT전략 : 해외 금융시장 진출을 확대하여 안정적인 외화 자금 조달을 통한 위기관리

※ 다음은 GE 맥킨지 매트릭스 모델에 대한 자료이다. 다음 자료를 보고, 이어지는 질문에 답하시오. [4~5]

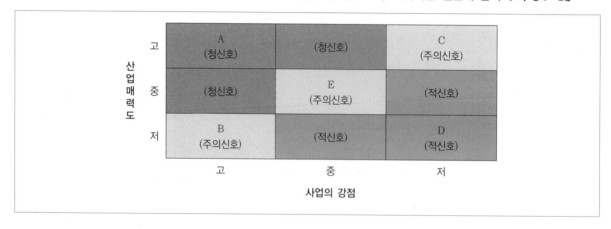

04 다음 중 GE 맥킨지 매트릭스 모델에 대한 설명으로 옳지 않은 것은?

① BCG 매트릭스보다 발전된 기법으로 평가받고 있다.
② 좌상의 청신호 지역은 지속적으로 성장시키는 전략이 필요하다.
③ 대각선상의 주의신호 지역은 선별적인 투자 전략이 필요하다.
④ 우하의 적신호 지역은 사업을 철수하거나 투자를 최소화해야 한다.
⑤ 사업단위 간의 상호작용을 고려하므로 실제 산업에 적용하기 쉽다.

05 다음 중 자료의 A ~ E사업에 대한 설명으로 옳지 않은 것은?

① A사업은 매력적인 사업으로, 집중적으로 투자하여 시장 지위를 유지하면서 새로운 진출을 모색해야 한다.
② B사업은 강점은 있지만 시장 매력이 적은 사업으로, 시장 지위를 보호해야 한다.
③ C사업은 시장 매력은 있지만 강점이 없는 사업으로, 선택적으로 투자하고 사업의 회수 및 철수시기를 파악해야 한다.
④ D사업은 시장 매력이 낮고 강점이 없는 사업으로, 사업을 축소하거나 매각해야 한다.
⑤ E사업은 현상을 유지하면서 앞으로의 계획을 수립해야 한다.

06 다음은 반두라(Bandura)의 사회인지 이론에 대한 내용이다. 밑줄 친 ㉠ ~ ㉣에 해당하는 사례로 옳지 않은 것은?

> 인간의 지식 습득에 개인의 인지, 행동, 경험 그리고 주위 환경이 상호작용하면서 영향을 미친다는 반두라의 사회인지 이론은 행동주의 이론이 인간을 기계론적으로 보고 있다고 비판하면서 환경적 사건과 사고, 동기와 같은 개인적 요인들이 상호작용한다는 '상호결정론'을 제시하였다. 그중 인간은 어떤 모델의 행동을 관찰하고 모방함으로써 학습한다는 관찰학습은 ㉠ <u>주의집중 단계</u>, ㉡ <u>보존(파지) 단계</u>, ㉢ <u>운동재생 단계</u>, ㉣ <u>동기화 단계</u>의 4단계로 이루어진다.

① ㉠ : 후보 선수 B씨는 주전 선수 A씨가 달리는 모습을 유심히 관찰하였다.
② ㉡ : 후보 선수 B씨는 주전 선수 A씨가 숨을 한 번 쉴 때마다 다리를 다섯 번 움직인다는 것을 자신의 발가락 다섯 개로 기억하였다.
③ ㉢ : 후보 선수 B씨는 주전 선수 A씨와 같은 방법으로 달리기를 해 보았다.
④ ㉣ : 후보 선수 B씨는 주전 선수 A씨의 방법이 자신에게는 무리라는 것을 깨닫고 허망한 듯이 운동장을 떠났다.
⑤ ㉣ : 후보 선수 B씨는 주전 선수 A씨가 달리는 모습을 카메라로 촬영하였다.

07 다음은 문제의 3가지 유형인 발생형 문제, 탐색형 문제, 설정형 문제에 해당되는 상황이다. 다음 중 설정형 문제에 해당하는 것을 모두 고르면?

> ㉠ 회전 교차로에서 교통사고가 발생하여 도움을 청하는 전화가 오고 있다.
> ㉡ 새로 만들어지는 인공섬에서 예측되는 교통사고를 파악해야 한다.
> ㉢ 새로 설치한 신호등의 고장으로 교통체증이 심해지고 있다.
> ㉣ 순경들의 안전을 위한 방침을 조사해야 한다.
> ㉤ 교차로에서 발생하는 교통사고를 줄이기 위한 보고서를 작성해야 한다.

① ㉠
② ㉡
③ ㉢, ㉣
④ ㉠, ㉡
⑤ ㉡, ㉢

08 다음에서 설명하는 문제에 해당하는 사례로 옳지 않은 것은?

> 아직 일어나지 않은, 즉 눈에 보이지 않는 문제로, 잠재문제, 예측문제, 발견문제로 나눌 수 있다.
> 잠재문제는 문제를 인식하지 못하다가 결국은 문제가 확대되어 해결이 어려운 문제를 의미한다. 예측문제는 지금 현재는 문제가 없으나 앞으로 일어날 수 있는 문제가 생길 것을 알 수 있는 문제를 의미하며, 발견문제는 앞으로 개선 또는 향상시킬 수 있는 문제를 말한다.

① 어제 구입한 알람시계가 고장 났다.
② 바이러스가 전 세계적으로 확산됨에 따라 제품의 원가가 향상될 것으로 보인다.
③ 자사 제품의 생산성을 향상시킬 수 있는 프로그램이 개발되었다.
④ 자사 내부 점검 중 작년에 판매된 제품에서 문제가 발생할 수 있다는 것을 발견하였다.
⑤ 이번 달에는 물건의 품질을 10% 향상시킴으로써 매출의 5% 증대를 계획해야 한다.

09 퇴직을 앞둔 회사원 L씨는 1년 뒤 샐러드 도시락 프랜차이즈 가게를 운영하고자 한다. 다음은 L씨가 회사 근처 샐러드 도시락 프랜차이즈 가게에 대해 SWOT 분석을 실시한 결과이다. 〈보기〉 중 분석에 따른 대응 전략으로 적절한 것을 모두 고르면?

강점(Strength)	약점(Weakness)
• 다양한 연령층을 고려한 메뉴 • 월별 새로운 메뉴 제공	• 부족한 할인 혜택 • 홍보 및 마케팅 전략의 부재
기회(Opportunity)	위협(Threat)
• 건강한 식단에 대한 관심 증가 • 회사원들의 간편식 점심 수요 증가	• 경기 침체로 인한 외식 소비 위축 • 주변 음식점과의 경쟁 심화

> **보기**
>
> ㄱ. 다양한 연령층이 이용할 수 있도록 새로운 한식 도시락을 출시한다.
> ㄴ. 계절 채소를 이용한 샐러드 런치 메뉴를 출시한다.
> ㄷ. 제품의 가격 상승을 유발하는 홍보 방안보다 먼저 품질 향상 방안을 마련해야 한다.
> ㄹ. 주변 회사와 제휴하여 이용 고객에 대한 할인 서비스를 제공한다.

① ㄱ, ㄴ
② ㄱ, ㄷ
③ ㄴ, ㄷ
④ ㄴ, ㄹ
⑤ ㄷ, ㄹ

10 다음 〈조건〉을 바탕으로 추론할 수 있는 것은?

> **조건**
> • 철수는 의사이거나 변호사이며, 스포츠카와 오토바이 둘 중 하나는 반드시 가지고 있다.
> • 의사는 스포츠카와 오토바이를 가지고 있다.
> • 변호사는 스포츠카를 가지고 있지 않거나 오토바이를 가지고 있지 않다.

① 철수가 스포츠카를 가지고 있지 않다면 철수는 변호사이다.
② 철수가 스포츠카나 오토바이 중 하나를 가지고 있다면 철수는 변호사가 아니다.
③ 철수가 변호사라면 오토바이를 가지고 있지 않다.
④ 철수는 의사이면서 변호사이다.
⑤ 철수는 스포츠카와 오토바이를 가지고 있다.

11 C회사 사무실에 도둑이 들었다. 범인은 2명이고, 용의자로 지목된 A, B, C, D, E가 다음과 같이 진술했다. 이 중 2명이 거짓말을 하고 있다고 할 때, 다음 중 동시에 범인이 될 수 있는 사람으로 짝지어진 것은?

> A : B나 C 중에 한 명만 범인이에요.
> B : 저는 확실히 범인이 아닙니다.
> C : 제가 봤는데 E가 범인이에요.
> D : A가 범인이 확실해요.
> E : 사실은 제가 범인이에요.

① A, B   ② D, E
③ B, C   ④ B, D
⑤ C, E

12 제시된 명제가 모두 참일 때, 올바르지 않은 것은?

> • 커피를 좋아하는 사람은 홍차를 좋아하지 않는다.
> • 탄산수를 좋아하지 않는 사람은 우유를 좋아한다.
> • 녹차를 좋아하는 사람은 홍차를 좋아한다.
> • 녹차를 좋아하지 않는 사람은 탄산수를 좋아한다.

① 커피를 좋아하는 사람은 녹차를 좋아하지 않는다.
② 탄산수를 좋아하지 않는 사람은 녹차를 좋아한다.
③ 커피를 좋아하는 사람은 탄산수를 좋아한다.
④ 탄산수를 좋아하는 사람은 홍차를 좋아한다.
⑤ 홍차를 좋아하는 사람은 커피를 좋아하지 않는다.

※ Y공사는 코로나 확산 방지를 위해 교대출근을 하기로 하였다. 다음을 보고 이어지는 질문에 답하시오. [13~14]

〈교대출근 편성표 조건〉

- 각 팀당 최소 1명은 출근을 하여야 한다. 단, 회계팀은 최소 2명 출근하여야 한다.
- 주 2회 출근을 원칙으로 하되 부득이할 경우 주 3회 이상 출근은 가능하나 최소한의 일수만 출근하도록 한다. 단, 해외여행이나 대구, 인천을 다녀온 사람은 별다른 증상이 없을 시, 다녀온 날(한국 도착일)부터 한 달 이후에 출근하도록 하며 출근가능일이 속한 주의 출근가능일이 2회 이하일 경우 모두 출근하고 3회 이상일 경우에는 위 규정과 동일하게 적용한다. 예 2월 8일 다녀온 사람은 3월 9일부터 출근 가능
- 코로나 확산 방지를 위해 수요일은 휴점한다.

〈Y공사 직원 명단 및 기타사항〉

- 회계팀
  - 김하나 : 7월 21일 ~ 7월 25일 여름 휴가로 일본여행을 다녀옴
  - 이솔비 : 7월 24일 인천 출장을 다녀옴
  - 정지수 : 계약직 대체인력으로 매주 목요일은 출근하지 않음
  - 최수지 : 7월 22일 이솔비와 출장을 동행함, 매주 금요일 본사교육으로 근무 불가
  - 김예나 : 8월 24일 강원 출장 예정
  - 강여울 : 팀장으로 매주 월요일과 금요일은 회의 및 출장으로 근무 불가
- 경영팀
  - 최바울 : 김하나 남편으로 같이 여름 휴가를 다녀옴
  - 이하율 : 계약직 대체인력으로 매주 화요일은 출근하지 않음
  - 김선율 : 팀장으로 매주 월요일과 금요일은 회의 및 출장으로 근무 불가
  - 정하람 : 지인 결혼식으로 7월 22일 대구를 다녀옴
- 인사팀
  - 강지은 : 특이사항 없음
  - 김하영 : 팀장으로 매주 월요일과 금요일은 회의 및 출장으로 근무 불가

13 다음 중 8월 22일 화요일 출근할 수 있는 직원을 바르게 나열한 것은?

① 김하나, 정지수
② 이솔비, 김예나
③ 강여울, 이하율
④ 최바울, 강지은
⑤ 김선율, 김하영

14 다음은 교대출근 편성표 조건 중 일부를 아래와 같이 변경하기로 하였다. 다음 중 매주 금요일에 반드시 출근하지 않아도 되는 직원은?

〈교대출근 편성표 조건 중 일부 변경내용〉

코로나 확산 방지를 위해 수요일 업무는 중단하나, 금요일에 있는 본사교육 및 회의·출장을 수요일로 일괄 변경한다. 이와 관련된 당사자는 수요일에 출근하여 본사교육 및 회의·출장 업무를 하도록 하고, 금요일에 출근하여 본사교육 및 회의·출장 관련 내용을 해당 팀 직원에게 전달하도록 한다.

---

① 최수지　　　　　　　　　　　② 강여울
③ 김선율　　　　　　　　　　　④ 정하람
⑤ 김하영

15 다음 〈표 1〉은 창의경진대회에 참가한 팀 A, B, C의 팀 인원수 및 팀 평균점수이며, 〈표 2〉는 〈표 1〉에 기초하여 팀 연합 인원수 및 팀 연합 평균점수를 각각 산출한 자료이다. (가)와 (나)에 들어갈 값을 바르게 나열한 것은?

〈표 1〉 팀 인원수 및 팀 평균점수

(단위 : 명, 점)

팀	A	B	C
인원수	( )	( )	( )
평균점수	40.0	60.0	90.0

※ 1) 각 참가자는 A, B, C팀 중 하나의 팀에만 속하고, 개인별로 점수를 획득함

2) (팀 평균점수) = $\dfrac{(\text{해당 팀 참가자 개인별 점수의 합})}{(\text{해당 팀 참가자 인원수})}$

〈표 2〉 팀 연합 인원수 및 팀 연합 평균점수

(단위 : 명, 점)

팀 연합	A+B	B+C	C+A
인원수	80	120	(가)
평균점수	52.5	77.5	(나)

※ 1) A+B는 A팀과 B팀, B+C는 B팀과 C팀, C+A는 C팀과 A팀의 인원을 합친 팀 연합임

2) (팀 연합 평균점수) = $\dfrac{(\text{해당 팀 연합 참가자 개인별 점수의 합})}{(\text{해당 팀 연합 참가자 인원수})}$

	(가)	(나)			(가)	(나)
①	90	72.5		②	90	75.0
③	100	72.5		④	100	75.0
⑤	110	72.5				

다음 글과 상황을 근거로 판단할 때, 주택(A ~ E) 중 관리대상주택의 수는?

S국은 주택에 도달하는 빛의 조도를 다음과 같이 예측한다.

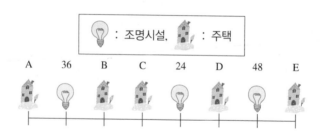

A   36   B   C   24   D   48   E

1. 각 조명시설에서 방출되는 광량은 그림에 표시된 값이다.
2. 위 그림에서 1칸의 거리는 2이며, 빛의 조도는 조명시설에서 방출되는 광량을 거리로 나눈 값이다.
3. 여러 조명시설로부터 동시에 빛이 도달할 경우, 각 조명시설로부터 주택에 도달한 빛의 조도를 예측하여 단순 합산한다.
4. 주택에 도달하는 빛은 그림에 표시된 세 개의 조명시설에서 방출되는 빛 외에는 없다고 가정한다.

〈상황〉

빛공해로부터 주민생활을 보호하기 위해, 주택에서 예측된 빛의 조도가 30을 초과할 경우 관리대상주택으로 지정 한다.

① 1채   ② 2채
③ 3채   ④ 4채
⑤ 5채

17 다음 글과 상황을 근거로 판단할 때, 미란이가 지원받을 수 있는 주택보수비용의 최대 액수는?

- 주택을 소유하고 해당 주택에 거주하는 가구를 대상으로 주택 노후도 평가를 실시하여 그 결과(경·중·대보수)에 따라 아래와 같이 주택보수비용을 지원한다.

〈주택보수비용 지원 내용〉

구분	경보수	중보수	대보수
보수항목	도배 혹은 장판	수도시설 혹은 난방시설	지붕 혹은 기둥
주택당 보수비용 지원한도액	350만 원	650만 원	950만 원

- 소득인정액에 따라 위 보수비용 지원한도액의 80 ~ 100%를 차등지원

구분	중위소득 25% 미만	중위소득 25% 이상 35% 미만	중위소득 35% 이상 43% 미만
지원율	100%	90%	80%

〈상황〉

미란이는 현재 거주하고 있는 A주택의 소유자이며, 소득인정액이 중위소득 40%에 해당한다. A주택의 노후도 평가 결과, 지붕의 수선이 필요한 주택보수비용 지원 대상에 선정되었다.

① 520만 원
② 650만 원
③ 760만 원
④ 855만 원
⑤ 950만 원

다음 글과 상황을 근거로 판단할 때, 갑이 납부하는 송달료의 합계는?

송달이란 소송의 당사자와 그 밖의 이해관계인에게 소송상의 서류의 내용을 알 수 있는 기회를 주기 위해 법에 정한 방식에 따라 하는 통지행위를 말하며, 송달에 드는 비용을 송달료라고 한다. 소 또는 상소를 제기하려는 사람은, 소장이나 상소장을 제출할 때 당사자 수에 따른 계산방식으로 산출된 송달료를 수납은행(대부분 법원구내 은행)에 납부하고 그 은행으로부터 교부받은 송달료납부서를 소장이나 상소장에 첨부하여야 한다. 송달료 납부의 기준은 아래와 같다.

• 소 또는 상소 제기 시 납부해야 할 송달료
　가. 민사 제1심 소액사건 : (당사자 수)×(송달료 10회분)
　나. 민사 제1심 소액사건 이외의 사건 : (당사자 수)×(송달료 15회분)
　다. 민사 항소사건 : (당사자 수)×(송달료 12회분)
　라. 민사 상고사건 : (당사자 수)×(송달료 8회분)
• 송달료 1회분 : 3,200원
• 당사자 : 원고, 피고
• 사건의 구별
　가. 소액사건 : 소가 2,000만 원 이하의 사건
　나. 소액사건 이외의 사건 : 소가 2,000만 원을 초과하는 사건
　　※ 소가(訴價)라 함은 원고가 승소하면 얻게 될 경제적 이익을 화폐단위로 평가한 금액을 말한다.

〈상황〉

갑은 보행로에서 자전거를 타다가 을의 상품진열대에 부딪쳐서 부상을 당하였고, 이 상황을 병이 목격하였다. 갑은 을에게 자신의 병원치료비와 위자료를 요구하였다. 그러나 을은 갑의 잘못으로 부상당한 것으로 자신에게는 책임이 없으며, 오히려 갑 때문에 진열대가 파손되어 손해가 발생했으므로 갑이 손해를 배상해야 한다고 주장하였다. 갑은 자신을 원고로, 을을 피고로 하여 병원치료비와 위자료로 합계 금 2,000만 원을 구하는 소를 제기하였다. 제1심 법원은 증인 병의 증언을 바탕으로 갑에게 책임이 있다는 을의 주장이 옳다고 인정하여, 갑의 청구를 기각하는 판결을 선고하였다. 이 판결에 대해서 갑은 항소를 제기하였다.

① 76,800원
② 104,800원
③ 124,800원
④ 140,800원
⑤ 172,800원

19 다음 자료와 상황을 근거로 판단할 때, 〈보기〉에서 옳은 설명을 모두 고른 것은?

K국에서는 모든 법인에 대하여 다음과 같이 구분하여 주민세를 부과하고 있다.

구분	세액(원)
자본금액 100억 원을 초과하는 법인으로서 종업원 수가 100명을 초과하는 법인	500,000
자본금액 50억 원 초과 100억 원 이하 법인으로서 종업원 수가 100명을 초과하는 법인	350,000
• 자본금액 50억 원을 초과하는 법인으로서 종업원 수가 100명 이하인 법인 • 자본금액 30억 원 초과 50억 원 이하 법인으로서 종업원 수가 100명을 초과하는 법인	200,000
• 자본금액 30억 원 초과 50억 원 이하 법인으로서 종업원 수가 100명 이하인 법인 • 자본금액 10억 원 초과 30억 원 이하 법인으로서 종업원 수가 100명을 초과하는 법인	100,000
그 밖의 법인	50,000

〈상황〉

법인	자본금액(억 원)	종업원 수(명)
갑	200	?
을	20	?
병	?	200

보기

ㄱ. 갑이 납부해야 할 주민세 최소 금액은 20만 원이다.
ㄴ. 을의 종업원이 50명인 경우 10만 원의 주민세를 납부해야 한다.
ㄷ. 병이 납부해야 할 주민세 최소 금액은 10만 원이다.
ㄹ. 갑, 을, 병이 납부해야 할 주민세 금액의 합계는 최대 110만 원이다.

① ㄱ, ㄴ
② ㄱ, ㄷ
③ ㄱ, ㄹ
④ ㄴ, ㄷ
⑤ ㄴ, ㄹ

※ L회사의 총무팀 K대리는 회사 내 복합기 교체를 위해 제조업체별 복합기 정보를 다음과 같이 조사하였다. 다음 자료를 보고 이어지는 질문에 답하시오. **[20~21]**

구분	C회사	F회사	S회사
제품명	IR2204F	3060CFPS	D430CFPS
정가	970,000원 (양면 복사 기능 추가 시 200,000원 추가)	1,900,000원	3,050,000원
성능 (A4기준)	분당 22매 출력	분당 25매 출력	분당 25매 출력
특징	흑백 출력 복사 / 컬러 스캔 / 팩스 단면 복사	흑백 출력 복사 / 컬러 스캔 / 팩스 양면 복사	컬러 출력 복사 / 컬러 스캔 / 팩스 양면 복사

20 총무팀의 P팀장은 K대리에게 다음과 같은 업무지시를 내렸다. 다음 중 K대리가 복합기 구매에 사용할 금액은 얼마인가?

> P팀장 : K대리, 구매할 복합기에 대해서는 알아보았나요? 일단 2층부터 5층까지 층마다 2대씩 새롭게 교체할 예정이에요. 디자인팀이 있는 3층에는 반드시 컬러 출력이 가능한 복합기가 1대 이상 있어야 해요. 그리고 4층과 5층에서는 양면 복사가 가능한 복합기로 모두 교체해달라는 요청이 있었어요. 근무 인원이 가장 많은 2층에서는 아무래도 2대 모두 빠른 출력 속도가 가장 중요하다고 하더군요. 각 요청사항을 모두 반영하여 최대한 적은 가격으로 구매할 수 있도록 노력해주세요.

① 7,760,000원
② 11,700,000원
③ 12,500,000원
④ 15,420,000원
⑤ 16,350,000원

21 K대리는 **20번**에서 결정한 복합기를 주문하기 위해 사무용품 판매점과 인터넷 쇼핑몰을 찾아본 결과 다음과 같은 정보를 알게 되었고, 더 많은 금액을 할인받을 수 있는 곳에서 복합기를 주문하려고 한다. 다음 중 K대리가 복합기를 주문할 곳과 할인받을 수 있는 금액이 바르게 연결된 것은?

〈정보〉

• 사무용품 판매점
 – 이달의 행사로 전 품목 10% 할인(단, S회사 제품 할인 대상에서 제외)
 – 전국 무료 배송
 – 설치비용 1대당 30,000원 별도

• 인터넷 쇼핑몰
 – S회사 제품 단독 15% 할인
 – 전국 무료 배송
 – 기기 수와 관계없이 전 제품 무료 설치

① 사무용품 판매점 – 457,500원
② 사무용품 판매점 – 945,000원
③ 인터넷 쇼핑몰 – 457,500원
④ 인터넷 쇼핑몰 – 705,000원
⑤ 인터넷 쇼핑몰 – 945,000원

22 다음 글의 상황에서 〈보기〉의 사실을 토대로 신입사원이 김 과장을 찾기 위해 추측한 내용 중 반드시 참인 것은?

김 과장은 오늘 아침 조기 축구 시합에 나갔다. 그런데 김 과장을 한 번도 본 적이 없는 같은 회사의 어떤 신입사원이 김 과장에게 급히 전할 서류가 있어 직접 축구 시합장을 찾았다. 시합은 이미 시작되었고, 김 과장이 현재 양 팀의 수비수나 공격수 중 한 사람으로 뛰고 있다는 것은 분명하다.

> **보기**
> ㉠ A팀은 검정색 상의를, B팀은 흰색 상의를 입고 있다.
> ㉡ 양 팀에서 축구화를 신고 있는 사람은 모두 안경을 쓰고 있다.
> ㉢ 양 팀에서 안경을 쓴 사람은 모두 수비수이다.

① 만약 김 과장이 공격수라면 안경을 쓰고 있다.
② 만약 김 과장이 A팀의 공격수라면 흰색 상의를 입고 있거나 축구화를 신고 있다.
③ 만약 김 과장이 B팀의 공격수라면 축구화를 신고 있지 않다.
④ 만약 김 과장이 검정색 상의를 입고 있다면 안경을 쓰고 있다.
⑤ 만약 김 과장이 A팀의 수비수라면 검정색 상의를 입고 있으며 안경을 쓰고 있지 않다.

※ A씨는 컨퍼런스 참여를 위해 제주도에 출장을 가게 되었다. 이어지는 질문에 답하시오. **[23~24]**

〈A씨 출장 일정〉

출장지	제주도	일정	8월 9일 ~ 8월 10일
도착시각	8월 9일 11:10	출발시각	8월 10일 16:30

※ 제주공항에 도착 후 수하물을 찾는 데 10분이 소요되며, 서울로 출발 시 수속을 위해 1시간 전에 도착하여야 한다.

〈P렌터카〉

(단위 : 원)

구분	종류	24시간 기본요금	추가요금		
			3시간 미만	3시간 이상 6시간 미만	6시간 이상 12시간 미만
A렌터카	휘발유	60,000	27,000	32,000	38,000
B렌터카	휘발유	65,000	30,000	35,000	40,000
C렌터카	경유	65,000	29,000	35,000	41,000
D렌터카	경유	67,000	25,000	30,000	35,000
E렌터카	경유	68,000	25,000	30,000	36,000

※ 제주공항에서 P렌터카까지 10분의 이동시간이 걸린다.
※ 12시간 초과 시 24시간 요금을 부여한다.

〈유류비〉

휘발유	1,650원/L	경유	1,350원/L

23 A씨가 출장기간 동안 B렌터카를 사용하였을 때, 예상되는 대여비는?

① 81,400원
② 90,600원
③ 100,000원
④ 108,000원
⑤ 110,000원

24 A씨가 출장기간 동안 260km를 이동한다고 할 때, 대여비와 유류비의 총액이 가장 저렴한 렌터카는?

<연비>

구분	연비
A렌터카	12.5km/L
B렌터카	12km/L
C렌터카	16km/L
D렌터카	12km/L
E렌터카	10km/L

① A렌터카   ② B렌터카
③ C렌터카   ④ D렌터카
⑤ E렌터카

25 기획부 직원 A, B, C, D, E 5명이 다음 〈조건〉에 따라 야근을 한다고 할 때, 수요일에 야근하는 사람은?

> **조건**
> • 사장님이 출근할 때는 모든 사람이 야근을 한다.
> • A가 야근할 때 C도 반드시 해야 한다.
> • 사장님은 월요일과 목요일에 출근을 한다.
> • B는 금요일에 야근을 한다.
> • E는 화요일에 야근을 한다.
> • 수요일에는 한 명만 야근을 한다.
> • 월요일부터 금요일까지 한 사람당 3번 야근한다.

① A   ② B
③ C   ④ D
⑤ E

PART 2

실전모의고사

제1회
실전모의고사

취약영역 분석

번호	O/×	영역	번호	O/×	영역	번호	O/×	영역
1			21			41		
2			22			42		
3			23			43		
4			24			44		
5			25			45		
6			26			46		문제해결능력
7			27			47		
8			28		수리능력	48		
9			29			49		
10		의사소통능력	30			50		
11			31					
12			32					
13			33					
14			34					
15			35					
16			36					
17			37					
18			38		문제해결능력			
19			39					
20			40					

평가 문항	50문항	맞힌 개수	문항	시작시간	:
평가 시간	50분	취약 영역		종료시간	:

제 **1** 회

실전모의고사

모바일
OMR
답안분석
서비스

🕐 응시시간 : 50분　　📋 문항 수 : 50문항

정답 및 해설 p.36

01 P대리는 잘못된 의사소통 방식으로 회사 내 후배 직원들로부터 좋지 않은 평가를 받고 있다. 후배 직원들의 하소연을 들은 L부장은 P대리에게 의사표현에서의 오해를 풀 수 있는 방법에 대해 이야기해 주고자 한다. 다음 중 L부장이 P대리에게 해줄 조언으로 적절하지 않은 것은?

① 강압적인 명령 어투는 후배 직원들의 반항을 일으키는 불씨가 될 수 있으므로 명령하는 듯한 말은 사용하지 않는 것이 좋아.

② 후배 직원들의 잘못을 비판하기보다는 먼저 칭찬할 모습을 찾아보는 것도 좋은 방법이지.

③ 후배 직원이 마음에 들지 않더라도 좋아하려고 노력하고 좋아지도록 연습해 보는 것은 어떨까?

④ 중의적인 표현은 상대방의 기분을 상하게 할 수 있으므로 단정적인 말을 사용하는 것이 좋아.

⑤ 후배 직원들에게 자주 질문하고, 그들의 이야기에 귀를 기울여 들어주려고 노력해 보는 것도 좋겠어.

02 다음 중 문서의 종류에 대한 설명으로 옳지 않은 것은?

① 기획서 : 제품의 특징과 활용도에 대해 세부적으로 언급하는 문서

② 보고서 : 특정한 일에 관한 현황이나 그 진행 상황 또는 연구·검토 결과 등을 보고하고자 할 때 작성하는 문서

③ 보도자료 : 각종 단체 등이 언론을 상대로 자신들의 정보가 기사로 보도되도록 하기 위해 보내는 문서

④ 설명서 : 상품의 특성이나 사물의 가치, 작동 방법이나 과정에 대해 소비자에게 설명하는 것을 목적으로 작성한 문서

⑤ 기안서 : 회사의 업무에 대한 협조를 구하거나 의견을 전달할 때 작성하는 문서

03 공문서는 결재권자가 해당 문서에 결재함으로써 성립하고, 성립한 문서는 입법주의에 따라 문서의 종류마다 효력이 다르게 발생한다. 〈보기〉는 문서의 효력 발생에 대한 입법주의를 각각 설명한 것일 때, 다음 중 올바르게 연결된 것은?

> **보기**
>
> (가) 성립한 문서가 상대방에게 발신된 때 효력이 발생한다는 견해로, 신속한 거래에 적합하며 다수에게 동일한 통지를 해야 할 경우 획일적으로 효력을 발생하게 할 수 있다는 장점이 있다.
>
> (나) 상대방이 문서의 내용을 알게 되었을 때에 효력이 발생한다는 견해로, 상대방의 부주의나 고의 등으로 인해 내용을 알 수 없을 경우 발신자가 불이익을 감수해야 하는 폐단이 발생할 수 있다.
>
> (다) 문서가 상대방에게 도달해야 효력이 발생한다는 견해로, 이때 도달은 문서가 상대방의 지배범위 내에 들어가 사회 통념상 그 문서의 내용을 알 수 있는 상태가 되었다고 인정되는 것을 의미한다.
>
> (라) 문서가 성립한 때, 즉 결재로써 문서의 작성이 끝났을 때에 효력이 발생한다는 견해로, 문서 발신 지연 등 발신자의 귀책사유로 인한 불이익을 상대방이 감수해야 하는 부당함이 발생하기도 한다.

	(가)	(나)	(다)	(라)
①	표백주의	도달주의	요지주의	발신주의
②	도달주의	요지주의	발신주의	표백주의
③	도달주의	표백주의	발신주의	요지주의
④	발신주의	표백주의	도달주의	요지주의
⑤	발신주의	요지주의	도달주의	표백주의

04 다음 제시문에 나타난 의사소통의 저해 요인으로 가장 적절한 것은?

> **'말하지 않아도 알아요.'**
>
> TV 광고 음악에 많은 사람이 공감했던 것과 같이 과거 우리 사회에서는 자신의 의견을 직접적으로 드러내지 않는 것을 미덕이라고 생각했다. 하지만 직접 말하지 않아도 상대가 눈치껏 판단하고 행동해주길 바라는 '눈치' 문화가 오히려 의사소통 과정에서의 불신과 오해를 낳는다.

① 의사소통 기법의 미숙
② 부족한 표현 능력
③ 평가적이며 판단적인 태도
④ 선입견과 고정관념
⑤ 폐쇄적인 의사소통 분위기

05 다음 대화에서 나타난 오류로 가장 적절한 것은?

> 의사 : 음주와 흡연은 고혈압과 당뇨를 유발할 수 있으니 조절하십시오.
> 환자 : 에이, 의사선생님도 술, 담배 하시잖아요.

① 성급한 일반화의 오류 ② 피장파장의 오류
③ 군중에 호소하는 오류 ④ 인신공격의 오류
⑤ 흑백사고의 오류

06 다음 중 밑줄 친 부분의 맞춤법 수정방안으로 적절하지 않은 것은?

> 심리학자들은 학습 이후 망각이 생기는 심리적 이유를 다음과 같이 설명하고 있다. 앞서 배운 내용이 나중에 공부한 내용을 밀어내는 순행 억제, 뒤에 배운 내용이 앞에서 배운 내용을 기억의 저편으로 밀어내는 역행 억제, 또한 공부한 두 내용이 서로 비슷해 간섭이 일어나는 유사 억제 등이 작용해 기억을 방해했기 때문이라는 것이다. 이러한 망각을 뇌 속에서 어떤 기억을 잃어버린 것으로 이해해서는 ㉠ 안된다. 기억을 담고 있는 세포들은 내용물을 흘려버리지 않는다. 기억들은 여전히 ㉡ 머리속에 있는 것이다. 우리가 뭔가 기억해 내려고 애쓰는데도 찾지 못하는 것은 기억들이 ㉢ 혼재해 있기 때문이다. ㉣ 그리고 학습한 내용을 일정한 원리에 따라 ㉤ 짜임새 있게 체계적으로 잘 정리한다면 학습한 내용을 어렵지 않게 기억해 낼 수 있다.

① ㉠ : 띄어쓰기가 올바르지 않으므로 '안 된다'로 고친다.
② ㉡ : 맞춤법에 어긋나므로 '머릿속에'로 고친다.
③ ㉢ : 문맥에 어울리지 않으므로 '잠재'로 수정한다.
④ ㉣ : 앞 문장과의 관계를 고려하여 '그러므로'로 고친다.
⑤ ㉤ : 의미가 중복되므로 '체계적으로'를 삭제한다.

07 김 대리는 요즘 업무에 집중이 잘 되지 않아 고민이 많다. 그러던 중 인터넷에서 다음과 같은 기사를 읽었다. 기사에 대한 이해로 적절하지 않은 것은?

〈번아웃 증후군〉

'번아웃(Burn Out)'의 사전적 정의는 '(신체적 또는 정신적인) 극도의 피로, (로켓의) 연료 소진'이다. 어떤 일을 하면서 또는 그 일이 끝나고 난 뒤, 자신이 갖고 있던 에너지를 다 써버린 느낌이 든다면 '번아웃 증후군'을 의심해봐야 한다.

'번아웃 증후군'이란 한 가지 일에 몰두하던 사람이 극도의 신체적 · 정서적 피로로 인해 무기력증 · 자기혐오 · 직무거부 등에 빠지는 것을 말한다. 직장인에게 자주 나타나 '직장인 번아웃 증후군'이라고도 부른다. 이상이 높고 자기 일에 열정을 쏟는 적극적인 성격의 사람, 지나치게 적응력이 강한 사람에게 주로 나타난다. 쉽게 말해서 돌연 보람과 성취감을 잃고 슬럼프에 빠지는 것이다.

번아웃 증후군에 걸리면 의욕이 저하되고, 성취감이 안 느껴지고, 공감 능력이 떨어지는 등의 증상이 나타난다. 그 뒤 '모든 일을 그만두고 싶다.'는 생각이 들다가, 예전에는 기뻤던 일이 더 이상 기쁘게 느껴지지 않는 지경에 이른다고 한다. 이외에도 불면증, 과다수면, 폭식 등의 증상이 있다.

〈번아웃 증후군 자가진단 체크리스트〉

1. 일하기에는 몸이 너무 지쳤다는 생각이 든다.
2. 퇴근할 때 녹초가 된다.
3. 아침에 출근할 생각만 하면 피곤해 진다.
4. 일하는 것에 부담감과 긴장감을 느낀다.
5. 일이 주어지면 무기력하고 싫증이 느껴진다.
6. 자신이 하는 일에 관심조차 없다.
7. 주어진 업무를 할 때 소극적이고 방어적이다.
8. 성취감을 못 느낀다.
9. 스트레스를 풀기 위해 쾌락 요소(폭식, 흡연 등)만 찾는다.
10. 최근 짜증이 늘고 불안감이 잘 느껴진다.
※ 10개 항목 중 3개 이상에 해당하면 번아웃 증후군을 의심해 봐야 함

번아웃 증후군은 신체 질병은 아니지만 방치하면 심각한 문제로 이어지기 쉽기 때문에 적극적으로 대처해야 한다.

---

① 모자라는 것 못지않게 과해도 안 돼. 몰입으로 문제가 생길 수 있다고는 생각하지 못했는데.
② 원하는 목표를 달성하려고 노력하다가 걸릴 수도 있고 오히려 목표를 달성함으로써 걸릴 수도 있어.
③ 이 증후군에 걸린 사람은 환경을 바꾸지 않는 것이 좋아. 적응을 하려면 또 에너지를 써야 하니까.
④ 번아웃 증후군에 걸리는 데는 성격도 큰 역할을 하지.
⑤ 무기력증이 주된 증상이니까 휴식이 가장 필요해.

다음 글을 통해 알 수 없는 것은?

중앙치매센터가 발표한 '대한민국 치매현황 2018'을 보면 국내 65세 이상 노인 인구 중 치매 환자 수는 70만 5,473명으로 추정됐다. 치매 유병률은 10%로 65세 이상 노인 10명 중 1명꼴로 치매를 앓고 있는 셈이다. 이후에도 치매 환자는 지속적으로 증가해 2024년 100만 명, 2039년 200만 명, 2050년에는 300만 명을 넘어설 것으로 전망된다. 가장 흔한 치매인 알츠하이머병은 해마 중심으로 뇌 위축이 진행하면서 시작되며, 초기에는 기억저하 중심으로 나타난다. 조직검사 상 신경섬유 반응 및 아밀로이드 반응이 발견돼야 확진되며, 현재까지는 임상적 추정진단만이 가능한 상황이다. 두 번째로 많은 혈관성 치매는 뇌 기능을 담당하는 뇌 부위에 뇌졸중이 발생할 경우 갑자기 발생하는 혈관성 치매와 다발성 뇌허혈성병변 등으로 인해 서서히 증상이 나타나는 혈관성 치매가 있다. 또 신경퇴행성질환 중 2번째로 많은 파킨슨병과 동반된 치매가 있는데 파킨슨병 환자의 약 40%에서 발생한다. 기억장애뿐 아니라 초기에 이상행동 등이 나타날 수 있다. 이외에도 환시, 증상의 변동, 파킨슨 증상이 동반될 수 있는 루이체 치매가 있다. 한편, 치료가 가능한 치매도 있다. 치매의 정확한 원인은 아직 밝혀지지 않았으나, 치매의 원인 중 신경퇴행성 질환 이외에 뇌염이나 수두증, 뇌병증, 또는 약물 등으로 인해 발생하는 치매의 경우 적절한 치료로 치매 증상을 완화시킬 수 있다.

치매를 예방하기 위해서는 수면과 식생활을 포함한 규칙적인 생활과 함께 혼자 지내는 시간을 줄이고 외부와 어울릴 수 있는 환경 조성이 가장 중요하다. 이외에 고혈압, 당뇨, 고지혈증 등 치매를 유발할 수 있는 위험인자를 적절하게 관리하는 노력도 필요하다. 한 전문의는 "적절한 레저 활동이나 취미활동, 가능한 사회활동을 열심히 하는 것이 치매 진행과 예방에 큰 도움이 될 수 있다."며 "병원 주치의를 통한 적절한 치료 및 위험인자 관리가 반드시 병행돼야 한다."고 덧붙였다.

① 치매 발생 현황
② 치매 예방법
③ 치매 종류
④ 중증치매 기준
⑤ 치매 발생 원인

09 다음 기사를 읽고 이해한 것으로 올바른 것은?

녹내장은 안구 내 여러 가지 원인에 의하여 시신경이 손상되고, 이에 따른 시야결손이 발생하는 진행성의 시신경 질환이다. 현재까지 녹내장 발병 원인에 대한 많은 연구가 진행되었으나, 지금까지 가장 확실한 원인은 안구 내 안압의 상승이다. 상승된 안압이 망막시신경섬유층과 시신경을 압박함으로써 시신경이 손상되거나 시신경으로 공급되는 혈류량이 감소됨으로써 시신경 손상이 발생될 수 있다.

녹내장은 일반적으로 주변시야부터 좁아지는 것이 주된 증상이며 그래서 초기에는 환자가 느낄 수 있는 자각증상이 없는 경우가 대부분이다. 그래서 결국은 중심시야까지 침범된 말기가 돼서야 병원을 찾는 경우가 많다. 녹내장은 제대로 관리되지 않으면 각막혼탁, 안구로, 실명의 합병증이 동반될 수 있다.

녹내장을 예방할 수 있는 방법은 아직 알려져 있지 않다. 단지 녹내장은 대부분 장기간에 걸쳐 천천히 진행되는 경우가 많으므로 조기에 발견하는 것이 가장 좋은 예방법이라고 할 수 있다. 정기적인 검진으로 자신의 시신경 상태를 파악하고 그에 맞는 생활패턴의 변화를 주는 것이 도움이 된다. 녹내장으로 진단이 되면 금연을 해야 하며 가능하면 안압이 올라가는 상황을 피하는 것이 좋다. 예를 들면 무거운 물건을 든다든지, 목이 졸리게 넥타이를 꽉 맨다든지, 트럼펫과 같은 악기를 부는 경우에는 병의 경과를 악화시킬 가능성이 있으므로 피해야 한다.

① 녹내장은 일반적으로 중심시야부터 시작하여 주변시야로 시야결손이 확대된다.
② 상승된 안압이 시신경으로 공급되는 혈류량을 증폭시켜 시신경 손상이 발생한다.
③ 녹내장 진단 후 안압이 하강할 수 있는 상황은 되도록 피해야 한다.
④ 녹내장의 발병을 예방할 수 있는 방법은 아직 없다.
⑤ 녹내장은 단기간에 빠르게 진행되는 경우가 대부분이다.

10

다음 글을 읽고 나눈 대화로 적절하지 않은 것은?

> 식사 후 달고 시원한 수박 한 입이면 하루 종일 더위에 지친 몸이 되살아나는 느낌이다. 한 번 먹기 시작하면 쉽게 멈추기가 힘든 수박, 때문에 살찔 걱정을 하는 이들도 많다. 그러나 수분이 대부분인 수박은 100g당 21kcal에 불과 하다. 당도는 높지만 수분이 대부분을 차지하고 있어 다이어트를 하는 이들에게도 도움이 된다. 또한 수박의 붉은 과육에는 항산화 성분인 라이코펜이 토마토보다 훨씬 더 많이 함유되어 있고, 칼륨이 많아 나트륨을 배출하는 데도 효과적이다.
>
> 많은 사람이 수박을 고를 때 수박을 손으로 두들겨 보는데, 이는 수박을 두들겨 경쾌한 소리가 난다면 잘 익었는지 를 확인할 수 있기 때문이다. 그런데 이것저것 두들겨도 잘 모르겠다면 눈으로 확인하면 된다. 먼저 수박의 검은색 줄무늬가 진하고 선명한지를 확인하고 꼭지 반대편에 있는 배꼽을 확인한다. 배꼽은 꽃이 떨어진 자리로, 배꼽이 크면 덜 익은 수박일 가능성이 높으며, 작게 여물었으면 대체로 잘 익은 수박일 가능성이 높다.
>
> 일반 과일보다 큰 수박을 한 번에 섭취하기란 쉽지 않다. 대부분 수박을 반으로 잘라 랩으로 보관하는 경우가 많은 데, 이 경우 수박 껍질에 존재하는 세균이 수박 과육까지 침투하여 과육에도 많은 세균이 자랄 수 있다. 따라서 수박 을 보관할 때는 수박 껍질에 남아있는 세균과 농약 성분이 과육으로 침투되지 않도록 수박을 깨끗이 씻은 후 과육만 잘라내어 밀폐 용기에 넣어 냉장 보관하는 것이 좋다.

① 갑 : 손으로 두들겨보았을 때 경쾌한 소리가 나는 것이 잘 익은 거야.

② 을 : 그래도 잘 모르겠다면 배꼽이 큰 것을 고르면 돼.

③ 병 : 다이어트 중이라 일부러 수박을 피했는데, 오히려 도움이 되는 과일이네!

④ 정 : 맞아, 하지만 보관할 때 세균과 농약이 침투하지 않도록 과육만 잘라 보관해야 해.

⑤ 무 : 수박은 라이코펜과 칼륨이 풍부한 과일이구나.

11

다음 글의 내용과 일치하는 것은?

> 아시아개발은행(ADB)과 포츠담기후영향연구소(PIK)의 공동 연구 보고서에 따르면 2100년까지 아시아 대부분 지 역의 강수량이 지금보다 50% 늘어 홍수 피해가 증가하고, 중국 북서부와 파키스탄, 아프가니스탄 등의 평균기온은 2100년까지 8℃가량 오를 것으로 예측했다. 이런 지구온난화의 주범은 화석연료이다. 세계는 화석연료에 대한 의 존도를 줄이면서 환경에 영향을 미치지 않는 새로운 에너지를 확보하는 데 총력을 기울이고 있다. 물 · 바람 · 태양 등 자연을 이용한 신재생에너지에 과학기술을 결합해 더욱 효율이 높은 청정에너지를 개발하고, 수소에너지와 핵융 합에너지 등 신에너지 개발에도 연구와 투자를 아끼지 않고 있다. 이에 우리나라도 적극적으로 동참하고 있는데, 1973년 소양강댐 수력발전을 시작으로 조력, 수상 태양광, 풍력 등 다양한 에너지원 개발을 추진하는 데 S공사가 핵심 역할을 하고 있다. 한 전문가에 따르면 역사적으로 에너지원은 50년 주기로 변화해 왔다고 한다. 1차 산업혁명 때는 석탄, 1900년대는 석유, 이후에는 천연가스가 최고 에너지원이었다. 이제는 신재생에너지가 전 세계 신규 발 전의 70%를 차지하고 있다. 에너지 전환은 기후변화에 따른 시대적 과제이고, 청정에너지는 거부할 수 없는 흐름이 다. 특히 강, 바다, 호수의 물을 이용한 발전은 청정에너지의 가장 좋은 대안으로 주목받고 있다.

① 아시아 대부분 지역의 강수량이 감소하여 물 부족 현상이 심화될 전망이다.

② 세계는 화석연료 확보를 위해 다양한 노력을 기울이고 있다.

③ S공사의 에너지 개발은 1973년 수력발전으로부터 시작되었다.

④ 신재생에너지는 전 세계 전력 발전의 70%를 차지한다.

⑤ 석탄과 석유는 현재까지도 가장 중요한 에너지원으로 자리 잡고 있다.

12 다음 글의 주장에 대한 비판으로 가장 적절한 것은?

사회 현상을 볼 때는 돋보기로 세밀하게, 그리고 때로는 멀리 떨어져서 전체 속에 어떻게 위치하고 있는가를 동시에 봐야 한다. 숲과 나무는 서로 다르지만 따로 떼어 생각할 수 없기 때문이다. 현대 사회 현상의 최대 쟁점인 과학 기술에 대해 평가할 때도 마찬가지이다. 로봇 탄생의 숲을 보면, 그 로봇 개발에 투자한 사람과 로봇을 개발한 사람들의 의도가 드러난다. 그리고 나무인 로봇을 세밀히 보면, 그 로봇이 생산에 이용되는지 아니면 감옥의 죄수들을 감시하기 위한 것인지 그 용도를 알 수가 있다. 이 광범한 기술의 성격을 객관적이고 물질적이어서 가치관이 없다고 쉽게 생각하면 로봇에 당하기 십상이다.

자동화는 자본주의의 실업을 늘려 실업자에 대해 생계의 위협을 가하는 측면뿐 아니라, 기존 근로자에 대한 감시를 더욱 효율적으로 해내는 역할도 수행한다. 자동화를 적용하는 기업 측에서는 자동화가 인간의 삶을 증대시키는 이미지로 일반 사람들에게 인식되기를 바란다. 그래야 자동화 도입에 대한 노동자의 반발을 무마하고 기업가의 구상을 관철시킬 수 있기 때문이다. 그러나 자동화나 기계화 도입으로 인해 실업을 두려워하고, 업무 내용이 바뀌는 것을 탐탁해 하지 않았던 유럽의 노동자들은 자동화 도입에 대해 극렬히 반대했던 경험들을 갖고 있다.

지금도 자동화·기계화는 좋은 것이라는 고정관념을 가진 사람들이 많고, 현실에서 이러한 고정관념이 가져오는 파급 효과는 의외로 크다. 예를 들어 은행에 현금을 자동으로 세는 기계가 등장하면 은행원들이 현금을 세는 작업량은 줄어든다. 손님들도 기계가 현금을 재빨리 세는 것을 보고 감탄해 하면서 행원이 세는 것보다 더 많은 신뢰를 보낸다. 그러나 현금 세는 기계의 도입에는 이익 추구라는 의도가 숨어 있다. 현금 세는 기계는 은행원의 수고를 덜어 준다. 그러나 현금 세는 기계를 들여옴으로써 실업자가 생기고 만다. 사람이 잘만 이용하면 잘 써먹을 수 있을 것만 같은 기계가 엄청나게 혹독한 성품을 지닌 프랑켄슈타인으로 돌변하는 것이다.

자동화와 정보화를 추진하는 핵심 조직이 기업이란 것에서도 알 수 있듯이 기업은 이윤 추구에 도움이 되지 않는 행위는 무가치하다고 판단한다. 그러므로 자동화는 그 계획 단계에서부터 기업의 의도가 스며들어가 탄생된다. 또한 그 의도대로 자동화나 정보화가 진행되면, 다른 한편으로 의도하지 않은 결과를 초래한다. 자동화와 같은 과학 기술이 풍요를 생산하는 수단이라고 생각하는 것은 하나의 고정관념에 불과하다.

채플린이 제작한 영화 〈모던 타임즈〉에 나타난 것처럼 초기 산업화 시대에는 기계에 종속된 인간의 모습이 가시적으로 드러날 수밖에 없었다. 그래서 이러한 종속에 저항하고자 하는 인간의 노력도 적극적인 모습을 보였다. 그러나 현대의 자동화기기는 그 첨병이 정보 통신기기로 바뀌면서 문제는 질적으로 달라진다. 무인 생산까지 진전된 자동화나 정보 통신화는 인간에게 단순 노동을 반복시키는 그런 모습을 보이지 않는다. 그래서인지는 몰라도 정보 통신은 별 무리 없이 어느 나라에서나 급격하게 개발·보급되고 보편화되어 있다. 그런데 문제는 이 자동화기기가 생산에만 이용되는 것이 아니라, 노동자를 감시하거나 관리하는 데도 이용될 수 있다는 것이다. 오히려 정보 통신의 발달로 이전보다 사람들은 더 많은 감시와 통제를 받게 되었다.

① 기업의 이윤 추구가 사회 복지 증진과 직결될 수 있음을 간과하고 있어.
② 기계화·정보화가 인간의 삶의 질 개선에 기여하고 있음을 경시하고 있어.
③ 기계화를 비판하는 주장만 되풀이할 뿐, 구체적인 근거를 제시하지 않고 있어.
④ 화제의 부분적 측면에 관계된 이론을 소개하여 편향적 시각을 갖게 하고 있어.
⑤ 현대의 기술 문명이 가져다줄 수 있는 긍정적인 측면을 과장하여 강조하고 있어.

펀드(Fund)를 우리말로 바꾸면 '모금한 기금'을 뜻하지만 경제 용어로는 '경제적 이익을 보기 위해 불특정 다수인으로부터 모금하여 운영하는 투자 기금'을 가리키는 말로 사용합니다. 펀드는 주로 주식이나 채권에 많이 투자를 하는데, 개인이 주식 이나 채권에 투자하기 위해서는 어떤 회사의 채권을 사야 하는지, 언제 사야 하는지, 언제 팔아야 하는지, 어떻게 계약을 하고 세금을 얼마나 내야 하는지, 알아야 할 게 너무 많아 복잡합니다. 이러한 여러 가지 일을 투자 전문 기관이 대행하고 일정 비율의 수수료를 받게 되는데, 이처럼 펀드에 가입한다는 것은 투자 전문 기관에게 대행 수수료를 주고 투자 활동에 참여하여 이익을 보는 일을 말합니다.

펀드는 크게 보아 주식 투자 펀드와 채권 투자 펀드로 나눌 수 있습니다. 주식 투자 펀드를 살펴보면 회사가 회사를 잘 꾸려서 영업 이익을 많이 만들면 주식 가격이 오릅니다. 그래서 그 회사의 주식을 가진 사람은 회사의 이익을 나누어 받습니다. 이처럼 주식 투자 펀드는 주식을 사서 번 이익에서 투자 기관의 수수료를 뺀 금액이 '펀드 가입자의 이익'이 되며 이 이익은 투자한 자금에 비례하여 분배받습니다. 그리고 투자자는 분배받는 금액에 따라 세금을 냅니다. 채권 투자 펀드는 회사, 지방 자치단체, 국가가 자금을 조달하기 위해 이자를 지불할 것을 약속하면서 발행하는 채권을 사서 이익을 보는 것입니다. 채권 을 사서 번 이익에서 투자 기관의 수수료를 뺀 금액이 수익이 됩니다. 이외에도 투자 대상에 따라, 국내 펀드, 해외 펀드, 신흥국가 대상 펀드, 선진국 펀드, 중국 펀드, 원자재 펀드 등 펀드의 종류는 아주 다양합니다.

채권 투자 펀드는 회사나 지방자치단체 그리고 국가가 망하지 않는 이상 정해진 이자를 받을 수 있어 비교적 안정적입니다. 그런데 주식 투자 펀드는 일반 주식 가격의 변동에 따라 수익을 많이 볼 수도 있지만 손해를 보는 경우도 흔합니다. 예를 들어 어떤 펀드는 10년 후 누적 수익률이 원금의 열 배나 되지만 어떤 펀드는 수익률이 나빠져 1년 만에 원금의 절반이 되어버리는 일도 발생합니다. 이렇게 수익률 차이가 심하게 나는 것은 주식이 경기 변동의 영향을 많이 받기 때문입니다. 이로 인해 펀드와 관련하여 은행을 비롯한 투자 전문 기관에 가서 상담을 하면 상품에 대한 안내만 할 뿐, 가입 여부는 고객 이 스스로 판단하도록 하고 있습니다. 합리적으로 안내를 한다고 해도 소비자의 투자 목적, 시장 상황, 투자 성향에 따라 맞는 펀드가 다르기 때문입니다. 그러니까 펀드에 가입하기 전에는 펀드의 종류를 잘 알아보고 결정해야 합니다. 또, 펀드에 가입을 해도 살 때와 팔 때를 잘 구분해야 합니다. 이것이 가장 어려운 일입니다. 그래서 주식이나 펀드는 사회 경험을 쌓고 경제 지식을 많이 알고 난 후에 하는 것이 좋다는 얘기를 많이 합니다.

13 다음 중 글에서 확인할 수 있는 질문으로 적절하지 않은 것은?

① 펀드에 가입하면 돈을 벌 수 있는가?
② 펀드란 무엇인가?
③ 펀드 가입 시 유의할 점은 무엇인가?
④ 펀드에는 어떤 종류가 있는가?
⑤ 펀드 가입 절차는 어떻게 되는가?

14 다음 글을 이해한 내용으로 적절한 것은?

① 주식 투자 펀드는 경기 변동의 영향을 많이 받게 된다.
② 주식 투자 펀드는 정해진 이자를 받을 수 있어 안정적이다.
③ 채권 투자 펀드는 투자 기관의 수수료를 더한 금액이 수익이 된다.
④ 채권 투자 펀드는 주식 가격이 오를수록 펀드 이익을 많이 분배받게 된다.
⑤ 주식 투자 펀드는 채권 투자 펀드와 달리 투자 기관의 수수료가 없다.

인공지능(AI)을 통한 얼굴 인식 프로그램은 인간의 표정을 통해 감정을 분석한다. 인간의 표정을 인식하여 슬픔·기쁨·놀라움·분노 등을 얼마나 느끼고 있는지 정량적으로 보여주는 것이다.

많은 AI 기업들이 이와 같은 얼굴 인식 프로그램을 개발하고 있다. 미국의 한 AI 기업은 표정을 식별하여 감정을 읽어내는 안면 인식 기술인 '레코그니션(Recognition)'을 개발하였고, 대만의 다른 AI 기업은 인간의 표정을 인식해 그 사람의 나이와 성별, 감정을 식별하는 '페이스 미(Face Me)'를 공개하였다.

(㉠) 인간의 표정으로 감정을 읽는 것은 매우 비과학적이다. 얼굴의 움직임과 내적 감정 상태의 명확한 연관성을 찾기 어렵기 때문이다. 인간의 표정에서 감정 상태를 유추할만한 증거는 거의 없으며, 사람들은 감정을 느껴도 얼굴을 움직이지 않을 수 있다. 심지어 다른 사람에게 자신의 감정을 속이는 것도 가능하다. 게다가 표정은 문화적 맥락과도 관련이 있기 때문에 서양인과 동양인의 기쁨·슬픔에 대한 표정은 다를 수 있다.

(㉡) 채용이나 법 집행 등 민감한 상황에서 감정인식 기술을 사용하는 것은 금지해야 한다. 현재 안면 및 감정 인식 기술을 광고 마케팅이나 채용 인터뷰, 범죄 수사 등에 활용하고 있는 것은 매우 위험하다. 인간의 감정은 계량화가 불가능하며, 이러한 인간의 감정을 알고리즘화하려는 시도 자체가 잘못된 것이다.

15 다음 중 글쓴이의 주장을 뒷받침하는 근거로 적절하지 <u>않은</u> 것은?

① 감정은 상황, 신체 움직임, 부끄러움이나 흥분할 때 나오는 호르몬 반응 등 다양한 요소들이 작용한 결과이다.

② 얼굴 인식을 통해 감정을 파악하는 기술은 인간이 행복할 때는 웃고 화가 날 때면 얼굴을 찌푸린다는 단순한 가설에 기대고 있다.

③ 실제로 경찰에서 사용 중인 거짓말 탐지기조차도 증거 능력에 대해 인정하지 않고 참고 용도로만 사용하고 있다.

④ AI가 제공해주는 과학적이고 분석적인 데이터를 통해 더 자세히 지원자의 감정을 파악할 수 있다.

⑤ 사람들은 '눈을 감은 채 입을 크게 벌리고 있는 홍조 띤 남자 사진'을 보고 화가 난 표정이라고 이야기했으나, 남자가 축구 선수라는 사실을 알게 되자 골 세리머니로 흥분한 표정이라고 생각을 바꾸었다.

16 다음 중 빈칸 ㉠, ㉡에 들어갈 접속어가 바르게 연결된 것은?

	㉠	㉡
①	그러므로	그러나
②	그러므로	또한
③	그러나	또한
④	그러나	따라서
⑤	그래서	따라서

17 귀하는 K회사의 채용절차 중 토론면접에 참여하고 있다. 토론 주제는 '공공 자전거 서비스 제도를 실시해야 하는 가.'이며, 다음은 토론면접의 일부이다. 토론 내용에 대한 이해로 올바르지 않은 것은?

> 사회자 : 최근 사람들의 교통 편의를 위해 공공 자전거 서비스를 제공하는 지방 자치 단체가 늘고 있습니다. 공공 자전거 서비스 제도는 지방 자치 단체에서 사람들에게 자전거를 무상으로 빌려주어 일상생활에서 이용하게 하는 제도입니다. 이에 대해 '공공 자전거 서비스 제도를 시행해야 한다.'라는 논제로 토론을 하고자 합니다. 먼저 찬성 측 입론해 주십시오.
>
> A씨 : 최근 회사나 학교 주변의 교통 체증이 심각한 상황입니다. 특히, 출퇴근 시간이나 등하교 시간에는 많은 자동차가 한꺼번에 쏟아져 나와 교통 혼잡이 더욱 가중되고 있습니다. 공공 자전거 서비스 제도를 도입하여 많은 사람이 자전거를 이용하여 출퇴근하게 되면 출퇴근이나 등하교 시의 교통 체증 문제를 완화할 수 있을 것입니다. 또한 공공 자전거 서비스 제도를 시행하면 자동차의 배기가스로 인한 대기 오염을 줄일 수 있고, 경제적으로도 교통비가 절감되어 가계에 도움이 될 것입니다.
>
> 사회자 : 반대 측에서 반대 질의해 주십시오.
>
> B씨 : 공공 자전거 서비스 제도를 실시하면 교통 체증 문제를 완화할 수 있다고 하셨는데, 그럴 경우 도로에 자전거와 자동차가 섞이게 되어 오히려 교통 혼잡 문제가 발생하지 않을까요?
>
> A씨 : 자전거 전용 도로를 만들면 자전거와 자동차가 뒤섞여 빚는 교통 혼잡을 막을 수 있어서 말씀하신 문제점을 해결할 수 있습니다.
>
> 사회자 : 이번에는 반대 측에서 입론해 주십시오.
>
> B씨 : 공공 자전거 서비스 제도가 도입되면 자전거를 구입하거나 유지하는 데 드는 비용, 자전거 대여소를 설치하고 운영하는 데 드는 경비 등을 모두 지방 자치 단체에서 충당해야 합니다. 그런데 이 비용들은 모두 사람들의 세금으로 마련되는 것입니다. 따라서 자전거를 이용하지 않는 사람들도 공공 자전거 서비스에 필요한 비용을 지불해야 하기 때문에 형평성의 문제가 발생할 수 있습니다. 자신의 세금 사용에 대해 문제를 제기할 수 있는 사람들의 요구를 고려하여 신중한 접근이 필요하다고 봅니다.
>
> 사회자 : 그러면 이번에는 찬성 측에서 반대 질의해 주십시오.
>
> A씨 : 공공 자전거 서비스 제도의 운용 경비를 모두 지방 자치 단체에서 충당해야 한다고 하셨는데, 통계 자료에 따르면 공공 자전거 서비스 제도를 시행하고 있는 지방 자치 단체 열 곳 중 여덟 곳이 공공 자전거 대여소를 무인으로 운영하고 있으며, 운영 경비의 70%를 정부로부터 지원받고 있다고 합니다. 이런 점에서 지방 자치 단체가 운영 경비를 모두 부담한다고 보기 어렵지 않나요? 그리고 공공 자전거 서비스는 사람들 모두가 이용할 수 있는 혜택이므로 세금 사용의 형평성 문제가 발생한다고 보기 어렵다고 생각합니다.
>
> B씨 : 물론 그렇게 볼 수도 있습니다만, 정부의 예산도 국민의 세금에서 지출되는 것입니다. 공공 자전거 무인 대여소 설치에 들어가는 비용은 얼마나 되는지, 우리 구에 정부 예산이 얼마나 지원될 수 있는지 등을 더 자세하게 살펴봐야 합니다.

① 반대 측은 형평성을 근거로 공공 자전거 서비스 제도에 대해 문제를 제기하고 있다.
② 찬성 측과 반대 측은 공공 자전거 서비스 시행 시 발생할 수 있는 교통 체증 문제에 대립하는 논점을 가지고 있다.
③ 찬성 측은 공공 자전거 서비스 제도의 효과에 대해 구체적인 근거를 제시하고 있다.
④ 반대 측은 예상되는 상황을 제시해서 찬성 측의 주장에 대해 의문을 제기하고 있다.
⑤ 반대 측은 찬성 측의 주장을 일부 인정하고 있다.

18 다음 글을 논리적 순서대로 바르게 나열한 것은?

> (가) 회전문의 축은 중심에 있다. 축을 중심으로 통상 네 짝의 문이 계속 돌게 되어 있다. 마치 계속 열려 있는 듯한 착각을 일으키지만, 사실은 네 짝의 문이 계속 안 또는 밖을 차단하도록 만든 것이다. 실질적으로는 열려 있는 순간 없이 계속 닫혀 있는 셈이다.
>
> (나) 문은 열림과 닫힘을 위해 존재한다. 이 본연의 기능을 하지 못한다는 점에서 계속 닫혀 있는 문이 무의미하듯이, 계속 열려 있는 문 또한 그 존재 가치와 의미가 없다. 그런데 현대 사회의 문은 대부분의 경우 닫힌 구조로 사람들을 맞고 있다. 따라서 사람들을 환대하는 것이 아니라 박대하고 있다고 할 수 있다. 그 대표적인 예가 회전문이다. 가만히 회전문의 구조와 그 기능을 머릿속에 그려보라. 그것이 어떤 식으로 열리고 닫히는지 알고는 놀랄 것이다.
>
> (다) 회전문은 인간이 만들고 실용화한 가운데 가장 문명적이고 가장 발전된 형태로 보일지 모르지만, 사실상 열림을 가장한 닫힘의 연속이기 때문에 오히려 가장 야만적이며 가장 미개한 형태의 문이다.
>
> (라) 또한 회전문을 이용하는 사람들은 회전문의 구조와 운동 메커니즘에 맞추어야 실수 없이 문을 통과해 안으로 들어가거나 밖으로 나올 수 있다. 어린아이, 허약한 사람, 또는 민첩하지 못한 노인은 쉽게 그것에 맞출 수 없다. 더구나 휠체어를 탄 사람이라면 더 말할 나위도 없다. 이들에게 회전문은 문이 아니다. 실질적으로 닫혀 있는 기능만 하는 문은 문이 아니기 때문이다.

① (가) – (나) – (라) – (다)

② (가) – (라) – (나) – (다)

③ (나) – (가) – (라) – (다)

④ (나) – (다) – (라) – (가)

⑤ (다) – (가) – (라) – (나)

※ 다음 중 밑줄 친 부분과 같은 의미로 쓰인 것을 고르시오. [19~20]

19

> 언어 없이 사고가 불가능하다는 이론도 그렇다. 생각은 있되, 그 생각을 표현할 적당한 말이 없는 경우도 얼마든지 있으며, 생각은 분명히 있지만 말을 잊어서 표현에 곤란을 느끼는 경우도 흔한 것이다. 음악가는 언어라는 매개를 통하지 않고 작곡을 하여 어떤 생각이나 사상을 표현하며, 조각가는 언어 없이 조형을 한다. 또 우리는 흔히 새로운 물건, 새로운 생각을 이제까지 없던 새 말로 만들어 명명하기도 한다.

① 그의 주장은 앞뒤가 잘 통하지 않는다.

② 바람이 잘 통하는 곳에 빨래를 널어야 잘 마른다.

③ 그 시상식은 텔레비전을 통해 전국에 중계되었다.

④ 청소년들은 기성세대와 말이 통하지 않는다고 말한다.

⑤ 부부는 어떤 일을 하든 서로 뜻이 잘 통해야 한다.

20

소설의 결말에 대해 독자들은 <u>한결같이</u> 비난의 목소리를 내었다.

① 너를 향한 내 마음은 <u>한결같다</u>.
② 예나 지금이나 아저씨의 말투는 <u>한결같으시군요</u>.
③ 아이들이 <u>한결같은</u> 모습으로 꽃을 들고 있다.
④ 우리는 초등학교 내내 10리나 되는 산길을 <u>한결같이</u> 걸어 다녔다.
⑤ 부모님은 <u>한결같이</u> 나를 지지해 주신다.

21 다음은 K헬스장의 2020년 1분기 프로그램 회원 수와 2020년 4월 예상 회원 수에 대한 자료이다. 다음 〈조건〉을 보고 방정식 $2a+b=c+d$가 성립할 때, b에 들어갈 회원 수는 몇 명인가?

〈K헬스장 운동 프로그램 회원 현황〉

(단위 : 명)

구분	2020년 1월	2020년 2월	2020년 3월	2020년 4월
요가	50	a	b	
G.X	90	98	c	
필라테스	106	110	126	d

조건

• 2020년 2월 요가 회원은 전월 대비 20% 증가했다.
• 1분기 필라테스 총 회원 수는 G.X 총 회원 수보다 37명이 더 많다.
• 2020년 4월 필라테스의 예상 회원 수는 2020년 1분기 월 평균 회원 수일 것이다.

① 110명
② 111명
③ 112명
④ 113명
⑤ 114명

22 커피 동아리 회원은 남자 4명, 여자 6명으로 구성되어 있다. 동아리는 송년회를 맞아 회원 중 3명에게 드립커피 세트를 사은품으로 주려고 할 때, 사은품을 받을 3명 중 남자가 여자보다 많을 확률은?(단, 확률은 소수점 이하 셋째 자리에서 반올림한다)

① 12.55%
② 20.17%
③ 28.36%
④ 33.33%
⑤ 40.25%

23 슬기, 효진, 은경, 민지, 은빈 5명은 여름휴가를 떠나기 전 원피스를 사러 백화점에 갔다. 모두 마음에 드는 원피스 하나를 발견해 각자 원하는 색깔의 원피스를 고르기로 하였다. 원피스가 노란색 2벌, 파란색 2벌, 초록색 1벌이 있을 때, 5명이 각자 한 벌씩 고를 수 있는 경우의 수는 얼마인가?

① 28가지
② 30가지
③ 32가지
④ 34가지
⑤ 36가지

24 A공단에서 올해 하반기 신입사원 공고문을 발표했다. 서류 지원자 중 필기시험에 응시할 수 있는 인원은 면접을 볼 수 있는 인원의 4.5배수이고, 필기시험 통과자는 최종 합격자 인원의 2배수가 면접을 볼 수 있다. 면접시험에서 신입사원 250명이 최종 합격자가 될 때 서류 지원자는 최소 몇 명인가?(단, 서류 지원자는 필기시험에 응시할 수 있는 인원 이상이다)

① 2,550명
② 2,250명
③ 2,050명
④ 1,850명
⑤ 1,650명

25 사고 난 차를 견인하기 위해 A와 B, 두 견인업체에서 견인차를 보내려고 한다. 사고지점은 B업체보다 A업체와 40km 더 가깝고, A업체의 견인차가 시속 63km의 일정한 속력으로 달리면 40분 만에 사고지점에 도착한다. B업체에서 보낸 견인차가 A업체의 견인차보다 늦게 도착하지 않으려면 B업체의 견인차가 내야 하는 최소 속력은?

① 119km/h
② 120km/h
③ 121km/h
④ 122km/h
⑤ 123km/h

26 C사에서 100명의 직원을 영업 업무로 2명씩 한 조로 편성하려고 하는데 둘 중 적어도 한 명은 운전할 수 있어야 한다. 100명 중 남성 사원이 40명이고, 운전 가능한 사람은 60명이며 여성 사원 중 40%는 운전을 할 수 있다고 한다. 여성으로만 이루어진 팀의 수를 최소화하여 조를 편성했다면, 몇 팀을 구성할 수 있는가?

① 10팀   ② 11팀

③ 12팀   ④ 13팀

⑤ 14팀

27 다음 자료를 보고 판단한 것 중 옳지 않은 것은?(단, 증감률은 전년을 기준으로 나타낸 것이다)

〈자동차 생산・내수・수출 현황〉

(단위 : 대, %)

구분		2016년	2017년	2018년	2019년	2020년
생산	차량 대수	4,086,308	3,826,682	3,512,926	4,271,741	4,657,094
	증감률	(6.4)	(▽6.4)	(▽8.2)	(21.6)	(9.0)
내수	차량 대수	1,219,335	1,154,483	1,394,000	1,465,426	1,474,637
	증감률	(4.7)	(▽5.3)	(20.7)	(5.1)	(0.6)
수출	차량 대수	2,847,138	2,683,965	2,148,862	2,772,107	3,151,708
	증감률	(7.5)	(▽5.7)	(▽19.9)	(29.0)	(13.7)

① 2016년에는 전년 대비 생산, 내수, 수출이 모두 증가했다.

② 내수가 가장 큰 폭으로 증가한 해에는 생산과 수출이 모두 감소했다.

③ 수출이 증가했던 해는 생산과 내수도 증가했다.

④ 생산이 증가한 해에도 내수나 수출이 감소한 해가 있다.

⑤ 수출이 가장 큰 폭으로 증가한 해에는 생산도 가장 큰 폭으로 증가했다.

28 다음은 우리나라 첫 직장 근속기간에 대한 자료이다. 이에 대한 설명으로 옳지 않은 것은?(단, 졸업·중퇴 후 취업 유경험자 전체는 비임금 근로자와 임금 근로자의 합이다)

〈15 ～ 29세 첫 직장 근속기간 현황〉

(단위 : 명)

	구분	전체	첫 일자리를 그만둔 경우	첫 일자리가 현 직장인 경우
2018년	졸업·중퇴 후 취업 유경험자 전체	4,032	2,411	1,621
	임금 근로자	3,909	2,375	1,534
	평균 근속기간(개월)	18	14	24
2019년	졸업·중퇴 후 취업 유경험자 전체	4,101	2,516	1,585
	임금 근로자	4,012	2,489	1,523
	평균 근속기간(개월)	18	14	24
2020년	졸업·중퇴 후 취업 유경험자 전체	4,140	2,574	1,566
	임금 근로자	4,055	2,546	1,509
	평균 근속기간(개월)	18	14	25

① 첫 직장에서의 비임금 근로자 수는 2019 ～ 2020년에 전년 대비 매년 감소하였다.

② 2018 ～ 2020년 졸업·중퇴 후 취업 유경험자 수의 평균은 4,091명이다.

③ 2018년 첫 일자리를 그만둔 임금 근로자 수는 첫 일자리가 현 직장인 근로자 수의 약 1.5배이다.

④ 2019년 첫 일자리가 현 직장인 임금 근로자 수는 전체 임금 근로자 수의 35% 이하이다.

⑤ 2020년 첫 일자리를 그만둔 경우의 평균 근속기간은 첫 일자리가 현 직장인 경우 평균 근속기간의 56%이다.

29 다음은 C사 직원들이 문화재 관광 콘텐츠의 개발방향을 찾기 위해 다음 자료를 바탕으로 나눈 대화이다. 이에 대해 옳지 않은 설명을 한 사람은?

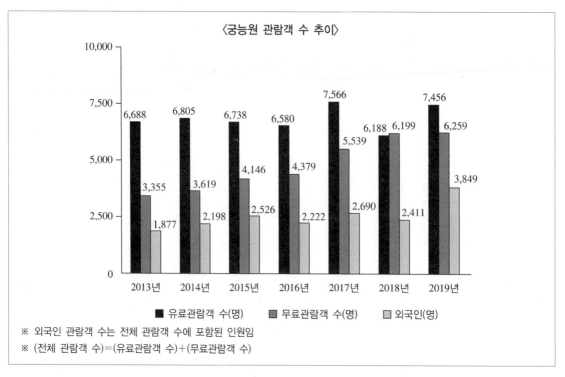

〈궁능원 관람객 수 추이〉

※ 외국인 관람객 수는 전체 관람객 수에 포함된 인원임
※ (전체 관람객 수)=(유료관람객 수)+(무료관람객 수)

① A씨 : 2019년 외국인 관광객 수는 2013년에 비해 102% 이상 증가했네요. 외국인 관광객에 대한 콘텐츠 개발을 더욱더 확충했으면 좋겠어요.

② B씨 : A씨의 의견이 맞는 것 같아요. 2019년의 전체 관람객 수에서 외국인 관람객이 차지한 비중이 2013년에 비해 15%p 이상 증가했네요. 외국인 관람객을 위한 외국어 안내문과 팸플릿을 개선했으면 좋겠네요.

③ C씨 : 유료관람객은 2018년을 제외하고 항상 많은 비중을 차지하고 있어요. 유료관람객 확대 유치를 위한 콘텐츠가 필요해요.

④ D씨 : C씨의 의견에 덧붙이자면, 유료관람객 수는 2013년 이후로 증가와 감소가 반복되고 있어요. 유료관람객 수의 지속적인 증가를 위해 지역주민에 대한 할인, 한복업체와 연계한 생활한복 무료대여 행사같이 여러 가지 이벤트를 개발했으면 좋겠어요.

⑤ E씨 : 무료관람객 수의 경우 2013년 이후 지속적으로 증가하는 양상을 보였고 2017년에 전년 대비 가장 많이 증가했지만, 2019년에는 전년 대비 가장 적게 증가했어요.

30 금연프로그램을 신청한 흡연자 A씨는 G보험공단에서 진료 및 상담 비용과 금연보조제 비용의 일정 부분을 지원받고 있다. A씨는 의사와 상담을 6회 받았고, 금연보조제로 니코틴패치 3묶음을 구입했다고 할 때, 다음 지원 현황에 따라 흡연자 A씨가 지불하는 부담금은 얼마인가?

〈금연프로그램 지원 현황〉

구분	진료 및 상담	금연보조제(니코틴패치)
가격	30,000원/회	12,000원/묶음
지원금 비율	90%	75%

※ 진료 및 상담료 지원금은 6회까지 지원한다.

① 21,000원
② 23,000원
③ 25,000원
④ 27,000원
⑤ 30,000원

31 다음은 어느 해 개최된 올림픽에 참가한 6개국의 성적이다. 이에 대한 내용으로 옳지 않은 것은?

〈국가별 올림픽 성적〉

(단위 : 명, 개)

국가	참가선수	금메달	은메달	동메달	메달 합계
A	240	4	28	57	89
B	261	2	35	68	105
C	323	0	41	108	149
D	274	1	37	74	112
E	248	3	32	64	99
F	229	5	19	60	84

① 획득한 금메달 수가 많은 국가일수록 은메달 수는 적었다.
② 금메달을 획득하지 못한 국가가 가장 많은 메달을 획득했다.
③ 참가선수의 수가 많은 국가일수록 획득한 동메달 수도 많았다.
④ 획득한 메달의 합계가 큰 국가일수록 참가선수의 수도 많았다.
⑤ 참가선수가 가장 적은 국가의 메달 합계는 전체 6위이다.

32 다음 표는 국가별 자동차 보유 대수를 나타낸 것이다. 다음 중 옳은 것은?(단, 모든 비율은 소수점 이하 둘째 자리에서 반올림한다)

〈국가별 자동차 보유 대수〉

(단위 : 천 대)

구분		전체	승용차	트럭·버스
유럽	네덜란드	3,585	3,230	355
	독일	18,481	17,356	1,125
	프랑스	17,434	15,100	2,334
	영국	15,864	13,948	1,916
	이탈리아	15,400	14,259	1,414
캐나다		10,029	7,823	2,206
호주		5,577	4,506	1,071
미국		129,943	104,898	25,045

① 자동차 보유 대수에서 승용차가 차지하는 비율이 가장 높은 나라는 프랑스이다.
② 자동차 보유 대수에서 트럭·버스가 차지하는 비율이 가장 높은 나라는 미국이다.
③ 자동차 보유 대수에서 승용차가 차지하는 비율이 가장 낮은 나라는 호주지만, 그래도 90%를 넘는다.
④ 캐나다와 프랑스는 승용차와 트럭·버스의 비율이 3 : 1로 거의 비슷하다.
⑤ 유럽 국가는 미국, 캐나다, 호주와 비교했을 때, 자동차 보유 대수에서 승용차가 차지하는 비율이 높다.

33 다음은 연도별 근로자 수 변화 추이에 관한 자료이다. 이에 대한 설명으로 옳지 않은 것은?

〈연도별 근로자 수 변화 추이〉

(단위 : 천 명)

구분	전체	남성	비중	여성	비중
2016년	14,290	9,061	63.4%	5,229	36.6%
2017년	15,172	9,467	62.4%	5,705	37.6%
2018년	15,536	9,633	62.0%	5,902	38.0%
2019년	15,763	9,660	61.3%	6,103	38.7%
2020년	16,355	9,925	60.7%	6,430	39.3%

① 매년 남성 근로자 수가 여성 근로자 수보다 많다.
② 2020년 근로자 수의 2016년 대비 증가율은 여성이 남성보다 높다.
③ 2016 ~ 2020년 동안 남성 근로자 수와 여성 근로자 수의 차이는 매년 증가한다.
④ 전체 근로자 중 여성 근로자 수의 비중이 가장 큰 해는 2020년이다.
⑤ 2020년 여성 근로자 수는 전년보다 약 5.4% 증가하였다.

34 다음은 조세심판원의 연도별 사건 처리건수에 관한 자료이다. 이에 대한 〈보기〉의 설명 중 옳은 것만을 모두 고르면?

〈조세심판원의 연도별 사건 처리건수〉

(단위 : 건)

구분		2016년	2017년	2018년	2019년	2020년
처리대상건수	전년 이월건수	1,854	( )	2,403	2,127	2,223
	당년 접수건수	6,424	7,883	8,474	8,273	6,003
	소계	8,278	( )	10,877	10,400	8,226
처리건수	취하건수	90	136	163	222	163
	각하건수	346	301	482	459	506
	기각건수	4,214	5,074	6,200	5,579	4,322
	제조사건수	27	0	465	611	299
	인용건수	1,767	1,803	1,440	1,306	1,338
	소계	6,444	7,314	8,750	8,177	6,628

※ (당해 연도 전년 이월건수)=(전년도 처리대상건수)−(전년도 처리건수)

※ (처리율)$=\dfrac{(처리건수)}{(처리대상건수)}\times100$

※ (인용률)$=\dfrac{(인용건수)}{(각하건수)+(기각건수)+(인용건수)}\times100$

보기

ㄱ. 처리대상건수가 가장 적은 연도의 처리율은 75% 이상이다.
ㄴ. 2017 ~ 2020년 동안 취하건수와 기각건수의 전년 대비 증감 추이는 같다.
ㄷ. 2017년의 처리율은 80% 이상이다.
ㄹ. 인용률은 2016년이 2018년보다 높다.

① ㄱ, ㄴ
② ㄱ, ㄹ
③ ㄴ, ㄷ
④ ㄱ, ㄷ, ㄹ
⑤ ㄴ, ㄷ, ㄹ

35 다음은 우리나라 학생들의 성별, 학교 및 연령별 체력검정 현황이다. 이에 대한 설명으로 옳은 것은?

〈성별 및 연령별 초·중·고 체력검정 현황〉

성별	학교	연령	2018년			2020년		
			50m 달리기(초)	제자리 멀리뛰기(cm)	윗몸 일으키기(회)	50m 달리기(초)	제자리 멀리뛰기(cm)	윗몸 일으키기(회)
남자	초등학교	10세	10.1	152.9	32.0	9.7	156.0	31.0
		11세	9.5	165.0	35.0	9.2	166.8	36.0
	중학교	12세	8.8	181.9	38.0	9.1	180.8	36.0
		13세	8.4	196.4	41.0	8.3	197.5	38.0
		14세	8.1	207.3	43.0	8.1	204.8	38.0
	고등학교	15세	7.8	219.1	44.0	7.7	226.5	46.0
		16세	7.8	224.1	45.0	7.7	225.0	45.0
		17세	7.9	226.0	45.0	7.5	236.0	45.0
여자	초등학교	10세	10.5	136.8	24.0	1.1	142.2	24.0
		11세	10.2	165.0	26.0	10.1	143.3	29.0
	중학교	12세	10.0	149.7	27.0	9.8	154.3	26.0
		13세	10.1	151.8	27.0	10.0	152.3	29.0
		14세	10.2	154.0	28.0	10.1	154.7	26.0
	고등학교	15세	10.1	157.0	29.0	9.9	151.3	26.0
		16세	10.3	156.0	30.0	9.7	159.0	28.0
		17세	10.5	154.1	28.0	9.9	159.8	28.0

① 남학생의 경우, 2018년과 2020년 모두 연령이 높아질수록 50m 달리기 기록이 좋아진다.

② 2020년 11세 여학생의 제자리 멀리뛰기 기록은 16세 남학생의 제자리 멀리뛰기 기록의 60% 이상이다.

③ 2020년 14세 여학생의 경우, 모든 체력검정 영역에서 2018년의 14세 여학생 대비 기록이 좋아졌다.

④ 2018년 중학교 남학생의 경우, 연령이 높아질수록 직전연령 대비 윗몸일으키기 기록의 증가율이 커진다.

⑤ 남학생의 경우, 2018년과 2020년 모두 제자리 멀리뛰기 기록이 가장 좋은 연령이 윗몸일으키기 기록도 가장 좋다.

36 A, B, C, D 네 사람이 등산을 갔다가 길을 잃어서, 지도와 나침반을 가지고 있는 두 사람을 찾고 있다. 각 사람이 말한 2개의 문장 중 적어도 하나는 진실이라고 할 때, 다음 중 지도와 나침반을 갖고 있는 사람을 올바르게 짝지은 것은?(단, 지도와 나침반은 동시에 갖고 있을 수 없다)

> A : D가 지도를 갖고 있어. B는 나침반을 갖고 있고 말이야.
> B : A는 지도를 갖고 있지 않아. C가 나침반을 갖고 있어.
> C : B가 지도를 갖고 있어. 나는 나침반을 갖고 있지 않아.
> D : 나는 나침반도 지도도 갖고 있지 않아. C가 지도를 갖고 있어.

	지도	나침반
①	A	B
②	B	C
③	C	B
④	D	A
⑤	E	D

37 K공단 신입사원인 A, B, C, D, E는 각각 영업팀, 기획팀, 홍보팀 중 한 곳에 속해 있다. 각 팀은 모두 같은 날, 같은 시간에 회의가 있고, K공단은 3층과 5층에 회의실이 두 개씩 있다. 따라서 세 팀이 모두 한 층에서 회의를 할 수는 없다. A∼E사원의 진술 중 2명은 참을 말하고 3명은 거짓을 말할 때, 〈보기〉 중 항상 참인 것은?

> A사원 : 기획팀은 3층에서 회의를 한다.
> B사원 : 영업팀은 5층에서 회의를 한다.
> C사원 : 홍보팀은 5층에서 회의를 한다.
> D사원 : 나는 3층에서 회의를 한다.
> E사원 : 나는 3층에서 회의를 하지 않는다.

보기

> ㄱ. 영업팀과 홍보팀이 같은 층에서 회의를 한다면 E사원은 기획팀이다.
> ㄴ. 기획팀이 3층에서 회의를 한다면, D사원과 E사원은 같은 팀일 수 있다.
> ㄷ. 두 팀이 5층에서 회의를 하는 경우가 3층에서 회의를 하는 경우보다 많다.

① ㄱ
② ㄱ, ㄴ
③ ㄱ, ㄷ
④ ㄴ
⑤ ㄴ, ㄷ

38 다음 글의 내용이 참일 때, 가해자인 것이 확실한 사람과 가해자가 아닌 것이 확실한 사람으로 옳게 짝지어진 것은?

> 폭력 사건의 용의자로 A, B, C가 지목되었다. 조사 과정에서 A, B, C가 각각 〈보기〉와 같이 진술하였는데, 이들 가운데 가해자는 거짓만을 진술하고 가해자가 아닌 사람은 참만을 진술한 것으로 드러났다.

> **보기**
>
> A : 우리 셋 중 정확히 한 명이 거짓말을 하고 있다.
> B : 우리 셋 중 정확히 두 명이 거짓말을 하고 있다.
> C : A, B 중 정확히 한 명이 거짓말을 하고 있다.

	가해자인 것이 확실	가해자가 아닌 것이 확실
①	A	C
②	B	없음
③	B	A, C
④	A, C	B
⑤	A, B, C	없음

39 다음 주어진 명제가 모두 참일 때 다음 중 참인 것은?

> • 세경이는 전자공학을 전공한다.
> • 원영이는 사회학을 전공한다.
> • 세경이는 복수전공으로 패션디자인을 전공한다.

① 원영이는 전자공학을 전공한다.
② 세경이는 전자공학과 패션디자인 모두를 전공한다.
③ 원영이의 부전공은 패션디자인이다.
④ 세경이의 부전공은 패션디자인이다.
⑤ 원영이의 복수전공은 전자공학이다.

40 다음 중 퍼실리테이션의 문제해결에 대한 설명으로 옳은 것은?

① 주제에 대한 공감을 이루기 어렵다.

② 단순한 타협점의 조정에 그치는 것이 아니다.

③ 초기에 생각하지 못했던 창조적인 해결방법을 도출하기는 어렵다.

④ 제3자가 합의점이나 줄거리를 준비해놓고, 예정대로 결론이 도출된다.

⑤ 팀워크가 강화되기는 어렵다.

41 K공단에서는 약 2개월 동안 근무할 인턴사원을 선발하고자 다음과 같은 공고를 게시하였다. 이에 지원한 A ~ E 중에서 K공단의 인턴사원으로 가장 적합한 지원자는?

〈인턴 모집 공고〉

• 근무기간 : 약 2개월(6 ~ 8월)

• 자격 요건

  – 1개월 이상 경력자

  – 포토샵 가능자

  – 근무 시간(9 ~ 18시) 이후에도 근무가 가능한 자

• 기타 사항

  – 경우에 따라서 인턴 기간이 연장될 수 있음

A지원자	• 경력 사항 : 출판사 3개월 근무 • 컴퓨터 활용 능력 中(포토샵, 워드 프로세서) • 대학 휴학 중(9월 복학 예정)
B지원자	• 경력 사항 : 없음 • 포토샵 능력 우수 • 전문대학 졸업
C지원자	• 경력 사항 : 마케팅 회사 1개월 근무 • 컴퓨터 활용 능력 上(포토샵, 워드 프로세서, 파워포인트) • 4년제 대학 졸업
D지원자	• 경력 사항 : 제약 회사 3개월 근무 • 포토샵 가능 • 저녁 근무 불가
E지원자	• 경력 사항 : 마케팅 회사 1개월 근무 • 컴퓨터 활용 능력 中(워드 프로세서, 파워포인트) • 대학 졸업

① A지원자
② B지원자
③ C지원자
④ D지원자
⑤ E지원자

42 다음 명제들이 모두 참이라면 금요일에 도서관에 가는 사람은 누구인가?

> - 정우는 금요일에 도서관에 간다.
> - 연우는 화요일과 목요일에 도서관에 간다.
> - 승우가 도서관에 가지 않으면 민우가 도서관에 간다.
> - 민우가 도서관에 가면 견우도 도서관에 간다.
> - 연우가 도서관에 가지 않으면 정우는 도서관에 간다.
> - 정우가 도서관에 가면 승우는 도서관에 가지 않는다.

① 정우, 민우, 견우
② 정우, 승우, 연우
③ 정우, 승우, 견우
④ 정우, 민우, 연우
⑤ 정우, 연우, 견우

43 재무팀 A과장, 개발팀 B부장, 영업팀 C대리, 홍보팀 D차장, 디자인팀 E사원은 봄, 여름, 가을, 겨울에 중국, 일본, 러시아로 출장을 간다. 다음 주어진 〈조건〉을 바탕으로 항상 옳은 것은?(단, A ~ E는 중국, 일본, 러시아 중 반드시 한 국가에 출장을 가며, 아무도 가지 않은 국가와 계절은 없다)

> 조건
> - 중국은 2명이 출장을 가고, 각각 여름 혹은 겨울에 출장을 간다.
> - 러시아에 출장 가는 사람은 봄 혹은 여름에 출장을 간다.
> - 재무팀 A과장은 반드시 개발팀 B부장과 함께 출장 간다.
> - 홍보팀 D차장은 혼자서 봄에 출장을 간다.
> - 개발팀 B부장은 가을에 일본에 출장을 간다.

① 홍보팀 D차장은 혼자서 중국으로 출장을 간다.
② 영업팀 C대리와 디자인팀 E사원은 함께 일본으로 출장을 간다.
③ 재무팀 A과장과 개발팀 B부장은 함께 중국으로 출장을 간다.
④ 영업팀 C대리가 여름에 중국 출장을 가면, 디자인팀 E사원은 겨울에 중국 출장을 간다.
⑤ 홍보팀 D차장이 어디로 출장을 가는지는 주어진 조건만으로 알 수 없다.

44 다음 중 창의적 사고의 의미로 옳지 않은 것은?

① 발산적 사고로서 아이디어가 많고 다양한 것이다.

② 기존의 정보는 제외하고 새로운 정보만을 사용한다.

③ 유용하고 적절하며 가치가 있어야 한다.

④ 통상적인 것이 아니라 기발한 것이다.

⑤ 기존의 정보를 특정한 요구조건에 맞거나 유용하도록 새롭게 조합한 것이다.

45 두 사람의 대화 내용에서 ㉠과 ㉡에 들어갈 문제해결 절차를 바르게 나열한 것은?

> 강 대리 : 팀장님, 아무래도 저희 시스템에 문제가 좀 있는 것 같습니다.
>
> 최 팀장 : 갑자기 그게 무슨 소린가?
>
> 강 대리 : _____㉠_____
>
> 최 팀장 : 그런 현상이 자꾸 발생한다면 큰 문제가 될 텐데, 왜 그런 현상이 나타나는 거지?
>
> 강 대리 : _____㉡_____

	㉠	㉡
①	문제 인식	문제 도출
②	문제 도출	원인 분석
③	원인 분석	실행 및 평가
④	해결안 개발	실행 및 평가
⑤	문제 도출	해결안 개발

46 정 과장은 신입직원들을 대상으로 기업의 미래사업이라는 주제에 대해 토론을 하고자 한다. 하지만 이런 토론이 익숙하지 않은 직원들은 쉽게 이야기를 꺼내지 못하고 머뭇머뭇하는 모습을 보인다. 정 과장은 직원들이 최대한 자유롭게 다양한 아이디어를 제시할 수 있도록 동기부여를 해야겠다고 생각했다. 이런 상황에서 정 과장이 직원들에게 할 수 있는 말로 가장 적절한 것은?

① 우리 기업의 비전이나 미션을 생각해보고, 그에 부합하는 주제로 이야기를 시작해보면 좋을 것 같아요.

② 오늘의 토론주제는 미래사업입니다. 어차피 정답도 없고, 지금 현실을 꼭 반영하지 않아도 되니까 이 순간 머리에 떠오르는 것, 아무거나 자유롭게 얘기해 보세요.

③ 현재 우리 기업에서 주력으로 하고 있는 사업들이 무엇인지 한번 생각해보고 그와 관련된 단어들을 이야기해 보면 좋을 것 같아요.

④ 기업 홈페이지 사업안내에 제시되어 있는 사업 분야 중 미래에도 지속적 경영이 가능한 주제를 골라서 이에 대한 이야기를 해 주세요.

⑤ 자신의 부서업무를 바탕으로 미래사업 분야와 관련된 아이디어를 적어도 하나씩 발표하면 좋을 것 같아요.

47 다음 대화에서 대리가 제안할 수 있는 보완 방법으로 가장 적절한 것은?

> 팀장 : 오늘 발표 내용 정말 좋았어. 준비를 열심히 한 것 같더군.
> 대리 : 감사합니다.
> 팀장 : 그런데 고객 맞춤형 서비스 실행방안이 조금 약한 것 같아. 보완할 수 있는 방안을 찾아서 추가해 주게.
> 대리 : 네, 팀장님, 보완 방법을 찾아본 후 다시 보고드리도록 하겠습니다.

① 고객 접점에 있는 직원에게 고객상담 전용 휴대폰 지급
② 모바일용 고객지원센터 운영 서비스 제공
③ 고객지원센터 24시간 운영 확대
④ 빅데이터를 활용한 고객유형별 전문상담사 사전 배정 서비스
⑤ 서비스 완료 후 고객지원센터 만족도 조사 실시

48 철수, 영희, 상수는 재충전 횟수에 따른 업체들의 견적을 비교하여 리튬이온배터리를 구매하려고 한다. 다음 〈조건〉에 따라 옳지 않은 것은?

재충전＼방수액	유	무
0회 이상 100회 미만	5,000원	5,000원
100회 이상 300회 미만	10,000원	5,000원
300회 이상 500회 미만	20,000원	10,000원
500회 이상 1000회 미만	30,000원	15,000원
12,000회 이상	50,000원	20,000원

조건

- 철수 : 재충전이 12,000회 이상은 되어야 해.
- 영희 : 나는 그렇게 많이는 필요하지 않고, 200회면 충분해.
- 상수 : 나는 무조건 방수액을 발라야 해.

① 철수, 영희, 상수 세 사람이 리튬이온배터리를 가장 저렴하게 구매하는 가격의 총합은 30,000원이다.
② 철수, 영희, 상수 세 사람이 리튬이온배터리를 가장 비싸게 구매하는 가격의 총합은 110,000원이다.
③ 영희가 리튬이온배터리를 가장 저렴하게 구매하는 가격은 10,000원이다.
④ 영희가 가장 비싸게 구매하는 가격과 상수가 가장 비싸게 구매하는 가격의 차이는 30,000원 이상이다.
⑤ 상수가 구매하는 리튬이온배터리의 가장 저렴한 가격과 가장 비싼 가격의 차이는 45,000원이다.

49 다음 중 브레인스토밍(Brainstorming) 방식의 회의를 진행할 때 옳지 않은 것은?

① 아이디어가 많을수록 질적으로 우수한 아이디어가 나온다.

② 다수의 의견을 도출해낼 수 있는 사람을 회의의 리더로 선출한다.

③ 논의하고자 하는 주제를 구체적이고 명확하게 정한다.

④ 다른 사람의 의견을 듣고 자유롭게 비판한다.

⑤ 자유롭게 의견을 공유하고 모든 의견을 기록한다.

50 K공사에 근무하는 A, B, C 세 명은 협력업체를 방문하기 위해 택시를 타고 가고 있다. 다음 〈조건〉을 참고할 때, 다음 중 항상 옳은 것은?

> **조건**
> • 세 명의 직급은 각각 과장, 대리, 사원이다.
> • 세 명은 각각 검은색, 회색, 갈색 코트를 입었다.
> • 세 명은 기획팀, 연구팀, 디자인팀이다.
> • 택시 조수석에는 회색 코트를 입은 과장이 앉아있다.
> • 갈색 코트를 입은 연구팀 직원은 택시 뒷좌석에 앉아있다.
> • 셋 중 가장 낮은 직급의 C는 기획팀이다.

① A – 대리, 갈색 코트, 연구팀

② A – 과장, 회색 코트, 디자인팀

③ B – 대리, 갈색 코트, 연구팀

④ B – 과장, 회색 코트, 디자인팀

⑤ C – 사원, 검은색 코트, 기획팀

제2회
실전모의고사

취약영역 분석

번호	O/×	영역	번호	O/×	영역	번호	O/×	영역
1			21			41		
2			22			42		
3			23			43		
4			24			44		
5			25			45		문제해결능력
6			26			46		
7			27			47		
8			28		수리능력	48		
9			29			49		
10		의사소통능력	30			50		
11			31					
12			32					
13			33					
14			34					
15			35					
16			36					
17			37					
18			38		문제해결능력			
19			39					
20			40					

평가 문항	50문항	맞힌 개수	문항	시작시간	:
평가 시간	50분	취약 영역		종료시간	:

FINAL

제2회

실전모의고사

모바일
OMR
답안분석
서비스

⏱ 응시시간 : 50분　📋 문항 수 : 50문항

정답 및 해설 p.44

01 다음 글에서 〈보기〉가 들어갈 가장 알맞은 곳은?

> 컴퓨터는 0 또는 1로 표시되는 비트를 최소 단위로 삼아 내부적으로 데이터를 표시한다. 컴퓨터가 한 번에 처리하는 비트 수는 정해져 있는데, 이를 워드라고 한다. 예를 들어 64비트의 컴퓨터는 64개의 비트를 1워드로 처리한다. (가) 4비트를 1워드로 처리하는 컴퓨터에서 양의 정수를 표현하는 경우, 4비트 중 가장 왼쪽 자리인 최상위 비트는 0으로 표시하여 양수를 나타내고 나머지 3개의 비트로 정수의 절댓값을 나타낸다. (나)
> 0111의 경우 가장 왼쪽 자리인 '0'은 양수를 표시하고 나머지 '111'은 정수의 절댓값 7을 이진수로 나타낸 것으로, +7을 표현하게 된다. 이때 최상위 비트를 제외한 나머지 비트를 데이터 비트라고 한다. (다)
> 그런데 음의 정수를 표현하는 경우에는 최상위 비트를 1로 표시한다. -3을 표현한다면 -3의 절댓값 3을 이진수로 나타낸 011에 최상위 비트 1을 덧붙이면 된다. (라) 이러한 음수 표현 방식을 '부호화 절댓값'이라고 한다. 그러나 부호화 절댓값은 연산이 부정확하다. 예를 들어 $7-3$을 계산한다면 $7+(-3)$인 0111+1011로 표현된다. 컴퓨터에서는 0과 1만 사용하기 때문에 1에 1을 더하면 바로 윗자리 숫자가 올라가 10으로 표현된다. 따라서 0111에 1011을 더하면 10010이 된다. (마) 하지만 부호화 절댓값에서는 오버플로를 처리하는 별도의 규칙이 없기 때문에 계산 값이 부정확하다. 또한 0000 또는 1000이 0을 나타내어 표현의 일관성과 저장 공간의 효율성이 떨어진다.

> **보기**
>
> 10010은 4비트 컴퓨터가 처리하는 1워드를 초과하게 된 것으로, 이러한 현상을 오버플로라 한다.

① (가)　　　　　　　　　　② (나)

③ (다)　　　　　　　　　　④ (라)

⑤ (마)

02 다음 중 갑과 을의 주장을 도출할 수 있는 질문으로 가장 적절한 것은?

> 갑 : 현재 우리나라는 선별적 복지 제도를 채택하고 있다. 선별적 복지 제도는 누가 지원 대상자인지 심사하는 데 많은 시간과 비용이 든다. 심사 없이 누구에게나 기본 소득을 지급한다면 불필요한 행정 비용을 절감할 수 있다. 따라서 복지 관련 예산을 불필요한 행정 비용으로 쓰지 말고 기본 소득을 지급하는 데 사용해야 한다.
>
> 을 : 우리나라가 실시하고 있는 현재 복지 제도하에서 최저 생계비도 지원받지 못하는 절대 빈곤 계층은 약 13%로, 선별적 복지를 실시하기에도 재원이 부족한 상황이다. 이 상황에서 기본 소득 보장제가 도입된다면, 국민은 더 많은 세금을 내야 할 것이다. 그렇게 되면 개인과 기업 경제에 악영향을 미칠 수 있으며. 세금을 거두어 집행하는 정부의 부담도 커질 것이다.

① 기본 소득 보장제를 도입해야 하는가?
② 불필요한 행정 비용을 줄일 방법은 무엇인가?
③ 현재 우리나라가 실시하는 복지 제도의 문제점은 무엇인가?
④ 복지 제도를 위해 정부는 국민의 세금을 더 거두어야 하는가?
⑤ 선별적 복지 제도가 정부의 부담을 증가시키는가?

03 다음 중 ㉠, ㉡에 들어갈 접속어가 바르게 연결된 것은?

> 일반적으로 공황발작이란 극심한 불안을 말한다. 사람은 누구나 생명의 위험을 느끼거나 매우 놀라는 위기 상황에서 극심한 불안을 느끼며, 이는 정상적인 생리 반응이다. ㉠ 공황장애에서의 공황발작은 아무런 이유 없이 아무 때나 예기치 못하게 반복적으로 발생한다. 공황발작이 발생하게 되면 심장이 두근거리기도 하고 가슴이 답답하고 아플 수도 있으며, 숨쉬기 어렵거나 숨이 막힐 것 같은 기분이 들 수 있다. 또, 구역질이 나거나 복통이 있을 수도 있고, 두통이나 어지러움이 느껴져 기절할 것 같은 느낌이 들고 땀이 나면서 온몸에 힘이 빠지거나 손발이 저릿할 수도 있다. 이러한 여러 가지 증상들이 모두 다 나타날 수도 있고, 이 중에 몇 가지만 나타날 수도 있는데, 특징적으로 이러다 미쳐버릴 것 같거나, 이러다 죽을지도 모른다는 공포감을 느끼게 된다. 특별한 위기 상황이나 스트레스 상황이 아닌데도 길을 걷다가, 앉아서 수업을 듣다가, 자려고 누웠다가 공황발작이 발생할 수 있다. ㉡ 예기치 못하게 공황발작이 나타나게 되면 다음에 또다시 발작이 생길까 걱정하며 본인 나름의 발작 이유나 결과에 대해 생각하며 행동의 변화가 생기게 된다. 특히 언제 다시 발작이 생길지 몰라 불안해하며, 발작이 생기면 도움을 청할 수 있는 사람과 함께 있으려 한다든지, 혼자 외출을 못 하고 집에만 있으려고 해 일상생활이 어려워지는 경우도 많다.

	㉠	㉡
①	그리고	그러므로
②	그리고	그러므로
③	그러나	하지만
④	그러나	이와 같이
⑤	그러므로	이와 같이

> 우리 마을 사람들의 대부분은 산에 있는 밭이나 과수원에서 일한다. 그런데 마을 사람들이 밭이나 과수원에 갈 때 주로 이용하는 도로의 통행을 가로막는 울타리가 설치되었다. 그 도로는 산의 밭이나 과수원까지 차량이 통행할 수 있는 유일한 길이었다. 이러한 도로가 사유지 보호라는 명목으로 막혀서 땅 주인과 마을 사람들 간의 갈등이 심해지고 있다.
>
> 마을 사람들의 항의에 대해서 땅 주인은 자신의 사유 재산이 더 이상 훼손되는 것을 간과할 수 없어 통행을 막았다고 주장한다. 그 도로가 사유 재산이므로 독점적이고 배타적인 사용 권리가 있어서 도로 통행을 막은 것이 정당하다는 것이다.
>
> 마을 사람들은 그 도로가 10년 가까이 공공으로 사용되어 왔는데 사유 재산이라는 이유로 갑자기 통행을 금지하는 것은 부당하다고 주장하고 있다. 도로가 막히면 밭이나 과수원에서 농사를 짓는 데 불편함이 크고 수확물을 차에 싣고 내려올 수도 없는 등의 피해를 입게 되는데, 개인의 권리 행사 때문에 이러한 피해를 입는 것은 부당하다는 것이다.
>
> 사유 재산에 대한 개인의 권리가 보장받는 것도 중요하지만, 그로 인해 다수가 피해를 입게 된다면 사익보다 공익을 우선시하여 개인의 권리가 제한되어야 한다고 생각한다. 만일 개인의 권리가 공익을 위해 제한되지 않으면 이번 일처럼 개인과 다수 간의 갈등이 발생할 수밖에 없다.
>
> 땅 주인은 사유 재산의 독점적이고 배타적인 사용을 주장하기에 앞서 마을 사람들이 생업의 곤란으로 겪는 어려움을 염두에 두어야 한다. 공익을 우선시하는 태도로 조속히 문제 해결을 위해 노력해야 할 것이다.

① 땅 주인은 개인의 권리 추구에 앞서 마을 사람들과 함께 더불어 살아가는 법을 배워야 한다.
② 마을 사람들과 땅 주인의 갈등은 민주주의의 다수결의 원칙에 따라 해결해야 한다.
③ 공익으로 인해 침해된 땅 주인의 사익은 적절한 보상을 통해 해결될 수 있다.
④ 땅 주인의 권리 행사로 발생하는 피해가 법적으로 증명되어야만 땅 주인의 권리를 제한할 수 있다.
⑤ 해당 도로는 10년 가까이 공공으로 사용되었기 때문에 사유 재산으로 인정받을 수 없다.

다음 〈보기〉에서 지문의 빈칸에 들어갈 단어를 적절하게 짝지은 것은?

광고주들은 광고를 통해 상품의 인지도를 높이고 상품에 대한 호의적 태도를 확산시키려 한다. 간접 광고에서는 이러한 광고 (㉮)을/를 거두기 위해 주류적 배치와 주변적 배치를 (㉯)한다. 주류적 배치는 출연자가 상품을 (㉰)하거나 대사를 통해 상품을 언급하는 것이고, 주변적 배치는 화면 속의 배경을 통해 상품을 노출하는 것인데, 시청자들은 주변적 배치보다 주류적 배치에 더 주목하기 때문에 주류적 배치가 광고 (㉱)이/가 높다.

> **보기**
>
> ㉠ 활용　　　　　　　　　　　　㉡ 효용
> ㉢ 효과　　　　　　　　　　　　㉣ 조율
> ㉤ 효율　　　　　　　　　　　　㉥ 사용
> ㉦ 과시　　　　　　　　　　　　㉧ 효능

	㉮	㉯	㉰	㉱
①	㉡	㉠	㉥	㉤
②	㉡	㉣	㉦	㉧
③	㉢	㉠	㉥	㉤
④	㉢	㉠	㉥	㉧
⑤	㉤	㉣	㉦	㉧

현악 4중주는 4명의 현악 연주자로 이루어진 중주, 혹은 이를 위한 곡을 말합니다. 현악 4중주는 보통 2명의 바이올린 연주자와 1명의 비올라 연주자, 그리고 1명의 첼로 연주자로 이루어지는데, 이는 최소의 악기 편성으로 최대의 음악적 효과를 얻을 수 있는 실내악 중주 형태입니다.

고전파 시대에 작곡된 전통적인 현악 4중주는 보통 4악장으로 구성되는데, 전체적 구성은 교향곡과 비슷합니다. 즉, 1, 4악장은 빠른 악장으로, 2, 3악장은 느린 악장과 무곡 형식의 악장으로 구성되어 있습니다. 세부적으로 1악장은 빠른 소나타 형식, 2악장은 느린 가곡 형식, 3악장은 미뉴에트와 트리오, 4악장은 소나타 – 론도 형식으로 구성됩니다. 많은 현악 4중주들이 이를 따르며, 고전파 시대 후기에는 이 형식에 많은 변형이 가해져 2악장과 3악장의 형식이 바뀌거나, 한 악장이 변주곡의 형태로 진행되기도 합니다.

(음악을 틀며) 이 곡은 연주회에서 가장 처음으로 듣게 될 곡으로 하이든의 현악 4중주 64번 중 5번인 '종달새'입니다. 제1바이올린의 활약이 돋보이며 밝고 간결하면서도 변화가 풍부한 곡으로 1악장의 굽이치는 바이올린 선율이 종달새의 지저귐과 닮았다 하여 '종달새'라는 이름을 얻었습니다.

(다음 음악을 틀며) 이 곡은 음악의 신동으로 알려져 있는 모차르트의 제17번 내림나장조인 '사냥'입니다. 곡의 부제인 '사냥'은 방금 들으신 1악장 도입부의 선율이 마치 사냥을 떠날 때 부는 호른의 팡파르와 닮아 후대에 붙여졌습니다. 이 곡은 그의 또 다른 곡인 19번 '불협화음'과 대비되는데, 그 곡은 조용한 첼로와 비올라의 불협화음으로 시작하며, 멜로디는 서정적이며 부드럽습니다.

(다음 음악을 틀며) 공연의 마지막 곡은 베토벤의 작품이며 16번 바장조로, 베토벤의 후기 현악 4중주 중 연주시간이 가장 짧은 곡입니다. 베토벤의 인생을 통틀어 가장 마지막에 작곡한 곡으로, 머지않은 죽음을 앞두고 모든 것을 초월한 관조와 평온함이 느껴집니다. 악장 전체를 지배하는 간결하고 역동적인 리듬이 특징이며, 2악장에서는 첼로와 비올라가 끌어내는 중음부의 반복되는 멜로디 위로 높이 도약하는 바이올린의 음색이 아름답습니다.

① 발표 순서를 안내하는 시각 자료를 활용하여 발표 내용을 예측할 수 있도록 한다.
② 음악 전문가의 의견을 제시하여 발표 내용에 신뢰감을 주고 있다.
③ 음악을 소개하면서 역사적인 사건과 연결시켜 설명하고 있다.
④ 음악을 이해하는 데 도움이 되도록 청각 자료를 활용하여 발표를 진행하고 있다.
⑤ 음악에 대한 분석과 비판을 통해 자신의 주장을 정당화하고 있다.

고객은 제품의 품질에 대해 나름의 욕구를 가지고 있다. 카노는 품질에 대한 고객의 욕구와 만족도를 설명하는 모형을 개발하였다. 카노는 일반적으로 고객이 세 가지 욕구를 가지고 있다고 하였다. 그는 그것을 각각 기본적 욕구, 정상적 욕구, 감동적 욕구라고 지칭했다.

기본적 욕구는 고객이 가지고 있는 가장 낮은 단계의 욕구로서, 그들이 구매하는 제품이나 서비스에 당연히 포함되어 있을 것으로 기대되는 특성들이다. 만약 이런 특성들이 제품이나 서비스에 결여되어 있다면, 고객은 예외 없이 크게 불만족스러워 한다. 그러나 기본적 욕구가 충족되었다고 해서 고객이 만족감을 느끼는 것은 아니다. 정상적 욕구는 고객이 직접 요구하는 욕구로서, 이 욕구가 충족되지 못하면 고객은 불만족스러워 한다. 그러나 이 욕구가 충족되면 될수록, 고객은 만족을 더 많이 느끼게 된다.

감동적 욕구는 고객이 지니고 있는 가장 높은 단계의 욕구로서, 고객이 기대하지는 않는 욕구이다. 감동적 욕구가 충족되면 고객은 큰 감동을 느끼지만, 충족되지 않아도 상관없다고 생각한다. 카노는 이러한 고객의 욕구를 확인하기 위해 설문지 조사법을 제안하였다.

세 가지 욕구와 관련하여 고객이 식당에 가는 상황을 생각해 보자. 의자와 식탁이 당연히 깨끗해야 한다고 생각하는 고객은 의자와 식탁이 깨끗하다고 해서 만족감을 느끼지는 않는다. 그러나 그렇지 않으면 그 고객은 크게 불만족스러워 한다. 한편 식탁의 크기가 적당해야 만족감을 느끼는 고객은 식탁이 좁으면 불만족스러워 한다. 그러나 자신의 요구로 식탁의 크기가 적당해지면 고객의 만족도는 높아진다. 여기에 더해 꼭 필요하지는 않지만, 식탁 위에 장미가 놓여 있으면 좋겠다고 생각하는 고객이 실제로 식탁 위에 장미가 놓여 있는 것을 보면, 단순한 만족 이상의 감동을 느낀다. 그러나 이런 것이 없다고 해서 그 고객이 불만족스러워 하지는 않는다.

제품이나 서비스에 대한 고객의 기대가 항상 고정적이지는 않다. 고객의 기대는 시간이 지남에 따라 바뀐다. 즉, 감동적 욕구를 충족시킨 제품이나 서비스의 특성은 시간이 지나면 정상적 욕구를 충족시키는 특성으로, 시간이 더 지나면 기본적 욕구만을 충족시키는 특성으로 바뀐다. 또한 고객의 욕구는 일정한 단계를 지닌다. 고객의 기본적 욕구를 충족시키지 못하는 제품은 고객의 정상적 욕구를 절대로 충족시킬 수 없다. 마찬가지로 고객의 정상적 욕구를 충족시키지 못하는 제품은 고객의 감동적 욕구를 충족시킬 수 없다.

① 구체적인 사례를 들어 독자의 이해를 돕고 있다.
② 대상의 변화 과정과 그것의 문제점을 언급하고 있다.
③ 화제와 관련한 질문을 통해 독자의 관심을 환기하고 있다.
④ 개념 사이의 장단점을 비교하여 차이점을 부각하고 있다.
⑤ 이론이 등장하게 된 사회적 배경을 구체적으로 소개하고 있다.

08 다음 중 '문서작성 경진대회'에서 최우수상을 받을 수 있었던 이유에 대한 설명으로 적절하지 않은 것은?

> K공단에서는 최근 '문서작성 경진대회'를 실시한 결과 B사원이 최우수상에 선정됐다고 1일 밝혔다.
> 경진대회는 직원들의 참신한 아이디어 발굴과 역량 발휘를 도모하기 위해 개최되었다. 대회는 관련 부서에서 어려움을 겪고 있는 현안사항인 청주남중 백로떼 문제 해결방안, 마을안길 제설대책, 면 지역 생산 농산물에 대한 동지역 소비방안 3가지에 관해 해결방안을 작성하는 것을 주제로 진행되었다. 본 대회에 참가한 34명을 대상으로 1, 2차로 심사해 B사원이 최우수상을, C대리, D사원, E대리, G주임이 우수상에 선정됐다.
> B사원은 "처음에는 막연했는데 일단 문서를 작성하기 시작하니 하나의 기획서가 완성됐다."며 "문서작성에 대한 자신감을 얻었고 시 현안에 대해 고민해 볼 수 있는 좋은 계기가 됐다."고 말했다.

① 당 구청이 직면하고 있는 문제를 해결할 수 있는 핵심 메시지가 정확히 도출되었을 거야.

② 만약 분량이 많았다면, 글의 내용이 한눈에 파악되도록 목차 구성에 신경을 많이 썼을 거야.

③ 평서형보다는 의문형으로, 간결한 문장보다는 수려한 문장을 사용하되, 가급적 전문용어를 사용하지 않았을 거야.

④ 심사위원이 채택하게끔 설득력을 갖춘 문서를 작성하여야 하므로, B사원은 심사위원이 요구하는 것이 무엇인지 충분히 고려하여 작성하였을 거야.

⑤ 해결방안 작성 시 당 구청에서 진행할 수 있는 여건을 고려한 뒤 가장 합리적인 방안을 선택해 작성하였을 거야.

09 다음 중 갑과 을의 주장을 도출할 수 있는 질문으로 가장 적절한 것은?

> 갑 : 공기업은 정부 지원 아래 시장에서 독점적인 지위를 가지므로 효율성과 서비스의 질이 떨어진다. 실제로 현재 공기업들의 부채 총액은 400조 원 이상에 육박하여 이자만으로도 국민의 세금이 막대하게 낭비되어 국민들에게 부담을 주고 있다. 공공부문을 민영화한다면 불필요한 세금의 낭비를 막고, 기업의 효율성과 서비스의 질 향상 또한 기대할 수 있을 것이다.
> 을 : 공공부문은 국민의 삶에 필수적이고 직접적인 영향을 미친다. 전기세나 가스비가 갑자기 오른다면 많은 가정에 부담이 된다. 공공부문의 운영을 국가가 맡는 것은 이러한 이유 때문으로, 비율적 효율성보다도 국민들에게 필수적인 소비재를 낮은 가격에 공급하는 것이 중요하다는 의도인 것이다. 만약 공기업이 민영화되어서 기업의 이익을 높이기 위해 공공재를 높은 가격에 판매한다면, 기존의 세금 낭비로 인한 가계부담보다 더 큰 가계부담이 생길 것이다.

① 민영화의 특징은 무엇인가?

② 공공기업의 민영화는 이루어져야 하는가?

③ 공공기업과 민간기업의 차이는 무엇인가?

④ 공공기업의 문제점은 무엇인가?

⑤ 공공재의 공공성은 중요한가?

10 C사원은 사보 담당자인 G주임에게 다음 달 기고할 사설 원고를 전달하였고, G주임은 문단마다 소제목을 붙였으면 좋겠다는 의견을 보냈다. C사원이 G주임의 의견을 반영하여 소제목을 붙였을 때, 적절하지 않은 것은?

> (가) 떨어질 줄 모르는 음주율은 정신건강 지표와도 연결된다. 아무래도 생활에서 스트레스를 많이 느끼는 사람들이 음주를 통해 긴장을 풀고자 하는 욕구가 많기 때문이다. 특히 퇴근 후 혼자 한적하고 조용한 술집을 찾아 맥주 1 ~ 2캔을 즐기는 혼술 문화는 젊은 연령층에서 급속히 퍼지고 있는 트렌드이기도 하다. 이렇게 혼술 문화가 대중적으로 널리 퍼지게 된 원인은 1인 가구의 증가와 사회적 관계망이 헐거워진 데 있다는 것이 지배적인 분석이다.
>
> (나) 혼술은 간단하게 한 잔, 긴장을 푸는 데 더없이 좋은 효과를 주기도 하지만 그 이면에는 '음주 습관의 생활화'라는 문제도 있다. 혼술이 습관화되면 알코올중독으로 병원 신세를 질 가능성이 9배 늘어난다는 최근 연구결과도 있다. 실제로 가톨릭대 알코올 의존치료센터에 따르면 5년 동안 알코올 의존 상담환자 중 응답자 75.4%가 평소 혼술을 즐겼다고 답했다.
>
> (다) 2016년 보건복지부와 국립암센터에서는 국민 암 예방 수칙의 하나인 '술은 하루 2잔 이내로 마시기' 수칙을 '하루 한두 잔의 소량 음주도 피하기'로 개정했다. 뉴질랜드 오타고대 연구진의 최신 연구에 따르면 술이 7종 암과 직접적 관련이 있는 것으로 밝혀졌고 이런 영향력은 적당한 음주에도 예외가 아닌 것으로 나타났다. 연구를 이끈 제니 코너 박사는 "음주 습관은 소량에서 적당량을 섭취했을 때도 몸에 상당한 부담으로 작용한다."고 밝혔다.
>
> (라) 흡연과 함께 하는 음주는 1군 발암요인이기도 하다. 몸속에서 알코올과 니코틴 등의 독성물질이 만나면 더 큰 부작용과 합병증을 일으키기 때문이다. 일본 도쿄대 나카무라 유스케 교수는 '체질과 생활습관에 따른 식도암 발병률'이라는 논문에서 하루에 캔 맥주 1개 이상을 마시고 흡연을 같이할 경우 유해물질이 인체에서 상승작용을 한다는 것을 밝혀냈다. 또한 술, 담배를 함께 하는 사람의 식도암 발병 위험이 다른 사람들에 비해 190배나 높은 것으로 나타났다. 우리나라는 세계적으로도 식도암 발병률이 높은 나라이기도 하다. 이것이 우리가 음주 습관 형성에 특히 주의를 기울여야 하는 이유다.

① (가) : 1인 가구, 혼술 문화의 유행
② (나) : 혼술 습관, 알코올중독으로 발전할 수 있어
③ (다) : 가벼운 음주, 대사 촉진에 도움이 돼
④ (라) : 흡연과 음주를 동시에 즐기면 식도암 위험률 190배
⑤ (라) : 하루 한두 잔, 가벼운 음주와 흡연, 암 위험에서 벗어나지 못해

11 다음 중 ⊙ ~ ⑩에 대한 반응으로 옳지 않은 것은?

S공사는 2017년부터 지자체 및 전문가는 물론 일반 국민들도 가뭄에 대한 다양한 정보를 손쉽게 제공받을 수 있는 '가뭄 정보 포털' 서비스를 시작했다. 가뭄 정보 포털은 국가가 가뭄 피해 예방을 위해 구축한 종합 가뭄 의사 결정 지원 서비스로, 국민, 정부·지자체, 학계 전문가 각각의 성격에 걸맞도록 다양한 정보를 제공하는 국내 유일의 가뭄 종합시스템이다.

국민들은 가뭄 정보 포털 내 ⊙ 우리 동네 가뭄 정보 서비스를 통해 거주 지역의 가뭄 관련 정보를 제공받을 수 있으며, 가뭄 단계별 대응 행동요령과 가뭄 관련 상식, 생활 속 물 절약 방법 등에 대해 알 수 있다.

정부 기관 담당자에게는 전국의 가뭄 현황 및 전망 정보를 공유함으로써 정책 수립에 도움을 주고, 해당 지자체 담당자에게는 특화된 지역 중심의 맞춤형 가뭄 정보를 제공하여 가뭄에 대한 선제적 대응과 의사 결정을 지원하는 가뭄 종합상황판 서비스를 제공한다.

학계 전문가에게는 가뭄 분석을 위한 기초 자료(수원 정보, 시계열 관측 자료), 국내·외 연구 논문을 ⓒ 통합 데이터 뷰어 서비스를 통해 제공함으로써 활용 가능한 연구를 진행할 수 있도록 지원한다.

S공사는 구축한 가뭄 관련 정보를 세계적으로 공유할 수 있도록 올해 ⓒ 영문 포털을 새롭게 오픈했으며, 이를 통해 ② 빅데이터를 활용한 가뭄 분석 서비스, 위성영상 자료 등을 이용할 수 있다. 이 밖에도 여러 종류의 IT 기기에서 가뭄 정보 포털을 확인할 수 있도록 ⑩ 반응형 웹 서비스도 새로 시작했다.

S공사는 포털을 통해 신속하고 다양한 가뭄 정보를 제공함으로써, 국민들의 가뭄 대처 실행력을 증진시키고, 정부·지자체의 가뭄 대응 의사 결정을 지원해 가뭄에 선제적으로 대처하고 피해를 예방할 수 있을 것으로 기대한다.

① ⊙ : 평소 일기 예보에 잘 언급되지 않는 지역에서 농사를 짓고 있는 농민에게 유용할 수 있겠어.
② ⓒ : 강수량 변화와 관련된 연구를 진행 중인 교수님이 많은 도움을 얻었다고 했어.
③ ⓒ : 아직 한국어가 서툰 외국인도 관련 정보를 쉽게 얻을 수 있겠어.
④ ② : 분석 자료를 통해 전년도 학기 연구 과제에서 좋은 점수를 받을 수 있었어.
⑤ ⑩ : 스마트폰이나 태블릿 PC에서도 포털 접속이 수월해졌어.

12 다음에 나타난 의사소통능력 개발 과정에서의 피드백에 대한 설명으로 적절하지 않은 것은?

> 피드백(Feedback)이란 상대방에게 그의 행동의 결과가 어떠한지에 대하여 정보를 제공해 주는 것을 말한다. 즉, 그의 행동이 나의 행동에 어떤 영향을 미치고 있는가에 대하여 상대방에게 솔직하게 알려 주는 것이다. 말하는 사람 또는 전달자는 피드백을 이용하여 메시지의 내용이 실제로 어떻게 해석되고 있는가를 조사할 수 있다.

① 대인관계에 있어서의 행동을 개선할 수 있는 기회를 제공해 줄 수 있다.
② 의사소통의 왜곡에서 오는 오해와 부정확성을 줄일 수 있다.
③ 상대방의 긍정적인 면뿐만 아니라 부정적인 면도 솔직하게 전달해야 한다.
④ 말뿐만 아니라 얼굴 표정 등으로 정확한 반응을 얻을 수 있다.
⑤ 효과적인 개선을 위해서는 긍정적인 면보다 부정적인 면을 강조하여 전달해야 한다.

13 다음 글의 서술방식에 대한 설명으로 가장 적절한 것은?

> 이튿날 옥단춘은 혈룡에게 뜻밖의 말을 하였다. "오늘은 평양 감사가 봄놀이로 연광정에서 잔치를 한다는 명을 내렸습니다. 내 아직 기생의 몸으로서 감사의 명을 거역하고 안 나갈 수 없으니 서방님은 잠시 용서하시고 집에 계시면 속히 돌아오겠습니다." 말을 하고 난 후에 옥단춘은 연광정으로 나갔다. 그 뒤에 이혈룡도 집을 나와서 비밀 수배한 역졸을 단속하고 연광정의 광경을 보려고 내려갔다. 이때 평양 감사 김진희는 도내 각 읍의 수령을 모두 청하여 큰 잔치를 벌였는데, 그 기구가 호화찬란하고 진수성찬의 배반(杯盤)이 낭자하였다. 이때는 춘삼월 호시절이었다. 좌우산천을 둘러보니 꽃이 피어 온통 꽃산이 되었고 나뭇잎은 피어서 온통 청산으로 변해 있었다.
>
> – 작자 미상, 『옥단춘전』

① 배경을 세밀하게 묘사하여 사건의 분위기를 조성하고 있다.
② 등장인물의 성격 변화를 통해 갈등과 긴장감을 극대화하고 있다.
③ 서술자가 직접 개입하여 인물의 행동과 심리를 드러내고 있다.
④ 과장과 희화화 수법을 활용하여 등장인물의 성격을 부각시키고 있다.
⑤ 과거와 현재를 오가며 이야기가 진행되고 있다.

14 Z공단의 J과장은 미숙한 의사소통 기법으로 인해 동료들 사이에서 사소한 문제들을 일으키고 있다. J과장이 자신의 의사소통능력을 개발하기 위해 다음과 같이 계획했을 때, 개발 방법으로 가장 적절하지 않은 것은?

① 나의 행동이 상대방의 행동에 어떤 영향을 미치고 있는가에 대하여 솔직하게 알려줄 것을 요청하자.
② 상대방의 의견을 들을 때는 상대방이 사용하는 각각의 어휘를 들으려고 노력하자.
③ 상대방의 입장에서 생각하려고 노력하면서 상대방의 이야기를 주의 깊게 경청하자.
④ 언제 어디서든지 항상 메모하는 습관을 기르자.
⑤ 전문용어를 남발하지 말고 상대방을 고려하여 명확하고 이해 가능한 어휘를 사용하자.

15 다음 글에서 ㉠ ~ ㉤의 수정 방안으로 적절하지 않은 것은?

> 행동경제학은 기존의 경제학과 ㉠ 다른 시선으로 인간을 바라본다. 기존의 경제학은 인간을 철저하게 합리적이고 이기적인 존재로 상정(想定)하여, 인간은 시간과 공간에 관계없이 일관된 선호를 보이며 효용을 극대화하는 방향으로 선택을 한다고 본다. ㉡ 기존의 경제학자들은 인간의 행동이 예측 가능하다는 것을 전제(前提)로 경제 이론을 발전시켜 왔다. 반면 행동경제학에서는 인간이 제한적으로 합리적이며 감성적인 존재라고 보며, 처한 상황에 따라 선호가 바뀌기 때문에 그 행동을 예측하기 어렵다고 생각한다. 또한 인간은 효용을 ㉢ 극대화하기 보다는 어느 정도 만족하는 선에서 선택을 한다고 본다. 행동경제학은 기존의 경제학이 가정하는 인간관을 지나치게 이상적이고 비현실적이라고 비판한다. ㉣ 그러나 행동경제학은 인간이 때로는 이타적인 행동을 하고 비합리적인 행동을 하는 존재라는 점을 인정하며, 현실에 ㉤ 실제하는 인간을 연구 대상으로 한다.

① ㉠ : 문맥을 고려하여 '같은'으로 고친다.
② ㉡ : 문장을 자연스럽게 연결하기 위해 문장 앞에 '그러므로'를 추가한다.
③ ㉢ : 띄어쓰기가 올바르지 않으므로 '극대화하기보다는'으로 고친다.
④ ㉣ : 앞 문장과의 내용을 고려하여 '그래서'로 고친다.
⑤ ㉤ : 맞춤법에 어긋나므로 '실재하는'으로 고친다.

16 다음 글에서 (가) ~ (마)에 대한 설명으로 적절하지 않은 것은?

(가) 신문이나 잡지는 대부분 유료로 판매된다. 반면에 인터넷 뉴스 사이트는 신문이나 잡지의 기사와 같거나 비슷한 내용을 무료로 제공한다. 왜 이런 현상이 발생하는 것일까?

(나) 이 현상 속에는 경제학적 배경이 숨어 있다. 대체로 상품의 가격은 그 상품을 생산하는 데 드는 비용의 언저리에서 결정된다. 생산 비용이 많이 들면 들수록 상품의 가격이 상승하는 것이다. 그런데 인터넷에 게재되는 기사를 생산하는 데 드는 비용은 0에 가깝다. 기자가 컴퓨터로 작성한 기사를 신문사 편집실로 보내 종이 신문에 게재하고, 그 기사를 그대로 재활용하여 인터넷 뉴스 사이트에 올리기 때문이다. 또한, 인터넷뉴스 사이트 방문자 수가 증가하면 사이트에 걸어 놓은 광고에 대한 수입도 증가하게 된다. 이러한 이유로 신문사들은 경쟁적으로 인터넷 뉴스 사이트를 개설하여 무료로 운영했다.

(다) 그런데 무료인터넷 뉴스 사이트를 이용하는 사람들이 폭발적으로 늘어나면서 돈을 내고 신문이나 잡지를 구독하는 사람들이 점점 줄어들기 시작했다. 그 결과 언론사들의 수익률이 감소하여 재정이 악화되었다. 문제는 여기서 그치지 않는다. 언론사들의 재정적 악화는 깊이 있고 정확한 뉴스를 생산하는 그들의 능력을 저하하거나 사라지게 할 수도 있다. 결국, 그로 인한 피해는 뉴스를 이용하는 소비자에게로 되돌아올 것이다.

(라) 그래서 언론사들, 특히 신문사들의 재정 악화 개선을 위해 인터넷 뉴스를 유료화해야 한다는 의견이 있다. 하지만 그러한 주장을 현실화하는 것은 그리 간단하지 않다. 소비자들은 어떤 상품을 구매할 때 그 상품의 가격이 얼마 정도면 구매할 것이고, 얼마 이상이면 구매하지 않겠다는 마음의 선을 긋는다. 이 선의 최대치가 바로 최대지불의사(Willingness To Pay)이다. 소비자들의 머릿속에 한번 각인된 최대지불의사는 좀처럼 변하지 않는 특성이 있다. 인터넷 뉴스의 경우 오랫동안 소비자에게 무료로 제공되었고, 그러는 사이 인터넷 뉴스에 대한 소비자들의 최대지불의사도 0으로 굳어진 것이다. 그런데 이제 와서 무료로 이용하던 정보를 유료화한다면 소비자들은 여러 이유를 들어 불만을 토로할 것이다.

(마) 해외 신문 중 일부 경제 전문지는 이러한 문제를 성공적으로 해결했다. 그들은 매우 전문화되고 깊이 있는 기사를 작성하여 소비자에게 제공하는 대신 인터넷 뉴스 사이트를 유료화했다. 그럼에도 불구하고 많은 소비자가 기꺼이 돈을 내고 이들 사이트의 기사를 이용하고 있다. 전문화되고 맞춤화된 뉴스일수록 유료화 잠재력이 높은 것이다. 이처럼 제대로 된 뉴스를 만드는 공급자와 제값을 내고 제대로 된 뉴스를 소비하는 수요자가 만나는 순간 문제 해결의 실마리를 찾을 수 있을 것이다.

① (가) : 현상을 제시하고 있다.
② (나) : 현상의 발생 원인을 분석하고 있다.
③ (다) : 현상의 문제점을 지적하고 있다.
④ (라) : 현상의 긍정적 측면을 강조하고 있다.
⑤ (마) : 문제의 해결 방안을 시사하고 있다.

17 ① 고혈압 환자는 우유나 곡류, 야채류 등으로 식단을 <u>짜는</u> 것이 좋다.

② 외삼촌은 학교에서 책상 <u>짜는</u> 법을 배웠다고 한다.

③ 친구들이 여행 계획을 <u>짜는</u> 동안 나는 장을 보러 갔다.

④ 그는 이번 사업에서 예산을 <u>짜는</u> 등 자금 관리를 맡고 있다.

⑤ 감독은 대표팀을 우승으로 이끌기 위해 새로운 전략을 <u>짰다</u>.

18

상대편의 작전을 <u>읽다</u>.

① 소설을 <u>읽다</u>.   ② 체온계의 눈금을 <u>읽다</u>.

③ 애인의 마음을 <u>읽다</u>.   ④ 메일을 <u>읽다</u>.

⑤ 반야심경을 <u>읽다</u>.

19 다음 중 인상적인 의사소통에 대한 설명으로 적절한 것은?

① 자신이 전달하고자 하는 내용에 대해 상대가 어느 정도 예측했다는 반응을 나타내 보이도록 하는 것이다.

② 인상적인 의사소통이란 같은 이야기도 상대에 따라 새롭게 받아들일 수 있도록 하는 것을 의미한다.

③ 자신에게 익숙한 말이나 표현을 적극적으로 활용하여 자연스럽고 유연하게 이야기할 수 있도록 해야 한다.

④ 회사 내에서 생활하는 직업인일수록 인상적인 의사소통의 중요성을 크게 인식하게 된다.

⑤ 자신의 의견을 인상적으로 전달하기 위해서는 꾸미지 않고 솔직하고 담백하게 표현해야 한다.

20 다음 중 공문서의 특성에 대한 설명으로 적절한 것은?

① 회사 내부로 전달되는 글이므로 누가, 언제, 어디서, 무엇을, 어떻게(혹은 왜)가 드러나지 않아도 된다.

② 날짜 다음에 괄호를 사용할 경우 반드시 마침표를 찍어야 한다.

③ 복잡한 내용은 도표를 통해 시각화하여 이해도를 높인다.

④ 여러 장에 담아내는 것이 원칙이다.

⑤ 반드시 일정한 양식과 격식을 갖추어 작성하여야 한다.

21 J씨는 페인트 도장 전문업자이다. 최근 A건물의 외벽 페인트 도장을 진행했을 때, 총 3명의 직원이 15시간 동안 36통의 페인트를 사용하여 작업을 완료하였다. 두 번째 작업장인 B건물에서는 근로시간을 고려하여 총 5명을 투입하였다. 다음의 조건을 고려하였을 때, B건물 작업에 드는 시간과 페인트 수량으로 가장 적절한 것은?

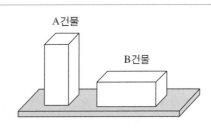

A건물

B건물

- A건물과 B건물은 직육면체 모양이며, B건물은 A건물을 눕혀 놓은 것이다.
- A건물의 밑면은 정사각형이며, 높이는 밑면 한 변 길이의 2배이다.
- 페인트 도장작업은 각 건물의 옆면 4개와 윗면에 같은 방식으로 진행한다.
- 페인트 도장작업자의 능률은 모두 동일한 것으로 간주한다.

	작업시간	페인트 수량
①	8시간	30통
②	8시간	32통
③	8시간	34통
④	10시간	32통
⑤	10시간	34통

22 다음 〈조건〉에 따른 과일가게 A ~ E의 매출액 총합은?

조건

- A가게의 일일매출액은 B가게의 일일매출액보다 30만 원 만큼 적다.
- B가게의 일일매출액은 D가게 일일매출액의 $\frac{1}{5}$ 수준이다.
- D가게와 E가게의 일일매출액을 합한 것은 C가게의 매출액보다 2,450만 원이 모자라다.
- C가게가 이틀 동안 일한 매출액에서 D가게가 12일 동안 일한 매출액을 빼면 3,500만 원이다.
- E가게가 30일 동안 진행한 매출액은 9,000만 원이다.

① 3,400만 원 ② 3,500만 원
③ 5,500만 원 ④ 6,000만 원
⑤ 6,500만 원

23 K은행 T지점은 개점 5주년을 맞이하여 행사기간 동안 방문하는 고객에게 사은품을 나누어 주는 행사를 진행하고자 한다. 행사에 필요한 예산을 본사에 요청하기 위해 다음과 같이 기획안과 예산안을 제출하려고 할 때, 다음 중 총 필요 예산으로 적절한 것은?

〈기획안〉

- 행사명 : 5주년 고객감사 특별행사
- 행사기간 : 2020년 4월 13일(월) ~ 2020년 4월 24일(금)
- 참여대상 : 행사기간 내 본 지점 내방 고객
- 추첨방법 : 룰렛판을 돌려 화살표가 지시하는 상품을 제공함
- 경품내역 : 볼펜, 핸드로션, 휴대전화 거치대, 주방세제, 밀폐용기 세트, 상품권(1만 원)

〈예산안〉

- 예상 참여인원 : 4,000명(전년도 동월 방문객 수 참고)
- 총 필요 예산 : [A]

〈경품 추첨용 도구(룰렛)〉

※ 원점을 중심으로 각 부채꼴의 각은 동일함

〈구매상품 리스트〉

품목	볼펜	핸드로션	휴대전화 거치대	주방세제	밀폐용기 세트	상품권
단가	500원	2,000원	3,000원	5,000원	10,000원	10,000원
수량						
총액						

① 9,500,000원
② 10,250,000원
③ 11,750,000원
④ 12,500,000원
⑤ 13,250,000원

---

24 C회사는 사옥 옥상 정원에 있는 가로 644cm, 세로 476cm인 직사각형 모양의 뜰 가장자리에 조명을 설치하려고 한다. 네 모퉁이에는 반드시 조명을 설치하고, 일정한 간격으로 조명을 추가 배열하려고 할 때, 필요한 조명의 최소 개수는?(단, 조명의 크기는 고려하지 않는다)

① 68개
② 72개
③ 76개
④ 80개
⑤ 84개

25 2,500원짜리 커피와 2,800원짜리 커피를 합하여 12개를 산다고 할 때, 지불해야 하는 금액이 31,000원 이하로 되려면 2,800원짜리 커피는 몇 개까지 살 수 있는가?

① 3개   ② 5개

③ 7개   ④ 9개

⑤ 11개

26 A와 B는 가위바위보를 하여 이기면 2계단을 올라가고, 지면 1계단을 내려가는 게임을 하였다. 게임이 끝난 후, A는 11계단, B는 2계단을 올라가 있었다. A가 이긴 횟수는?(단, 비기는 경우는 생각하지 않는다)

① 5번   ② 8번

③ 12번   ④ 18번

⑤ 20번

27 둘레가 600m인 호수가 있다. 서희와 소정이가 각각 자전거를 타고 같은 지점에서 서로 반대 방향으로 동시에 출발하여 각각 초속 7m, 초속 5m의 속력으로 달렸을 때, 세 번째로 만나는 지점은 출발점에서 얼마나 떨어져 있는가?(단, 양쪽 중 더 짧은 거리를 기준으로 한다)

① 120m   ② 150m

③ 200m   ④ 220m

⑤ 245m

28 민지네 과일가게에서는 토마토와 배를 각각 한 개당 90원, 210원에 판매를 하고, 한 개의 무게는 각각 120g, 450g이다. 한 바구니에 토마토와 배를 몇 개씩 담아 무게를 달아보니 6.15kg이었고 가격은 3,150원이었다. 바구니의 무게가 990g이고 가격은 300원이라 할 때, 바구니 안에 배는 몇 개가 들어 있는가?

① 5개   ② 6개

③ 7개   ④ 8개

⑤ 9개

29 C사에서 신입사원을 채용하기 위해 필기시험을 진행하였다. 시험 결과 합격자 전체 평균이 83.35점이고, 이 중 남성 합격자의 평균은 82점, 여성 합격자의 평균은 85점이었다. 합격자 전체 인원이 40명일 때, 남성과 여성 합격자는 각각 몇 명인가?

	남성 합격자	여성 합격자
①	22명	18명
②	18명	22명
③	23명	17명
④	17명	23명
⑤	21명	19명

30 다음은 D공사에서 제시한 고속도로 통행요금산정표와 차종별 주행요금 단가이다. 다음 중 차종별 통행요금으로 옳은 것은?(단, 요금은 일의 자리에서 버림한다)

〈고속도로 통행요금산정 기본구조〉

구분	폐쇄식	개방식
기본요금	900원	720원
요금산정	(기본요금)+[(주행거리)×(차종별 km당 주행요금)]	

〈차종별 주행요금 단가〉

구분	km당 주행요금
1종	44.3원
2종	45.2원
3종	47.0원
4종	62.9원
5종	74.4원

① K씨는 2종 자동차를 운전하며, 폐쇄식 고속도로 12km를 운전했다. → 1,460원

② A씨는 1종을 렌트하여 여행하는 동안 폐쇄식 고속도로 20km를 운전했다. → 1,980원

③ H씨는 4종 화물차로 물건을 운반하기 위해 개방식 고속도로 30km를 이용했다. → 3,600원

④ B씨는 3종 고속버스 운전사이며, 폐쇄식 고속도로 28km를 운전했다. → 2,510원

⑤ E씨는 1종 자동차를 구입하여, 개방식 고속도로 10km를 시험 운전해 보았다. → 1,160원

31 K공사의 사원 월급과 사원수를 알아보기 위해 다음과 같은 정보를 얻었다. 아래 정보를 참고하여 구한 K공사의 사원수와 사원 월급 총액으로 바르게 짝지어진 것은?(단, 월급 총액은 K공사가 사원 모두에게 주는 한 달 월급의 합을 말한다)

〈정보〉

• 사원은 모두 동일한 월급을 받는다.
• 사원이 10명 더 늘어나면, 기존 월급보다 100만 원 작아지고, 월급 총액은 기존의 80%이다.
• 사원이 20명 줄어들면, 월급은 기존과 동일하고, 월급 총액은 기존의 60%가 된다.

	사원수	월급 총액		사원수	월급 총액
①	45명	1억 원	②	45명	1억 2천만 원
③	50명	1억 2천만 원	④	50명	1억 5천만 원
⑤	55명	1억 5천만 원			

32 다음은 주요 산업국 연도별 연구개발비에 대한 자료이다. 이에 대한 〈보기〉의 설명 중 옳은 것을 모두 고르면?

〈주요 산업국 연도별 연구개발비〉

(단위 : U.S 백만 달러)

구분	2015년	2016년	2017년	2018년	2019년	2020년
한국	23,587	28,641	33,684	31,304	29,703	37,935
중국	29,898	37,664	48,771	66,430	84,933	−
일본	151,270	148,526	150,791	168,125	169,047	−
독일	69,317	73,737	84,148	97,457	92,552	92,490
영국	39,421	42,693	50,016	47,138	40,291	39,924
미국	325,936	350,923	377,594	403,668	401,576	−

보기

ㄱ. 2019년에 연구개발비가 전년 대비 감소한 곳은 4개국이다.
ㄴ. 2019년 연구개발비의 2015년 대비 증가율이 가장 높은 곳은 중국이고, 가장 낮은 곳은 일본이다.
ㄷ. 2017년 한국 연구개발비의 전년 대비 증가율은 독일보다 높고, 중국보다 낮다.

① ㄱ
② ㄴ
③ ㄱ, ㄴ
④ ㄱ, ㄷ
⑤ ㄴ, ㄷ

33 다음은 D공단 직원 250명을 대상으로 조사한 자료이다. 자료에 대한 설명으로 옳은 것은?(단, 소수점 이하 첫째 자리에서 버림한다)

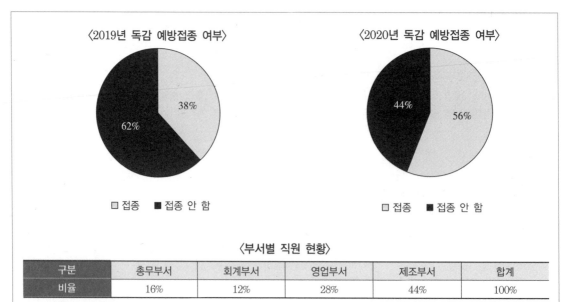

〈2019년 독감 예방접종 여부〉

38%
62%
□ 접종 ■ 접종 안 함

〈2020년 독감 예방접종 여부〉

44%
56%
□ 접종 ■ 접종 안 함

〈부서별 직원 현황〉

구분	총무부서	회계부서	영업부서	제조부서	합계
비율	16%	12%	28%	44%	100%

※ 제시된 것 외의 부서는 없다.
※ 2019년과 2020년 부서별 직원 현황은 변동이 없다.

① 모든 2019년의 독감 예방접종자가 2020년에도 예방접종했다면, 2019년에는 예방접종을 하지 않았지만 2020년에 예방접종을 한 직원은 총 54명이다.

② 2020년에 예방접종을 한 직원의 수는 2019년 대비 49% 이상 증가했다.

③ 2020년의 자료가 2019년의 예방접종을 하지 않은 직원들을 대상으로 조사한 자료라고 하면, 2019년과 2020년 모두 예방접종을 하지 않은 직원은 총 65명이다.

④ 제조부서를 제외한 모든 부서 직원들이 2020년에 예방접종을 했다고 할 때, 제조부서 중 예방접종을 한 직원의 비율은 2%이다.

⑤ 2019년과 2020년의 독감 예방접종 여부가 총무부서에 대한 자료이고 인원변동이 없다고 할 때, 총무부서 직원 중 예방접종을 한 직원은 2020년에 2019년 대비 7명 증가했다.

34 다음은 2018 ~ 2020년 상위 5개국의 음주율을 나타낸 자료이다. 〈보기〉에서 자료에 대한 내용 중 옳은 것만을 모두 고르면?

〈2020년 상위 5개국 음주율〉

(단위 : %)

순위	국가	남성	여성	전체
1	대한민국	37.5	12.8	24.7
2	리투아니아	50.8	6.3	24.4
3	헝가리	37.1	8.6	21.5
4	슬로베니아	32.8	7.2	19.8
5	핀란드	28.9	9.0	18.8

〈2019년 상위 5개국 음주율〉

(단위 : %)

순위	국가	남성	여성	전체
1	리투아니아	51.2	8.2	27.6
2	대한민국	38.6	14.2	26.4
3	헝가리	38.2	9.1	26.1
4	슬로베니아	33.4	8.4	23.6
5	스위스	32.1	7.9	20.4

〈2018년 상위 5개국 음주율〉

(단위 : %)

순위	국가	남성	여성	전체
1	리투아니아	53.1	8.2	28.5
2	대한민국	39.7	18.4	28.1
3	슬로베니아	33.2	9.4	25.4
4	헝가리	33.0	8.8	25.2
5	벨기에	32.7	9.2	23.8

보기

ㄱ. 2018 ~ 2020년 동안 음주율의 순위가 동일한 국가는 4개이다.
ㄴ. 대한민국, 리투아니아, 헝가리, 슬로베니아의 2019년과 2020년 전체 음주율은 전년 대비 낮아졌다.
ㄷ. 2018년에 음주율 1위인 국가의 남성 음주율은 2019년과 2020년에 전년 대비 낮아졌지만, 여성 음주율은 그렇지 않다.
ㄹ. 2020년 전체 음주율 감소율은 대한민국이 리투아니아보다 2018년 전체 음주율 대비 낮다.

① ㄱ, ㄴ
② ㄱ, ㄷ
③ ㄴ, ㄷ
④ ㄴ, ㄹ
⑤ ㄷ, ㄹ

35 다음은 2012 ~ 2019년 A기업의 콘텐츠 유형별 매출액에 관한 자료이다. 이에 대한 설명으로 옳은 것은?

〈A기업의 콘텐츠 유형별 매출액〉

(단위 : 억 원)

구분	SNS	영화	음원	게임	전체
2012년	30	371	108	235	744
2013년	45	355	175	144	719
2014년	42	391	186	178	797
2015년	59	508	184	269	1,020
2016년	58	758	199	485	1,500
2017년	308	1,031	302	470	2,111
2018년	104	1,148	411	603	2,266
2019년	341	1,510	419	689	2,959

① 영화 매출액은 매년 전체 매출액의 30% 이상이다.

② 게임과 음원의 2013 ~ 2014년 매출액 증감추이는 같다.

③ 2012 ~ 2019년 동안 매년 음원 매출액은 SNS 매출액의 2배 이상이다.

④ 2014년에는 모든 콘텐츠 유형의 매출액이 전년에 비해 증가하였다.

⑤ 2017년에 전년 대비 매출액 증가율이 가장 큰 콘텐츠 유형은 영화이다.

36 N공사의 기획팀 B팀장은 C사원에게 N공사에 대한 마케팅 전략 보고서를 요청하였다. C사원이 B팀장에게 제출한 SWOT 분석이 다음과 같을 때, 다음 ㄱ ~ ㅁ 중 SWOT 분석에 들어갈 내용으로 적절하지 않은 것은?

강점(Strength)	• 새롭고 혁신적인 서비스 • ㉠ 직원들에게 가치를 더하는 공사의 다양한 측면 • 특화된 마케팅 전문 지식
약점(Weakness)	• 낮은 품질의 서비스 • ㉡ 경쟁자의 시장 철수로 인한 시장 진입 가능성
기회(Opportunity)	• ㉢ 합작회사를 통한 전략적 협력 구축 가능성 • 글로벌 시장으로의 접근성 향상
위협(Threat)	• ㉣ 주력 시장에 나타난 신규 경쟁자 • ㉤ 경쟁 기업의 혁신적 서비스 개발 • 경쟁 기업과의 가격 전쟁

① ㉠

② ㉡

③ ㉢

④ ㉣

⑤ ㉤

37 다음 대화의 ㉠과 ㉡에 들어갈 말을 가장 적절하게 나열한 것은?

갑 : A와 B 모두 회의에 참석한다면, C도 참석해.

을 : C는 회의 기간 중 해외 출장이라 참석하지 못해.

갑 : 그럼 A와 B 중 적어도 한 사람은 참석하지 못하겠네.

을 : 그래도 A와 D 중 적어도 한 사람은 참석해.

갑 : 그럼 A는 회의에 반드시 참석하겠군.

을 : 너는 _____㉠_____고 생각하고 있구나?

갑 : 맞아. 그리고 우리 생각이 모두 참이라면, E와 F 모두 참석해.

을 : 그래. 그 까닭은 _____㉡_____ 때문이지.

① ㉠ : B가 회의에 참석한다
  ㉡ : E와 F 모두 회의에 참석한다면 B는 불참하기

② ㉠ : B가 회의에 참석한다
  ㉡ : E와 F가 모두 회의에 참석하면 B도 참석하기

③ ㉠ : B가 회의에 참석한다
  ㉡ : B가 회의에 참석하면 E와 F도 모두 참석하기

④ ㉠ : D가 회의에 불참한다
  ㉡ : B가 회의에 불참한다면 E와 F 모두 참석하기

⑤ ㉠ : D가 회의에 불참한다
  ㉡ : E와 F 모두 회의에 참석하면 B도 참석하기

38 다음 글의 내용이 참일 때, 반드시 채택되는 업체의 수는?

K기업에서는 신제품에 들어갈 부품을 조달할 업체를 채택하려고 한다. 예비 후보로 A, B, C, D, E 5개 업체가 선정되었으며, 그 외에 다른 업체가 채택될 가능성은 없다. 각각의 업체에 대해 K기업은 채택하거나 채택하지 않거나 어느 하나의 결정만을 내린다.
기업 내부방침에 따라, 일정 규모 이상의 중견기업인 A가 채택되면 소기업인 B도 채택된다. A가 채택되지 않으면 D와 E 역시 채택되지 않는다. 그리고 K기업의 생산공장과 동일한 단지에 속한 업체인 B가 채택된다면, 같은 단지의 업체인 C가 채택되거나 혹은 타지역 업체인 A는 채택되지 않는다. 마지막으로 부품 공급위험을 분산하기 위해 D가 채택되지 않는다면, A는 채택되지만 C는 채택되지 않는다.

① 1곳 ② 2곳
③ 3곳 ④ 4곳
⑤ 5곳

39 다음 내용에 따라 문항출제위원을 위촉하고자 한다. 다음 중 반드시 참인 것은?

위촉하고자 하는 문항출제위원은 총 6명이다. 후보자는 논리학자 4명, 수학자 6명, 과학자 5명으로 추려졌다. 논리학자 2명은 형식논리를 전공했고 다른 2명은 비형식논리를 전공했다. 수학자 2명은 통계학을 전공했고 3명은 기하학을 전공했으며 나머지 1명은 대수학을 전공했다. 과학자들은 각각 물리학, 생명과학, 화학, 천문학, 기계공학을 전공했다.

〈문항출제위원의 선정조건〉

• 형식논리 전공자가 선정되면 비형식논리 전공자도 같은 인원만큼 선정된다.
• 수학자 중에서 통계학자만 선정되는 경우는 없다.
• 과학자는 최소 2명은 선정되어야 한다.
• 논리학자, 수학자는 최소 1명씩은 선정되어야 한다.
• 기하학자는 천문학자와 함께 선정되고, 기계공학자는 통계학자와 함께 선정된다.

---

① 형식논리 전공자와 비형식논리 전공자가 1명씩 선정된다.
② 서로 다른 전공을 가진 수학자가 2명 선정된다.
③ 과학자는 최대 4명까지 선정될 수 있다.
④ 통계학 전공자를 포함하면 수학자는 3명이 선정될 수 없다.
⑤ 논리학자가 3명이 선정되는 경우는 없다.

40 다음 대화 내용이 참일 때, ㉠의 내용으로 적절한 것은?

서희 : 우리 회사 전 직원을 대상으로 A, B, C 업무 중에서 자신이 선호하는 것을 모두 고르라는 설문 조사를 실시했는데, A와 B를 둘 다 선호한 사람은 없었어.
영민 : 나도 그건 알고 있어. 그뿐만 아니라 C를 선호한 사람은 A를 선호하거나 B를 선호한다는 것도 이미 알고 있지.
서희 : A는 선호하지 않지만 B는 선호하는 사람이 있다는 것도 이미 확인된 사실이야.
영민 : 그럼, ㉠ 종범이 말한 것이 참이라면, B만 선호한 사람이 적어도 한 명 있겠군.

---

① A를 선호하는 사람은 모두 C를 선호한다.
② A를 선호하는 사람은 누구도 C를 선호하지 않는다.
③ B를 선호하는 사람은 모두 C를 선호한다.
④ B를 선호하는 사람은 누구도 C를 선호하지 않는다.
⑤ C를 선호하는 사람은 모두 B를 선호한다.

41 다음 TRIZ에 대한 글을 읽고 TRIZ에 대한 사례로 옳지 않은 것은?

> TRIZ는 주어진 문제에 대하여 가장 이상적인 결과를 정의하고, 그 결과를 얻는 데 관건이 되는 모순을 찾아내어 그 모순을 극복할 수 있는 해결안을 얻을 수 있도록 생각하는 방법에 대한 40가지 이론이다. 예를 들어 '차 무게가 줄면 연비는 좋아지지만 안정성은 나빠진다.'를 모순으로 정하고 '어떻게 하면 차가 가벼우면서 안정성이 좋을 수 있을까?'라는 해결책을 찾아 모순을 극복하는 것이다. 이어폰이 무선 이어폰이 되는 것 등도 이에 해당된다.
>
> 〈TRIZ 40가지 이론〉
>
> | 분할 | 추출 | 국부적 품질 | 비대칭 | 통합 | 다용도 | 포개기 | 공중부양 |
> |---|---|---|---|---|---|---|---|
> | 사전 반대 조치 | 사전 조치 | 사전 예방 조치 | 동일한 높이 | 역방향 | 곡선화 | 역동성 증가 | 초과나 부족 |
> | 차원변화 | 진동 | 주기적 작용 | 유용한 작용의 지속 | 급히 통과 | 전화위복 | 피드백 | 중간 매개물 |
> | 셀프서비스 | 복사 | 값싸고 짧은 수명 | 기계 시스템의 대체 | 공기 및 유압 사용 | 얇은 막 | 다공성 물질 | 색깔변화 |
> | 동질성 | 폐기 및 재생 | 속성변화 | 상전이 | 열팽창 | 산화제 | 불활성 환경 | 복합재료 |

① 여러 구간으로 납작하게 접을 수 있는 접이식 자전거 헬멧
② 자동으로 신발 끈이 조여지는 운동화
③ 최초로 발견된 죽지 않는 식물
④ 회전에 제약이 없는 구형 타이어
⑤ 줄 없이 운동할 수 있는 줄 없는 줄넘기

42 다음 기사에 나타난 문제 유형을 바르게 설명한 것은?

> 도색이 완전히 벗겨진 차선과 지워지기 직전의 흐릿한 차선이 서울 강남의 도로 여기저기서 발견되고 있다. 알고 보니 규격 미달의 불량 도료 때문이었다. 시공 능력이 없는 업체들이 서울시가 발주한 도색 공사를 따낸 뒤, 브로커를 통해 전문 업체에 공사를 넘겼고, 이 과정에서 수수료를 떼인 전문 업체들은 손해를 만회하기 위해 값싼 도료를 사용한 것이다. 차선용 도료에 값싼 일반용 도료를 섞다 보니 야간에 차선이 잘 보이도록 하는 유리알이 제대로 붙어있지 못해 차선 마모는 더욱 심해졌다. 지난 4년간 서울 전역에서는 74건의 부실시공이 이뤄졌고, 총 공사 대금은 183억 원에 달하는 것으로 밝혀졌다.

① 발생형 문제로, 일탈 문제에 해당한다.
② 발생형 문제로, 미달 문제에 해당한다.
③ 탐색형 문제로, 잠재 문제에 해당한다.
④ 탐색형 문제로, 예측 문제에 해당한다.
⑤ 탐색형 문제로, 발견 문제에 해당한다.

43 A대리는 H공사 사내 문제처리 과정을 매뉴얼하여 전사에 공표하는 업무를 맡게 되었다. 문제처리 과정 중 마지막 단계인 실행 및 Follow Up 단계에서 실행상의 문제점을 해결하기 위한 모니터링 체제를 구축하기 위해 고려해야 할 체크리스트를 만들려고 한다. 다음 중 체크리스트 항목으로 들어갈 수 없는 것은?

① 문제가 재발하지 않을 것을 확신할 수 있는가?

② 해결안별 세부실행내용이 구체적으로 수립되었는가?

③ 혹시 또 다른 문제를 발생시키지 않았는가?

④ 바람직한 상태가 달성되었는가?

⑤ 사전에 목표한 기간 및 비용은 계획대로 지켜졌는가?

44 다음은 부서별로 핵심역량가치 중요도를 정리한 표와 신입사원들의 핵심역량평가 결과표이다. 결과표를 바탕으로 C사원과 E사원의 부서배치로 올바른 것은?(단, '-'는 중요도가 상관없다는 표시이다)

〈핵심역량가치 중요도〉

구분	창의성	혁신성	친화력	책임감	윤리성
영업팀	-	중	상	중	-
개발팀	상	상	하	중	상
지원팀	-	중	-	상	하

〈핵심역량평가 결과표〉

구분	창의성	혁신성	친화력	책임감	윤리성
A사원	상	하	중	상	상
B사원	중	중	하	중	상
C사원	하	상	상	중	하
D사원	하	하	상	하	중
E사원	상	중	중	상	하

	C사원	E사원			C사원	E사원
①	개발팀	지원팀		②	영업팀	지원팀
③	개발팀	영업팀		④	지원팀	개발팀
⑤	지원팀	영업팀				

45 다음은 업무 수행 과정에서 발생하는 문제의 유형 3가지를 소개한 자료이다. 자료에서 설명하는 문제의 유형에 대하여 〈보기〉의 사례가 적절하게 연결된 것은?

〈문제의 유형〉

발생형 문제	현재 직면한 문제로, 어떤 기준에 대하여 일탈 또는 미달함으로써 발생하는 문제이다.
탐색형 문제	탐색하지 않으면 나타나지 않는 문제로, 현재 상황을 개선하거나 효율을 더 높이기 위해 발생하는 문제이다.
설정형 문제	미래지향적인 새로운 과제 또는 목표를 설정하면서 발생하는 문제이다.

보기

(가) A회사는 초콜릿 과자에서 애벌레로 보이는 곤충 사체가 발견되어 과자 제조과정에 대해 고민하고 있다.
(나) B회사는 점차 다가오는 초고령사회에 대비하여 노인들을 위한 애플리케이션을 개발하기로 했다.
(다) C회사는 현재의 충전지보다 더 많은 전압을 회복시킬 수 있는 충전지를 연구하고 있다.
(라) D회사는 발전하고 있는 드론시대를 위해 드론센터를 건립하기로 결정했다.
(마) E회사는 업무 효율을 높이기 위해 근로시간을 단축하기로 결정했다.
(바) F회사는 올해 개발한 침대에 방사능이 검출되어 안전기준에 부적합 판정을 받았다.

	발생형 문제	탐색형 문제	설정형 문제
①	(가), (바)	(다), (마)	(나), (라)
②	(가), (마)	(나), (라)	(다), (바)
③	(가), (나)	(다), (바)	(라), (마)
④	(가), (나)	(마), (바)	(다), (라)
⑤	(가), (바)	(나), (다)	(라), (마)

46 다음 중 비판적 사고에 대해 잘못 설명하고 있는 사람을 모두 고른 것은?

A : 비판적 사고의 목적은 주장의 단점을 명확히 파악하는 것이다.
B : 맹목적이고 무원칙적인 사고는 비판적 사고라 할 수 없다.
C : 비판적 사고를 하기 위해서는 감정을 철저히 배제한 중립적 입장에서 주장을 파악해야 한다.
D : 비판적 사고는 타고난 것이므로 학습을 통한 배움에는 한계가 있다.
E : 비판적 사고는 어떤 주장에 대해 적극적으로 분석하는 것이다.

① A, C   ② A, D
③ C, D   ④ C, E
⑤ D, E

47 다음 SWOT 분석의 설명을 읽고 추론한 내용으로 적절한 것은?

> SWOT 분석에서 강점은 경쟁기업과 비교하여 소비자로부터 강점으로 인식되는 것이 무엇인지, 약점은 경쟁기업과 비교하여 소비자로부터 약점으로 인식되는 것이 무엇인지, 기회는 외부환경에서 유리한 기회요인은 무엇인지, 위협은 외부환경에서 불리한 위협요인은 무엇인지를 찾아내는 것이다. SWOT 분석의 가장 큰 장점은 기업의 내부 및 외부 환경의 변화를 동시에 파악할 수 있다는 것이다.

① 제품의 우수한 품질은 SWOT 분석의 기회 요인으로 볼 수 있다.
② 초고령화 사회는 실버산업에 있어 기회 요인으로 볼 수 있다.
③ 기업의 비효율적인 업무 프로세스는 SWOT 분석의 위협 요인으로 볼 수 있다.
④ 살균제 달걀 논란은 빵집에게 있어 약점 요인으로 볼 수 있다.
⑤ 근육운동 열풍은 헬스장에게 있어 강점 요인으로 볼 수 있다.

48 업무수행과정에서 발생하는 문제를 발생형, 탐색형, 설정형의 세 가지 문제 유형으로 분류한다고 할 때, 다음 중 탐색형 문제에 해당하는 것은?

① 판매된 제품에서 이물질이 발생했다는 고객의 클레임이 발생하였다.
② 국내 생산 공장을 해외로 이전할 경우 발생할 수 있는 문제들을 파악하여 보고해야 한다.
③ 대외경쟁력과 성장률을 강화하기 위해서는 생산성을 15% 이상 향상시켜야 한다.
④ 공장의 생산 설비 오작동으로 인해 제품의 발주량을 미처 채우지 못하였다.
⑤ 향후 5년간 시장의 흐름을 예측한 후 자사의 새로운 성장 목표를 설정하기로 하였다.

49 직장생활 중 지속적으로 요구되는 논리적 사고는 사고의 전개에 있어서 전후의 관계가 일치하고 있는가를 살피고, 아이디어를 평가하는 능력을 의미한다. 이러한 논리적 사고는 다른 사람을 공감시켜 움직일 수 있게 하며, 짧은 시간에 헤매지 않고 사고할 수 있게 한다. 다음 중 논리적 사고를 하기 위해 필요한 5가지 요소에 해당하지 않는 것은?

① 상대 논리의 구조화   ② 구체적인 생각
③ 생각하는 습관   ④ 타인에 대한 이해
⑤ 논리에 대한 확신

50 음료수를 생산하는 A회사의 SWOT 분석을 실시하기 위해 다음과 같이 조직 환경을 분석하였다. 다음 중 SWOT 분석의 정의에 따라 분석결과를 올바르게 분류한 것은?

ⓐ 생수시장 및 기능성 음료 시장의 급속한 성장
ⓑ 확고한 유통망(유통채널상의 지배력이 크다)
ⓒ 새로운 시장모색의 부족
ⓓ 경기 회복으로 인한 수요의 회복 추세
ⓔ 무역자유화(유통시장 개방, 다국적 기업의 국내진출)
ⓕ 종합식품업체의 음료시장 잠식
ⓖ 짧은 제품주기(마케팅비용의 증가)
ⓗ 지구온난화 현상(음료 소비 증가)
ⓘ 과다한 고정 / 재고비율로 인한 유동성 하락
ⓙ 계절에 따른 불규칙한 수요
ⓚ 대형할인점의 등장으로 인한 가격인하 압박 증가
ⓛ 매출액 대비 경상이익률의 계속적인 증가
ⓜ 국내 브랜드로서의 확고한 이미지
ⓝ 합병으로 인해 기업 유연성의 하락
ⓞ 주력 소수 제품에 대한 매출의존도 심각(탄산, 주스 음료가 많은 비중 차지)
ⓟ 경쟁업체에 비해 취약한 마케팅능력과 홍보력

---

① 강점(S) : ⓑ, ⓓ, ⓗ
　약점(W) : ⓒ, ⓔ, ⓘ, ⓝ, ⓟ
　기회(O) : ⓐ, ⓛ, ⓜ
　위협(T) : ⓕ, ⓖ, ⓙ, ⓞ, ⓚ

② 강점(S) : ⓑ, ⓛ, ⓜ
　약점(W) : ⓒ, ⓘ, ⓝ, ⓞ, ⓟ
　기회(O) : ⓐ, ⓓ, ⓗ
　위협(T) : ⓔ, ⓕ, ⓖ, ⓙ, ⓚ

③ 강점(S) : ⓐ, ⓛ, ⓜ
　약점(W) : ⓒ, ⓔ, ⓘ, ⓝ
　기회(O) : ⓑ, ⓓ, ⓗ
　위협(T) : ⓕ, ⓖ, ⓙ, ⓞ, ⓟ, ⓚ

④ 강점(S) : ⓑ, ⓛ, ⓜ
　약점(W) : ⓔ, ⓕ, ⓖ, ⓙ, ⓝ
　기회(O) : ⓐ, ⓓ, ⓗ
　위협(T) : ⓒ, ⓘ, ⓞ, ⓟ, ⓚ

⑤ 강점(S) : ⓑ, ⓓ, ⓗ
　약점(W) : ⓒ, ⓘ, ⓝ, ⓞ, ⓟ
　기회(O) : ⓐ, ⓛ, ⓜ
　위협(T) : ⓔ, ⓕ, ⓖ, ⓙ, ⓚ

PART 3

NCS 기반
블라인드 채용 가이드

NCS 및 블라인드 채용 소개

| 01 | NCS 소개

1. 국가직무능력표준(NCS; National Competency Standards)이란?

산업현장에서 직무를 수행하기 위해 요구되는 지식·기술·태도 등의 내용을 국가가 체계화한 것

2. 국가직무능력표준(NCS)의 필요성

- 능력 있는 인재 개발을 통한 핵심인프라 구축과 국가경쟁력 향상
- 기업에서의 직무분석자료, 인적자원관리 도구, 인적자원개발 프로그램, 특화자격 신설, 일자리 정보 제공에 대한 요구
- 기업교육훈련기관에서의 산업현장의 요구에 맞는 맞춤형 교육훈련과정 개설에 대한 요구

• 직업교육·훈련 및 자격제도가 산업현장과 불일치 • 인적자원의 비효율적 관리 운용	국가직무 능력표준 →	• 각각 따로 운영되었던 교육·훈련, 국가직무능력표준 중심 시스템으로 전환(일 – 교육·훈련 – 자격 연계) • 산업현장 직무 중심의 인적자원 개발 • 능력중심사회 구현을 위한 핵심인프라 구축 • 고용과 평생 직업능력개발 연계를 통한 국가경쟁력 향상

3. 직무(능력) 중심 채용이란?

기업의 역량기반 채용, 국가직무능력표준(NCS) 기반 능력 중심 채용과 같이 직무수행에 필요한 능력과 역량을 평가하여 선발하는 채용방식의 통칭

4. 직무(능력) 중심 채용에서의 '능력'의 의미

직무수행 및 해당 조직생활에 필요한 직무행동(수행준거), 지식, 기술, 태도, 경험(경력), 자격 등의 인적 속성

| 02 | 블라인드 채용 소개

1. 블라인드 채용이란?

채용과정(서류·필기·면접)에서 편견이 개입되어 불합리한 차별을 야기할 수 있는 출신지, 가족관계, 학력, 외모 등의 항목을 걷어내고 지원자의 실력(직무능력)을 평가하여 인재를 채용

2. 블라인드 채용의 필요성

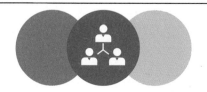	
기존 채용제도의 불공정 해소	직무중심 채용을 통한 사회적 비용 감소 필요
• 기업의 불공정 채용관행에 관한 사회적 불신 해소 • 차별적 채용은 기업 경쟁력 저해요소라는 인식 유도 • 직무중심 인재선발을 통한 공정한 채용제도 구축	• 직무 관련한 채용을 통한 지원자의 취업준비 비용 감소 • 기업 역시 직무재교육, 조기퇴사율 등 감소를 통한 채용 비용 감소 실현 • 불공정 채용관행에 의한 사회적 불신 해소

3. 블라인드 채용의 특징

• 블라인드 채용은 지원자를 평가하지 않는다는 것은 아니다.

※ 서류전형 : 無 서류전형 또는 블라인드 지원서
※ 면접전형 : 블라인드 오디션 또는 블라인드 면접 등

• 블라인드 채용의 평가요소(평가항목, 평가기준)는 직무를 수행하는 데 필요한 역량이다.
평가기준 : 직무수행에 필요한 직무능력

4. 블라인드 채용의 프로세스

블라인드 채용은 기존 직무중심 채용 프로세스와 동일(단, 모든 과정에서 차별적인 요소를 제외하는 활동이 추가)

채용설계	모집	선발
• 채용계획 • 직무능력 정의 및 직무기술서 개발 • 전형설계 • 차별요소 결정	• 채용공고 • 모집과정 차별요소 삭제 • 지원서 접수 관리	• 서류, 필기, 면접 등 • 채용과정을 통한 직무적합 인재선발 • 구조화된 면접도구

Step 1. 분석(Analysis)	1. 채용대상 직무 NCS분류에서 확인하기 2. 채용대상 직무 관련 능력단위 확인하기 　　요구능력단위 도출 → 필수KSA 도출 → 관련자격 도출
Step 2. 설계(Design)	3. 채용 프로세스 설정하기(선발법 선정 및 적용단계 결정) 4. 채용 프로세스별 선발기준 설정하기
Step 3. 개발(Development)	5. 블라인드 채용 공고문 개발하기 6. 블라인드 채용 서류전형 개발하기 7. 블라인드 채용 필기전형 개발하기 8. 블라인드 채용 면접전형 개발하기 9. 인사담당자 및 면접관 교육하기
Step 4. 실행(Implement)	10. 필기평가 시행하기 11. 면접평가 시행하기 12. 합격자 선정하기
Step 5. 평가(Evaluation)	13. 블라인드 채용 과정 평가하기 14. 블라인드 채용 성과 평가하기

5. 블라인드 채용의 기업 실천과제

채용설계	모집공고
직무내용 및 직무능력의 구체화 • 기업규모, 특성에 적합한 전형설계 후 전형별 평가요소 도출 • 채용대상 직무설명자료 제작	**채용직무 설명자료 사전제공** • 직무와 무관한 평가요소 원칙 삭제 • 채용직무의 직무내용 및 직무능력 구체화 후 사전공개
서류전형	**필기전형**
차별적이고 직무무관 항목 삭제 • 편견이 개입되어 차별을 야기할 수 있는 인적 사항 요구 금지 　단, 차별적 요소가 직무수행상 반드시 필요한 경우 예외 • 입사지원서에는 직무와 관련한 교육ㆍ훈련, 자격 경험(경력) 중심으로 항목 구성	**직무 관련성 기반의 필기전형 실시** • 직무수행에 반드시 필요한 지식ㆍ기술ㆍ능력ㆍ인성 등을 필기시험화 • 채용공고를 통한 필기평가 과목 공개(공정성 확보)
면접전형	
개인신상정보 면접위원 제공 금지 • 면접위원에게 지원자 인적사항 제공 금지 • 체계화된 면접을 통한 공정평가 실시 • 공정한 평가 • 면접 전 블라인드 면접위원 교육을 통한 사전 안내 필수	

서류전형 가이드

| 01 | 채용공고문

채용공고문이란 기업이 지원자에게 직무내용, 필요 직무능력, 채용절차, 근무조건 등을 안내하는 것으로 지원자들이 채용 준비 및 지원에 활용하는 자료입니다.

1. 채용공고문의 변화

구분	기존 채용공고문	NCS 채용공고문	블라인드 채용공고문
목적	일반적인 채용계획 및 지원방법을 알림	지원자가 직무를 이해하고 자신의 적합성 판단에 도움을 줌	지원자에겐 공정한 채용기회, 기업엔 적합한 인재 선발에 도움
내용	[채용계획 및 지원방법] • 채용분야, 채용인원 • 응시자격, 우대사항 • 채용절차 및 추진일정 • 기타 유의사항 등	기존 채용공고문에서 채용분야의 직무내용, 직무수행 요건(직무능력)을 추가	NCS 채용공고문에서 편견적 요소(출신지, 연령, 성별 등)를 배제

2. 예시

한국저작권위원회 2020년 상반기 직원 채용 공고

저작권 전문기관인 한국저작권위원회에서는 저작권 문화발전에 창의적이고 진취적으로 동참할 수 있는 우수한 인재를 다음과 같이 공개채용 하오니 많은 응모 바랍니다.

1. 채용분야 및 인원 (상세내용 NCS기반 직무기술서 참고)

구분		분야	인원	직무분야	근무지	비고
제한 경쟁	정규직	선임연구원 (경력)	법 무	2명	저작권 법·제도·통상 등 조사연구	본부 (전주)	박사급
		5급 (신입)	학 예	1명	저작권교육체험관 전시기획, 운영 및 자료관리		학예사 자격소지자
	소계			3명			
제한 경쟁	무기 계약직	4급 (경력)	정보기술	1명	저작권 기술분석, 성능평가	본부 (전주)	박사급
공개 경쟁		5급 (신입)	일반행정①	2명	연구 및 행정지원 / 민원접수 및 상담		보훈 특별고용
			일반행정②	2명	저작권 등록·임치 및 인증		-
			법 무	1명	저작권 법률상담		-
	소계			6명			
공개 경쟁	기간제 계약직	4급 (경력)	일반행정③ (홍보전문가)	1명	홍보정책 전략 기획, 매체별 홍보콘텐츠 기획 모니터링 및 평가 ※ 2년 임기제	본부 (전주)	휴직대체
		5급 (신입)	일반행정④	2명	사업운영 및 관리		
	소계			3명			
	합 계			12명			

※ 제한경쟁은 채용분야별 학위(박사), 자격(학예사 자격소지자), 요건(보훈고용대상자) 등 해당자만 지원 가능하며, 보훈특별고용의 경우 국가보훈대상자 중 경남서부보훈지청 추천자만 지원 가능

2. 근무조건

○ 채용일자 : '20. 7. 15.자(예정)

○ 채용형태 및 기간

구분	계약기간	비고
정규직·무기계약직	수습기간 내 평가결과에 따라 정규 무기계약 임용	수습기간 3개월 적용
기간제계약직	계약체결일 ~ '20. 12. 31.까지	휴직 기간 내 연장 가능 (단, 최대 근로기간은 2년을 초과할 수 없음)

※ 수습 평가결과 부적격 시 채용이 취소될 수 있음

○ 채용방법 : 공개경쟁 및 제한경쟁, 2~4단계 전형

※ 상세내용 5. 전형절차 참고

○ 보수체계 : 경력산정 후 내규에 따라 개인별 차등 지급
※ 공공기관 경영정보 공개시스템(ALIO) 내 직원 보수 현황을 참고 바랍니다.

○ 근무시간 : 주 40시간 전일제(주5일), 1일 8시간 근무(09:00~18:00)

3. 응시자격

구분	내용
자 격	○ 정규직 선임연구원(법무) : - 법학 또는 지적재산권 분야 박사학위 소지자로 법학 관련분야 실무 경력 1년 이상인 자 ○ 정규직 5급(학예) : 학예사 자격소지자 ○ 무기계약직 4급(정보기술) : - 정보기술(전산학, 컴퓨터공학, 소프트웨어공학, 정보통신공학) 분야 박사학위 소지자로 정보기술 관련분야 실무 경력 1년 이상인 자 ○ 무기계약직 5급 일반행정① : 국가보훈대상자 중 경남서부보훈지청 추천자 ○ 기간제계약직 4급 일반행정③(홍보전문가) : - 공공기관, 업무관련 기관 단체 또는 기업에서 홍보·언론 관련 실무경력을 6년 이상 보유한 자 ○ 무기계약직 5급 일반행정②(법무, 기간제계약직 5급 일반행정④) : 제한없음

※ 한국저작권위원회 채용공고(2020년 상반기) 일부 내용 발췌

| 02 | 직무기술서

직무기술서란 직무수행의 내용과 필요한 능력(지식·기술·태도), 관련 자격, 직업기초능력 등을 상세히 기재한 것으로 입사 후 수행하게 될 업무에 대한 정보가 수록되어 있는 자료입니다.

1. 채용분야

설명

NCS 직무분류 체계에 따라 직무에 대한 「대분류–중분류–소분류–세분류」 체계를 확인할 수 있습니다.
채용직무에 대한 모든 직무기술서를 첨부하게 되며 실제 수행 업무를 기준으로 세부적인 분류정보를 제공합니다.

		대분류	중분류	소분류	세분류
채용분야	행정	02. 경영·회계·사무	01. 기획사무	01. 경영기획	01. 경영기획
				02. 홍보·광고	01. PR
				03. 마케팅	02. 고객관리
			02. 총무·인사	01. 총무	01. 총무
					03. 비상기획
				02. 인사·조직	01. 인사
					02. 노무관리
				03. 일반사무	02. 사무행정
			03. 재무·회계	02. 회계	01. 회계·감사
			04. 생산·품질관리	01. 생산관리	01. 구매조달

2. 능력단위

설명

직무분류 체계의 세분류 하위능력단위 중 실질적으로 수행할 업무의 능력만 구체적으로 파악할 수 있습니다.
※ NCS 홈페이지에서 능력단위별 정의 확인 가능

능력단위	• (경영기획) 06. 예산 관리, 07. 경영실적 분석 • (PR) 03. 온라인 PR, 04. 오프라인 PR, 05. 언론 홍보, 06. 조직문화 전파 • (고객관리) 06. 고객 필요정보 제공, 10. 고객지원과 고객관리 실행 • (총무) 02. 행사지원관리, 03. 부동산관리, 04. 비품관리, 06. 용역관리, 08. 총무문서관리 • (비상기획) 06. 민방위관리, 07. 비상기획 보안관리, 08. 안보위기관리 • (인사) 01. 인사기획, 03. 인력채용, 04. 인력이동관리, 05. 인사평가, 07. 교육훈련 운영, 09. 급여지급, 10. 복리후생 관리 • (노무관리) 07. 노사협의회 운영, 09. 노사갈등 해결 • (사무행정) 01. 문서 작성, 02. 문서 관리, 06. 회의 운영·지원 • (회계·감사) 01. 전표 관리, 02. 자금 관리, 04. 결산 처리 • (구매조달) 04. 발주 관리, 09. 구매 계약

3. 직무수행내용

[설명]

세분류 영역의 기본정의를 통해 직무수행내용을 확인할 수 있습니다. 입사 후 수행할 직무내용을 구체적으로 확인할 수 있으며, 이를 통해 입사서류 작성부터 면접까지 직무에 대한 명확한 이해를 바탕으로 자신의 희망직무인지 아닌지 해당 직무가 자신이 알고 있던 직무가 맞는지 확인할 수 있습니다.

직무수행 내용	• (경영기획) 경영목표를 효과적으로 달성하기 위한 전략을 수립하고 최적의 자원을 효율적으로 배분하도록 경영진의 의사결정을 체계적으로 지원 • (PR) 조직의 긍정적 이미지를 제고하기 위하여 전략과 계획의 수립, 온ㆍ오프라인 매체를 이용한 커뮤니케이션 활동, 효과 측정과 피드백 등을 수행 • (고객관리) 현재의 고객과 잠재고객의 이해를 바탕으로 고객이 원하는 제품과 서비스를 지속적으로 제공함으로써 기업과 브랜드에 호감도가 높은 고객의 유지와 확산을 위해 고객과의 관계를 관리 • (총무) 조직의 경영목표를 달성하기 위하여 자산의 효율적인 관리, 임직원에 대한 원활한 업무지원 및 복지지원, 대ㆍ내외적인 회사의 품격 유지를 위한 제반 업무를 수행 • (인사) 조직의 목표 달성을 위해 인적자원을 효율적으로 활용하고 육성하기 위하여 직무조사 및 직무 분석을 통해 채용, 배치, 육성, 평가, 보상, 승진, 퇴직 등의 제반 사항을 담당하며, 조직의 인사제도를 개선 및 운영하는 업무를 수행 • (회계ㆍ감사) 기업 및 조직 내ㆍ외부에 있는 의사결정자들이 효율적인 의사결정을 할 수 있도록 유용한 정보를 제공하며, 제공된 회계정보의 적정성을 파악 • (구매조달) 조직의 경영에 필요한 자재, 장비, 장치를 조달하기 위해 구매전략 수립, 구매계약의 체결, 구매 협력사 관리, 구매품 품질, 납기, 원가 관리를 수행

4. 필요지식ㆍ필요기술ㆍ직무수행태도

[설명]

원활한 직무수행을 위해 필요한 지식(K), 기술(S), 태도(A)를 구조화하여 정리한 것입니다. 구직자는 이 내용을 탐색하여 서류 전형부터 면접까지 자신의 역량 중 어떤 부분을 더욱 중점적으로 강조해야 하는지 방향 수립이 가능합니다. 채용 과정을 통해 직무에 대한 분석은 되어 있는지, 직무수행에 적합한 역량을 가졌는지를 객관적으로 증명해야 합니다.

필요지식	• 예산계획 수립원칙 및 예산 편성 지침 • 경영 전략과 사업 핵심 활동 • 환경분석 기법 • 홍보전략 • 커뮤니케이션 방법 및 채널별 특성 • 성과지표요소 • 홈페이지 운영방법 • 고객 관계관리 • 고객 세분화에 대한 이해 • 고객 응대 매뉴얼 작성 및 프로세스 모델링 방법 • 고객 요구분석 방법 • 행사 기획 및 운영 • 부동산 관련 법률 • 비품관리 규정	• 통계분석법 • 보안업무 관련 지침 • 정부 기관 감사 지침 • 인사전략 환경 분석법 • 채용, 인ㆍ적성 검사, 면접기법 • 취업 규칙 및 단체협약 • 근로자참여 및 협력증진에 관한 법률 • 문서관리 및 보안 규정 • 문서대장 관리 규정 • 대금의 지급방법 및 지급기준 • 기업 실무에 적용되는 회계 관련 규정 • 계정과목에 대한 지식 • 계약 프로세스 및 계약서 구성체계 • 구매 계약 관련 법규

필요기술	• 회계 계정·세목 분류 기술 • 기획력 및 기획서 작성 기술 • 문제 해결 방법론(Logic Tree, MECE) • 정보수집 능력 • 홍보방법 개발능력 • 이슈 분석 및 개선안 도출 능력 • 다양한 요구에 대응하기 위한 고객 응대 기술 • 문제 상황 분석 및 문제 해결 능력 • 고객 프로파일링 기법 • 행사 운영기술 • 위기 대비 업무수행계획 수립 기술	• 컴퓨터 활용기술 • 문서 기안·작성 능력, Spread Sheet 기술 • 커뮤니케이션 및 협상 기술 • 제안서 검토를 위한 정보 분석력 • 근로계약서 및 취업규칙 작성 기술 • 의사 표현 능력 • 거래 유형별 전표 작성 능력 • 손익산정 능력 • 재무제표 작성과 표시 능력 • 구매견적서 검토 능력 • 구매계약서 작성 능력
직무수행 태도	• 예산 편성 우선순위에 대한 전략적 사고 • 예산 편성 기준을 준수하려는 자세 • 분석적 사고 및 체계적 사고 • 현황파악을 위한 주의 깊은 관찰 노력 • 다양한 의견의 경청 • 피드백에 대한 수용성 • 편집과 교정의 꼼꼼함 • 문제점에 대한 개선 의지 • 고객을 대하는 매너와 서비스 마인드 • 고객 대응을 위한 고객과 공감하려는 자세 • 종합적으로 사고하려는 자세 • 타부서와의 협업 자세	• 보안을 준수하려는 태도 • 안전을 고려한 태도 • 정확성을 높이기 위한 적극적 태도 • 공정하고 객관적인 자세 • 윤리의식 및 도덕성 • 성취 지향성 • 법률을 세심하게 검토하는 자세 • 자료의 객관성 유지 • 거래를 신속하고 정확하게 구분하려는 태도 • 주인의식을 가지는 태도 • 조직의 목표와 연계된 협상 전략을 계획하려는 체계적인 사고(Systemic Thinking)

5. 관련 자격사항 · 직업기초능력 · 참고

[설명]

• 관련 자격사항 : 해당 직무와 직접적인 연관성이 있는(우대되는) 자격증을 확인할 수 있습니다.
• 직업기초능력 : 직업인의 기본 소양 10가지를 정의해 놓은 것으로 그중 꼭 필요한 능력을 기재해 놓은 항목입니다.
직무수행에 필요한 기본 소양으로 업무 중 발생하는 환경에 빠르게 적응하고 대처할 수 있는 능력을 갖추었는지의 기준이 됩니다.
직업기초능력 또한 채용을 진행하며 증명해야 하는 역량 중 하나입니다.

관련 자격사항	공인노무사, 경영지도사, 재경관리사, CPSM, 워드프로세서, 컴퓨터활용능력 등
직업기초능력	의사소통능력, 문제해결능력, 자원관리능력, 정보능력, 조직이해능력 등
참고	http://www.ncs.go.kr

| 03 | 지원서

1. 개인정보

성명(한글)		성명(한자)	
성명(영문)	이름 : 성 :		
이메일			
휴대전화	( )-( )-( )		
긴급연락처	( )-( )-( )		
청년 여부	대상 ( ) 비대상 ( ) ※ 청년고용촉진 특별법 시행령 제2조에 따른 만 15세 이상 만 34세 이하인 자		
비수도권/ 지역인재 여부	비수도권 ( ) 이전지역인재 ( ) 비대상 ( ) ※ 대학까지의 최종학력을 기준으로 비수도권 지역/○○지역 소재의 학교를 졸업(예정)·중퇴한 자 또는 재학· 휴학 중인 자 ※ 석사 이상 학위 소지자는 학사 대학 소재지 기준		
보훈 여부	대상 ( ) 비대상 ( )		
	보훈번호 ( ) 가점 5% ( ) 가점 10% ( ) ※ 보훈대상자는 주소지 관할 보훈지청에서 발급받은 취업지원대상자 증명서를 확인 후 보훈번호 및 가점을 정확 히 기재하여 주시기 바랍니다.		
기초생활수급자	대상 ( ) 비대상 ( )		
장애 여부	대상 ( ) 비대상 ( )		
	장애종류 ( ) 급수 ( )급		

작성요령

• 이름, 성별, 생년월일, 주소, 연락처(이메일, 휴대전화, 집 전화번호 등)는 지원자의 인적사항을 알아보기 위한 정보이므로 주민등록에 기재된 것을 기준으로 하는 것이 좋습니다.
• 연락처는 명확히 기재하고 면접을 위한 연락 시 분실이나 번호가 바뀌는 등의 바로 연락이 어려울 경우를 대비하여 비상연락망을 기재하는 것도 좋으며, 비상연락망은 가족이나 친구도 무방하나 구직활동 중임을 인지하여 기업의 전화를 응대할 수 있게 이야기를 해 두어야 합니다.
• 보훈 및 장애 여부 우대는 사내규정에 따라 적용될 수 있으며 증명서를 첨부해야 합니다. 가산 기준 등은 기관마다 차이가 있습니다.

2. 병역사항

병역구분	군필 (　) 　미필 (　) 　면제 (　)
면제사유	

작성요령

- 여성의 경우 병역사항은 해당 사항이 없으며, 남성의 경우 평가를 위한 기준이 아닌 군필 여부를 확인하는 용도로 작성하게
  됩니다. 면제 시 사유를 기재하시기 바랍니다.

3. 최종학력

최종학력	고졸 (　) 대졸예정 (　) 대졸 (　) 대학원졸예정 (　) 대학원졸 (　)		
학력	전공(계열)	학교소재지	비고
고등학교			
대학교			
대학원(석사)			
대학원(박사)			

작성요령

- 학력사항은 최종학력부터 기재하도록 합니다. 일반적으로 고교시절과 대학시절의 학력을 기술하는데 대학명과 전공명, 본교
  및 분교 여부, 재학기간(년/월) 등을 정확히 써야 합니다.
- 또한, 편입한 경우에는 전 학교 및 현재의 학교명을 기재하고, 학점을 기재해야 할 경우 기업마다 만점의 기준이 다른
  경우가 있으니 기업에서 제시한 기준을 확인하여 기재합니다.
- 최종학력은 졸업을 기준으로 체크하시기 바랍니다(수료는 해당하지 않음).
- NCS 기반 능력 중심 채용의 불필요한 스펙에는 출신학교, 학교소재지 등이 포함되고 만약 '학교소재지'란이 있다면 지역
  인재 확인의 용도입니다.
- ※ NCS 기반 능력 중심 채용을 학력초월 채용으로 인식하면 안 됩니다. 또한, 블라인드 채용으로 기타 불필요한 항목은 삭제될 수 있습니다.

4. 직업교육

교육명	교육기관	이수시간(h)	주요 내용

작성요령

• 직무 관련 지식 중에서 학교 교육(수업) 외 전문성을 키우기 위해 노력했던 교육 사항에 대해 작성하는 항목입니다. 어떤 교육을 통해 이떤 지식을 습득했는지 파악할 수 있게 작성하시기 바랍니다.

TIP

1. 자격증을 취득하기 위해 받은 교육도 작성합니다(자격증을 취득하지 못했더라도 관련 지식을 인정받을 수 있습니다).
2. 온라인 교육(수료증 발급)도 가능하고 학회에서 진행하는 단기교육도 가능합니다.

5. 자격사항

자격증명	자격(면허)번호	발행처	취득일자

작성요령

• 직무와 관련 있는 자격증을 작성하는 항목으로 직무기술서의 관련 자격사항을 참고하여 작성하고, 자격증별 세부내용은 정확해야 합니다(추후 사본제출 시 이력서와 다른 점은 불이익을 받을 수 있습니다).

TIP

1. 자격증의 변동사항을 체크합니다(해당등급의 폐지, 자격증 유효기간 만료 등).
2. 동일 자격증에 대해 복수 등급 소지 시 가장 높은 등급의 자격증만 기재합니다.

6. 경력사항

기관명	근무기간	직위	담당업무

작성요령

- 근로관계에 의해 정식 급여를 받으며 근로했던 기간이 있을 시 작성하는 항목입니다.
- 경력사항은 학력사항과 마찬가지로 가장 최근의 경력부터 기술하며 지원하는 직무와 관련된 업무일 경우 다른 경력사항보다 더 상세하게 적는 것이 좋습니다. 자신의 경력과 해당 직무의 연관성을 파악하여 담당업무를 작성하고 경력기간을 충족하는지 확인해야 합니다(세부내용은 정확하게 기재되어야 합니다).
- 자신이 근무한 회사명과 주요 사업, 소속 부서, 최종직급, 근무기간, 주요 업무 및 성과 등을 표기하며, 근무기간은 연도와 월을 기재하고 만약 부서이동이나 직책 승진, 해외 근무 등이 있었다면 별도로 표기합니다.

TIP

1. 인턴도 경력사항에 기재합니다(정해진 기간에 금전적 보수를 받고 근무했던 이력 조건에 부합).
2. 담당업무는 직무기술서에 나와 있는 용어와 단어를 활용해야 합니다.

7. 경험사항

소속조직	활동기간	주요 역할	경험내용

작성요령

- 일정한 금전적인 보수 없이 수행한 직무 관련 활동을 작성하는 항목으로 다양한 영역의 경험을 떠올려 작성합니다.
- 경험은 직업 외적인(금전적 보수를 받지 않고 수행한) 활동을 의미하며, 산학협력, 프로젝트 참여, 자문위원회 참여, 일·경험 수련생 활동, 연구회, 동아리/동호회 등에서 수행한 활동이 포함될 수 있습니다.

TIP

1. 다양한 경험 중 특정 경험을 지정하여 직업기초능력을 어필해 봅니다.
2. '(주요 역할)=(핵심역량)'으로 어필되도록 작성합니다(경험이 가진 역량과 직무역량의 연관성 찾기).

| 04 | 경력 및 경험 기술서와 자기소개서

1. 경력 및 경험 기술서

- 입사지원서에 기술한 경력 및 경험 중 대표적인 것에 대해 구체적으로 기술하십시오.
- 경력을 기술할 경우 구체적으로 직무영역, 활동·경험·수행 내용, 역할, 주요 성과 등에 대해 작성하시기 바랍니다.
- 경험을 기술할 경우 구체적으로 학습경험 혹은 활동 내용, 활동 결과에 대해 작성하시기 바랍니다.

작성요령

- 지원자의 직무역량, 관심도, 준비도 등을 확인할 수 있는 항목입니다.
- 담당업무에 자신의 업무를 단순 기술하는 것은 지양하는 것이 좋으며, 지원하는 직무와 관련된 주요 업무를 기술하고 이를 통해 자신이 만들어낸 성과를 수치를 활용해 어필해야 합니다.

> **TIP**
> 1. 직무 연관성이 높은 최근의 경험 및 경력 위주로 작성합니다.
> 2. 규칙을 준수하고 높은 윤리의식을 강조하는 것도 효과적입니다.

2. 자기소개서

자기소개서는 인사담당자가 지원자의 성격과 태도, 회사에 대한 지원동기와 직무역량 등의 정보를 얻기 위해 활용하는 서류입니다. 지원하는 기업이 자신을 채용하도록 설득하기 위해서는 지원 직무를 분석하여 직무에 맞는 지식과 역량, 경험을 구체적인 사례로 뒷받침할 때 더욱 의미 있는 자기소개서가 될 수 있습니다.

① ○○공사에 지원하게 된 동기 및 지원 분야의 직무수행을 위해 준비해 온 과정에 대해 자유롭게 기술하십시오.

---

② 공동의 목표를 달성하기 위해 다른 사람들과 긴밀하게 소통하며 성공적으로 협업을 이루었던 경험에 대하여 기술하십시오.

③ 다양한 정보 또는 데이터를 체계적으로 수집·분석·조직하여 활용해 본 경험에 대하여 기술하십시오.

작성요령

- 자기소개서는 직무수행에 필요한 역량을 파악하기 위한 항목과 직업인으로서 기본적으로 갖춰야 하는 소양(직업기초능력 10가지)을 판단하기 위한 항목으로 구성됩니다.
- 기관마다 자체 평가기준에 맞춰 필요한 역량이 무엇인지 제시하고 지원자가 이를 충족시킬 수 있는 자질을 얼마나 갖추고 있는지를 평가하고자 하는 것으로 취지에 적합하게 작성해야 합니다.

TIP

1. 지원하는 기업 및 직무에 대한 다각적인 분석이 먼저 이루어진 후 작성해야 합니다.
2. 자신만의 핵심 역량이 무엇이고 그 역량을 갖추기 위해 어떤 노력과 준비를 해왔는지, 입사 후 어떻게 활용할 것인지 작성해야 합니다.
3. 공공기관의 경우 책임의식, 도덕성 등 높은 직업윤리가 필요합니다.
4. 기업별 이력서상에서 배제하는 항목 및 내용을 언급하지 않아야 합니다.
5. 억지로 부풀린 내용이 없어야 하며, 설득력 있게 작성해야 합니다.
6. 읽는 이의 입장을 고려하여 읽기 편하게, 요점을 정확히 강조하여 작성합니다.

CHAPTER 03 인성검사 소개 및 모의테스트

| 01 | 인성검사 유형

인성검사는 지원자의 성격특성을 객관적으로 파악하고 그것이 각 기업에서 필요로 하는 인재상과 가치에 부합하는가를 평가하기 위한 검사입니다. 대표적으로 KPDI(한국인재개발진흥원), K-SAD(한국사회적성개발원), KIRBS(한국행동과학연구소), SHR(에스에이치알) 등의 전문기관을 통해 각 기업의 특성에 맞는 검사를 선택하여 실시합니다. 대표적인 인성검사의 유형에는 크게 다음과 같은 세 가지가 있으며, 채용 대행업체에 따라 달라집니다.

1. KPDI 검사

조직적응성과 직무적합성을 알아보기 위한 검사로, 인성검사, 인성역량검사, 인적성검사, 직종별 인적성검사 등의 다양한 검사 도구를 구현합니다. KPDI 인성검사는 성격을 파악하고 정신건강 상태 등을 측정하고, 직무검사는 해당 직무를 수행하기 위해 기본적으로 갖추어야 할 인지적 능력을 측정합니다. 역량검사는 특정 직무 역할을 효과적으로 수행하는 데 직접적으로 관련 있는 개인의 행동, 지식, 스킬, 가치관 등을 측정합니다.

2. KAD(Korea Aptitude Development) 검사

K-SAD(한국사회적성개발원)에서 실시하는 적성검사 프로그램입니다. 개인의 성향, 지적 능력, 기호, 관심, 흥미도를 종합적으로 분석하여 적성에 맞는 업무가 무엇인가 파악하고, 직무수행에 있어서 요구되는 기초능력과 실무능력을 분석합니다.

3. SHR 직무적성검사

직무수행에 필요한 다양한 사고 능력을 다양한 적성검사(Paper and Pencil Test)로 평가합니다. SHR의 모든 직무능력검사는 표준화 검사입니다. 표준화 검사는 표본집단의 점수를 기초로 규준이 만들어진 검사이므로 개인의 점수를 규준에 맞추어 해석·비교하는 것이 가능합니다. S(Standardized Tests), H(Hundreds of Version), R(Reliable Norm Data)을 특징으로 하며, 직군·직급별 특성과 선발 수준에 맞추어 검사를 적용할 수 있습니다.

| 02 | 인성검사와 면접

인성검사는 특히 면접질문과 관련성이 높습니다. 면접관은 지원자의 인성검사 결과를 토대로 질문을 하기 때문입니다. 일관적이고 이상적인 답변을 하는 것이 가장 좋지만, 실제 시험은 매우 복잡하여 전문가라 해도 일정 성격을 유지하면서 답변을 하는 것이 힘듭니다. 또한, 인성검사에는 라이 스케일 설문이 전체 설문 속에 교묘하게 섞여 들어가 있으므로 겉치레적인 답을 하게 되면 회답태도의 허위성이 그대로 드러나게 됩니다. 예를 들어 '거짓말을 한 적이 한 번도 없다.'에 '예'로 답하고, '때로는 거짓말을 하기도 한다.'에 '예'라고 답하여 라이 스케일의 득점이 올라가게 되면 모든 회답의 신빙성이 사라지고 '자신을 돋보이게 하려는 사람'이라는 평가를 받을 수 있으므로 주의해야 합니다. 따라서 모의테스트를 통해 인성검사의 유형과 실제 시험 시 어떻게 문제를 풀어야 하는지 연습해 보고 체크한 부분 중 자신의 단점과 연결되는 부분은 면접에서 질문이 들어왔을 때 어떻게 대처해야 하는지 생각해 보는 것이 좋습니다.

| 03 | 유의사항

1. 기업의 인재상을 파악하라!

인성검사를 통해 개인의 성격특성을 파악하고 그것이 기업의 인재상과 가치에 부합하는지를 평가하는 시험이기 때문에 해당 기업의 인재상을 먼저 파악하고 시험에 임하는 것이 좋습니다. 모의테스트에서 인재상에 맞는 가상의 인물을 설정하고 문제에 답해 보는 것도 많은 도움이 됩니다.

2. 일관성 있는 대답을 하라!

짧은 시간 안에 다양한 질문에 답을 해야 하는데, 그 안에는 중복되는 질문이 여러 번 나옵니다. 이때 앞서 자신이 체크했던 대답을 잘 기억해뒀다가 일관성 있는 답을 하는 것이 중요합니다.

3. 모든 문항에 대답하라!

많은 문제를 짧은 시간 안에 풀려다 보니 다 못 푸는 경우도 종종 생깁니다. 하지만 대답을 누락하거나 끝까지 다 못 했을 경우 안 좋은 결과를 가져올 수도 있으니 최대한 주어진 시간 안에 모든 문항에 답할 수 있도록 해야 합니다.

| 04 | KPDI 모의테스트

※ 모의테스트는 질문 및 답변 유형 연습을 위한 것으로 실제 시험과 다를 수 있습니다.

번호	내용	예	아니오
001	나는 솔직한 편이다.	☐	☐
002	나는 리드하는 것을 좋아한다.	☐	☐
003	법을 어겨서 말썽이 된 적이 한 번도 없다.	☐	☐
004	거짓말을 한 번도 한 적이 없다.	☐	☐
005	나는 눈치가 빠르다.	☐	☐
006	나는 일을 주도하기보다는 뒤에서 지원하는 것을 선호한다.	☐	☐
007	앞일은 알 수 없기 때문에 계획은 필요하지 않다.	☐	☐
008	거짓말도 때로는 방편이라고 생각한다.	☐	☐
009	사람이 많은 술자리를 좋아한다.	☐	☐
010	걱정이 지나치게 많다.	☐	☐
011	일을 시작하기 전 재고하는 경향이 있다.	☐	☐
012	불의를 참지 못한다.	☐	☐
013	처음 만나는 사람과도 이야기를 잘 한다.	☐	☐
014	때로는 변화가 두렵다.	☐	☐
015	나는 모든 사람에게 친절하다.	☐	☐
016	힘든 일이 있을 때 술은 위로가 되지 않는다.	☐	☐
017	결정을 빨리 내리지 못해 손해를 본 경험이 있다.	☐	☐
018	기회를 잡을 준비가 되어 있다.	☐	☐
019	때로는 내가 정말 쓸모없는 사람이라고 느낀다.	☐	☐
020	누군가 나를 챙겨주는 것이 좋다.	☐	☐
021	자주 가슴이 답답하다.	☐	☐
022	나는 내가 자랑스럽다.	☐	☐
023	경험이 중요하다고 생각한다.	☐	☐
024	전자기기를 분해하고 다시 조립하는 것을 좋아한다.	☐	☐
025	감시받고 있다는 느낌이 든다.	☐	☐

026	난처한 상황에 놓이면 그 순간을 피하고 싶다.	☐	☐
027	세상엔 믿을 사람이 없다.	☐	☐
028	잘못을 빨리 인정하는 편이다.	☐	☐
029	지도를 보고 길을 잘 찾아간다.	☐	☐
030	귓속말을 하는 사람을 보면 날 비난하고 있는 것 같다.	☐	☐
031	막무가내라는 말을 들을 때가 있다.	☐	☐
032	장래의 일을 생각하면 불안하다.	☐	☐
033	결과보다 과정이 중요하다고 생각한다.	☐	☐
034	운동은 그다지 할 필요가 없다고 생각한다.	☐	☐
035	새로운 일을 시작할 때 좀처럼 한 발을 떼지 못한다.	☐	☐
036	기분 상하는 일이 있더라도 참는 편이다.	☐	☐
037	업무능력은 성과로 평가받아야 한다고 생각한다.	☐	☐
038	머리가 맑지 못하고 무거운 느낌이 든다.	☐	☐
039	가끔 이상한 소리가 들린다.	☐	☐
040	타인이 내게 자주 고민상담을 하는 편이다.	☐	☐

| 05 | SHR 모의테스트

※ 모의테스트는 질문 및 답변 유형 연습을 위한 것으로 실제 시험과 다를 수 있습니다.

※ 이 성격검사의 각 문항에는 서로 다른 행동을 나타내는 네 개의 문장이 제시되어 있습니다. 이 문장들을 비교하여, 자신의 평소 행동과 가장 가까운 문장을 'ㄱ'열에 표기하고, 가장 먼 문장을 'ㅁ'열에 표기하십시오.

01 나는 _____

	ㄱ	ㅁ
A. 실용적인 해결책을 찾는다.	☐	☐
B. 다른 사람을 돕는 것을 좋아한다.	☐	☐
C. 세부 사항을 잘 챙긴다.	☐	☐
D. 상대의 주장에서 허점을 잘 찾는다.	☐	☐

02 나는 _____

	ㄱ	ㅁ
A. 매사에 적극적으로 임한다.	☐	☐
B. 즉흥적인 편이다.	☐	☐
C. 관찰력이 있다.	☐	☐
D. 임기응변에 강하다.	☐	☐

03 나는 _____

	ㄱ	ㅁ
A. 무서운 영화를 잘 본다.	☐	☐
B. 조용한 곳이 좋다.	☐	☐
C. 가끔 울고 싶다.	☐	☐
D. 집중력이 좋다.	☐	☐

04 나는 _____

	ㄱ	ㅁ
A. 기계를 조립하는 것을 좋아한다.	☐	☐
B. 집단에서 리드하는 역할을 맡는다.	☐	☐
C. 호기심이 많다.	☐	☐
D. 음악을 듣는 것을 좋아한다.	☐	☐

05 나는 _____

	ㄱ	ㅁ
A. 타인을 늘 배려한다.	☐	☐
B. 감수성이 예민하다.	☐	☐
C. 즐겨하는 운동이 있다.	☐	☐
D. 일을 시작하기 전에 계획을 세운다.	☐	☐

06 나는 _____

	ㄱ	ㅁ
A. 타인에게 설명하는 것을 좋아한다.	☐	☐
B. 여행을 좋아한다.	☐	☐
C. 정적인 것이 좋다.	☐	☐
D. 남을 돕는 것에 보람을 느낀다.	☐	☐

07 나는 _____

	ㄱ	ㅁ
A. 기계를 능숙하게 다룬다.	☐	☐
B. 밤에 잠이 잘 오지 않는다.	☐	☐
C. 한 번 간 길을 잘 기억한다.	☐	☐
D. 불의를 보면 참을 수 없다.	☐	☐

08 나는 _____

	ㄱ	ㅁ
A. 종일 말을 하지 않을 때가 있다.	☐	☐
B. 사람이 많은 곳을 좋아한다.	☐	☐
C. 술을 좋아한다.	☐	☐
D. 휴양지에서 편하게 쉬고 싶다.	☐	☐

09 나는 _____

	ㄱ	ㅁ
A. 뉴스보다는 드라마를 좋아한다.	☐	☐
B. 길을 잘 찾는다.	☐	☐
C. 주말엔 집에서 쉬는 것이 좋다.	☐	☐
D. 아침에 일어나는 것이 힘들다.	☐	☐

10 나는 _____

	ㄱ	ㅁ
A. 이성적이다.	☐	☐
B. 할 일을 종종 미룬다.	☐	☐
C. 어른을 대하는 게 힘들다.	☐	☐
D. 불을 보면 매혹을 느낀다.	☐	☐

11 나는 _____

	ㄱ	ㅁ
A. 상상력이 풍부하다.	☐	☐
B. 예의 바르다는 소리를 자주 듣는다.	☐	☐
C. 사람들 앞에 서면 긴장한다.	☐	☐
D. 친구를 자주 만난다.	☐	☐

12 나는 _____

	ㄱ	ㅁ
A. 나만의 스트레스 해소 방법이 있다.	☐	☐
B. 친구가 많다.	☐	☐
C. 책을 자주 읽는다.	☐	☐
D. 활동적이다.	☐	☐

면접전형 가이드

| 01 | 면접전형 소개

1. 소개

- NCS 면접전형은 업무를 수행하는 데 있어 꼭 필요한 역량(지식, 기술, 태도, 인성)을 갖추고 있는지, 갖추고 있다면 기업(관)에 입사하여 발휘될 수 있는지를 평가하는 절차입니다.
- 면접전형에서는 면접관이 서류나 필기 전형에서 볼 수 없었던 행동에 대해 면접자를 평가할 수 있으며, 이전 과정을 통해 생긴 궁금한 부분을 직접 확인하고 지원자를 심층적으로 파악하기가 쉽습니다. 또한, 의사소통방식 및 언어적 특성(습관)에 대한 정보를 얻을 수 있습니다.
- 평가 방법은 구조화 면접의 성격으로 사전에 필요한 기본 질문 및 추가 질문을 계획해 놓고 역량 검증에 집중한 면접 방식으로 진행되고 있습니다.

2. 면접전형의 구성

NCS 직업기초능력면접

- 해당 직무수행 시 요구하는 직업기초능력(기초 소양)을 평가하기 위한 과정입니다.
- 직무기술서에 언급된 직업기초능력을 검증하기 위한 문항을 개발하고 객관적으로 평가할 수 있는 문항으로 구성됩니다.

NCS 직무능력면접

- 실제 직무수행과 관련한 지식, 기술, 태도를 객관적으로 평가할 수 있는 평가 문항들로 구성됩니다.
- 실질적인 업무 능력 파악을 위해 가지고 있는 능력(지식, 기술, 태도)을 업무수행 중 적용할 수 있는지를 평가하기 위한 내용으로 구성되어 있습니다.

| 02 | NCS 구조화 면접 유형 소개

1. 경험면접

- 방식
  해당 역량의 발휘가 요구되는 일반적인 상황을 제시하고, 그러한 상황에서 어떻게 행동했었는지(과거 경험)를 파악
- 판단기준
  해당 역량의 수준, 경험 자체의 구체성, 진실성 등
- 특징
  추상적인 생각이나 의견 제시가 아닌 과거 경험 및 행동 중심의 질의가 이루어지므로 지원자는 사전에 본인의 과거 경험 및 사례를 정리하는 것이 필요

TIP

답변을 통해 알고자 하는 역량이 명확하게 정해져 있으며 답변의 질에 따라 평가 기준이 확실한 것이 구조화 면접의 특징입니다. 면접자는 해당 역량이 돋보일 수 있는 답변 프로세스를 구축하는 것이 좋습니다.
- 답변 프로세스 구축 팁 : 상황 및 문제점 제시 → 자신의 행동 → 결과 → 결론

2. 발표(프레젠테이션)면접

- 방식
  지원자가 특정 주제와 관련된 자료를 검토하고, 그에 관한 자신의 생각을 면접관 앞에서 발표하며, 질의응답을 함
- 판단기준
  지원자의 사고력, 논리력, 문제해결능력 등
- 특징
  - 과제를 부여한 후, 지원자들이 과제를 수행하는 과정과 결과를 관찰·평가
  - 과제수행의 결과뿐 아니라, 과제수행 과정에서의 행동을 모두 평가

TIP

자료 분석부터 발표까지 일련의 과정으로 준비해야 합니다.
- 발표면접 팁
① 모든 기준을 지켜야 한다.
  이미 알고 있던 지식, 정보를 총망라해서 만드는 것이 아닌 제공된 과제 자료를 활용해야 함을 명심하시기 바랍니다. 또한, 발표 시간을 지키는 것도 기억해야 합니다. 면접도 순서가 있고 정해진 시간이 있으므로 다른 면접자에게 피해를 줄 수 있는 행동은 금해야 합니다.
② 질문을 예상해야 한다.
  발표가 끝나면 통상적으로 질의응답이 이뤄지게 됩니다. 이때 예상 질문을 생각해 보고 답변을 준비하는 것이 좋고, 발표 시간을 고려하여 주요 내용을 질의할 수 있게 유도하는 것도 좋은 방법이 됩니다.

3. 토론면접

- 방식
  상호갈등적 요소를 가진 과제 또는 공통의 과제를 해결하는 내용의 토론 과제 제시, 그 과정에서의 개인 간의 상호작용 행동 관찰
- 판단기준
  팀워크, 갈등 조정, 의사소통능력 등
- 특징
  면접에서 최종안을 도출하는 것도 중요하나 주장의 옳고 그름이 아닌 결론을 도출하는 과정과 말하는 자세 등도 중요

TIP

- 토론면접 핵심 3요소
  ① 배려심 : 말이 겹쳤을 시 타인에게 발언권을 양보하거나 대화에 참여하지 못하는 지원자에게 발언 기회를 준다면 타인에 대한 배려심을 보여줄 수 있습니다.
  ② 경청의 자세 : 타인이 말을 할 때 허공을 바라보거나 땅을 보는 것보다, 고개를 끄덕이고 중요한 것은 메모하며 적극적으로 타인의 이야기를 듣고 있다는 표현을 한다면 경청의 자세를 보여줄 수 있습니다.
  ③ 논리정연 : 주장에 대한 근거가 없다면? 타인의 생각과 다른데 자신의 주장이 없다면? 장황하게 말이 늘어진다면? 자기 생각을 잘 정리하여 근거와 함께 이야기하는 것이 중요합니다.

4. 상황면접

- 방식
  직무수행 시 접할 수 있는 상황들을 제시하고, 그러한 상황에서 어떻게 행동할 것인지(행동의도)를 파악
- 판단기준
  해당 상황에 맞는 해당 역량의 구체적 행동지표
- 특징
  지원자의 가치관, 태도, 사고방식 등의 요소를 평가하는 데 용이

TIP

바로 해결책을 제시하려는 다급함이 아닌 상황을 인지하고 어떻게 대처해야 할지 인식하려는 노력이 중요합니다.

| 03 | NCS 구조화 면접 예시

1. 경험면접 질문 예시

- 학창시절 리더로서 이끌어간 경험이 있는가?
- 행사준비 과정에서 어려움이 있을 때 어떻게 극복했는가? (총무 – 행사지원 – 행사운영)

직무수행능력 평가요소	수행태도	직업기초능력 평가요소	문제해결능력

- 취업준비를 하며 정보를 검색하고 수집한 내용을 쉽게 찾기 위해 관리한 방법이 있다면 무엇인가? (사무행정 – 문서관리 – 문서 수・발신)

직무수행능력 평가요소	업무역량, 전문지식	직업기초능력 평가요소	자원관리능력

- 다른 사람과 갈등이 생기는 상황을 어떻게 해결했고 느낀 점은 무엇인가? (직업기초 – 대인관계 – 갈등관리능력)

직무수행능력 평가요소	수행태도	직업기초능력 평가요소	대인관계능력

2. 상황면접 질문 예시

- 금주 금요일 창립기념일 행사 예정인데 수요일 현재 30% 정도만이 참여 의사를 밝혔다면, 참여를 독려하기 위한 방법은 어떤 것이 있는가? (총무 – 행사지원 – 행사운영)

직무수행능력 평가요소	업무역량	직업기초능력 평가요소	조직이해능력, 문제해결능력

- 회사 내 많은 공문서를 효율적으로 관리하고 쉽게 찾는 방법에는 어떤 것이 있는가? (사무행정 – 문서관리 – 문서 수・발신)

직무수행능력 평가요소	업무역량, 전문지식	직업기초능력 평가요소	자원관리능력

- 워크숍 진행 중 약속된 강사가 갑작스러운 사정으로 강의를 진행하지 못하게 되었을 때 어떻게 대처하겠는가? (직업기초 – 문제해결능력 – 문제처리능력)

직무수행능력 평가요소	업무역량, 수행태도	직업기초능력 평가요소	문제해결능력

1. 직무기초역량면접

기출 엿보기

- 임대주택에 대하여 아는 것이 있는가?
- 귀하가 거주하는 지역에 기억나는 도시재생을 말해 보시오.
- 한국토지주택공사의 부채에 대해 어떻게 생각하는가?
- 한국토지주택공사의 사업 중 개선해야 할 것은 무엇인가?
- LH에서 진행하고 있는 사업 중 관심 있는 사업과 그 이유는 무엇인가?
- LH의 사업 중 평소 관심이 있었던 사업은 무엇인가?
- 스마트시티와 관련하여 LH의 역할은 무엇인지 아는가?
- 사회취약계층을 위한 주거를 기획할 때 설계에서 어떻게 반영할 수 있겠는가?
- 호모사피엔스의 미래에 대해서 어떻게 생각하는가?
- 4차 산업혁명시대를 한 키워드로 표현해 보시오.
- 한국토지주택공사가 4차 산업혁명시대에 대비해서 하는 일이 무엇인가?
- 행복주택에 대해 말해 보시오.
- 청년 전세 정책을 이용해 본 적이 있는가?
- 단독주택과 아파트의 차이에 대해 말해 보시오.
- 한국토지주택공사의 사업 중 마음에 드는 것을 말해 보시오.

2. 인성 검증면접

기출 엿보기

- 한국토지주택공사에서 얻어가고 싶은 요소 한 가지를 뽑고, 그 이유를 말해 보시오.
- 성과를 만들어낸 경험을 말해 보시오.
- 주변에서 자기 자신에 대해 어떻게 평가하는지 말해 보시오.
- 전문성을 위해 기른 역량은 무엇이 있는가?
- 가장 힘들었던 경험을 어떻게 극복했고, 성과가 무엇이었는지 말해 보시오.
- 잘하는 일과 하고 싶은 일 중 어떠한 일을 하고 싶은가?
- 공동체에 적응하는 방법이 있는가?
- 무리한 요구를 하는 민원에 어떻게 대처하겠는가?

- 실수를 줄이기 위한 본인만의 방법을 말해 보시오.
- 가장 치열하게 경쟁했던 경험은 무엇인가?
- 자신만의 스트레스 해소법은 무엇인가?
- 일의 효율을 높였던 경험에 대해 말해 보시오.
- 회사 내부 분위기가 어떠할 것 같은가?
- LH에 대하여 얼마나 알고 있는가?
- 리더십을 활용하여 어려움을 극복한 경험이 있는가?
- 근무시설이 낙후한 곳에서 근무할 수 있는가?
- LH의 기업문화가 자신과 맞지 않을 경우 어떻게 하겠는가?
- LH의 업무 처리 방식이 자신의 방식과 다를 경우 어떻게 업무를 처리하겠는가?
- 좋아하는 운동과 좋아하는 운동의 포지션은 무엇인가?
- LH 업무직에 지원하게 된 동기가 무엇인가?
- 지원자만의 스트레스 관리 방법이 있는가?
- 한국토지주택공사가 진행하는 사업을 보고 느낀 점을 말해 보시오.
- 민원인을 상대할 때 어려운 점을 말해 보시오.
- 지원한 직무에 대한 본인의 강점은 무엇인가?
- 팀 프로젝트를 하면서 어려웠던 점은 무엇인가?
- 본인이 회사에 기여할 수 있는 강점을 말해 보시오.
- 인턴 기간 동안 얻고 싶은 것은 무엇인가?
- 같은 조별과제를 하는 팀원이 참여를 잘 하지 않는다면 어떻게 대처하겠는가?
- 자기계발을 하기 위해 주로 무엇을 하는가?
- 지원자만의 친구를 사귀는 기준은 무엇인가?
- 한국토지주택공사에서 일하게 된다면, 어느 부분에 기여할 수 있겠는가?
- 재미있게 들었던 학과 수업은 무엇인가?
- 이력서에 기재된 사항을 잘 확인해 봤는가?
- 현장근무가 가능한가?
- 현장에서 근무하다 민원 등의 난처한 상황이 발생한다면 어떻게 대처하겠는가?
- 주거급여 수급자가 본인에게 욕을 하거나 민원응대 거부를 하면 어떻게 대응할 것인가?
- 국가에 대해 어떻게 생각하는가?
- 지원자가 실제로 해본 봉사활동 경험 및 기간에 대해 구체적으로 말해 보시오.
- 공공기관의 사회적 역할에 대하여 아는 것이 있는가?
- 현재 LH의 단점을 말해 보시오.
- 평소 주변 지인들에게 본인은 어떤 사람이라는 이야기를 주로 듣는가?
- 공기업을 택한 이유가 무엇인가?
- 다른 회사와 협업해본 경험이 있는가?
- 소통을 잘 할 수 있는 방법이 무엇이라고 생각하는가?
- 살면서 실패했던 사례를 말해 보시오.
- 팀 내에서 아이디어를 내서 문제점을 개선했던 경험을 말해 보시오.

- 20 ~ 25년 뒤에 어떠한 리더가 되어있을 것 같은가?
- 입사해서 팀 분위기나 업무를 향상시킬만한 새로운 아이디어를 내고 싶다면 어떤 아이디어를 내겠는가?
- 본인이 경험하지 못했거나 본인의 지식 범위를 뛰어넘는 일을 맡게 되었을 때 어떻게 하겠는가?
- 본인의 솔직한 마음을 남들에게 표현할 때 어떤 방법을 쓰는가?
- 낯선 조직에서 본인이 적응하는 방법을 말해 보시오.
- 새로운 것에 도전한 사례를 말해 보시오.
- 본인 성격의 장단점을 말해 보시오.
- 한국토지주택공사에서 하고 싶은 사업과 하기 싫은 사업을 말해 보시오.
- 한국토지주택공사에 부족한 점이 있다면 무엇인지 말해 보시오.
- 조직 내에서 프로세스가 없는 업무를 처리한 적이 있는가? 그 결과는 어떠했는가?
- 대인관계에서 마찰이 있었을 때 어떤 식으로 해결하는가?
- 공기업이 편하다고 생각해서 이직하려고 하는 것인가?
- 창의력을 발휘했던 경험을 말해 보시오.
- 함께 일하는 동기가 본인보다 어린 경우도 있을 텐데 그 차이를 어떻게 극복할 것인가?
- 살아오면서 가장 잘한 일이라 생각하는 경험과 그 이유를 말해 보시오.
- 인적자원과 물적자원 중 더 중요하다고 생각하는 것은 무엇이며, 그중 본인이 더 잘 관리할 수 있는 것은 무엇인가?
- 어떤 리더상이 좋다고 생각하는가?
- 타임머신을 타고 가고 싶은 시대나 만나고 싶은 사람이 있다면?
- 배웠던 이론을 실제 현장이나 회사에서 활용했던 경험을 말해 보시오.
- 본인을 형용사로 표현해 보시오.
- 한국토지주택공사에 대해 아는 대로 말해 보시오.
- 자신이 한국토지주택공사의 CEO라고 생각하고 개선점에 대해 말해 보시오.
- 존경하는 인물과 그 이유를 말해 보시오.
- 전공이 법학이 아닌데, 직무수행 중 법학 지식이 필요하다면 어떻게 대처할 것인가?
- 집단 내 갈등을 해결한 경험이 있는가?
- 조직에서 어떤 역할을 할 수 있는가?
- 감정노동자는 을인데 어떻게 개선할 수 있다고 생각하는가?
- 직장생활과 학생과의 차이점에 대해 말해 보시오.
- 10년 후 무엇을 하고 있을 것이라고 생각하는가?
- 본인이 한국토지주택공사에 어떻게 기여할 수 있는가?
- 본인이 하고 싶었으나 돈 문제로 포기해야했던 일과 그 일의 예산을 말해 보시오.
- 치열한 취업경쟁을 헤쳐 나가기 위해 본인이 발전시켜야 한다고 생각하는 것은 무엇인가?
- 단체 생활을 하는 데 있어 중요한 것 두 가지를 말해 보시오.

NCS 직업기초능력평가 답안카드

문번	1	2	3	4	5		문번	1	2	3	4	5		문번	1	2	3	4	5
1	①	②	③	④	⑤		21	①	②	③	④	⑤		41	①	②	③	④	⑤
2	①	②	③	④	⑤		22	①	②	③	④	⑤		42	①	②	③	④	⑤
3	①	②	③	④	⑤		23	①	②	③	④	⑤		43	①	②	③	④	⑤
4	①	②	③	④	⑤		24	①	②	③	④	⑤		44	①	②	③	④	⑤
5	①	②	③	④	⑤		25	①	②	③	④	⑤		45	①	②	③	④	⑤
6	①	②	③	④	⑤		26	①	②	③	④	⑤		46	①	②	③	④	⑤
7	①	②	③	④	⑤		27	①	②	③	④	⑤		47	①	②	③	④	⑤
8	①	②	③	④	⑤		28	①	②	③	④	⑤		48	①	②	③	④	⑤
9	①	②	③	④	⑤		29	①	②	③	④	⑤		49	①	②	③	④	⑤
10	①	②	③	④	⑤		30	①	②	③	④	⑤		50	①	②	③	④	⑤
11	①	②	③	④	⑤		31	①	②	③	④	⑤							
12	①	②	③	④	⑤		32	①	②	③	④	⑤							
13	①	②	③	④	⑤		33	①	②	③	④	⑤							
14	①	②	③	④	⑤		34	①	②	③	④	⑤							
15	①	②	③	④	⑤		35	①	②	③	④	⑤							
16	①	②	③	④	⑤		36	①	②	③	④	⑤							
17	①	②	③	④	⑤		37	①	②	③	④	⑤							
18	①	②	③	④	⑤		38	①	②	③	④	⑤							
19	①	②	③	④	⑤		39	①	②	③	④	⑤							
20	①	②	③	④	⑤		40	①	②	③	④	⑤							

NCS 직업기초능력평가 답안카드

※ 본 답안지는 마킹연습용 모의 답안지입니다.

번호	①	②	③	④	⑤	번호	①	②	③	④	⑤	번호	①	②	③	④	⑤	번호	①	②	③	④	⑤
1	①	②	③	④	⑤	21	①	②	③	④	⑤	41	①	②	③	④	⑤						
2	①	②	③	④	⑤	22	①	②	③	④	⑤	42	①	②	③	④	⑤						
3	①	②	③	④	⑤	23	①	②	③	④	⑤	43	①	②	③	④	⑤						
4	①	②	③	④	⑤	24	①	②	③	④	⑤	44	①	②	③	④	⑤						
5	①	②	③	④	⑤	25	①	②	③	④	⑤	45	①	②	③	④	⑤						
6	①	②	③	④	⑤	26	①	②	③	④	⑤	46	①	②	③	④	⑤						
7	①	②	③	④	⑤	27	①	②	③	④	⑤	47	①	②	③	④	⑤						
8	①	②	③	④	⑤	28	①	②	③	④	⑤	48	①	②	③	④	⑤						
9	①	②	③	④	⑤	29	①	②	③	④	⑤	49	①	②	③	④	⑤						
10	①	②	③	④	⑤	30	①	②	③	④	⑤	50	①	②	③	④	⑤						
11	①	②	③	④	⑤	31	①	②	③	④	⑤												
12	①	②	③	④	⑤	32	①	②	③	④	⑤												
13	①	②	③	④	⑤	33	①	②	③	④	⑤												
14	①	②	③	④	⑤	34	①	②	③	④	⑤												
15	①	②	③	④	⑤	35	①	②	③	④	⑤												
16	①	②	③	④	⑤	36	①	②	③	④	⑤												
17	①	②	③	④	⑤	37	①	②	③	④	⑤												
18	①	②	③	④	⑤	38	①	②	③	④	⑤												
19	①	②	③	④	⑤	39	①	②	③	④	⑤												
20	①	②	③	④	⑤	40	①	②	③	④	⑤												

성 명

지원 분야

문제지 형별기재란

( )형 Ⓐ Ⓑ

수험번호

⓪	①	②	③	④	⑤	⑥	⑦	⑧	⑨
⓪	①	②	③	④	⑤	⑥	⑦	⑧	⑨
⓪	①	②	③	④	⑤	⑥	⑦	⑧	⑨
⓪	①	②	③	④	⑤	⑥	⑦	⑧	⑨
⓪	①	②	③	④	⑤	⑥	⑦	⑧	⑨
⓪	①	②	③	④	⑤	⑥	⑦	⑧	⑨
⓪	①	②	③	④	⑤	⑥	⑦	⑧	⑨

감독위원 확인

(인)

NCS 직업기초능력평가 답안카드

문번	①	②	③	④	⑤	문번	①	②	③	④	⑤	문번	①	②	③	④	⑤
1	①	②	③	④	⑤	21	①	②	③	④	⑤	41	①	②	③	④	⑤
2	①	②	③	④	⑤	22	①	②	③	④	⑤	42	①	②	③	④	⑤
3	①	②	③	④	⑤	23	①	②	③	④	⑤	43	①	②	③	④	⑤
4	①	②	③	④	⑤	24	①	②	③	④	⑤	44	①	②	③	④	⑤
5	①	②	③	④	⑤	25	①	②	③	④	⑤	45	①	②	③	④	⑤
6	①	②	③	④	⑤	26	①	②	③	④	⑤	46	①	②	③	④	⑤
7	①	②	③	④	⑤	27	①	②	③	④	⑤	47	①	②	③	④	⑤
8	①	②	③	④	⑤	28	①	②	③	④	⑤	48	①	②	③	④	⑤
9	①	②	③	④	⑤	29	①	②	③	④	⑤	49	①	②	③	④	⑤
10	①	②	③	④	⑤	30	①	②	③	④	⑤	50	①	②	③	④	⑤
11	①	②	③	④	⑤	31	①	②	③	④	⑤						
12	①	②	③	④	⑤	32	①	②	③	④	⑤						
13	①	②	③	④	⑤	33	①	②	③	④	⑤						
14	①	②	③	④	⑤	34	①	②	③	④	⑤						
15	①	②	③	④	⑤	35	①	②	③	④	⑤						
16	①	②	③	④	⑤	36	①	②	③	④	⑤						
17	①	②	③	④	⑤	37	①	②	③	④	⑤						
18	①	②	③	④	⑤	38	①	②	③	④	⑤						
19	①	②	③	④	⑤	39	①	②	③	④	⑤						
20	①	②	③	④	⑤	40	①	②	③	④	⑤						

NCS 직업기초능력평가 답안카드

1	①	②	③	④	⑤	21	①	②	③	④	⑤	41	①	②	③	④	⑤
2	①	②	③	④	⑤	22	①	②	③	④	⑤	42	①	②	③	④	⑤
3	①	②	③	④	⑤	23	①	②	③	④	⑤	43	①	②	③	④	⑤
4	①	②	③	④	⑤	24	①	②	③	④	⑤	44	①	②	③	④	⑤
5	①	②	③	④	⑤	25	①	②	③	④	⑤	45	①	②	③	④	⑤
6	①	②	③	④	⑤	26	①	②	③	④	⑤	46	①	②	③	④	⑤
7	①	②	③	④	⑤	27	①	②	③	④	⑤	47	①	②	③	④	⑤
8	①	②	③	④	⑤	28	①	②	③	④	⑤	48	①	②	③	④	⑤
9	①	②	③	④	⑤	29	①	②	③	④	⑤	49	①	②	③	④	⑤
10	①	②	③	④	⑤	30	①	②	③	④	⑤	50	①	②	③	④	⑤
11	①	②	③	④	⑤	31	①	②	③	④	⑤						
12	①	②	③	④	⑤	32	①	②	③	④	⑤						
13	①	②	③	④	⑤	33	①	②	③	④	⑤						
14	①	②	③	④	⑤	34	①	②	③	④	⑤						
15	①	②	③	④	⑤	35	①	②	③	④	⑤						
16	①	②	③	④	⑤	36	①	②	③	④	⑤						
17	①	②	③	④	⑤	37	①	②	③	④	⑤						
18	①	②	③	④	⑤	38	①	②	③	④	⑤						
19	①	②	③	④	⑤	39	①	②	③	④	⑤						
20	①	②	③	④	⑤	40	①	②	③	④	⑤						

※ 본 답안지는 마킹연습용 모의 답안지입니다.

성 명

지원 분야

문제지 형별기재란   Ⓐ
               Ⓑ
          ( )형

수험번호

⓪	①	②	③	④	⑤	⑥	⑦	⑧	⑨
⓪	①	②	③	④	⑤	⑥	⑦	⑧	⑨
⓪	①	②	③	④	⑤	⑥	⑦	⑧	⑨
⓪	①	②	③	④	⑤	⑥	⑦	⑧	⑨
⓪	①	②	③	④	⑤	⑥	⑦	⑧	⑨
⓪	①	②	③	④	⑤	⑥	⑦	⑧	⑨
⓪	①	②	③	④	⑤	⑥	⑦	⑧	⑨

감독위원 확인   ㉑

현재 나의 실력을 객관적으로 파악해 보자!

모바일 OMR
답안채점 / 성적분석 서비스

도서에 수록된 모의고사에 대한 객관적인 결과(정답률, 순위)를 종합적으로 분석하여 제공합니다.

OMR 입력

성적분석

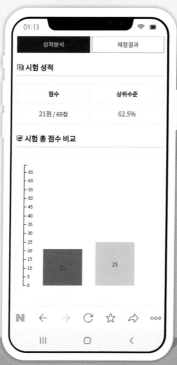

채점결과

※OMR 답안채점 / 성적분석 서비스는 등록 후 30일간 사용 가능합니다.

참여방법

 → → '시작하기' 클릭 → '응시하기' 클릭 → → '성적분석 & 채점결과' 클릭 → 현재 내 실력 확인하기

도서 내 모의고사 우측 상단에 위치한 QR코드 찍기 → 로그인 하기 → '시작하기' 클릭 → '응시하기' 클릭 → 나의 답안을 모바일 OMR 카드에 입력 → '성적분석 & 채점결과' 클릭 → 현재 내 실력 확인하기

2023 최신판

합격공략

1위
한국토지주택공사 시리즈
누적 판매량

모바일 OMR
답안채점 / 성적분석
서비스

NCS 핵심이론
및 대표유형
PDF 제공

[합격시대]
온라인 모의고사
무료쿠폰

[WIN시대로]
AI면접
무료쿠폰

본 도서는 항균잉크로
인쇄하였습니다.

▲합격의 모든 것!

AI면접 + NCS + 실전모의고사 4회 + 무료NCS특강

LH 한국토지주택공사

업무직 정답 및 해설
(무기계약직)

SD에듀
(주)시대고시기획

Add+ 특별부록
정답 및 해설

잠깐!

도서 관련 최신 정보 및 정오사항이 있는지
우측 QR을 통해 확인해 보세요!

| 01 | 2020년

01	02	03	04	05	06	07	08	09	10
⑤	⑤	④	②	①	⑤	⑤	⑤	③	④
11	12	13	14	15	16	17	18	19	20
①	②	④	③	①	④	④	④	①	②
21	22	23	24	25	26	27	28	29	30
②	②	③	②	③	③	③	②	④	④
31	32	33							
①	⑤	②							

01
[정답] ⑤

'개성 있는 단독주택에서 살고 싶다는 욕구를 가진 사람이 증가하고 있다지만 아파트가 주는 편안한 생활을 포기할 사람이 많지 않을 것이라는 분석인 셈이다.'라는 내용을 통해 유추해 볼 수 있다.

오답분석
① 모듈러 주택과 콘크리트 주택의 비용의 차이는 글에서 알 수 없다.
② 모듈러 주택의 조립과 마감에 걸리는 시간은 30 ~ 40일이다.
③ 모듈러 공법은 주요 자재의 최대 80 ~ 90퍼센트가량을 재활용할 수 있다는 내용만 있을 뿐 일반 철근콘크리트 주택의 재활용에 대해서는 글에서 확인할 수 없다.
④ 모듈러 주택이 처음 한국에 등장한 시기는 해외 대비 늦지만, 해외보다 소요되는 비용이 적을 것이라는 것은 알 수 없다.

02
[정답] ⑤

'외부 전문가의 심사를 거쳐 대상을 포함해 총 31점을 당선작으로 선정하였다.'라고 했으므로 내부 심사로만 진행하지 않았다는 것을 알 수 있다.

오답분석
① '제8회 대학생 광고공모전'이라고 표기되어 있으므로 대학생만 지원이 가능한 것을 유추할 수 있다.
② '신데렐라, 백설공주 등 디즈니사의 유명 만화영화가 모두 해피엔딩으로 끝나는 점에서 아이디어를 착안해'라는 내용에서 '오래오래'는 긍정적인 의미를 담고 있다고 볼 수 있다.

③ '심사위원 만장일치로 대상에 선정되었다.'라는 내용에서 심사위원 전원이 긍정적인 반응을 보였다고 볼 수 있다.
④ '저소득층의 주거 복지 향상을 위한 LH의 영구임대주택을 참신하고 흥미롭게 표현했다.'라는 내용에서 LH가 저소득층 주거 복지를 위해 영구임대주택 사업을 하고 있음을 알 수 있다.

03
[정답] ④

㉠ B의 발언은 내용만 보면 선정적이지만, 업무에 대한 내용으로 A도 이를 인지하였으므로 직장 내 성희롱에 해당하지 않는다.
㉡ C의 발언은 성적인 내용을 포함하지만, D는 이에 대해 성적 수치심을 느꼈다고 볼 수 없으므로 직장 내 성희롱에 해당하지 않는다.
㉣ 성희롱이란 성적 수치심을 일으키는 말과 행동을 하는 경우를 말하는데, H는 G의 말에 대하여 성적 수치심을 느꼈다고 볼 수 없으므로 성희롱에 해당하지 않는다.

오답분석
㉢ E는 직위를 이용해 거부하는 F에게 신체접촉을 요구했으므로 직장 내 성희롱에 해당된다.

04
[정답] ②

㉣ 성적인 내용이 담겨있는 발언이더라도 상대방이 성적 수치심을 느끼지 않는다면 직장 내 성희롱이라고 볼 수 없다.

오답분석
㉠ 직장 내 성적인 소문을 의도적으로 퍼뜨려 심적 고통을 느끼게 하는 것도 직장 내 성희롱에 해당된다.
㉡ 직위를 이용한 상대방과의 신체적 접촉은 직장 내 성희롱에 해당된다.
㉢ 퇴근 후라도 문자나 전화 등을 통해 상대방이 성적 수치심을 느낄 수 있는 발언을 했을 때는 직장 내 성희롱이 성립된다.

05
[정답] ①

'참석'은 비교적 작은 규모의 모임이나 행사, 회의 등에 단순히 출석하는 것을 뜻한다. 반면, '참여'와 '참가'는 단순한 출석 이상으로 그 일에 관계하여 개입한다는 의미가 있다. 둘 모두 행사나 모임 등이 이루어지도록 하는 일에 적극적으로 관여한다는 것을 뜻하지만, '참여'는 주로 '참가'보다 관여 대상이 다소 추상적이고 규모가 클 때 사용한다.
㉠ 참석(參席) : 모임이나 회의 따위의 자리에 참여함
㉡ 참가(參加) : 모임이나 단체 또는 일에 관계하여 들어감
㉢ 참여(參與) : 어떤 일에 끼어들어 관계함

06

정답 ⑤

'천문학적 세금이 투입되는 사업이라 누구도 선뜻 나서지 못하는 것이 현 상황이다.'라는 내용에 비추어 볼 때, 상대적으로 저소득 국가는 고소득 국가에 비해 하기 힘든 사업임을 예측할 수 있다.

오답분석

① '우주 쓰레기들이 서로 충돌하면서 작은 조각으로 부서지기도 한다.'라는 내용으로 볼 때, 우주 쓰레기의 개수는 이전보다 더 많아질 것임을 추측할 수 있다.
② '우주 쓰레기가 지상에 떨어지는 경우가 있어 각국에서는 잇따른 피해가 계속 보고되고 있다.'라는 내용으로 보아 우주 쓰레기는 우주에서만 떠돌 뿐 아니라 지구 내에도 떨어져 지구 내에서도 피해가 발생함을 알 수 있다.
③ 우주 쓰레기 수거 로봇은 스위스에서 개발한 것으로 유럽에서 개발한 것은 맞으나, 2025년에 우주 쓰레기 수거 로봇을 발사할 계획이므로 아직 그 결과를 얻지 못해 성공적이라고 할 수 없다.
④ '2018년 영국에서 작살과 그물을 이용해 우주 쓰레기를 수거하는 실험에 성공한 적이 있다.'라는 내용이 있으므로 옳지 않은 설명이다.

07

정답 ⑤

제시문과 ⑤의 '말'은 '일정한 주제나 줄거리를 가진 이야기'를 의미한다.

오답분석

① 사람의 생각이나 느낌 따위를 표현하고 전달하는 데 쓰는 음성 기호
② 단어, 구, 문장 따위를 통틀어 이르는 말
③ 음성 기호로 생각이나 느낌을 표현하고 전달하는 행위. 또는 그런 결과물
④ 소문이나 풍문 따위를 이르는 말

08

정답 ⑤

㉠ '이따가'는 '조금 지난 뒤에'를 의미하는 부사로 주로 시간 표현과 관련하여 사용되며, '있다가'는 동사 '있-'에 '-다가'가 결합한 형태로 주로 일정한 장소와 관련하여 사용된다. 제시된 문장은 '조금 지난 뒤에 다시 전화하겠다.'는 의미이므로 ㉠은 '이따가'가 옳은 표기이다.
㉡ '되다'의 어간 '되-'와 연결 어미 '-어서'가 결합한 '되어서'의 준말은 '돼서'로 표기하므로 ㉡은 '돼서'가 옳은 표기이다.
㉢ '뵈다'의 어간 '뵈-'와 연결 어미 '-어'가 결합한 '뵈어'의 준말은 '봬-'로 표기하므로 보조사 '요'가 붙을 때는 '봬요'의 형태로 표기한다. 따라서 ㉢은 '봬요'가 옳은 표기이다.

09

정답 ③

예금할 일정한 금액을 a원이라 하면 3년 후의 원리합계는 다음과 같다.

$$a + a(1+0.05) + a(1+0.05)^2 = 40,000,000$$

$$\frac{a(1.05^3 - 1)}{1.05 - 1} = \frac{a(1.16 - 1)}{0.05} = 40,000,000$$

$$a = \frac{40,000,000 \times 0.05}{0.16} = 12,500,000$$

따라서 매년 1,250만 원의 임대료를 받아야 한다.

10

정답 ④

작년 동아리에 가입한 남자 사원의 수를 x명, 여자 사원의 수를 y명이라고 하자.

$x + y = 90$ … ㉠
$0.90x + 1.12y = 92$ … ㉡

㉠과 ㉡을 연립하면, $x = 40$, $y = 50$이다.
따라서 올해 동아리에 가입한 여성 사원의 수는 56명이다.

11

정답 ①

먼저 세 자연수의 합이 6이 되는 경우의 수를 구하여야 한다.
• 자연수의 합이 6이 되는 경우는 (4, 1, 1), (2, 2, 2), (3, 2, 1)이다.
• 3개의 주사위를 던졌을 때 나올 수 있는 모든 사건의 수는 $6 \times 6 \times 6 = 216$이다.
• 주사위가 (4, 1, 1)인 경우는 (1, 1, 4), (1, 4, 1), (4, 1, 1)로 총 3가지이다.
• 주사위가 (2, 2, 2)인 경우는 (2, 2, 2)로 1가지이다.
• 주사위가 (3, 2, 1)인 경우는 (1, 2, 3), (1, 3, 2), (2, 1, 3), (2, 3, 1), (3, 1, 2), (3, 2, 1)로 총 6가지이다.
따라서 3개의 주사위를 동시에 던질 때 나온 숫자의 합이 6이 되는 확률은 $\frac{10}{216} = \frac{5}{108}$이다.

12

정답 ②

작업량에 대한 식은 1＝(작업 시간)×(작업 속도)로 표현된다.

• A사원의 작업 속도 : $\frac{1}{24}$

• B사원의 작업 속도 : $\frac{1}{120}$

• C사원의 작업 속도 : $\frac{1}{20}$

따라서 세 사람의 작업 속도를 더하면 $\frac{1}{24} + \frac{1}{20} + \frac{1}{120} = \frac{12}{120} = \frac{1}{10}$이므로 세 사람이 함께 일을 진행하면 10일이 걸린다.

13

정답 ②

움직인 시간을 x초라고 하면 $x=15-2x \rightarrow 3x=15 \rightarrow x=5$
따라서 5초 움직였으므로, 두 사람이 같은 층이 되는 층은 5층이다.

14

정답 ③

규칙을 찾아보면 신입사원의 수는 총 4년을 주기로 변화하는 것을 알수 있다. 사원의 수는 4년 주기 중, 첫 해에는 전년 대비 1명이 증가하며, 두 번째 해에는 전년 대비 2명이 증가하고, 3번째 해에는 전년 대비 2배가 되며, 네 번째 해에는 전년 대비 1명이 감소한다. 이를 통해 2020년까지 신입사원의 수를 구하면 다음과 같다.

2014년	2015년	2016년	2017년	2018년	2019년	2020년
36	38	76	75	76	78	156

모든 2002 ~ 2020년 신입사원의 수를 더하면 700명이다.

15

정답 ①

마지막 규칙에 따라 C대리가 가장 먼저 출근하며, 세 번째 규칙에 따라 그 다음에 B과장이 출근한다. 팀원이 총 5명이므로 다섯 번째 규칙에 따라 D주임이 세 번째로 일찍 출근하며, 나머지 팀원인 E사원과 A팀장중 첫 번째 규칙에 따라 E사원이 A팀장보다 먼저 출근한다.
따라서 출근 순서는 C대리 - B과장 - D주임 - E사원 - A팀장이다.

16

정답 ④

우선, 물품비는 $5,000 \times 2 + 1,000 \times 4 + 2,000 \times 1 + 1,500 \times 2 = 19,000$원이 든다. 또한, 서울 지부에서 김포공항까지 택시비가 소요된다. 세미나 시작 2시간 전인 12시 정각까지 세미나 장소인 부산 본사에 도착하여야 하며, 그러기 위해서는 택시로 이동하는 시간을 고려하여 11시 반에는 김해공항에 도착하여야 한다. 따라서 탑승이 가능한 항공편은 AX381뿐이다. 김해공항에서 내린 후 부산 본사까지 이동과정에서 다시 택시비가 소요된다. 세미나 종료 후 다시 택시를 타고 김해공항으로 이동하게 되며, 공항에 도착하면 18:30이 된다. 따라서 탑승이 가능한 항공편은 YI830뿐이다. 김포공항에서 다시 택시를 타고 서울 지부로 이동하는 과정에서 택시비를 지불하게 된다.
따라서 총비용은 $19,000 + 20,000 + 38,500 + 20,000 + 20,000 + 48,000 + 20,000 = 185,500$원이다.

17

정답 ④

7월에 비해 8월에 변경된 사항을 반영하여 지급내역을 계산하면 다음과 같다. 또한 인상된 건강보험료율은 5%이므로, $3,500,000 \times 0.05 = 175,000$원이다.

지급내역	
기본급	1,350,000
직책수당	400,000
직무수당	450,000
연장근로	350,000
심야근로	250,000
휴일근로	300,000
월차수당	400,000
합계	3,500,000

공제내역	
갑근세	900,000
주민세	9,000
건강보험	175,000
국민연금	135,000
고용보험	24,000
근태공제	–
기타	–
합계	1,243,000

따라서 실수령액은 $3,500,000 - 1,243,000 = 2,257,000$원이다.

18

정답 ④

- 딸기 쿠키 1개(박력분 10g, 버터 5g, 설탕 8g, 딸기잼 20g)
- 마카다미아 쿠키 4개(박력분 40g, 버터 40g, 설탕 32g, 마카다미아 12개)
→ 박력분 50g, 버터 45g, 설탕 40g, 딸기잼 20g, 마카다미아 12개
따라서 버터가 40g을 초과하므로 옳지 않다.

오답분석

① 스모어스 쿠키 4개(박력분 40g, 버터 20g, 설탕 32g, 초코시럽 40g, 마쉬멜로우 4개)

② • 스모어스 쿠키 2개(박력분 20g, 버터 10g, 설탕 16g, 초코시럽 20g, 마쉬멜로우 2개)
  • 초코칩 쿠키 1개(박력분 10g, 버터 5g, 설탕 8g, 초코시럽 5g, 초코칩 10개)
  → 박력분 30g, 버터 15g, 설탕 24g, 초코시럽 25g, 마쉬멜로우 2개, 초코칩 10개

③ • 딸기 쿠키 1개(박력분 10g, 버터 5g, 설탕 8g, 딸기잼 20g)
  • 초코칩 쿠키 3개(박력분 30g, 버터 15g, 설탕 24g, 초코시럽 15g, 초코칩 30개)
  → 박력분 40g, 버터 20g, 설탕 32g, 초코시럽 15g, 딸기잼 20g, 초코칩 30개

⑤ • 초코칩 쿠키 3개(박력분 30g, 버터 15g, 설탕 24g, 초코시럽 15g, 초코칩 30개)
   • 마카다미아 쿠키 2개(박력분 20g, 버터 20g, 설탕 16g, 마카다미아 6개)
   → 박력분 50g, 버터 35g, 설탕 40g, 초코칩 30개, 마카다미아 6개

19　　　　정답 ①

ㄱ. 제34조 제11호의 경우, 배우자만 1년 이상 해외에서 연구를 진행하는 경우에도 휴직이 가능하다.
ㄴ. 제34조 제7호의 경우, 3년에 2년을 연장하여 최대 5년간 휴직이 가능하다.

오답분석

ㄷ. 제34조 제2호인 경우 C에게는 최대 3년의 휴직이 명해진다.
ㄹ. 제34조 제4호인 경우 3개월 이내의 휴직이 명해진다.

20　　　　정답 ②

가옥(家屋)은 집을 의미하는 한자어이므로 ㉠과 ㉡의 관계는 동일한 의미를 지니는 한자어와 고유어의 관계이다. ㉢의 수확(收穫)은 익은 농작물을 거두어들이는 것 또는 거두어들인 농작물을 의미하고, 벼는 수확의 대상이 될 뿐이므로 수확과 벼는 동일한 의미를 지니지 않는다.

21　　　　정답 ②

㉡에는 고르거나 가지런하지 않고 차별이 있음을 의미하는 '차등(差等)'이 사용되어야 한다.
• 차등(次等) : 다음가는 등급

오답분석

① 자생력(自生力) : 스스로 살길을 찾아 살아나가는 능력이나 힘
③ 엄선(嚴選) : 엄격하고 공정하게 가리어 뽑음
④ 도출(導出) : 판단이나 결론 따위를 이끌어 냄
⑤ 지속적(持續的) : 어떤 상태가 오래 계속되는

22　　　　정답 ③

땀이나 침에 소량의 HIV가 들어있다는 내용을 통해 인체의 체액 내에서 HIV가 생존할 수 있음을 알 수 있다. 따라서 음식에 들어간 HIV는 생존할 수 없으나, 인체의 체액 내에 들어간 HIV는 생존할 수 있다.

오답분석

① 에이즈는 HIV가 체내에 침입하여 면역 기능을 저하시키는 감염병이므로 후천성 질환에 해당한다.
② HIV에 감염될 경우 항체의 형성 여부와 관계없이 별다른 증상이 나타나지 않는다.
④ 악수와 같은 일상적인 신체 접촉으로는 에이즈에 감염되지 않는다.
⑤ 의학의 발달로 인해 새로운 치료제가 계속해서 개발되고 있으나, 이는 에이즈의 증상을 개선할 수 있을 뿐 현재 완치할 수 있는 치료제가 개발되었는지는 제시문을 통해 알 수 없다.

23　　　　정답 ⑤

제시문에서는 에이즈에 대한 사람들의 잘못된 편견과 오해에 관해 이야기하고 있으며, 〈보기〉에서는 이러한 에이즈에 대한 사람들의 잘못된 인식을 미디어를 통해 간접 경험된 낙인으로 보고 있다. 따라서 글쓴이가 주장할 내용으로는 미디어에 대한 검증적인 시각이 필요하다는 내용의 ⑤가 가장 적절하다.

24　　　　정답 ①

㉠ 함량(含量) : 물질이 어떤 성분을 포함하고 있는 분량
㉡ 성분(成分) : 유기적인 통일체를 이루고 있는 것의 한 부분
㉢ 원료(原料) : 어떤 물건을 만드는 데 들어가는 재료
㉣ 함유(含有) : 물질이 어떤 성분을 포함하고 있음

오답분석

• 분량(分量) : 수효, 무게 따위의 많고 적음이나 부피의 크고 작은 정도
• 성질(性質) : 사물이나 현상이 가지고 있는 고유의 특성
• 원천(源泉) : 사물의 근원
• 내재(內在) : 어떤 사물이나 범위의 안에 들어 있음. 또는 그런 존재

25　　　　정답 ③

A ~ E회사의 사용 언어를 정리하면 다음과 같다.

구분	한국어	중국어	영어	일본어	러시아어
A	○	○	○	○	
B		○			○
C	○		○		
D				○	○
E		○	○		○

사용하는 언어 중 공통되는 언어가 없는 B회사와 C회사, C회사와 D회사는 서로 언어가 통하지 않는다. 따라서 언어가 통하지 않는 회사끼리 연결된 선택지는 ③이다.

오답분석

① 중국어
② 한국어, 영어
④ 중국어, 러시아어
⑤ 러시아어

26　　　　정답 ①

먼저 두 번째 조건에 따라 D는 가장 먼저인 월요일에 야근을 하고, 세 번째 조건에 따라 C는 목요일에 야근을 한다. 남은 요일에는 첫 번째 조건에 따라 E, B가 각각 화요일, 수요일에 야근을 하고, A가 가장 마지막으로 금요일에 야근을 한다.

월요일	화요일	수요일	목요일	금요일
D	E	B	C	A

따라서 가장 마지막에 야근을 하는 팀원은 A이다.

27

머신러닝알고리즘의 문서정리 건수는 수열 점화식으로 나타낼 수 있다. 7월 29일이 첫 번째 날로 10건이 진행되고 30일은 29일에 정리한 양의 2배보다 10건 더 진행했으므로 $2 \times 10 + 10 = 30$건이 된다. 30일부터 전날 정리한 양의 2배보다 10건 더 문서를 정리하는 건수를 점화식으로 나타내면 $a_{n+1} = 2a_n + 10$, $a_1 = 10$이다. 점화식을 정리하면, $a_{n+1} = 2a_n + 10 \rightarrow a_{n+1} + 10 = 2(a_n + 10)$이고, 수열 $(a_n + 10)$의 공비는 2, 첫째항은 $(a_1 + 10) = 10 + 10 = 20$인 등비수열이다. 일반항 (a_n)을 구하면 $a_n = (20 \times 2^{n-1}) - 10$이 되고, 7월 29일이 첫째항 a_1이므로 8월 4일은 7번째 항이 된다. 따라서 8월 4일에 머신러닝알고리즘이 문서정리한 건수는 $a_7 = 20 \times 2^{7-1} - 10 = 20 \times 64 - 10 = 1,280 - 10 = 1,270$건이다.

28

정답 ②

A사원이 콘퍼런스에 제시간에 도착하지 못할 확률은 공항버스를 못타거나 비행기를 놓치거나 시외버스를 못 탔을 때의 확률을 모두 더한 값으로, 여사건을 이용하여 풀면 전체에서 A사원이 콘퍼런스에 도착할 확률을 빼준다.

따라서 A사원이 콘퍼런스에 제시간에 도착하지 못할 확률은 $[1 - (0.95 \times 0.88 \times 0.92)] \times 100 = 23.088\%$, 즉 23%($\because$ 소수점 이하 버림)이다.

29

정답 ④

1시간 동안 만들 수 있는 상품의 개수는 $\dfrac{1 \times 60 \times 60}{15} = 240$개이다. 안정성 검사와 기능 검사를 동시에 받는 상품은 12와 9의 최소공배수인 $3 \times 3 \times 4 = 36$번째 상품마다 시행된다.

따라서 1시간 동안 $240 \div 36 = 6.66\cdots$, 총 6개 상품이 안정성 검사와 기능 검사를 동시에 받는다.

30

정답 ④

선택 1 ~ 4의 3가지 변인 적용에 따른 독감 여부를 정리하면 다음과 같다.

구분	수분섭취	영양섭취	예방접종	독감 여부
선택 1	○	×	×	×
선택 2	×	○	○	×
선택 3	○	○	○	×
선택 4	○	○	×	○

ㄴ. 선택 1, 4를 비교해 보면 수분섭취와 예방접종의 차이는 없으나, 영양섭취에서 차이가 있음을 알 수 있다. 이때, 영양섭취를 한 선택 4와 달리 영양섭취를 하지 않은 선택 1에서 독감에 걸리지 않았으므로 영양섭취를 하지 않아 독감에 걸리지 않았을 것으로 추정할 수 있다.

ㄹ. 선택 3, 4를 비교해 보면 수분섭취와 영양섭취의 차이는 없으나, 예방접종에서 차이가 있음을 알 수 있다. 이때, 예방접종을 하지 않은 선택 4와 달리 예방접종을 한 선택 3에서 독감에 걸리지 않았으므로 예방접종을 하면 독감에 걸리지 않는 것으로 추정할 수 있다.

오답분석

ㄱ. 선택 1, 2를 비교해 보면 수분섭취 여부와 관계없이 모두 독감에 걸리지 않았으므로 수분섭취와 독감의 상관관계는 알 수 없다.

ㄷ. 선택 2, 4를 비교해 보면 수분섭취와 예방접종에서 차이가 있음을 알 수 있다. 따라서 독감에 걸리는 원인을 예방접종 한 가지로만 볼 수 없다. 게다가 예방접종을 한 선택 2에서 독감에 걸리지 않았으므로 예방접종을 하여 독감에 걸렸을 것이라는 추정은 옳지 않다.

31

정답 ①

세 번째 조건에서 중앙값이 28세이고, 최빈값이 32세라고 했으므로 신입사원 5명 중 2명은 28세보다 어리고, 28세보다 많은 사람 2명은 모두 32세가 되어야 한다. 또한 두 번째 조건에서 신입사원 나이의 총합은 $28.8 \times 5 = 144$세라 하였으므로, 27세 이하인 2명의 나이 합은 $144 - (28 + 32 + 32) = 52$세가 된다. 그러므로 2명의 나이는 (27세, 25세), (26세, 26세)가 가능하지만 최빈값이 32세이기 때문에 26세는 불가능하다.

따라서 28세보다 어린 2명은 25세와 27세이며, 가장 어린 사람과 가장 나이가 많은 사람의 나이 차는 $32 - 25 = 7$세이다.

32

정답 ⑤

최대 10일을 유급으로 사용할 수 있기 때문에 모두 사용하여도 통상임금에 변화는 없다.

오답분석

① 다태아가 아니면 최대 90일 중 출산 이후 45일 이상의 기간이 보장되어야 하기 때문에 50일 전에 사용할 수 없다.

② 같은 자녀에 대해 부부 동시 육아휴직이 가능하다.

③ 가족 돌봄 휴직에서 자녀 양육 사유 중 손자녀가 해당되므로 신청할 수 있다.

④ 하루 1시간까지 통상임금이고 그 외의 시간은 80%를 받는다. 하루 최대 5시간 주 25시간까지 가능하기 때문에 100%를 받는 시간은 5시간, 80%를 받는 시간은 20시간이다. 따라서 최대 $5 \times 10,000 + 20 \times 8,000 = 210,000$원을 지원받을 수 있다.

33

정답 ②

• ㉠ : 남편의 출산 전후 휴가는 최대 10일까지 사용할 수 있다.

• ㉡ : 육아기 근로시간 단축은 육아휴직을 포함하여 최대 2년까지 가능하므로 총 22개월을 신청할 수 있다.

• ㉢ : 남편은 출산한 날로부터 90일 이내에 청구해야 하므로 63일을 이내에 청구해야 한다.

• ㉣ : 출산 전후 휴가 중 통상임금의 100%가 지급되기 때문에 100만 원을 받을 수 있다.

따라서 ㉠ ~ ㉣에 들어갈 수의 총합은 $10 + 22 + 63 + 100 = 195$이다.

| 02 | 2019년

01	02	03	04	05	06	07	08	09	10
⑤	①	③	①	④	④	②	③	④	③
11	12	13	14	15	16	17	18	19	20
③	①	②	④	③	③	②	②	③	⑤

01

정답 ⑤

전화를 처음 발명한 사람으로 알려진 알렉산더 그레이엄 벨이 전화에 대한 특허를 받았음을 이야기하는 (라) 문단이 첫 번째 문단으로 적절하며, 다음으로 벨이 특허를 받은 뒤 치열한 소송전이 이어졌다는 (다) 문단이 오는 것이 적절하다. 이후 벨은 그레이와의 소송에서 무혐의 처분을 받으며 마침내 전화기의 발명자는 벨이라는 판결이 났다는 (나) 문단과 지금도 벨의 전화 시스템이 세계 통신망에 뿌리를 내리고 있다는 (가) 문단이 차례로 오는 것이 적절하다.

02

정답 ①

누가 먼저 전화를 발명했는지에 대한 치열한 소송이 있었지만, (나) 문단의 1887년 재판에서 전화의 최초 발명자는 벨이라는 판결에 따라 법적으로 전화를 처음으로 발명한 사람은 벨임을 알 수 있다.

오답분석

② 벨과 그레이는 1876년 2월 14일 같은 날 특허를 신청했으며, 누가 먼저 신청서를 제출했는지는 글을 통해 알 수 없다.
③ 무치는 1871년 전화에 대한 임시특허만 신청하였을 뿐, 정식 특허로 신청하지 못하였다.
④ 벨이 만들어낸 전화 시스템은 현재 세계 통신망에 뿌리를 내리고 있다.
⑤ 소송 결과 그레이가 전화의 가능성을 처음 인지하기는 하였으나, 전화를 완성하기 위한 후속 조치를 취하지 않았다고 판단되었다.

03

정답 ③

빈칸 앞 문장에서 변혁적 리더는 구성원의 욕구 수준을 상위 수준으로 끌어올린다고 하였으므로 구성원에게서 기대되었던 성과만을 얻어내는 거래적 리더십을 발휘하는 리더와 달리 변혁적 리더는 구성원에게서 보다 더 높은 성과를 얻어낼 수 있을 것임을 추론해볼 수 있다. 따라서 빈칸에 들어갈 내용으로는 '기대 이상의 성과를 얻어낼 수 있다.'는 ③이 가장 적절하다.

04

정답 ①

합리적 사고와 이성에 호소하는 거래적 리더십과 달리 변혁적 리더십은 감정과 정서에 호소하는 측면이 크다. 따라서 변혁적 리더십을 발휘하는 변혁적 리더는 구성원의 합리적 사고와 이성이 아닌 감정과 정서에 호소한다.

05

정답 ④

(가) 문단에 따르면 미국의 박물관은 일반 대중에게 봉사한다는 취지로 미술품 애호가들이나 개인 법인에 의해 설립되었다. 또한, 20세기 이후 미국에서는 미술품 구입 시 세제 혜택을 주어 미술의 발전을 도모하였을 뿐, 박물관을 통해 경제적 이윤을 추구한 것은 아니다.

06

정답 ④

미술품을 구입하는 개인 또는 법인에게 세제상의 혜택을 주는 미국의 정책을 통해 1930 ~ 1940년대 미국의 재력가들은 본격적으로 박물관 후원의 주체가 되기 시작했고, 이들의 지원을 통해 미국에 많은 박물관이 설립될 수 있었다. 따라서 '1930 ~ 1940년대 미국 박물관의 특징'은 (라) 문단의 주제로 적절하다.

오답분석

① (가) 문단에서는 박물관(Museum)이라는 용어의 등장 배경과 유럽과 미국의 서로 다른 박물관의 발전 양상에 관해 설명하고 있다.
② (나) 문단에서는 19세기 이전과 다른 19세기 이후 박물관의 성격에 관해 이야기하고 있다.
③ 전문 박물관의 등장 배경은 이미 (나) 문단에서 이야기하고 있으며, (다) 문단에서는 1850년대 이후 박물관의 전체적인 발전 모습에 대해 이야기하고 있다.
⑤ (마) 문단에서는 경제 대공황 이후 미국 박물관이 동시대 예술 작품을 왜곡하고 있다는 비판을 받기도 하였지만, 이후 신흥 재벌의 후원으로 박물관을 건립하여 현대 미술을 일반에게 알리는 데 기여하였다고 이야기하고 있다.

07

정답 ②

A ~ E의 청약 가점제 조건 해당 유무와 청약 가점은 다음과 같다.

구분	조건	미성년 자녀수	무주택 기간	해당 시·도 연속 거주기간	주택청약 종합저축 납입인정 횟수
A	× (혼인 2년 이하)	–	–	–	–
B	○	2명 (2점)	3년 이상 (3점)	1년 이상 2년 미만 (2점)	12회 이상 23회 이하 (2점)
C	○	1명 (1점)	1년 미만 (1점)	2년 이상 (3점)	12회 이상 23회 이하 (2점)
D	○	1명 (1점)	1년 이상 2년 미만 (2점)	1년 미만 (1점)	24회 이상 (3점)
E	○	1명 (1점)	1년 미만 (1점)	1년 이상 2년 미만 (2점)	6회 미만 (0점)

A는 청약 가점제 대상에 해당되지 않으며, 해당되는 사람들의 가점은 B는 9점, C는 7점, D는 7점, E는 4점임을 알 수 있다. 따라서 B가 청약 가점이 9점으로 가장 높다.

08 정답 ③

단리예금의 경우, 이자는 원금에 대해서만 지급되므로 3년 후 $1,000 \times 0.1 \times 3 = 300$만 원이 되며, 원리합계는 $1,000 + 300 = 1,300$만 원이다.
연복리예금의 경우, 원리합계는 $1,000 \times (1.1)^3 = 1,000 \times 1.331 = 1,331$만 원이 된다. 따라서 두 가지 경우 원리합계의 합은 $1,300 + 1,331 = 2,631$만 원이다.

09 정답 ④

〈조건〉에 따라 선반에 놓여 있는 사무용품을 정리하면 다음과 같다.

5층	보드마카, 접착 메모지
4층	스테이플러, 볼펜
3층	2공 펀치, 형광펜
2층	서류정리함, 북엔드
1층	인덱스 바인더, 지우개

따라서 보드마카와 접착 메모지는 5층 선반에 놓여 있으므로, 선반의 가장 높은 층에 놓여 있음을 알 수 있다.

10 정답 ③

용인 지점에서는 C와 D만 근무할 수 있으며, 인천 지점에서는 A와 B만 근무할 수 있다. 이때, A는 과천 지점에서 근무하므로 인천 지점에는 B가 근무하는 것을 알 수 있다. 주어진 조건에 따라 A ~ D의 근무 지점을 정리하면 다음과 같다.

구분	과천	인천	용인	안양
경우 1	A	B	C	D
경우 2	A	B	D	C

따라서 항상 참이 되는 것은 ③이다.

오답분석

①·② 주어진 조건만으로 A와 B가 각각 안양과 과천에서 근무한 경험이 있는지는 알 수 없다.

11 정답 ③

제시문에서는 멸균에 대해 언급하며, 멸균 방법을 물리적·화학적으로 구분하여 다양한 멸균 방법에 대해 설명하고 있다. 따라서 글의 주제로 ③이 가장 적절하다.

12 정답 ①

⊙ 조성(造成) : 무엇이 만들어져서 이룸
ⓒ 명시(明示) : 분명하게 드러내 보임
ⓒ 반영(反映) : 다른 것에 영향을 받아 어떤 현상이 나타남. 또는 어떤 현상을 나타냄

오답분석

• 조장(助長) : 바람직하지 않은 일을 더 심해지도록 부추김
• 암시(暗示) : 넌지시 알림. 또는 그 내용
• 투입(投入) : 사람이나 물자, 자본 따위를 필요한 곳에 넣음

13 정답 ②

전체 주사제 수입금액은 전체 주사제 생산금액의 $\frac{15,851}{34,313} \times 100 = 46.2\%$로 50% 미만이다.

오답분석

① 전체 수입금액은 전체 생산금액의 $\frac{43,717}{159,048} \times 100 = 27.5\%$이다.

③ 외용약의 전문 의약품 수입품목 수는 경구약 전문 의약품 수입품목 수의 $\frac{348}{817} \times 100 = 42.6\%$이다.

④ 전체 경구약 생산품목 수 중 전문 의약품 품목 수의 비율은 $\frac{10,308}{14,659} \times 100 = 70.3\%$이다.

⑤ 전체 수입금액 중 전문 의약품 수입금액이 차지하는 비율은 $\frac{42,262}{43,717} \times 100 = 96.7\%$이다.

14 정답 ④

ㄱ. 2018년과 2019년 외용약의 생산품목 수를 제외한 모든 일반 의약품 품목 수가 전문 의약품 품목 수보다 적은 것을 확인할 수 있다.

ㄴ. 2019년 전체 경구약 수입품목 수는 2018년 대비 $\frac{926 - 916}{916} \times 100 = 1.1\%$ 증가하였다.

ㄹ. 2017년 수치가 제시되어 있지 않으므로 2018년의 전년 대비 증가율은 알 수 없다.

오답분석

ㄷ. 2019년 경구약 전문 의약품의 생산금액은 수입금액의 $\frac{96,478}{20,545} = 4.7$배이다.

15

정답 ③

70점을 가평균으로 하고 각 점수와의 편차를 이용하여 실제 평균을 구하면 다음과 같다.

점수	편차	인원
55	$55-70=-15$	9
60	$60-70=-10$	7
65	$65-70=-5$	0
70	$70-70=0$	6
75	$75-70=5$	8
80	$80-70=10$	5
85	$85-70=15$	4
90	$90-70=20$	6
95	$95-70=25$	3
100	$100-70=30$	2

$[(-15×9)+(-10×7)+(-5×0)+(0×6)+(5×8)+(10×5)+(15×4)+(20×6)+(25×3)+(30×2)]÷50+70$

$$=\frac{-135-70+40+50+60+120+75+60}{50}+70=\frac{200}{50}+70=74점$$

임을 알 수 있다.

16

정답 ③

임대인이란 주택이나 상가 등을 조건에 의해 타인에게 빌려주고 대가를 받는 사람을 뜻하며 임차인은 주택이나 상가를 빌려 대가를 지불하는 자이다. 원상회복청구권에서 임대를 할 당시의 모습으로 돌려줄 것을 요구할 수 있는 사람은 임대인이므로 ㉠은 임대인, ㉡은 임차인이 적절하다.

유익비는 집의 개량을 목적으로 지출한 비용을 뜻하며 집의 가치를 높이는 데 사용된다. 유익비상환청구권은 임차인이 임대차 기간 동안 집의 가치를 높이는 데 사용되었다는 증명을 통해 자신이 사용한 유익비를 임대인에게 청구할 수 있는 것이므로 ㉢은 임차인이다.

17

정답 ②

오답분석

① 지급 : 돈이나 물품 따위를 정하여진 몫만큼 내줌
③ 원상복구 : 원래 처음의 본디 상태로 돌리는 것
④ 매수 : 물건을 사들임
⑤ 보존 : 잘 보호하고 간수하여 남김

18

정답 ②

임대보증금 전환은 연 1회 가능하므로 다음 해에 전환할 수 있다. 1년 동안 A대학생이 내는 월 임대료는 $500,000×12=6,000,000$원이고, 이 금액의 최대 56%까지 보증금으로 전환이 가능하므로 $6,000,000×0.56=3,360,000$원을 보증금으로 전환할 수 있다. 보증금에 전환이율 6.72%를 적용하여 환산한 환산보증금은 $3,360,000÷0.0672=50,000,000$원이 된다. 즉, 월세를 최대로 낮췄을 때의 월세는 $500,000×(1-0.56)=220,000$원이며, 보증금은 환산보증금 5천만 원을 추가하여 8천만 원이 된다.

19

정답 ③

㉢에는 관심이나 영향이 미치지 못하는 범위를 비유적으로 이르는 말인 '사각(死角)'이 사용되어야 한다.
• 사각(四角) : 네 개의 각으로 이루어진 모양. 또는 그런 도형

오답분석

① 창안(創案) : 어떤 방안, 물건 따위를 처음으로 생각하여 냄. 또는 그런 생각이나 방안
② 판정(判定) : 판별하여 결정함
④ 종사(從事) : 어떤 일을 일삼아서 함
⑤ 밀집(密集) : 빈틈없이 빽빽하게 모임

20

정답 ⑤

각 사진별로 개수에 따른 총 용량을 구하면 다음과 같다.
• 반명함 : $150×8,000=1,200,000$KB
• 신분증 : $180×6,000=1,080,000$KB
• 여권 : $200×7,500=1,500,000$KB
• 단체사진 : $250×5,000=1,250,000$KB
사진 용량 단위 KB를 MB로 전환하면
• 반명함 : $1,200,000÷1,000=1,200$MB
• 신분증 : $1,080,000÷1,000=1,080$MB
• 여권 : $1,500,000÷1,000=1,500$MB
• 단체사진 : $1,250,000÷1,000=1,250$MB
따라서 모든 사진의 총 용량을 더하면 $1,200+1,080+1,500+1,250=5,030$MB이고, 5,030MB는 5.03GB이므로 필요한 USB 최소 용량은 5GB이다.

2022년 주요 공기업

NCS 기출복원문제 정답 및 해설

01	02	03	04	05	06	07	08	09	10
③	⑤	⑤	①	①	④	⑤	③	③	⑤
11	12	13	14	15	16	17	18	19	20
②	⑤	④	④	④	④	①	②	④	②
21	22	23	24	25	26	27	28	29	30
④	④	②	③	③	⑤	②	④	⑤	①
31	32	33	34	35	36	37	38	39	40
①	③	③	①	④	②	④	②	④	⑤
41	42	43	44	45	46	47	48	49	50
①	②	③	②	③	④	④	①	③	②
51	52	53	54	55	56	57	58	59	60
⑤	④	④	②	③	②	②	④	②	③

01

정답 ③

제시문의 중심 내용은 나이 계산법 방식이 세 가지로 혼재되어 있어 '나이 불일치'로 인한 행정서비스 및 계약상의 혼선과 법적 다툼이 발생해 이를 해소하고자 나이 방식을 하나로 통합하자는 것이다. 이에 덧붙여 나이 방식이 통합되어도 일상에는 변화가 없으며 일부 법에 대해서는 기존 방식이 유지될 수 있다고 하였다. 따라서 제시문의 주제로 가장 적절한 것은 ③이다.

오답분석

① 마지막 문단의 '연 나이를 채택해 또래 집단과 동일한 기준을 적용하는 것이 오히려 혼선을 막을 수 있고 법 집행의 효율성이 담보'라는 내용에서 일부 법령에 대해서는 연 나이 계산법을 유지한다는 것을 알 수 있으나, 해당 내용이 전체 글을 다루고 있다고 보기는 어렵다.

② 세 번째 문단에 따르면 나이 불일치가 야기한 혼선과 법적 다툼은 우리나라 나이 계산법으로 인한 문제가 아니라 나이 계산법 방식이 세 가지로 혼재되어 있어 발생하는 문제라고 하였다.

④ 제시문은 나이 계산법 혼용에 따른 분쟁 해결 방안을 다루기보다는 이러한 분쟁이 발생하지 않도록 나이 계산법을 하나로 통일하자는 내용을 다루고 있다.

⑤ 다섯 번째 문단의 '법적・사회적 분쟁이 크게 줄어들 것으로 기대하고 있지만, 국민 전체가 일상적으로 체감하는 변화는 크지 않을 것'이라는 내용으로 보아 나이 계산법의 변화로 달라지는 행정서비스는 크게 없을 것으로 보이며, 글의 전체적인 주제로 보기에도 적절하지 않다.

02

정답 ⑤

마지막 문단의 '정부도 규제와 의무보다는 사업자의 자율적인 부분을 인정해주고 사업자 노력을 드라이브 걸 수 있는 지원책을 마련하여야 한다.'라는 내용을 통해 정부는 OTT 플랫폼에 장애인 편의 기능과 관련한 규제와 의무를 줬지만, 이에 대한 지원책은 부족했음을 유추할 수 있다.

오답분석

① 세 번째 문단의 '재생 버튼에 대한 설명이 제공되는 넷플릭스도 영상 재생 시점을 10초 앞으로 또는 뒤로 이동하는 버튼은 이용하기 어렵다.'라는 내용을 통해 국내 OTT 플랫폼보다는 장애인을 위한 서비스 기능이 더 제공되고 있지만, 여전히 충분히 제공되고 있지 않음을 알 수 있다.

② 세 번째 문단을 통해 장애인들의 국내 OTT 플랫폼의 이용이 어려움을 짐작할 수는 있지만, 서비스를 제공하는지의 유무는 확인하기 어렵다.

③ 외국 OTT 플랫폼은 국내 OTT 플랫폼보다 상대적으로 장애인 편의 기능을 더 제공하고 있는 것으로 보아 장애인을 수동적인 시혜자가 아닌 능동적인 소비자로 보고 있음을 알 수 있다.

④ 제시문에서는 우리나라 장애인이 외국 장애인보다 OTT 플랫폼의 이용이 어려운 것이 아닌 우리나라 OTT 플랫폼이 외국 OTT 플랫폼보다 장애인이 이용하기 어렵다고 말하고 있다.

03

정답 ⑤

먼저 서두에는 흥미를 유도하거나 환기시킬 수 있는 내용이 오는 것이 적절하다. 따라서 영국의 보고서 내용인 (나) 또는 OECD 조사 내용인 (다)가 서두에 오는 것이 적절하다. 하지만 (나)의 경우 첫 문장에서의 '또한'이라는 접속사를 통해 앞선 글이 있었음을 알 수 있어 서두에 오는 것이 가장 적절한 문단은 (다)이고 이어서 (나)가 오는 것이 적절하다. 그리고 다음으로 앞선 문단에서 다룬 성별 간 임금 격차의 이유에 해당하는 (라)와 이에 대한 구체적 내용인 (가)가 오는 것이 적절하다.

04

정답 ①

첫 번째 문단의 '특히 해당 건물은 조립식 샌드위치 패널로 지어져 있어 이번 화재는 자칫 대형 산불로 이어져'라는 내용과 빈칸 앞뒤의 '빠르게 진화되었지만', '불이 삽시간에 번져'라는 내용을 미루어 볼 때, 해당 건물의 화재가 빠르게 진화되었음에도 사상자가 발생한 것은 조립식 샌드위치 패널로 이루어진 화재에 취약한 구조이기 때문으로 볼 수 있다. 따라서 빈칸에 들어갈 내용으로 가장 적절한 것은 ①이다.

오답분석

② 건조한 기후와 관련한 내용은 제시문에서 찾을 수 없다.

③ 해당 건물이 불법 가건물에 해당되지만, 해당 건물의 안정성과 관련한 내용은 제시문에서 찾을 수 없다.

④ 소방시설과 관련한 내용은 제시문에서 찾을 수 없으며, 두 번째 문단의 '화재는 30여 분 만에 빠르게 진화되었지만'이라는 내용으로 보아 소방 대처가 화재에 영향을 줬다고 보기는 어렵다.

⑤ 인적이 드문 지역에 있어 해당 건물의 존재를 파악하기는 어려웠지만, 화재로 인한 피해를 더 크게 했다고 보기에도 어렵다.

05

정답 ①

체지방량을 x kg, 근육량을 y kg이라 하면,

$x+y=65 \cdots \text{㉠}$

$-0.2x+0.25y=-4 \cdots \text{㉡}$

㉡×20을 하면 $-4x+5y=-80 \cdots \text{㉢}$

㉠×4+㉢을 풀면 $9y=180$, $y=20$이고, 이 값을 ㉠에 대입하면 $x=45$이다.

따라서 운동을 한 후 체지방량은 운동 전에 비해 20%인 9kg이 줄어 36kg이고, 근육량은 운동 전에 비해 25%인 5kg이 늘어 25kg이다.

06

정답 ④

둘레에 심는 꽃의 수가 최소가 되려면 꽃 사이의 간격이 최대가 되어야 하므로 꽃 사이의 간격은 $140=2^2 \times 5 \times 7$, $100=2^2 \times 5^2$의 최대공약수인 $2^2 \times 5=20$m가 된다. 따라서 이때 심어야 하는 꽃은 $2 \times [(140+100) \div 20]=24$송이다.

07

정답 ⑤

제품 50개 중 1개가 불량품일 확률은 $\frac{1}{50}$이다.

따라서 제품 2개를 고를 때 2개 모두 불량품일 확률은 $\frac{1}{50} \times \frac{1}{50} = \frac{1}{2,500}$이다.

08

정답 ③

甲대리의 성과평가 등급을 통해 개인 성과평가 점수에 가중치를 적용하여 점수로 나타내면 다음과 같다.

실적	난이도평가	중요도평가	신속성	합
30×1 =30점	20×0.8 =16점	30×0.4 =12점	20×0.8 =16점	74점

따라서 甲대리는 80만 원의 성과급을 받게 된다.

09

정답 ③

각 지사별 최단거리에 위치한 곳은 '대전 – 김천(90km)', '김천 – 부산(120km)', '부산 – 진주(100km)'이다. 따라서 K대리가 방문할 지사를 순서대로 나열하면 '김천 – 부산 – 진주'이다.

10

정답 ⑤

물품 A 2박스와 물품 B 1박스를 한 묶음으로 보면 다음과 같이 쌓을 수 있다.

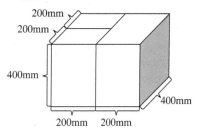

최종적으로 물품 한 세트의 규격은 (L)400mm×(W)400mm×(H)400mm로 볼 수 있다.

해당 규격으로 20ft 컨테이너에 넣게 되면 다음과 같아진다.

• 6,000mm÷400mm=15세트
• 2,400mm÷400mm=6세트
• 2,400mm÷400mm=6세트

따라서 총 15×6×6=540세트를 넣을 수 있고, 3박스가 결합되어야 하므로 모두 540×3=1,620박스를 실을 수 있다.

11

정답 ②

조직을 관리하는 대표는 리더(Leader)와 관리자(Manager)로 나눌 수 있다. '무엇을 할까'를 생각하면서 적극적으로 움직이는 사람은 리더이고, 처해 있는 상황에 대처하기 위해 '어떻게 할까'를 생각하는 사람은 관리자이다. 따라서 적절하지 않은 것은 ②이다.

12 〔정답〕 ⑤

임파워먼트의 장애요인
- 개인 차원 : 주어진 일을 해내는 역량의 결여, 대응성, 동기의 결여, 결의의 부족, 책임감 부족, 성숙 수준의 전반적인 의존성, 빈곤의 정신 등
- 대인 차원 : 다른 사람과의 성실성 결여, 약속 불이행, 성과를 제한하는 조직의 규범(Norm), 갈등처리 능력의 결여, 승패의 태도 등
- 관리 차원 : 효과적 리더십 발휘능력 결여, 경험 부족, 정책 및 기획의 실행능력 결여, 통제적 리더십 스타일, 비전의 효과적 전달능력 결여 등
- 조직 차원 : 공감대 형성이 없는 구조와 시스템, 제한된 정책과 절차 등

13 〔정답〕 ④

첫 번째 빈칸에는 앞뒤 문장의 내용이 반대이기 때문에 '그러나'가 와야 한다. 두 번째 빈칸에는 앞 문장의 예시가 뒤 문장에 제시되고 있기 때문에 '예컨대'가 적절하다.

14 〔정답〕 ④

석훈이와 소영이는 각각 평균 6m/s, 4m/s의 속도로 달리기 때문에 1초에 10m씩 가까워진다. 점점 가까워지다가 만나게 되고 그 과정을 한 번 더 반복하게 되는데, 두 번째 만날 때까지 둘이 달린 거리는 트랙의 길이의 2배와 같다. 따라서 1분 15초 동안 달린 거리는 10m/s× 75sec=750m이며, 트랙의 길이는 그 절반인 375m이다.

15 〔정답〕 ④

주어진 조건에 따라 자물쇠를 열 수 없는 열쇠를 정리하면 다음과 같다.

구분	1번 열쇠	2번 열쇠	3번 열쇠	4번 열쇠	5번 열쇠	6번 열쇠
첫 번째 자물쇠			×	×	×	×
두 번째 자물쇠			×			×
세 번째 자물쇠	×	×	×			×
네 번째 자물쇠			×	×	×	×

따라서 3번 열쇠로는 어떤 자물쇠도 열지 못하는 것을 알 수 있다.

〔오답분석〕
① 첫 번째 자물쇠는 1번 또는 2번 열쇠로 열릴 수 있다.
② 두 번째 자물쇠가 2번 열쇠로 열리면, 세 번째 자물쇠는 4번 열쇠로 열린다.
③ 세 번째 자물쇠가 5번 열쇠로 열리면, 네 번째 자물쇠는 1번 또는 2번 열쇠로 열린다.

16 〔정답〕 ④

12월 20 ~ 21일은 주중이며, 출장 혹은 연수 일정이 없고, 부서이동 전에 해당되므로, 김인턴이 경기본부의 파견 근무를 수행할 수 있는 날짜이다.

〔오답분석〕
① 12월 6 ~ 7일은 김인턴의 연수 참석 기간이므로 파견 근무를 진행할 수 없다.
② 12월 11 ~ 12일은 주말인 11일을 포함하고 있으므로 파견 근무를 진행할 수 없다.
③ 12월 14 ~ 15일 중 15일은 목요일로, 김인턴이 H본부로 출장을 가는 날이므로 파견 근무를 진행할 수 없다.
⑤ 12월 27 ~ 28일은 김인턴이 부서를 이동한 27일 이후이므로, 김인턴이 아니라 후임자가 경기본부로 파견 근무를 가야 한다.

17 〔정답〕 ①

각 사례에 대한 가산점 합계를 구하면 다음과 같다.
(가) : 정보관리기술사(5점), 사무자동화산업기사(2점), TOEIC 750점(2점), JLPT 2급(4점) → 5점
(나) : TOSEL 620점(2점), 워드프로세서 1급(2점), PELT 223점(해당없음) → 4점
(다) : 한국실용글쓰기검정 450점(해당없음), HSK 6급(해당없음), 정보보안산업기사(2점) → 2점
(라) : JPT 320점(해당없음), 석사학위(4점), TEPS 450점(해당없음) → 4점
(마) : 무선설비산업기사(2점), JLPT 3급(2점), ITQ OA 마스터(해당없음) → 4점
(바) : TOEIC 640점(2점), 국어능력인증시험 180점(5점), HSK 8급(4점) → 5점
(사) : JLPT 3급(2점), HSK 5급(해당없음), 한국어능력시험 530점(해당없음) → 2점
(아) : IBT 42점(해당없음), 컴퓨터활용능력 2급(2점), 에너지관리산업기사(해당없음) → 2점
따라서 가산점이 5점인 경우는 2가지이고 4점인 경우는 3가지이며, 마지막으로 2점인 경우는 3가지이다.

18 〔정답〕 ②

〔오답분석〕
①・④ 전결권자는 상무이다.
③・⑤ 대표이사의 결재가 필수이다(전결 사항이 아님).

19

정답 ③

네 번째 문단에서 '거주지에 해당하는 센터에서만 상담과 치료를 받을 수 있다.'고 하였으므로 적절하지 않다.

오답분석

① 두 번째 문단에 따르면 지난 1년간 불안장애를 경험한 사람은 224만 명으로, 그 외 주요 정신질환을 경험한 사람보다 많음을 알 수 있다.

② 세 번째 문단에서 '전반적으로 정신질환 유병률은 감소 추세이다. 정신건강 서비스의 이용률 증가로 인한 정신질환 예방이나 조기치료의 효과 등이 작용했을 것으로 보인다.'라고 하였다. 따라서 정신질환 예방과 조기치료는 정신질환 유병률 감소에 효과가 있음을 추론할 수 있다.

④ 네 번째 문단에 따르면 정신보건 전문요원과 상담한 이후 개인별 상황과 증상의 정도에 따른 치료 계획이 결정되어 치료받게 된다고 하였으므로 적절하다.

⑤ 마지막 문단에서 '센터별로 다양한 프로그램을 운영'한다고 하였으므로 적절하다.

20

정답 ④

ⓒ 질병감염아동특별지원서비스의 이용 대상은 장애 아동이 아닌 법정 전염성 및 유행성 질병에 감염되어 사회복지시설, 유치원, 보육시설 등을 이용하고 있는 만 12세 이하의 아동이다. 장애 아동과 관련된 내용은 제시문에 나타나 있지 않다.

ⓔ 아동돌봄서비스는 취업 부모의 일・가정 양립을 위해 야간・주말 등 틈새시간의 '일시 돌봄' 및 '영아 종일 돌봄' 등을 제공한다.

오답분석

ⓐ 아이돌봄서비스는 만 12세 이하 아동을 둔 맞벌이 가정의 아동을 돌봐주는 서비스이므로 만 12세를 초과한 아동은 이용 대상이 될 수 없다.

ⓒ 기관연계돌봄서비스의 이용 대상은 만 0 ~ 12세 아동에 대한 돌봄서비스가 필요한 사회복지시설이나 학교, 유치원, 보육시설 등이다.

21

정답 ④

휴업급여 부분에 따르면 기준소득의 80%를 지급하도록 되어 있으며, 직업재활급여 부분에 따르면 현금급여는 가족관계에 따라 기준소득의 68 ~ 75%를 지급하도록 되어 있으므로 전자의 경우가 기준소득 대비 급여지급액 비율이 더 높다.

오답분석

① 적용대상 부분에 따르면 교육훈련생도 산재보험 적용대상에 해당하므로 단기 계약직 근로자가 교육훈련생의 지위를 갖고 있어도 적용대상에 해당한다.

② 담당기구 부분에 따르면 독일 산재보험은 지역별로 산재보험조합이 자율적으로 운영되며, 국가는 주요 업무사항에 대한 감독권만을 가지므로 적절하지 않은 설명이다.

③ 보상 부분에 따르면 일일평균임금산정 시 휴업급여는 재해발생 직전 3개월간의 임금총액을 고려하는 반면, 연금식 급여는 상병이 발생한 날이 속하는 연도로부터 1년을 고려하여 서로 상이하므로 적절하지 않은 설명이다.

⑤ 장해급여 부분에 따르면 노동능력이 20% 이상 감소하였으면서 장해가 26주 이상 지속되는 경우에 지급된다. 선택지의 경우 노동능력은 20% 이상 감소하였으나, 장해는 26주 미만으로 지속되므로 장해급여 대상이 아니다.

22

정답 ④

경기 화성시와 강원 춘천시에서 시범적으로 운행이 시작되는 사업으로, 현재는 전국적으로 시행하는 단계의 사업은 아니다.

오답분석

① C공단 본부장의 말에 따르면, 기존의 돌봄서비스는 요양병원과 시설 중심이었다.

② 단순 시설 중심이 아닌 사업 대상인 노인들의 특성을 파악한 안전 손잡이, 문턱 제거 등의 내용이 포함된다.

③ 사회적 약자에 해당되는 노인 계층을 위한 돌봄 사업이므로, 이들의 생활 환경 개선을 예상할 수 있다.

⑤ 행정안전부 및 보건복지부, 지자체 등 다양한 기관과의 협업을 통해 추진되는 사업임을 알 수 있다.

23

정답 ②

제시문에서는 건강 불평등 격차를 줄여 모든 국민의 건강권을 보장하고자 하는 네덜란드의 의료복지 정책에 대해 설명하며, 건강 불평등 격차가 큰 우리나라의 현재 상황을 나타내고 있다. 따라서 제시문에 이어질 내용으로는 네덜란드의 보험 제도를 참고하여 우리나라의 건강 불평등 해소 방향을 생각해 볼 수 있다는 ②가 가장 적절하다.

24

정답 ③

두 번째 문단에 따르면 산재노동자가 처한 위기상황에 따라 개입하는 것은 일반서비스이며, 내일찾기서비스는 요양초기단계부터 잡코디네이터가 사례관리를 진행하는 것이므로 적절하지 않은 설명이다.

오답분석

① 두 번째 문단에 따르면 맞춤형통합서비스는 요양초기단계에 제공되는 내일찾기서비스, 요양서비스 과정에서 위기상황에 따라 제공되는 일반서비스로 분류된다. 따라서 적절한 설명이다.

② 두 번째 문단에 따르면 해당 발표회는 '한 해 동안'의 재활사업 성과를 평가하는 장이라고 하였으므로 매년 1회씩 열린다는 것을 추론할 수 있고, 2018년 기준 7번째라고 하였으므로 2012년부터 시행되었음을 알 수 있다.

④ 세 번째 문단에 따르면 분쇄기에 손이 절단되는 재해를 입은 여성 산재노동자가 심리불안을 겪을 때 미술심리치료 등 심리상담을 통해 자존감을 회복한 경우가 있다. 따라서 적절한 추론임을 알 수 있다.

⑤ 네 번째 문단에 따르면 캄보디아 산재노동자가 신체상 재해를 입고도 사업주와 의료진에 대한 불신 때문에 치료를 거부하여 골든타임을 놓칠 뻔한 사례가 있다. 따라서 근로자와 사업주 간의 신뢰구축을 통해 근로자의 신체 상해에 대한 치료가 원활히 이루어지도록 해야 한다.

25
정답 ③

기존의 AMI는 장애 상황이 발생하였을 때 전문가가 직접 현장에 가서 상황을 파악하고 고치는 방법만 가능하였다.

오답분석

① AMI는 시간대별 요금 정보 등 전기 사용 정보를 고객에게 제공해 자발적인 전기 절약을 유도하는 계량시스템이다.

② 첫 번째 문단에 따르면 검침원이 각 가정을 돌아다니며 전력 사용량을 확인하는 고전적인 검침 방식이 필요 없다고 하였다.

④ 원래는 AMI가 고장 나면 전문가가 직접 방문했으나, 현재 AMI 장애진단시스템의 개발로 인해 원격으로 검침정보 소스를 수집·저장하고 이를 활용해 어떤 장애인지 장애진단웹에 전송해 AMI 운영 담당자가 확인할 수 있다.

⑤ 제주지역을 대상으로 AMI 설비의 검침 빅데이터를 정밀 분석해본 결과 총 31종의 고장 유형을 분류했다.

26
정답 ③

제시문은 고전주의의 예술관을 설명한 후 이에 반하는 수용미학의 등장을 설명하고, 수용미학을 처음 제시한 야우스의 주장에 대해 설명하고 있다. 이어서 이를 체계화한 이저의 주장을 소개하고, 이저가 생각한 독자의 역할을 제시한 뒤 그 의의에 대해 설명하고 있다. 따라서 (가) 고전주의 예술관과 이에 반하는 수용미학의 등장 – (라) 수용미학을 제기한 야우스의 주장 – (다) 야우스의 주장을 정리한 이저 – (나) 이저의 이론 속 텍스트와 독자의 상호작용의 의의로 나열하는 것이 적절하다.

27
정답 ②

응시자 중 불합격자 수는 응시자 수에서 합격자 수를 제외한 값이다.
• 2017년 : 2,810−1,310=1,500명 • 2018년 : 2,660−1,190=1,470명
• 2019년 : 2,580−1,210=1,370명 • 2020년 : 2,110−1,010=1,100명
• 2021년 : 2,220−1,180=1,040명

오답분석

① 미응시자 수는 접수자 수에서 응시자 수를 제외한 값이다.
• 2017년 : 3,540−2,810=730명
• 2018년 : 3,380−2,660=720명
• 2019년 : 3,120−2,580=540명
• 2020년 : 2,810−2,110=700명
• 2021년 : 2,990−2,220=770명

28
정답 ③

대면 진료가 중심이 된다면, 비대면 진료 때보다 환자의 의약품 사용 관리가 수월해지며, 대면 진료를 통해 의약품의 안전한 복용을 보다 더 정확하게 전달할 수 있어 약물의 오남용 또한 방지할 수 있다. 따라서 빈칸에 들어갈 내용으로는 ③이 가장 적절하다.

오답분석

① 제시문에서 비대면 진료의 가장 큰 문제점으로 제시한 것은 전문 의약품의 오남용으로 인한 의료의 상업화이다. 따라서 의약품 판매처를 확대한다면 이러한 문제점들이 더 증가할 수 있으므로 해당 내용은 적절하지 않다.

② 재진 환자에 한정해 비대면 진료를 허용하더라도, 재진 환자의 비대면 진료를 통한 의약품 오남용의 문제점을 해결할 수는 없다. 따라서 해당 내용은 적절하지 않다.

④ 비대면 의료 앱에서 의료광고를 제한한다면 해당 앱의 홍보 효과는 감소할 수 있겠지만, 근본적으로 비대면 진료를 통한 의약품의 오남용 문제점을 해결할 수는 없으므로 해당 내용은 적절하지 않다.

⑤ 비대면 진료에서의 의약품 처방을 제한한다면 실질적으로 비대면 진료를 받는 경우는 감소하게 되어 비대면 진료의 운영이 무의미해지게 된다. 결과적으로 이는 비대면 진료의 문제점을 해결하기 위한 것이라기보다는 비대면 진료 자체를 제한하는 것으로 볼 수 있으므로 적절하지 않다.

29
정답 ⑤

국민건강보험제도의 특성과 번호를 연결하면 '1 – 강제적용, 2 – 부담 능력에 따른 보험료의 차등부담, 3 – 보험급여의 균등한 수혜, 4 – 보험료 납부의 강제성, 5 – 책임주체는 국가, 6 – 단기보험'이다. 따라서 보기에서 적절한 것은 모두 6개이다.

30
정답 ①

두 번째 문단에 따르면 연령별 폐기능검사 시행률은 90대 이상이 27.6%로 가장 낮으므로 적절하지 않다.

오답분석

② 세 번째 문단에서 확인할 수 있다.
③ 네 번째 문단에서 확인할 수 있다.
④·⑤ 마지막 문단에서 확인할 수 있다.

31
정답 ①

의약품에 불순물이 함유되는 등 사유로 의약품의 회수명령이 증가하고 있다고 하였지만, 이 내용만으로는 과거에 비해 의약품에 불순물 함유량이 늘어났다고 보기는 어렵다.

오답분석

② '위해(危害)의약품 유통정보 알림서비스'는 회수대상 의약품 관련 내용을 의약품 공급자와 요양기관 양측에 모두 알림으로써 해당 의약품이 조기 회수될 수 있도록 지원하는 양방향의 서비스이다.

③ 이번 알림서비스 확대 내용은 '유효기한 경과의약품'의 요양기관 입고정보를 제공하는 것을 포함한다는 내용으로 미루어볼 때, 이전에는 단순 유효기간이 만료된 의약품에 대해서는 별다른 조치가 없었음을 추론할 수 있다.

④ 이번 알림서비스 확대 내용은 위해의약품이 사용되지 않도록 하는 것을 목표로 한다는 내용으로 미루어볼 때, 사후 조치보다는 사전 예방에 목적을 두고 있음을 알 수 있다.

⑤ 해당 서비스는 요양기관업무포털에서 정보 제공에 동의하고 알림 신청을 한 요양기관에 한해 제공된다는 내용으로 미루어볼 때, 요양기관의 필수가 아닌 선택사항에 해당함을 알 수 있다.

32　　　　　　　　　　　　　정답 ③

제시문의 첫 문단에서 '졸겐스마를 포함한 의약품 5개(7개 품목)를 오는 8월부터 건강보험에 신규 적용하겠다는 내용의 개정안을 의결했다.'고 하였다. 또한 '건강보험 적용'에 대한 구체적인 내용을 언급하였으므로 희귀질환 치료제의 건강보험 적용 확대에 대한 글임을 알 수 있다. 그 예로 졸겐스마를 다루고 있다.

오답분석

① '척수성 근위축증(SMA)'은 졸겐스마로 치료를 할 수 있으나, 고가의 치료제인 탓에 그동안 일반 환자들에게는 투약하기 어려운 환경이었을 뿐 이제야 개발된 약은 아니다.

② '졸겐스마는 조기에 맞을수록 효과가 높다.'는 내용은 확인할 수 있으나, 이 내용이 제시문 전체를 아우른다고 보기 어려우며, 졸겐스마 외 모든 희귀질환 치료가 빠르면 빠를수록 좋다는 내용 또한 확인할 수 없다.

④ 척수성 근위축증(SMA)에 국한된 내용이므로 제시문 전체를 아우른다고 보기는 어렵다.

⑤ '척수성 근위축증(SMA)'의 경우 희귀질환 치료제는 이미 개발되어 완치가 가능했으나, 치료제 비용이 고가인 탓에 이용하지 못했던 것이다. 제시문은 희귀질환 치료제의 개발에 대한 내용이 아닌 희귀질환 치료제의 보험 적용에 대한 내용을 다루고 있으므로 적절하지 않다.

33　　　　　　　　　　　　　정답 ③

세 번째 문단의 '원칙적으로 불가능했던 만성질환자 대상 비의료 건강관리서비스를 의료인이 의뢰한 경우를 전제로 대폭 허용'이라는 내용과 '비의료기관인 헬스케어 업체 등이 의료법을 어기지 않고도 만성질환자를 대상으로 하는 비의료 건강관리서비스의 제공이 가능'이라는 내용을 통해 실질적으로 비의료기관은 의료기관에서 하는 행위에 대해 독자적으로 진행할 수 없음을 알 수 있다. 따라서 의료기관에서 하는 행위인 ① 치료, ② 진단·처방·처치, ④ 질환 확인, ⑤ 의료인의 검사·진단처방·처치·시술·수술·지도는 비의료기관에서 행해질 수 없는 서비스에 해당하므로 빈칸에 들어가기에 적절하지 않다.

34　　　　　　　　　　　　　정답 ①

각 출장 지역마다 대리급 이상이 1명 이상 포함되어야 하므로 과장 2명과 대리 2명을 먼저 각 지역에 배치하면 $(_2C_2\times_3C_2\times4!)$가지이고, 남은 대리 1명과 사원 3명이 각 지역에 출장을 가는 경우의 수는 4!가지이다.

즉, A~D지역으로 감사팀이 출장을 가는 전체 경우의 수는 $(_2C_2\times_3C_2\times4!\times4!)$가지이다.

다음으로 대리급 이상이 네 지역에 1명씩 출장을 가야 하므로 1명의 대리만 과장과 짝이 될 수 있다. 과장과 대리가 한 조가 되어 4개 지역 중 한 곳에 출장 가는 경우의 수는 $(_2C_1\times_3C_1\times4)$가지이다. 그리고 남은 과장 1명, 대리 2명, 사원 3명이 세 지역으로 출장을 가는 경우의 수는 $(_1C_1\times_2C_2\times3!\times3!)$가지이다.

즉, 과장과 대리가 한 조가 되는 경우의 수는 $(_2C_1\times_3C_1\times4\times_1C_1\times_2C_2\times3!\times3!)$가지이다.

따라서 과장과 대리가 한 조로 출장을 갈 확률은 $\dfrac{24\times3!\times3!}{_2C_2\times_3C_2\times4!\times4!}$ $=\dfrac{1}{2}$이다.

35　　　　　　　　　　　　　정답 ⑤

1번과 10번은 마주보고 앉아있다고 했으므로 1번과 10번 사이에는 4명씩 나누어 앉아야 한다.

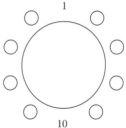

먼저 4명씩 두 그룹으로 나누는 경우의 수는 $_8C_4\times_4C_4$이고, 각 그룹의 앉는 순서를 정하면 $_8C_4\times4!\times_4C_4\times4!$가 된다. 이때 원탁이기 때문에 1번과 10번의 자리가 바뀌는 경우는 고려하지 않는다.

따라서 입사지원자들과 사원이 원탁에 둘러앉을 경우의 수는 $\dfrac{8\times7\times6\times5}{4!}\times4!\times\dfrac{4\times3\times2\times1}{4!}\times4!=8!$이 된다.

36　　　　　　　　　　　　　정답 ②

B원뿔의 높이를 $x\,\text{cm}$라 하면 다음과 같다.

A원뿔의 부피 : $\dfrac{1}{3}\pi\times4^2\times h$, B원뿔의 부피 : $\dfrac{1}{3}\pi\times5^2\times x$

$\dfrac{1}{3}\pi\times4^2\times h=\dfrac{1}{3}\pi\times5^2\times x \rightarrow 16h=25x$

$\therefore x=\dfrac{16}{25}h$

37

철수가 농구코트의 모서리에 서 있으며, 농구공은 농구코트 안에서 철수와 가장 멀리 떨어진 곳에 있다고 하였다. 즉, 농구공과 철수는 대각선으로 마주 보고 있으므로 농구코트의 가로와 세로의 길이를 이용하여 대각선의 길이를 구하면 된다.
따라서 피타고라스의 정리를 이용하면 농구코트의 대각선의 길이는 $\sqrt{5^2+12^2}=13$이므로 철수는 13m를 이동하게 된다.

38

정답 ②

2020년과 2021년 외래 의료급여비용의 전년 대비 증가율은 각각 $\dfrac{31,334-27,534}{27,534}\times100≒14\%$, $\dfrac{33,003-31,334}{31,334}\times100≒5\%$이다.

2020년부터 2022년까지 전년 대비 평균 증가율은 $\dfrac{14+5+5}{3}=8\%$이므로 2023년 외래 의료급여 예상비용은 $33,003\times1.05\times1.08≒37,425$억 원이다.

39

정답 ②

네 번째 조건에 따르면 갑의 이동 경로는 1층 → 30층 → 20층이다. 이때 첫 번째 조건과 두 번째 조건을 고려하여 갑의 이동 시간을 구하면 다음과 같다.
• 1층 → 30층 : 1층에서 2층까지 3초 소요, 2층에서 3층까지 2.8초 소요, 3층에서 4층까지 2.6초 소요, …, 8층에서 9층까지 1.6초 소요, 9층에서 10층까지 1.4초가 소요되며, 이후 10층에서 30층까지 각 층당 1.4초가 소요되므로 1층에서 30층까지의 총 소요시간은 $\dfrac{(3+1.4)\times9}{2}+1.4\times20=47.8$초이다.
• 30층 → 20층 : 30층에서 29층까지 2.5초 소요, 29층에서 28층까지 2.2초 소요, 28층에서 27층까지 1.9초 소요, 27층에서 26층까지 1.6초 소요, 26층에서 25층까지 1.3초가 소요되며, 이후 25층에서 20층까지 각 층당 1.3초가 소요되므로 30층에서 20층까지의 총 소요시간은 $\dfrac{(2.5+1.3)\times5}{2}+1.3\times5=16$초이다.

따라서 1층에서 엘리베이터를 탄 갑이 20층에 도착할 때까지 소요된 시간은 $47.8+16=63.8$초이다.

40

정답 ⑤

A, B, D의 진술에 따라 다섯 사람의 상대적 위치를 표시하면 다음과 같다.
• A : D보다 빨리 달렸다. → A>D
• B : C와 E의 사이에서 달렸다. → C>B>E 또는 E>B>C
• D : B보다 결승선에 먼저 도착했다. → D>B
A와 D의 진술을 종합하면 A, B, D 세 사람의 상대적 위치는 'A>D>B' 순이 된다. 마지막으로 B, C, E의 진술을 고려하면 C가 꼴등으로 도착한 것이 되고, E의 위치는 다음 2가지 경우가 가능한데 각 경우에 따라 두 번째로 도착한 사람을 구하면 다음과 같다.

• 경우 1 : A>D>E>B>C → 이 경우 2등으로 도착한 사람은 D가 된다.
• 경우 2 : A>E>D>B>C → 이 경우 2등으로 도착한 사람은 E가 된다.
따라서 달리기 시합에서 두 번째로 도착할 수 있는 사람은 D와 E이다.

41

정답 ①

LEFT 함수는 텍스트 문자열의 시작 지점부터 지정한 수만큼의 문자를 반환해 주는 함수이다. LEFT(B2,4)의 결괏값은 1992이며, ①의 경우 2022−1992+1로 계산되어 [C2] 셀에 결괏값 31이 나타나게 된다.

42

정답 ②

사망원인이 높은 순서대로 나열하면 '암, 심장질환, 뇌질환, 자살, 당뇨, 치매, 고혈압'이며, 암은 10만 명당 185명이고, 심장질환과 뇌질환은 각각 암으로 인한 사망자와 20명 미만의 차이이다. 또한 자살은 10만 명당 50명이다. 따라서 옳은 그래프는 ②이다.

오답분석
① 사망원인 중 암인 사람은 185명이다.
③ 자살로 인한 사망자는 50명이다.
④ 뇌질환 사망자가 암 사망자와 20명 이상 차이나므로 옳지 않다.

43

정답 ③

총재와 부총재를 포함한 모든 금융통화위원은 대통령이 임명한다.

오답분석
① 면밀한 검토가 필요한 사안에 대해서는 본회의 외에 별도로 심의위원회가 구성되어 검토한다.
② C은행 총재는 금융통화위원회 의장을 겸임한다.
④ 정기회는 의장이 필요하다고 인정하거나 금융통화위원 최소 2인의 요구가 있을 때 개최된다.

44

정답 ②

두 번째 문단의 '시장경제가 제대로 운영되기 위해서는 국가의 소임이 중요하다.'라는 부분과 세 번째 문단의 '시장경제에서 국가가 할 일은 크게 세 가지로 나누어 볼 수 있다.'라는 부분에서 '시장경제에서의 국가의 역할'이라는 제목을 유추할 수 있다.

45 　　　　　정답 ③

개별존재로서 생명의 권리를 갖기 위해서는 개별존재로서 생존을 지속시키고자 하는 욕망을 가질 수 있어야 하며, 이를 위해서 자신을 일정한 시기에 걸쳐 존재하는 개별존재로서 파악해야 한다. 따라서 '자신을 일정한 시기에 걸쳐 존재하는 개별존재로서 파악할 수 있는 존재만이 생명에 대한 권리를 가질 수 있다.'는 빈칸 앞의 결론을 도출하기 위해서는 개별존재로서 생존을 지속시키고자 하는 욕망이 개별존재로서의 인식을 가능하게 한다는 내용이 있어야 하므로 빈칸에 들어갈 내용으로는 ③이 가장 적절하다.

46 　　　　　정답 ③

(다)는 비실명 금융거래의 폐해로 인한 금융실명제 도입의 필요성에 대해 설명하고 있다. 따라서 ③은 소제목으로 적절하지 않다.

47 　　　　　정답 ④

규칙에 따라 사용할 수 있는 숫자는 1, 5, 6을 제외한 나머지 2, 3, 4, 7, 8, 9 총 6개이다. (한 자리 수)×(두 자리 수)=156이 되는 수를 알기 위해서는 156의 소인수를 구해 보면 된다. 156의 소인수는 3, 2^2, 13으로, 여기서 156이 되는 수의 곱 중 조건을 만족하는 것은 2×78과 4×39이다. 따라서 선택지 중에서 A팀 또는 B팀에 들어갈 수 있는 암호배열은 39이다.

48 　　　　　정답 ①

• 8 ~ 11월의 총 반품금액에 대한 11월 반품금액의 비율

우선 9월 반품금액을 구하면 1,700,000−(9월 반품금액)−160,000−30,000=1,360,000원이므로, 9월 반품금액은 150,000원이다. 다음으로 11월 반품금액을 구하면 300,000+150,000+180,000+(11월 반품금액)=900,000원이므로, 11월 반품금액은 270,000원이다. 따라서 8~11월의 총 반품금액에 대한 11월 반품금액의 비율은 $\frac{270,000}{900,000} \times 100 = 30\%$이다.

• 8 ~ 11월의 총 배송비에 대한 8월 배송비의 비율

우선 10월 배송비를 구하면 2,200,000−180,000−140,000−(10월 배송비)=1,840,000원이므로, 10월 배송비는 40,000원이다. 다음으로 8월 배송비를 구하면 (8월 배송비)+30,000+40,000+60,000=160,000원이므로, 8월 배송비는 30,000원이다. 따라서 8~11월의 총 배송비에 대한 8월 배송비의 비율은 $\frac{30,000}{160,000} \times 100$ =18.75%이다.

따라서 구하는 값은 30−18.75=11.25%이다.

49 　　　　　정답 ③

먼저 A사원의 진술이 거짓이라면 A사원과 D사원 두 명이 3층에서 근무하게 되고, 반대로 D사원의 진술이 거짓이라면 3층에는 아무도 근무하지 않게 되므로 조건에 어긋난다. 따라서 A사원과 D사원은 진실을 말하고 있음을 알 수 있다. 또한 C사원의 진술이 거짓이라면 아무도 홍보부에 속하지 않으므로 C사원도 진실을 말하고 있음을 알 수 있다. 결국 거짓말을 하고 있는 사람은 B사원이며, A ~ D사원의 소속 부서와 부서 위치를 정리하면 다음과 같다.

구분	소속 부서	부서 위치
A사원	영업부	4층
B사원	총무부	6층
C사원	홍보부	5층
D사원	기획부	3층

따라서 기획부는 3층에 위치한다.

50 　　　　　정답 ③

벤치마킹은 모방과는 달리 성공한 상품, 우수한 경영 방식 등의 장점을 배우고 자사 등의 환경에 맞추어 재창조하는 것을 말한다.

오답분석

① 벤치마킹은 외부의 기술을 받아들이는 것이 아닌 받아들인 기술을 자신의 환경에 적합한 기술로 재창조하는 것을 말한다.
② 벤치마킹은 특정 분야에서 뛰어난 업체나 상품, 기술, 경영 방식 등을 배워 합법적으로 응용하는 것을 말한다.
④ 간접적 벤치마킹에 대한 설명이다. 직접적 벤치마킹은 벤치마킹 대상을 직접 방문하여 수행하는 방법이다.
⑤ 오늘날 벤치마킹은 특정 분야가 아닌 거의 모든 분야에서 활용되고 있다.

51 　　　　　정답 ⑤

〈Ctrl〉+〈I〉는 글자를 기울이는 단축키이다.

오답분석

① 글꼴 탭이 선택된 셀 서식
② 줄바꿈
③ 셀 서식
④ 글자 굵게

52 　　　　　정답 ④

④는 가운데 맞춤 실행 시 나타나는 모습이다.

53
정답 ④

데이터베이스 관리자시스템 운용 시 고려사항
- 데이터의 중복을 최소화한다.
- 데이터베이스의 구조가 변해도 영향을 받지 않는다는 데이터의 물리적·논리적 독립성을 유지한다.
- 서로 다른 여러 사용자가 데이터베이스를 동시에 함께 사용할 수 있는 데이터의 공유성을 가진다.
- 허용된 사용자에게만 데이터 접근을 허용하여 다른 사용자로부터 데이터를 보호할 수 있는 데이터의 보안성을 유지한다.
- 정의된 데이터베이스와 구축된 데이터베이스는 갱신과 유지를 통해 항상 일치하도록 정확성을 보장하는 데이터의 무결성을 유지한다.
- 일부 데이터가 변경되어도 관련 있는 데이터가 함께 변경되는 데이터의 일관성을 유지한다.

54
정답 ②

이용자들의 화상을 염려하여 화상 방지 시스템을 개발했다는 점으로 볼 때, 기술이 필요한 이유를 설명하는 노와이(Know-Why)의 사례로 적절하다.

55
정답 ③

과거의 기술은 Know-How의 개념이 강했지만, 시간이 지나면서 현대의 기술은 Know-How와 Know-Why가 결합하는 방법으로 진행되고 있다.

56
정답 ②

전체 고용인원의 반은 $16,177 \div 2 = 8,088.5$명이다. 태양광에너지 분야의 고용인원은 8,698명이므로 전체 고용인원의 반 이상을 차지한다.

오답분석
① 폐기물에너지 분야의 기업체 수가 가장 많다.
③ 전체 매출액 중 풍력에너지 분야의 매출액이 차지하는 비율은 $\frac{14,571}{113,076} \times 100 = 12.89\%$이므로 15%를 넘지 않는다.
④ 전체 수출액 중 바이오에너지 분야의 수출액이 차지하는 비율은 $\frac{506}{40,743} \times 100 = 1.24\%$이므로 1%를 넘는다.

57
정답 ②

태양광 발전의 단가는 비싸다 보니 시장에서 외면받을 수밖에 없고, 발전 비율을 높이기 위해 정부가 보조금 지원이나 세액 공제 등 혜택을 줘야 하는 상황이다.

58
정답 ④

고의(故意) : 일부러 하는 행동이나 생각

오답분석
① 오손(汚損) : 더럽히고 손상함
② 박리(剝離) : 벗겨져 떨어짐
③ 망실(亡失) : 잃어버려 없어짐
⑤ 손모(損耗) : 사용함으로써 닳아 없어짐

59
정답 ②

발효된 파리기후변화협약은 3년간 탈퇴가 금지되어 2019년 11월 3일까지는 탈퇴 통보가 불가능하다는 내용을 통해 해당 협약은 2016년 11월 4일에 발효되었음을 알 수 있다. 따라서 이 협약은 2015년 12월 제21차 유엔기후변화협약 당사국총회에서 채택되었을 뿐, 2015년 12월 3일에 발효된 것은 아니다.

오답분석
① 파리기후변화협약은 2020년 만료 예정인 교토의정서를 대체하여 2021년부터의 기후변화 대응을 담은 국제협약이므로 교토의정서는 2020년 12월에 만료되는 것을 알 수 있다.
③ 파리기후변화협약에서 개발도상국은 절대량 방식의 감축 목표를 유지해야 하는 선진국과 달리 절대량 방식과 배출 전망치 대비 방식 중 하나를 채택할 수 있다. 우리나라는 2030년 배출 전망치 대비 37%의 감축이 목표이므로 개발도상국에 해당하는 것을 알 수 있다.
④ 파리기후변화협약은 채택 당시 195개의 당사국 모두가 협약에 합의하였으나, 2020년 11월 4일 미국이 공식 탈퇴함에 따라 현재 194개국이 합의한 상태임을 알 수 있다.
⑤ 파리기후변화협약은 온실가스 감축 의무가 선진국에만 있었던 교토의정서와 달리 환경 보존에 대한 의무를 전 세계의 국가들이 함께 부담하도록 하였다.

60

정답 ③

국민연금은 이미 15년 전, 국내에선 아직 ESG 이슈가 낯설었던 2006년부터 위탁 운용을 통해 ESG 전략을 투자에 접목해왔고 ESG 투자 규모를 늘려왔다고 하였다.

오답분석

① 처음 시작은 EU(유럽연합)였다. EU(유럽연합)를 시작으로 한국·미국 등 주요국에서는 온실가스 거래시장이 만들어졌다.

② 예전에는 측정할 수 없다는 이유로 ESG 등 비재무적 요소들이 경영·투자판단에 고려되지 않았다.

④ 2020년 기준으로 전체 기금 자산에서 차지하는 ESG 투자자산의 비중은 현재 10%이다. 50%는 2021년 목표치이다.

⑤ 국민연금 기금의 규모는 2020년 말 기준 834조 원에 이르며, 1,000조 원 돌파를 목전에 두고 있다.

PART 1

직업기초능력평가
정답 및 해설

01	02	03	04	05	06	07	08	09	10
⑤	③	③	④	③	①	③	④	①	⑤
11	12	13	14	15	16	17	18	19	20
①	①	②	②	②	④	④	⑤	①	④
21	22	23	24	25					
①	⑤	⑤	④	④					

01
정답 ⑤

언어의 친교적 기능이란 어떤 정보를 요구하거나 전달하기보다는 언어를 통해 사람들 간의 친밀한 관계를 확인하거나 유지하는 기능으로 대부분의 인사말이 이에 속한다. ㉠의 '밥은 먹었니?', ㉢의 '이따가 전화하자.', ㉤의 '조만간 밥 한번 먹자.', ㉥의 '너 요즘도 거기서 근무하니?' 등은 어떤 대답을 요구하거나 행동을 할 것을 요청하는 것이 아니라 특별한 의미 없이 친근함을 나타내고 있다.

오답분석

㉡과 ㉣의 경우 A가 대답을 요구하는 질문을 함으로써 B는 그에 대한 정보를 전달하고 있으므로 친교적 기능이 드러난 대화로 보기 어렵다.

02
정답 ③

보고서는 업무 진행 및 결과 보고에서 쓰는 경우가 대부분이므로 무엇을 도출하고자 했는지 핵심내용을 구체적으로 제시해야 한다. 내용의 중복을 피하고 산뜻하고 간결하게 작성하며, 복잡한 내용일 때에는 도표나 그림을 활용한다. 또한, 보고서는 개인의 업무 결과를 평가하는 기본요인이므로 제출하기 전에 최종점검을 해야 한다. 따라서 P사원이 작성해야 할 문서는 보고서이다.

03
정답 ③

ㄴ. 분량이 방대한 기획서의 특성상, 표현방식에 변화를 주는 등 산뜻한 느낌을 주기 위한 장치를 삽입하는 것이 바람직하다.

ㄷ. 보통 기획서는 분량이 많으므로, 글의 내용이 한눈에 파악되도록 목차를 논리적이고 세부적으로 작성하여야 한다.

기획서 작성법

• 무엇을 위한 기획서인지 핵심 메시지가 정확히 도출되었는지를 확인한다.
• 기획서는 상대에게 어필해 상대가 채택하도록 설득력을 갖춰야 하므로, 상대가 요구하는 것이 무엇인지 고려하여 작성한다.
• 보통 기획서는 분량이 많으므로 글의 내용이 한눈에 파악되도록 목차 구성에 신경쓴다.
• 기획서는 많은 내용을 담아내므로 핵심내용을 전달하기 힘들기 때문에 핵심 내용의 표현에 신경을 써야 한다.
• 내용의 효과적인 전달을 위해 표나 그래프를 활용하는 경우, 내용이 제대로 도출되었는지 확인한다.
• 전체적으로 내용이 많은 만큼 깨끗하고 산뜻한 느낌을 줄 수 있도록 작성한다.
• 기획서는 완벽해야 하므로 제출하기 전에 충분히 검토한다.
• 인용한 자료의 출처가 정확한지 확인한다.

04
정답 ④

ㄱ. 문서의 목적과 내용을 명확히 하는 것은 필수적인 요소이다.
ㄴ. 문서는 작성자 개인의 사고력과 표현력이 총동원된 결정체여야 한다.
ㄹ. 기획서와 제안서의 경우 기대효과가 포함되어야 문서의 용도에 맞게 활용이 가능하다.

오답분석

ㄷ. 문서에는 대상, 주제뿐만 아니라, 작성 시기 역시 반드시 포함되어야 한다.

05
정답 ③

보라는 여러 힘든 일로 인해 지쳐있는 상태나 정식이 느끼는 보라의 상태는 이와 전혀 다르다. 이는 감정 또는 느낌은 사람에 대하여 근본적으로 측정할 수 없음을 나타내는 측정불가능성을 나타낸다.

오답분석

① 반성적 사고 : 자신의 사고 내용이나 사고 과정을 인지할 수 있는 것을 의미한다.
② 고유성 : 고유한 성질이나 속성으로 다른 것으로 대체할 수 없다.
④ 대화가능성 : 언어로 불리고 말해질 때, 언어로 반응할 수 있는 것을 의미한다.
⑤ 체계성 : 일정한 원리에 따라 짜임새 있게 조직되어 통일된 전체를 이루는 것을 의미한다.

06
정답 ①

기업의 입장에서 사회적 마모 기간이 짧은 게 유리하기 때문에 이를 위해 노력한다. 하지만 품질이 나빠지거나 전에 비해 발전하지 않은 것은 아니다.

07
정답 ③

㉠은 기업들이 더 많은 이익을 내기 위해 디자인의 향상에 몰두하는 것이 바람직하다는 판단이다. 즉, 상품의 사회적 마모를 짧게 해서 소비를 계속 증가시키기 위한 방안인데, 이것에 대한 반론이 되기 위해서는 ㉠의 주장이 지니고 있는 문제점을 비판하여야 한다. ㉠이 지니고 있는 가장 큰 문제점은 '과연 성능 향상 없는 디자인 변화가 소비를 촉진시킬 수 있는 것인가?'가 되어야 한다. 디자인 변화는 분명히 상품의 소비를 촉진시킬 수 있는 효과적 방법 중의 하나이지만 '성능이나 기능, 내구성'의 향상이 전제되지 않았을 때는 효과를 내기 힘들기 때문이다.

08
정답 ④

㉡은 자본주의 상품의 모순을 설명하고 있는 부분인데, '상품의 기능이나 성능, 내구성이 향상되었는데도 상품의 생명이 짧아지는 것'을 의미한다. 이에 대한 사례로는 ④와 같이 상품을 아직 충분히 쓸 수 있는데도 불구하고 새로운 상품을 구매하는 행위이다.

09
정답 ①

기사는 여성 고위공무원과 공공기관의 임원 여성 비율을 확대하기 위한 정부의 정책과 이에 대한 성과를 이야기하고 있다. 또한 앞으로는 정부가 민간부문에 대해서도 지원할 계획이라고 밝히며 여성 고위관리직 확대를 위한 정부의 노력을 이야기하고 있다. 따라서 기사문의 주제로 ①이 가장 적절하다.

10
정답 ⑤

레이저가 현대의 거의 모든 제품과 서비스에 막대한 영향을 끼치는 최첨단 기술로 자리 잡았다는 내용을 통해 추론할 수 있다.

오답분석
① 다른 방향으로 쉽게 퍼지는 보통의 빛과 달리 레이저광선은 다른 방향으로 쉽게 퍼지지 않는다.
② 단일한 파장과 방향성을 가진 광자로 이루어진 레이저광선과 달리 보통의 빛은 다양한 광자로 이루어져 있다.
③ 보통의 빛과 다른 특성을 지닌 레이저광선은 보통의 빛이 할 수 없는 일들을 하고 있으므로 보통의 빛으로는 CD의 음악을 재생할 수 없다.
④ 매질의 종류에 따라 레이저의 특성은 다양하지만, 모든 레이저광선은 기본적으로 단일한 파장과 방향성을 가진 광자로 이루어져 있다.

11
정답 ①

밑줄 친 부분에 해당하는 한자성어는 '적을 알고 나를 알아야 한다.는 뜻으로, 적의 형편과 나의 형편을 자세히 알아야 한다는 의미'의 지피지기(知彼知己)이다.

오답분석
② 지록위마(指鹿爲馬) : 사슴을 가리켜 말이라고 한다는 뜻으로, 사실이 아닌 것을 사실로 만들어 강압으로 인정하게 된다는 의미이다.
③ 백전백승(百戰百勝) : 백번 싸워 백번 이긴다는 뜻으로, 싸울 때마다 번번이 이긴다는 의미이다.
④ 붕우유신(朋友有信) : 친구 사이의 도리는 믿음에 있다는 뜻으로 오륜(五倫)의 하나이다.
⑤ 막상막하(莫上莫下) : 어느 것이 위이고 아래인지 분간할 수 없다는 의미이다.

12
정답 ①

평균 세율은 세액을 과세 표준으로 나눈 값이므로 과세 표준 금액이 3,000만 원이고, 세액이 '1,000만×10%+2,000만×20%=500만 원'인 경우 평균 세율은 500÷3,000×100 ≒ 16.7%가 된다.

13
정답 ②

• (가) : 청소년의 척추 질환을 예방하는 대응 방안과 관련된 ㉡이 적절하다.
• (나) : 책상 앞에 앉아 있는 바른 자세와 관련된 ㉢이 적절하다.
• (다) : 틈틈이 척추 근육을 강화하는 운동을 해 주는 것과 관련된 자세인 ㉠이 적절하다.

14
정답 ②

제시된 글에 따르면 현대사회를 살아가는 사람들은 외모에 대해 주변인들의 평가, 학교 교육, 대중매체, 광고, 문화 이데올로기 등의 담론을 통해 이상자아를 형성하고, 실제 자신 사이의 불일치가 일어날 때 고통을 받는다고 한다. 이러한 외모 문화에는 대중매체, 가부장적 이데올로기, 시각문화, 자본주의 등 수많은 요소들이 개입하고 있음을 설명하고 있으므로, 빈칸에는 '다층적인'이 들어가는 것이 가장 적절하다.

15
정답 ②

제시문은 '시장집중률은 시장 내 일정 수의 상위 기업들이 차지하는 비중을 나타내 주는 수치, 즉 일정 수의 상위 기업의 시장점유율을 합한 값이다.'라고 시장집중률의 개념을 설명하고 있다. 그리고 이를 통해 시장 구조를 구분하여 설명하고, 시장 내의 공급이 기업에 집중되는 양상을 파악할 수 있다는 의의를 밝히고 있다.

16

정답 ④

제시문과 ④의 '사이'는 '어떤 일에 들이는 시간적인 여유나 겨를'의 의미이다.

오답분석

① 어떤 한정된 모임이나 범위 안
② 사람과 사람과의 관계
③ 어떤 때에서 다른 한때까지의 시간적인 동안
⑤ 사이를 두다.

17

정답 ④

제시문과 ④의 '기르다'는 '습관 따위를 몸에 익게 하다.'의 의미이다.

오답분석

① 동식물을 보살펴 자라게 하다.
② 아이를 보살펴 키우다.
③ 머리카락이나 수염 따위를 깎지 않고 길게 자라도록 하다.
⑤ 병을 제때에 치료하지 않고 증세가 나빠지도록 내버려 두다.

18

정답 ⑤

• 등록이 제공되지 <u>안습니다</u> : 안습니다 → 않습니다
• 일반통화요금이 <u>부가되며</u> ~ : 부가되며 → 부과되며
• 신청한 <u>지역별</u> 1개의 ~ : 지역별 → 지역별
• 기간만료 시 <u>향후</u> 연장이 ~ : 향후 → 향후

19

정답 ①

제시된 글은 주로 '한 번 문이 열리면 다시 그 문을 닫기란 매우 어렵다.', '철학의 모험은 자주 거칠고 무한한 혼돈의 바다에 표류하는 작은 뗏목에 비유된다.' 등 비유적 표현을 활용하여 논의의 대상인 '철학의 특성(모험적 성격)'을 밝히고 있다.

20

정답 ④

글쓴이는 철학의 특성인 '모험성'과 '대가'를 알리기 위해 '동굴의 비유'를 인용하였다. 즉, '동굴 안'은 기존의 세계를, '동굴 밖'은 기존의 세계를 뛰어넘은 곳(진리의 세계)을, 동굴 안과 동굴 밖까지를 지나는 과정은 '모험'을 뜻한다고 볼 수 있다. 또한 동굴의 밖에 도달하여 과거 세계의 허구성을 아는 것을 '지식 획득'으로, 무지의 장막에 휩싸인 자들에게 받는 불신과 박해를 혹독한 '대가'라고 할 수 있는 것이다.

21

정답 ①

〈보기〉의 '이 둘'은 제시문의 산제와 액제를 의미하므로 이 둘에 관해 설명하고 있는 위치에 들어가야 함을 알 수 있다. 또한, 상반되는 사실을 나타내는 두 문장을 이어 줄 때 사용하는 접속어 '하지만'을 통해 산제와 액제의 단점을 이야기하는 〈보기〉 문장 앞에는 산제와 액제의 장점에 관한 내용이 와야 함을 알 수 있다. 따라서 〈보기〉는 (가)에 들어가는 것이 적절하다.

22

정답 ⑤

글쓴이는 인공 지능은 인간의 삶을 편리하게 돕는 도구일 뿐 인간과 같은 사고와 사회적 관계 형성이 불가능하다고 이야기한다. 즉, 이러한 인공 지능을 통해서는 인간에 대한 타당한 판단 역시 불가능하다고 주장한다. 따라서 ㉠에 대한 글쓴이의 주장으로 가장 적절한 것은 ⑤이다.

오답분석

① 인공 지능은 겉으로 드러난 인간의 말과 행동을 분석하지만, 통계적 분석을 할 뿐 타당한 판단을 할 수 없다.
② 인공 지능은 인간의 삶을 편리하게 돕는 도구일 뿐이며, 인간과 상호 보완의 관계를 갖는다고 볼 수 없다.
③ 인공 지능이 발전하더라도 인간과 같은 사고는 불가능하다.
④ 인공 지능은 사회적 관계를 맺을 수 없다.

23

정답 ⑤

밑줄 친 ㉡에 해당하는 한자성어는 '손이 도리어 주인 노릇을 한다는 뜻으로, 부차적인 것을 주된 것보다 오히려 더 중요하게 여김을 이르는 말'인 '객반위주(客反爲主)'이다.

오답분석

① 괄목상대(刮目相對) : 눈을 비비고 상대편을 본다는 뜻으로, 남의 학식이나 재주가 놀랄 만큼 부쩍 늚을 이르는 말이다.
② 청출어람(靑出於藍) : 쪽에서 뽑아낸 푸른 물감이 쪽보다 더 푸르다는 뜻으로, 제자나 후배가 스승이나 선배보다 나음을 비유적으로 이르는 말이다.
③ 과유불급(過猶不及) : 정도를 지나침은 미치지 못함과 같다는 뜻으로, 중용이 중요함을 이르는 말이다.
④ 당랑거철(螳螂拒轍) : 제 역량을 생각하지 않고, 강한 상대나 되지 않을 일에 덤벼드는 무모한 행동거지를 비유적으로 이르는 말이다.

24

정답 ④

경제활동에 참여하는 여성의 증가와 출산율의 상관관계는 알 수 없으며, 제시문은 신혼부부의 주거안정을 위해서는 여성의 경제활동을 지원해야 하고 이를 위해 육아 · 보육지원 정책의 확대 · 강화가 필요하다고 주장하고 있으므로 ④의 해석은 올바르지 않다.

25

정답 ④

제시문은 사람을 삶의 방식에 따라 거미와 같은 사람, 개미와 같은 사람, 꿀벌과 같은 사람의 세 종류로 나누어 설명하고 있다. 거미와 같은 사람은 노력하지 않으면서도 남의 실수를 바라는 사람이며, 개미와 같은 사람은 자신의 일은 열심히 하지만 주변을 돌보지 못하는 사람이다. 이와 반대로 꿀벌과 같은 사람은 자신의 일을 열심히 하면서, 남도 돕는 이타적 존재이다. 이를 통해 글쓴이는 가장 이상적인 인간형으로 거미나 개미와 같은 사람이 아닌 꿀벌과 같은 이타적인 존재라고 이야기한다. 따라서 글쓴이가 말하고자 하는 바로 가장 적절한 것은 ④이다.

01	02	03	04	05	06	07	08	09	10
①	⑤	④	②	②	③	④	②	⑤	①
11	12	13	14	15	16	17	18	19	20
④	①	⑤	④	④	⑤	③	⑤	③	③
21	22	23	24	25					
③	④	②	⑤	③					

01 　　　정답 ①

각 출장 지역마다 대리급 이상이 한 명 이상 포함되어야 하므로 과장 2명과 대리 2명을 먼저 각 지역에 배치하면 $_2C_2 \times _3C_2 \times 4! = 72$가지이고, 남은 대리 1명과 사원 3명이 각 지역에 출장 가는 경우의 수는 $4! = 24$가지이다. 즉, A, B, C, D지역으로 감사팀이 출장 가는 전체 경우의 수는 $_2C_2 \times _3C_2 \times 4! \times 4! = 1,728$가지이다.

다음으로 대리급 이상이 네 지역에 한 명씩 출장을 가야 하므로 한 명의 대리만 과장과 짝이 될 수 있다. 과장과 대리가 한 조가 되어 4개 지역 중 한 곳에 출장 가는 경우의 수는 $_2C_1 \times _3C_1 \times 4 = 24$가지이다. 그리고 남은 과장 1명, 대리 2명, 사원 3명이 세 지역으로 출장가는 경우의 수는 $_1C_1 \times _2C_2 \times 3! \times 3! = 36$가지이다. 즉, 과장과 대리가 한 조가 되는 경우의 수는 $_2C_1 \times _3C_1 \times 4 \times _1C_1 \times _2C_2 \times 3! \times 3! = 864$가지이다.

따라서 과장과 대리가 한 조로 출장을 갈 확률은 $\dfrac{864}{1,728} = \dfrac{1}{2}$ 이다.

02 　　　정답 ⑤

착륙하여 들어오는 항공기가 시간당 9대이고, 이륙하는 항공기가 시간당 3대이므로 시간당 6대의 항공기가 쌓이는 셈이 된다. 이때, 항공기의 보관 여유는 $70 - 30 = 40$대이므로 40대가 모두 꽉 차기까지는 $\dfrac{40}{6} = 6\dfrac{2}{3}$ 시간, 즉 6시간 40분이 걸린다.

03 　　　정답 ④

성인용 흰색 모자의 개수를 x개라 하면, 성인용 파란색 모자의 개수는 $2x$개다. 유아용 파란색 모자의 개수를 y개라 하면,
$y : 2x = 3 : 2 \rightarrow 6x = 2y \rightarrow y = 3x$
F모자의 전체 개수를 k개라 하면,
$x + 2x + y = 6x = 0.6k \rightarrow k = 10x$
모자의 개수를 x로 나타내면 다음과 같다.

구분	유아용	성인용
흰색	$4x$	x
파란색	$3x$	$2x$

유아용 파란색 모자와 성인용 흰색 모자의 개수는 총 $3x + x = 4x$개로 선택지 중 가장 적다.

오답분석
① $4x + 3x = 7x$
② $4x + x = 5x$
③ $4x + 2x = 6x$
⑤ $3x + 2x = 5x$

04 　　　정답 ②

n번째 날의 인터넷 쿠폰 수를 a_n 이라 하면 a_n 은 등차수열이다. 첫째항은 $a = 50$, 공차 $d = 5$이며, 등차수열 공식에 따라 $a_n = a + d(n-1)$
$\rightarrow a_n = 50 + 5(n-1) \rightarrow a_n = 5n + 45$가 나온다. 40일에 발행되는 인터넷 쿠폰 수는 $a_{40} = 5 \times 40 + 45 = 245$장이다. 등차수열의 합 공식을 이용하여 1일부터 40일까지 발행되는 쿠폰 개수를 구하면 다음과 같다.
$$S_n = \dfrac{n(a+l)}{2} \quad (n : 항수, \ a : 첫 번째 항, \ l : 마지막 항)$$
$$\rightarrow S_{40} = \dfrac{40 \times (50 + 245)}{2} = 5,900$$
따라서 40일까지 발행되는 인터넷 할인 쿠폰은 총 5,900장이다.

05

정답 ②

2회 차 토익 점수를 x점, 5회 차 토익 점수를 y점이라 하자.

평균점수가 750점이므로 $\dfrac{620+x+720+840+y+880}{6}=750$

→ $x+y=1,440$ → $x=1,440-y$

x값의 범위가 $620 \le x \le 700$이므로

$620 \le 1,440-y \le 700$ → $-820 \le -y \le -740$ → $740 \le y \le 820$

따라서 ⓒ에 들어갈 수 있는 최소 점수는 740점이다.

06

정답 ③

캐럴 음원 이용료가 최대로 산출되기 위해서는 11월 네 번째 목요일이 캐럴을 틀어 놓는 마지막 날인 크리스마스와 최대한 멀리 떨어져 있어야 한다. 따라서 11월 1일을 목요일로 가정하면 네 번째 목요일은 11월 22일이 되고, 이후 돌아오는 월요일은 11월 26일이 된다. 즉, K백화점은 11월 26일부터 12월 25일까지 캐럴을 틀어 놓는다. 그런데 이때 11월의 네 번째 수요일인 28일은 백화점 휴점일이므로 캐럴을 틀어 놓는 날에서 제외된다. 따라서 K백화점은 총 29일 동안 캐럴을 틀어 놓으며, $29 \times 20,000=58$만 원의 캐럴 음원 이용료를 지불해야 한다.

07

정답 ④

제시된 자료를 보면 판매량이 4개일 경우 평균 비용은 5만 원, 평균 수입은 6만 원이다. 따라서 총 비용은 20만 원, 총수입은 24만 원으로 이윤은 4만 원이다. 판매량을 3개로 줄일 경우 평균 비용은 4만 원, 평균 수입은 6만 원이다. 따라서 총비용은 12만 원, 총수입은 18만 원으로 6만 원의 이윤이 발생한다. 따라서 이윤을 증가시키기 위해서는 판매량을 3개로 줄이는 것이 합리적이다.

오답분석

① 판매량이 1개일 때와 5개일 때는 이윤은 0원이다.
② 판매 개수를 늘리면 평균 수입은 변화가 없지만 평균 비용이 커지므로 이윤이 감소한다.
③ 현재 평균 수입은 평균 비용보다 높다.
⑤ 판매량이 4개일 경우의 이윤은 $6 \times 4-5 \times 4=4$만 원이고, 판매량이 3개일 경우의 이윤은 $3 \times 6-3 \times 4=6$만원이다. 따라서 판매량을 줄여야 이윤이 극대화된다.

08

정답 ②

ㄱ. 연간소비전력량이 가장 적은 제습기는 A(790kWh)이다.
ㄷ. 제습기 E의 연간소비전력량(660kWh)은 습도가 50%일 때 제습기 B의 연간소비전력량(640kWh)보다 많다.

오답분석

ㄴ. 습도 60%일 때의 연간소비전력량이 가장 많은 제습기는 D이며, 습도 70%일 때에는 E로 순서는 동일하지 않다.
ㄹ. E의 경우 40%일 때 연간소비전력량의 1.5배는 660×1.5 $=990$kWh인데, 80%일 때는 970kWh이므로 1.5배 미만이다.

09

정답 ⑤

2020년 3분기의 이전 분기 대비 수익 변화량(−108)이 가장 크다.

오답분석

① 수익의 증가는 2020년 2분기에 유일하게 관찰된다.
② 재료비를 제외한 나머지 금액은 2020년 4분기가 2019년 4분기보다 낮다.
③ 수익의 변화량은 제품가격의 변화량과 밀접한 관계가 있다.
④ 조사 기간에 수익이 가장 높을 때는 2020년 2분기이고, 재료비가 가장 낮을 때는 2020년 1분기이다.

10

정답 ①

2021년 1분기의 재료비는 $(1.6 \times 70,000)+(0.5 \times 250,000)+(0.15 \times 200,000)=267,000$원이다. 2021년 1분기의 제품가격은 (2021년 1분기의 수익)+(2021년 1분기의 재료비)이며 2021년 1분기의 수익은 2020년 4분기와 같게 유지된다고 하였으므로 291,000원이다.

따라서 $291,000+267,000=558,000$원이므로 책정해야 할 제품가격은 558,000원이다.

11

정답 ④

오답분석

① 1990년 노령화지수는 20.0%이고, 2016년 노령화지수는 100.7%로 약 5배 증가했다.
② GDP의 증가 예상 지수는 제시되지 않았으므로 알 수 없다.
③ • 2020년 대비 2030년 노령화지수 : $125.9 \times 2=251.8$
• 2010년 대비 2020년 노령화지수 : $67.7 \times 2=135.4$
모두 두 배를 넘지 않으므로 증가율은 100% 미만이다.
⑤ 1조 원을 초과한 해는 2000년인데 10년 뒤의 2010년은 1.5조 원, 10년 뒤인 2020년에는 2.17조 원이므로 10년당 두 배를 넘지 않는다.

12

정답 ①

ㄱ. 해외연수 경험이 있는 지원자의 합격률은 $\dfrac{53}{53+414+16} \times 100$

≒11%로, 해외연수 경험이 없는 지원자의 합격률인

$\dfrac{11+4}{11+37+4+139} \times 100$ ≒7.9%보다 높다.

ㄴ. 인턴 경험이 있는 지원자의 합격률 $\dfrac{53+11}{53+414+11+37} \times 100$

≒12.4%로, 인턴 경험이 없는 지원자의 합격률인 $\dfrac{4}{16+4+139}$

$\times 100$ ≒2.5%보다 높다.

ㄷ. 인턴 경험과 해외연수 경험이 모두 있는 지원자 합격률의 2배는
22.6%로, 인턴 경험만 있는 지원자 합격률보다 낮다.

ㄹ. 인턴 경험과 해외연수 경험이 모두 없는 지원자와 인턴 경험만 있
는 지원자 간 합격률 차이는 22.9−2.8=20.1%p이다.

13 　　　　　　　정답 ⑤

ㄴ. 제시된 그래프에서 에너지소비량은 연도별로 원점부터 좌표까지
칸의 개수로 비교하면 빨리 구할 수 있다. 따라서 A기업은 매년
칸의 개수가 많아지므로 에너지소비량이 증가하고 있음을 알 수
있다.

ㄷ. 2019년의 에너지소비량은 B기업이 A기업보다 칸의 개수가 4칸
더 많으므로 에너지소비량도 더 많다.

ㄱ. A기업은 2018년에 전년 대비 에너지원단위가 증가하였다.

14 　　　　　　　정답 ④

도표에 나타난 프로그램 수입액을 모두 합하면 380만 불이며, 이 중
영국에서 수입하는 액수는 150만 불이므로 그 비중은 약 39.5%에 달
한다.

15 　　　　　　　정답 ④

2020년의 2012년 대비 신장 증가량은 A가 22cm, B가 21cm, C가
28cm로 C가 가장 많이 증가하였다.

① B의 2020년 체중은 2017년에 비해 감소하였다.

② 2012년의 신장 순위는 B−C−A 순서이지만 2020년의 신장 순위
는 C−B−A 순서이다.

③ 2020년에 세 사람 중 가장 키가 큰 사람은 C이다.

⑤ 2012년 대비 2017년 체중 증가는 A, B, C 모두 6kg으로 같다.

16 　　　　　　　정답 ⑤

주어진 예산은 3천만 원이므로 월 광고비용이 3,500만 원인 KTX는
제외된다. TV, 버스, 지하철, 포털사이트의 광고효과를 구하면 다음과
같다.

- TV : $\frac{3\times1,000}{30,000}=0.1$

- 버스 : $\frac{1\times30\times100}{20,000}=0.15$

- 지하철 : $\frac{60\times30\times2}{25,000}=0.144$

- 포털사이트 : $\frac{50\times30\times5}{30,000}=0.25$

따라서 A사원은 광고효과가 가장 높은 포털사이트를 선택한다.

17 　　　　　　　정답 ③

제시된 결과를 이용해 성별・방송사별 응답자 수를 구하면 다음과 같다.

구분	남자	여자
전체 응답자 수	$\frac{40}{100}\times200=80$명	$\frac{60}{100}\times200=120$명
S사 응답자 수	18명	$\frac{50}{100}\times120=60$명
K사 응답자 수	30명	40명
M사 응답자 수	$\frac{40}{100}\times80=32$명	20명

즉, S방송사의 오디션 프로그램을 좋아하는 사람은 18+60=78명이다.
따라서 S방송사의 오디션 프로그램을 좋아하는 사람 중 남자의 비율은
$\frac{18}{78}=\frac{3}{13}$이다.

18 　　　　　　　정답 ⑤

ㄴ. 갑~무 도시에 있는 드림카페의 합은 4×5=20개이며, 갑과 병에
는 총 8개가 있어야 하므로 편차 절댓값에 따라 한 곳은 6개, 다른
한 곳은 2개가 된다.

ㄷ. 정 도시의 해피카페 점포 수는 20−17=3개이므로, 드림카페 점
포 수인 5개보다 적다.

ㄹ. 무 도시에 있는 해피카페 중 1개 점포가 병 도시로 브랜드의 변경
없이 이전할 경우, 병과 무 도시의 카페 점포 수는 각각 3개가 되
며, 편차 절댓값도 똑같이 1이 된다. 따라서 편차의 평균도 변하지
않는다.

ㄱ. 해피카페 편차의 평균은 1.2로, 드림카페 편차의 평균인 1.6보다
적다.

19 　　　　　　　정답 ③

가장 무거운 추의 무게를 구해야 하므로 먼저 다섯 개의 추들의 대소
관계를 알아야 한다. 제시된 식 중에서 두 개의 같은 추가 들어 있는
식의 차를 구하면 다음과 같다.

1) A+B

$(A+B+C)-(A+B+D)=46-37 \rightarrow C-D=9$kg　　　C>D

$(A+B+C)-(A+B+E)=46-39 \rightarrow C-E=7$kg　　　C>E

$(A+B+D)-(A+B+E)=37-39 \rightarrow D-E=-2$kg　　　E>D

∴ C>E>D

2) B+C

$(A+B+C)-(B+C+D)=46-41 \rightarrow A-D=5$kg　　　A>D

$(A+B+C)-(B+C+E)=46-43 \rightarrow A-E=3$kg　　　A>E

$(B+C+D)-(B+C+E)=41-43 \rightarrow D-E=-2$kg　　　E>D

∴ A>E>D

3) D+E

$(B+D+E)-(A+D+E)=34-22 \rightarrow B-A=12kg$ $B>A$

$(B+D+E)-(C+D+E)=34-26 \rightarrow B-C=8kg$ $B>C$

$(A+D+E)-(C+D+E)=22-26 \rightarrow A-C=-4kg$ $C>A$

$\therefore B>C>A$

따라서 추의 무게 순서는 B>C>A>E>D이며, 가장 무거운 추는 B임을 알 수 있다. 3)의 B−A=12와 B−C=8을 이용하여 A=B−12, C=B−8을 A+B+C=46kg에 각각 대입하면 다음과 같다.

$A+B+C=46kg \rightarrow (B-12)+B+(B-8)=46kg \rightarrow 3B-20=46kg$

$\therefore B=\dfrac{66}{3}=22kg$

20
정답 ③

제품별 밀 소비량 그래프에서 라면류와 빵류의 밀 사용량의 10%는 각각 6.6톤, 6.4톤이다. 따라서 과자류에 사용될 밀 소비량은 총 42+6.6+6.4=55톤이다.

21
정답 ③

A~D과자 중 밀을 가장 많이 사용하는 과자는 45%를 사용하는 D과자이고, 가장 적게 사용하는 과자는 15%인 C과자이다. 따라서 두 과자의 밀 사용량 차이는 42×(0.45−0.15)=12.6톤이다.

22
정답 ④

네 직원에게 지급된 성과급 총액을 x만 원이라 하자.

• A직원이 받은 성과급 : $\left(\dfrac{1}{3}x+20\right)$만 원

• B직원이 받은 성과급 : $\dfrac{1}{2}\left[x-\left(\dfrac{1}{3}x+20\right)\right]+10=\dfrac{1}{3}x$만 원

• C직원이 받은 성과급

  : $\dfrac{1}{3}\left[x-\left(\dfrac{1}{3}x+20+\dfrac{1}{3}x\right)\right]+60=\left(\dfrac{1}{9}x+\dfrac{160}{3}\right)$만 원

• D직원이 받은 성과급

  : $\dfrac{1}{2}\left[x-\left(\dfrac{1}{3}x+20+\dfrac{1}{3}x+\dfrac{1}{9}x+\dfrac{160}{3}\right)\right]+70$

  $=\left(\dfrac{1}{9}x+\dfrac{100}{3}\right)$만 원

$x=\left(\dfrac{1}{3}x+20\right)+\dfrac{1}{3}x+\left(\dfrac{1}{9}x+\dfrac{160}{3}\right)+\left(\dfrac{1}{9}x+\dfrac{100}{3}\right)$

$\rightarrow 9x=8x+960$

$\therefore x=960$

23
정답 ②

백미의 2019년 수매가격 대비 2020년 수매가격 증가율을 농가별로 구하면 다음과 같다.

• A농가 : $\dfrac{82,000-78,000}{78,000}\times100 ≒ 5.1\%$

• B농가 : $\dfrac{81,000-76,000}{76,000}\times100 ≒ 6.6\%$

• C농가 : $\dfrac{80,000-74,000}{74,000}\times100 ≒ 8.1\%$

• D농가 : $\dfrac{83,000-80,000}{80,000}\times100 ≒ 3.8\%$

• E농가 : $\dfrac{80,000-75,000}{75,000}\times100 ≒ 6.7\%$

따라서 수매가격 증가율이 낮은 두 농가는 A와 D이다.

24
정답 ⑤

단위를 천 원으로 수정하고, 각 농가의 2019년 총 수매가격 대비 2020년 총 수매가격 증가액을 구하면 다음과 같다.

• A : (82+91+98)−(78+86+94)=13천 원
• B : (81+90+102)−(76+88+92)=17천 원
• C : (80+88+103)−(74+85+98)=14천 원
• D : (83+90+98)−(80+88+95)=8천 원
• E : (80+90+100)−(75+85+95)=15천 원

따라서 2019년 총 수매가격 대비 2020년 총 수매가격 증가액이 가장 높은 두 농가는 B와 E이다.

25
정답 ③

표 1에서 모든 메인 메뉴의 단백질 함량은 포화지방 함량의 2배 이상인 것을 확인할 수 있다.

오답분석

① 새우버거의 중량 대비 열량의 비율은 $\dfrac{395}{197} ≒ 2$이고, 칠리버거는 $\dfrac{443}{228} ≒ 1.9$로 칠리버거가 더 낮다.

② 표 1의 나트륨 함량의 단위 mg을 당 함량 단위 g과 같게 만들면 0.5g<나트륨<1.2g의 범위가 나온다. 그런데 당 함량은 모두 6g 이상이므로 모든 메뉴에서 나트륨 함량보다 많다.

④ 표 2에서 모든 스낵의 단위당 중량 합은 114+68+47=229g이고, 표 1에서 메인 메뉴 중 베이컨버거의 중량은 242g이므로 모든 스낵의 단위당 중량 합보다 많다.

⑤ 메인 메뉴와 스낵 메뉴 중 열량이 가장 낮은 햄버거와 조각치킨의 열량 합은 248+165=413kcal이고, 500−413=87kcal 이하인 음료 메뉴는 커피 또는 오렌지 주스이므로 커피 외에 오렌지 주스도 주문 가능하다.

01	02	03	04	05	06	07	08	09	10
③	③	②	⑤	①	⑤	②	①	④	①
11	12	13	14	15	16	17	18	19	20
②	③	⑤	④	④	③	③	④	③	③
21	22	23	24	25					
②	③	③	③	④					

01
정답 ③

문제해결을 위한 방법으로 소프트 어프로치, 하드 어프로치, 퍼실리테이션(Facilitation)이 있다. 그중 마케팅 부장은 연구소 소장과 기획팀 부장 사이에서 의사결정에 서로 공감할 수 있도록 도와 주는 일을 하고 있다. 또한, 상대의 입장에서 공감을 해주며, 서로 타협점을 좁혀 생산적인 결과를 도출할 수 있도록 대화를 하고 있다. 따라서 마케팅 부장이 취하는 문제해결방법은 ③이다.

오답분석
① 소프트 어프로치 : 대부분의 기업에서 볼 수 있는 전형적인 스타일로 조직 구성원들은 같은 문화적 토양으로 가지고 이심전심으로 서로를 이해하는 상황을 가정하면, 직접적인 표현보다 무언가를 시사하거나 암시를 통한 의사전달로 문제를 해결하는 방법이다.
② 하드 어프로치 : 다른 문화적 토양을 가지고 있는 구성원을 가정하고, 서로의 생각을 직설적으로 주장하며 논쟁이나 협상을 하는 방법으로 사실과 원칙에 근거한 토론이다.
④ 비판적 사고 : 어떤 주제나 주장 등에 대해 적극적으로 분석하고 종합하며 평가하는 능동적인 사고로 어떤 논증, 추론, 증거, 가치를 표현한 사례를 타당한 것으로 받아들일 것인지 결정을 내릴 때 요구되는 사고력이다.
⑤ 창의적 사고 : 당면한 문제를 해결하기 위해 이미 알고 있는 경험과 지식을 해체하여 다시 새로운 정보로 결합함으로써 가치 있고 참신한 아이디어를 산출하는 사고이다.

02
정답 ③

기존 커피믹스가 잘 팔리고 있어 새로운 것에 도전하지 않는 것으로 보인다. 또한, 기존에 가지고 있는 커피를 기준으로 틀에 갇혀 블랙커피 커피믹스는 만들기 어렵다는 부정적인 시선으로 보고 있기 때문에 '발상의 전환'이 필요하다.

오답분석
① 전략적 사고 : 지금 당면하고 있는 문제와 해결방법에만 국한되어 있지 말고, 상위 시스템 및 다른 문제와 관련이 있는지 생각해 봐야 한다.
② 분석적 사고 : 전체를 각각의 요소로 나누어 그 요소의 의미를 도출한 다음 우선순위를 부여하고 구체적인 문제해결방법을 실행하는 것이다.
④ 내・외부자원의 효과적 활용 : 문제해결 시 기술・재료・방법・사람 등 필요한 자원 확보 계획을 수립하고, 내・외부자원을 활용하는 것을 말한다.
⑤ 성과지향 사고 : 분석적 사고의 하나로 기대하는 결과를 명시하고, 효과적으로 달성하는 방법을 사전에 구상하고 실행에 옮기는 것이다.

03
정답 ②

수준 높은 금융 서비스를 통해 글로벌 경쟁에서 우위를 차지하는 것은 강점을 이용해 글로벌 금융사와의 경쟁 심화라는 위협을 극복하는 ST전략이다.

오답분석
① 해외 비즈니스TF팀을 신설해 해외 금융시장 진출을 확대하는 것은 글로벌 경쟁력이 낮다는 약점을 극복하고 해외 금융시장 진출 확대라는 기회를 활용하는 WO전략이다.
③ 탄탄한 국내 시장점유율이 국내 금융그룹의 핀테크 사업 진출의 기반이 되는 것은 강점을 통해 기회를 살리는 SO전략이다.
④ 우수한 자산건전성 지표를 홍보하여 고객 신뢰를 회복하는 것은 강점으로 위협을 극복하는 ST전략이다.
⑤ 외화 자금 조달 리스크가 약점이므로 기회를 통해 약점을 보완하는 WO전략이다.

04
정답 ⑤

GE 맥킨지 매트릭스는 산업의 매력도와 사업의 강점을 이용하여 전략사업단위를 평가하는 방법으로, 여러 요인들을 종합적으로 고려하여 정교한 분석이 가능하므로 BCG 매트릭스보다 발전된 기법으로 평가받고 있다. 그러나 각 사업단위 간의 상호작용을 고려하지 않고, 복잡한 매트릭스로 인해 실제 적용이 어렵다는 단점이 있다.

GE 맥킨지 매트릭스
• 좌상의 청신호 지역 : 투자육성전략. 경쟁력 있는 사업으로 지속적인 투자를 통해 성장시키는 전략이 적절하다.

- 대각선상의 주의신호 지역 : 선택적 개선전략. 경쟁력이 있을 것 같은 사업을 선택하여 수익을 창출하는 전략이 적절하다.
- 우하의 적신호 지역 : 퇴출전략. 경쟁력이 약한 사업으로 철수나 최소한의 투자를 하는 전략이 적절하다.

05 　　　　　　　　　　　　　　　　정답 ①

A사업은 매력적인 사업으로, 집중적으로 투자하여야 한다. 그러나 시장 지위를 유지하면서 새로운 진출을 모색해야 하는 사업은 B사업이다.

〈BE 맥킨지 매트릭스 전략〉

산업매력도 고	성장 / 집중 투자	시장 지위 유지 · 구축 투자	선택적 투자 / 회수 및 철수 시기 파악
중	성장을 위한 투자 / 강점 극대화 투자	현상유지 / 선택적 투자	실패를 막기 위한 최소 투자
저	선택적 투자 / 시장 지위 유지 및 신규 진출 탐색	강점이 가능한 곳 투자 나머지는 철수	철수에 도움이 되는 최소한 투자 / 철수
	고	중	저
		사업의 강점	

06 　　　　　　　　　　　　　　　　정답 ⑤

ⓔ의 동기화 단계는 실제 행동으로 실현하고자 하는 동기나 욕구의 과정을 말하는 것으로 강화 기대에 따라 동기화의 결과가 달라진다. 카메라로 모델의 행동을 촬영하는 것은 동기화 단계와 관련이 없다.

반두라 관찰학습 4단계
1. 주의집중 단계 : 모델의 행동을 관찰하는 단계
2. 보존(파지) 단계 : 모델의 행동을 상징적인 형태로 기억하는 단계
3. 운동재생 단계 : 모델의 행동을 따라해 보는 단계
4. 동기화 단계 : 관찰한 것을 수행할 것인지 강화를 받게 되는 단계

07 　　　　　　　　　　　　　　　　정답 ②

설정형 문제(미래 문제)는 미래 상황에 대응하여 앞으로 어떻게 할 것인지에 관한 문제로 ⓛ이 해당된다.

오답분석
- 발생형 문제(보이는 문제) : 이미 일어난 문제로 당장 걱정하고 해결해야 되는 문제(ㄱ, ㄷ)
- 탐색형 문제(찾는 문제) : 현재의 상황에서 개선해야 되는 문제(ㄹ, ㅁ)

08 　　　　　　　　　　　　　　　　정답 ①

제시문은 문제의 3가지 유형 중 탐색형 문제에 대한 설명으로 현재의 상황을 개선하거나 효율을 높이기 위한 문제를 의미한다. 어제 구입한 알람시계의 고장은 이미 일어난 문제이므로 발생형 문제에 해당한다.

문제의 3가지 유형
- 발생형 문제 : 이미 일어난 문제(교통사고 등)
- 탐색형 문제 : 현재의 상황에서 개선해야 되는 문제, 아직 일어나지 않았으나 방치하면 해결이 어려운 문제(생산 공장 이전 등)
- 설정형 문제 : 미래지향적인 문제로 경험이 없거나, 미래 상황에 대응하여 앞으로 어떻게 할 것인지에 관한 문제(신제품 개발 등)

09 　　　　　　　　　　　　　　　　정답 ④

ㄴ. 간편식 점심에 대한 회사원들의 수요가 증가함에 따라 계절 채소를 이용한 샐러드 런치 메뉴를 출시하는 것은 강점을 통해 기회를 포착하는 SO전략에 해당한다.

ㄹ. 경기 침체로 인한 외식 소비가 위축되고 있는 상황에서 주변 회사와의 제휴를 통해 할인 서비스를 제공하는 것은 약점을 보완하여 위협을 회피하는 WT전략에 해당한다.

오답분석
ㄱ. 다양한 연령층을 고려한 메뉴가 강점에 해당하기는 하나, 샐러드 도시락 가게에서 한식 도시락을 출시하는 것은 적절한 전략으로 볼 수 없다.
ㄷ. 홍보 및 마케팅 전략의 부재가 약점에 해당하므로 약점을 보완하기 위해서는 적극적인 홍보 활동을 펼쳐야 한다. 따라서 홍보 방안보다 먼저 품질 향상 방안을 마련하는 것은 적절한 전략으로 볼 수 없다.

10 　　　　　　　　　　　　　　　　정답 ①

두 번째 조건의 '의사는 스포츠카와 오토바이를 가지고 있다.'가 참이므로, 그 대우 '스포츠카 또는 오토바이를 가지고 있지 않으면 의사가 아니다.' 역시 참이다. 따라서 철수가 스포츠카를 가지고 있지 않다면 철수는 의사가 아니라는 명제가 성립하고, 철수는 의사 또는 변호사 둘 중 하나에 반드시 해당되므로 '철수는 변호사'라는 명제가 성립한다.

오답분석
② 스포츠카와 오토바이 중 하나만 가지고 있다면 철수는 변호사이다.
③ 철수가 오토바이를 가지고 있고, 스포츠카는 가지고 있지 않을 수 있다.
④ 철수는 의사나 변호사 하나만 해당될 수 있다.
⑤ 철수가 변호사라면 둘 중 하나만 가지고 있다.

11

정답 ②

A를 기준으로 A의 진술이 참인 경우와 A의 진술이 거짓인 경우가 있는데, 만약 A의 진술이 거짓이라면 B와 C가 모두 범인인 경우와 B와 C가 모두 범인이 아닌 경우로 나눌 수 있고, A의 진술이 참이라면 B가 범인인 경우와 C가 범인인 경우로 나눌 수 있다.

- A의 진술이 거짓이고 B와 C가 모두 범인인 경우 : B, C, D, E의 진술이 모두 거짓이 되어 5명이 모두 거짓말을 한 것이 되므로 조건에 어긋난다.
- A의 진술이 거짓이고 B와 C가 모두 범인이 아닌 경우 : B가 참이 되므로 C, D, E 중 1명만 거짓, 나머지는 참이 되어야 한다. C가 참이면 E도 반드시 참. C가 거짓이면 E도 반드시 거짓이므로 D가 거짓, C, E가 참을 말하는 것이 되어야 한다. 따라서 이 경우 D와 E가 범인이 된다.
- A의 진술이 참이고 B가 범인인 경우 : B의 진술이 거짓이 되기 때문에 C, D, E 중 1명의 진술만 거짓, 나머지 진술은 참이 되어야 하므로 C, E의 진술이 참, D의 진술이 거짓이 된다. 따라서 이 경우 B와 E가 범인이 된다.
- A의 진술이 참이고 C가 범인인 경우 : B의 진술이 참이 되기 때문에 C, D, E 중 1명의 진술만 참, 나머지 진술은 거짓이 되어야 하므로 C, E의 진술이 거짓, D의 진술이 참이 된다. 따라서 범인은 A와 C가 된다.

따라서 동시에 범인이 될 수 있는 사람이 올바르게 짝지어진 것은 ②이다.

12

정답 ④

'커피를 좋아한다.'를 A, '홍차를 좋아한다.'를 B, '탄산수를 좋아한다.'를 C, '우유를 좋아한다.'를 D, '녹차를 좋아한다.'를 E라고 하면 'A → ~B → ~E → C'와 '~C → D'가 성립한다.

13

정답 ⑤

경영팀 김선율과 인사팀 김하영은 월·금요일에 회의 및 출장으로 8월 22일 화요일은 출근이 가능하다.

오답분석

① 회계팀 김하나는 7월 25일에 일본 여행에서 돌아왔으므로 8월 22일은 출근이 불가능하다. 같은 팀 정지수는 8월 24일 목요일만 출근하지 않기 때문에 22일 화요일은 출근이 가능하다.
② 회계팀 이솔비는 7월 24일 인천 출장으로 인해 한 달이 지나지 않은 8월 22일은 출근할 수 없고, 같은 팀인 김예나만 화요일 출근이 가능하다.
③ 회계팀 강여울은 경영팀 및 인사팀의 팀장과 같은 스케줄로 화요일 출근이 가능하지만, 경영팀 이하율은 화요일 출근을 하지 않는다.
④ 경영팀 최바울은 회계팀 김하나의 남편으로 같이 일본 여행을 갔다와 8월 22일 출근이 불가능하고, 인사팀 강지은은 화요일 출근이 가능하다.

14

정답 ④

금요일에 있는 본사교육 및 회의·출장 참여자는 반드시 금요일에 출근해야 하므로 이와 관련된 사람은 최수지, 강여울, 김선율, 김하영이다. 따라서 정하람은 매주 금요일에 출근하지 않아도 된다.

15

정답 ④

제시된 자료에서 일차방정식을 세워 인원수를 구할 수 있다.
먼저 A, B, C의 인원수를 각각 a, b, c라 가정하고 평균점에 대한 방정식을 세우면

$\dfrac{40a+60b}{80}=52.5 \rightarrow 4a+6b=420 \rightarrow 2a+3b=210 \cdots$ ㉠

$a+b=80 \rightarrow b=80-a\cdots$ ㉡

㉠에 ㉡을 대입하면 $2a+3(80-a)=210 \rightarrow a=240-210=30$이므로 A의 인원수는 30명이고, B의 인원수는 50명이다. 이때, B와 C의 총인원수는 120명이므로 C의 인원수는 70명임을 알 수 있다.
따라서 (가)에 들어갈 수는 30+70=100이고, (나)는 A와 C의 평균점수로 $\dfrac{30\times40+70\times90}{100}=75$이다.

16

정답 ②

각각의 주택에 도달하는 빛의 조도를 계산하면 다음과 같다.

A	$(36\div2)+(24\div8)+(48\div12)=25$
B	$(36\div2)+(24\div4)+(48\div8)=30$
C	$(36\div4)+(24\div2)+(48\div6)=29$
D	$(36\div8)+(24\div2)+(48\div2)=40.5$
E	$(36\div12)+(24\div6)+(48\div2)=31$

주택에서 예측된 빛의 조도가 30을 초과하는 곳은 D, E의 두 곳이므로 관리대상주택은 총 2채이다.

17

정답 ③

A주택의 지붕의 수선이 필요하다고 하였으므로 대보수에 해당하여 주택당 보수비용 지원한도액은 950만 원인데, 미란의 소득인정액은 중위소득 40%에 해당하여 지원율을 감안한 지원액은 950만×0.8=760만 원이다.

18

정답 ④

제시된 상황의 소는 2,000만 원을 구하는 것이므로 소액사건에 해당한다. 이에 따라 각 심급별 송달료를 계산하면 다음과 같다.
- 민사 제1심 소액사건 : 2×3,200×10=64,000원
- 민사 항소사건 : 2×3,200×12=76,800원
따라서 갑이 납부하는 송달료의 합계는 140,800원이다.

19
정답 ③

ㄱ. 갑의 자본금액이 200억 원이므로 아무리 종업원 수가 적더라도 '자본금액 50억 원을 초과하는 법인으로서 종업원 수가 100명 이하인 법인'이 납부해야 하는 20만 원 이상은 납부해야 한다. 따라서 옳은 내용이다.

ㄹ. 갑의 자본금액이 100억 원을 초과한다면 50만 원을 납부해야 하며, 을의 종업원 수가 100명을 초과한다면 10만 원을, 병의 자본금액이 100억 원을 초과한다면 50만 원을 납부해야 하므로 이들 금액의 합계는 110만 원이다.

오답분석

ㄴ. 을의 자본금이 20억 원이고 종업원이 50명이라면 '그 밖의 법인'에 해당하여 5만 원을 납부해야 하므로 옳지 않다.

ㄷ. 병의 종업원 수가 200명이나 자본금이 10억 원 이하라면 '그 밖의 법인'에 해당하여 5만 원을 납부해야 하므로 옳지 않다.

20
정답 ③

P팀장의 업무지시에 따르면 K대리는 총 8대의 복합기를 구매해야 한다. 이때, 2층에서는 출력 속도가 구매 기준이 되며, 3층에서는 컬러출력 복합기 1대를 반드시 포함해야 한다. 4층과 5층에서는 양면 복사 가능 여부가 구매 기준이 되므로 양면 복사가 모두 가능하면서 가장 저렴한 제품을 선택하면 된다. 각층별 요구 사항에 따라 구매할 복합기를 정리하면 다음과 같다.

구분	제품	금액
2층	F회사 3060CFPS 2대	$1,900,000 \times 2$ $= 3,800,000$원
3층	S회사 D430CFPS 1대, C회사 IR2204F 1대	$3,050,000 + 970,000$ $= 4,020,000$원
4층	C회사 IR2204F 2대 (양면 복사 기능 추가)	$(970,000 + 200,000) \times 2$ $= 2,340,000$원
5층	C회사 IR2204F 2대 (양면 복사 기능 추가)	$(970,000 + 200,000) \times 2$ $= 2,340,000$원

따라서 K대리가 복합기 구매에 사용할 가장 적은 금액은 총 $3,800,000 + 4,020,000 + 2,340,000 + 2,340,000 = 12,500,000$원이다.

21
정답 ②

주어진 정보에 따라 할인금액을 정리하면 다음과 같다.
• 사무용품 판매점의 경우 총금액에서 S회사 제품의 가격을 제외한 금액의 10%를 할인해 주므로 $(12,500,000 - 3,050,000) \times 0.1 = 945,000$원을 할인받을 수 있다.
• 인터넷 쇼핑몰의 경우 S회사 제품만 15% 할인해 주므로 $3,050,000 \times 0.15 = 457,500$원을 할인받을 수 있다.
따라서 K대리가 복합기를 주문할 곳은 945,000원을 할인받을 수 있는 사무용품 판매점이다.

22
정답 ③

ⓛ과 ⓒ이 정언 명제이므로 함축관계를 판단하면 ③이 정답임을 알 수 있다.

오답분석

① 공격수라면 안경을 쓰고 있지 않다.
② A팀의 공격수라면 검정색 상의를 입고, 축구화를 신고 있지 않다.
④ 김 과장이 검정색 상의를 입고 있다는 조건으로 안경을 쓰고 있는지 여부를 판단할 수 없다.
⑤ 수비수라면 안경을 쓰고 있다.

23
정답 ③

제주도에 도착하여 짐을 찾고 렌터카를 빌리기까지 시간은 20분이 걸리고, 다음날 서울행 비행기 출발시각 1시간 전인 15시 30분까지 도착해야 하므로 대여시간은 9일 11시 30분부터 10일 15시 20분까지다. 그러므로 총 대여시간은 1일 3시간 50분이다. 이때, 12시간 이상이므로 24시간 기본요금 65,000원과 나머지 3시간 50분 사용금액 35,000원을 추가로 지불하면 대여비는 $65,000 + 35,000 = 100,000$원이다.

24
정답 ③

렌터카들의 대여비와 유류비를 합한 비용은 다음과 같다.
• A렌터카 : $60,000 + 32,000 + 1,650 \times \dfrac{260}{12.5} = 126,320$원
• B렌터카 : $65,000 + 35,000 + 1,650 \times \dfrac{260}{12} = 135,750$원
• C렌터카 : $65,000 + 35,000 + 1,350 \times \dfrac{260}{16} ≒ 121,938$원
• D렌터카 : $67,000 + 30,000 + 1,350 \times \dfrac{260}{12} = 126,250$원
• E렌터카 : $68,000 + 30,000 + 1,350 \times \dfrac{260}{10} = 133,100$원
따라서 C렌터카가 가장 저렴하다.

25
정답 ④

주어진 조건을 표로 나타내면 다음과 같다.

구분	월	화	수	목	금
A	○	○/×	×	○	×/○
B	○	×	×	○	○
C	○	○/×	×	○	×/○
D	○	×	○	○	×
E	○	○	×	○	×

따라서 수요일에 야근하는 사람은 D이다.

PART 2

실전모의고사
정답 및 해설

01	02	03	04	05	06	07	08	09	10
④	①	⑤	④	②	③	③	④	④	②
11	12	13	14	15	16	17	18	19	20
③	②	⑤	①	④	④	③	③	③	③
21	22	23	24	25	26	27	28	29	30
②	④	②	④	②	④	②	④	②	②
31	32	33	34	35	36	37	38	39	40
③	⑤	③	③	②	③	①	②	②	②
41	42	43	44	45	46	47	48	49	50
③	①	④	②	②	②	④	③	④	⑤

01　　　　정답 ④

석연치 않은 뉘앙스를 풍겨 상대방의 기분을 불쾌하게 만들 수 있는 중의적인 표현은 피해야 하지만, 단정적인 표현도 좋지 않은 의사소통 방식이다.

02　　　　정답 ①

• 기획서 : 적극적으로 아이디어를 내고 기획해 하나의 프로젝트를 문서 형태로 만들어, 상대방에게 기획의 내용을 전달하여 기획을 시행하도록 설득하는 문서
• 상품소개서 : 제품의 특징과 활용도에 대해 세부적으로 언급하는 문서

03　　　　정답 ⑤

(가) 발신주의(發信主義) : 성립한 문서가 상대방에게 발신된 때 효력이 발생한다.
(나) 요지주의(了知主義) : 상대방이 문서의 내용을 알게 되었을 때에 효력이 발생한다.
(다) 도달주의(到達主義) : 문서가 상대방에게 도달해야 효력이 발생한다.
(라) 표백주의(表白主義) : 결재로써 문서의 작성이 끝났을 때에 효력이 발생한다.

04　　　　정답 ④

말하지 않아도 상대방이 이해할 것이라는 선입견과 고정관념이 의사소통의 저해 요인이 되고 있다.

05　　　　정답 ②

피장파장의 오류 : 상대방의 잘못을 들추어 서로 낫고 못함이 없다고 주장하여 자신의 잘못을 정당화하는 오류이다.

오답분석
① 성급한 일반화의 오류 : 제한된 증거를 기반으로 성급하게 어떤 결론을 도출하는 오류이다.
③ 군중에 호소하는 오류 : 군중 심리를 자극하여 논지를 받아들이게 하는 오류이다.
④ 인신공격의 오류 : 주장하는 사람의 인품·직업·과거 정황을 트집 잡아 비판하는 오류이다.
⑤ 흑백사고의 오류 : 세상의 모든 일을 흑 또는 백이라는 이분법적 사고로 바라보는 오류이다.

06　　　　정답 ③

글의 맥락상 '뒤섞이어 있음'을 의미하는 '혼재(混在)'가 적절하다.
• 잠재(潛在) : 겉으로 드러나지 않고 속에 잠겨 있거나 숨어 있음

07　　　　정답 ③

번아웃 증후군을 이겨내기 위한 방법 중 하나가 현재의 환경을 바꾸는 것이다. 현재 처해 있는 상황에서 지루함·무기력함에 빠져 있는 것이기 때문에, 환경을 바꾸어 활력과 자극을 얻을 수 있다.

08　　　　정답 ④

제시문에서는 2018년 대한민국의 치매 발생 현황(①)에 관해 이야기하며 치매의 발생 원인(⑤)에 따른 치매의 종류(③)를 설명하고, 치매를 예방할 수 있는 방법(②)을 제시하고 있다. 그러나 중증치매 기준에 대한 내용은 제시문을 통해 알 수 없다.

09

정답 ④

세 번째 문단에서 녹내장을 예방할 수 있는 방법은 아직 알려져 있지 않고, 가장 좋은 예방법이 조기에 발견하는 것이라고 하였다. 따라서 녹내장 발병을 예방할 수 있는 방법은 아직 없다고 볼 수 있다.

오답분석

① 녹내장은 일반적으로 주변시야부터 좁아지기 시작해 중심시야로 진행되는 병이다.
② 상승된 안압이 시신경으로 공급되는 혈류량을 감소시켜 시신경 손상이 발생될 수 있다.
③ 녹내장은 안압이 상승하여 발생하는 병이므로 안압이 상승할 수 있는 상황은 되도록 피해야 한다.
⑤ 녹내장은 대부분 장기간에 걸쳐 천천히 진행하는 경우가 많다.

10

정답 ②

수박을 고를 때 소리로 확인하는 것이 어렵다면 배꼽을 확인하였을 때 작은 것이 잘 익은 수박일 가능성이 높다.

11

정답 ③

세계의 흐름에 따라 우리나라도 신에너지 개발에 적극적으로 동참하고 있으며, 이러한 과정에서 S공사가 1973년 소양강댐 수력발전을 시작으로 핵심 역할을 하고 있다. 따라서 S공사의 에너지 개발은 1973년 수력발전으로부터 시작되었음을 알 수 있다.

오답분석

① 연구 보고서에 따르면 아시아 대부분 지역의 강수량이 늘어 홍수 피해가 증가할 것으로 예측된다.
② 세계는 화석연료에 대한 의존도를 줄이면서 새로운 에너지를 확보하는 데 노력하고 있다.
④ 신재생에너지는 전 세계 전력 발전이 아닌 신규 발전의 70%를 차지하고 있다.
⑤ 에너지원은 50년 주기로 변화해 왔으며, 석유 이후에는 천연가스가 최고 에너지원이었으나 현재는 신재생에너지가 중요 에너지원으로 주목받고 있다.

12

정답 ②

기계화·정보화의 긍정적인 측면보다는 부정적인 측면을 부각시키고 있는 본문을 통해 기계화·정보화가 인간의 삶의 질 개선에 기여하고 있음을 경시한다고 지적할 수 있다.

13

정답 ⑤

제시문에서 펀드 가입 절차에 대한 내용은 찾아볼 수 없다.

오답분석

① 세 번째 문단에 따르면 펀드에 가입하면 돈을 벌 수도 손해를 볼 수도 있다.
② 첫 번째 문단에서 확인할 수 있다.
③ 마지막 문단에서 확인할 수 있다.
④ 주식 투자 펀드와 채권 투자 펀드에 대한 내용에서 확인할 수 있다.

14

정답 ①

주식 투자 펀드의 수익률 차이가 심하게 나는 것은 주식이 경기 변동의 영향을 많이 받기 때문이다.

오답분석

② 채권 투자 펀드에 대한 설명이다.
③ 채권을 사서 번 이익에서 투자 기관의 수수료를 뺀 금액이 수익이 된다.
④ 주식 투자 펀드에 대한 설명이다.
⑤ 주식 투자 펀드와 채권 투자 펀드 모두 투자 기관의 수수료가 존재한다.

15

정답 ④

글쓴이는 인간의 표정을 통해 감정을 읽는 것은 비과학적이므로 감정 인식 기술을 채용이나 법 집행 등의 민감한 상황에서 사용하는 것을 금지해야 한다고 주장한다. 따라서 AI가 제공하는 데이터를 통해 지원자의 감정을 자세하게 파악할 수 있다는 내용의 ④는 글쓴이의 주장과 반대되는 입장이므로 근거로 적절하지 않다.

16

정답 ④

㉠의 앞에서는 많은 AI 기업들이 얼굴 인식 프로그램을 개발하고 있는 현황에 관해 이야기하고 있으나, ㉠의 뒤에서는 인간의 표정으로 감정을 읽는 것은 비과학적이라고 주장한다. 따라서 ㉠의 빈칸에는 역접의 의미인 '그러나'가 적절하다.
㉡의 앞에서는 인간의 표정으로 감정을 읽는 것이 비과학적인 이유를 이야기하며, ㉡의 뒤에서는 민감한 상황에서 감정인식 기술의 사용을 금지해야 한다고 주장한다. 즉, ㉡의 앞부분은 뒷부분의 근거가 되는 내용이므로 ㉡의 빈칸에는 앞에서 말한 일이 뒤에서 말할 일의 원인, 이유가 됨을 나타내는 '따라서'가 적절하다.

17

정답 ③

찬성 측은 공공 자전거 서비스 제도의 효과에 대해 예상하나, 구체적인 근거를 제시하고 있지는 않다.

오답분석

① 반대 측은 자전거를 이용하지 않는 사람들도 공공 자전거 서비스 제도에 필요한 비용을 지불해야 하므로 형평성의 문제가 발생할 수 있다고 보았다.
② 찬성 측은 공공 자전거 서비스 제도로 교통 체증 문제를 완화할 수 있다고 보았으며, 반대 측은 도로에 자전거와 자동차가 섞이게 되어 교통 혼잡 문제가 발생할 수 있다고 봄으로써 서로 대립하는 논점을 가짐을 알 수 있다.
④ 반대 측은 공공 자전거 서비스 제도로 도로에 자전거와 자동차가 섞이게 되는 상황을 예상하면서 찬성 측의 주장에 대해 의문을 제기하고 있다.
⑤ 반대 측은 찬성 측의 공공 자전거 서비스는 사람들 모두가 이용할 수 있다는 주장에 대해 '물론 그렇게 볼 수도 있습니다만'과 같이 대답하며 찬성 측의 주장을 일부 인정하고 있다.

18

정답 ③

현대 사회의 문은 대부분 닫힌 구조로 사람을 박대하고 있다고 주장하며 그 대표적인 예로 회전문을 제시하는 (나) 문단이 가장 먼저 오는 것이 적절하다. 그리고 다음으로는 (나) 문단 마지막의 '회전문의 구조와 그 기능'과 연결되어 회전문의 축에 대한 문제점을 제시하는 (가) 문단이 오는 것이 적절하다. (가) 문단 뒤에는 '또한' 어린아이, 노인 등 약자를 배려하지 않는 회전문의 또 다른 문제점을 제시하는 (라) 문단이 오는 것이 적절하며, 이러한 회전문의 문제점들을 통해 회전문은 '가장 야만적이며 가장 미개한 형태의 문이다.'라는 결론을 내리는 (다) 문단이 마지막에 오는 것이 적절하다. 따라서 (나) – (가) – (라) – (다)의 순서가 가장 적절하다.

19

정답 ③

제시문과 ③의 '통하다'는 '무엇을 매개로 하거나 중개하다.'의 의미이다.

오답분석

① 말이나 문장 따위의 논리가 이상하지 아니하고 의미의 흐름이 적절하게 이어져 나가다.
② 막힘이 없이 흐르다.
④·⑤ 마음 또는 의사나 말 따위가 다른 사람과 소통되다.

20

정답 ③

제시문과 ③은 '모두 하나와 같이'라는 의미로 쓰였고, ①·②·④·⑤는 '변함없이'와 같은 의미로 쓰였다.

한결같다
1. 처음부터 끝까지 변함없이 같다.
2. 여럿이 모두 꼭 같이 하나와 같다.

21

정답 ②

첫 번째 조건에서 2020년 2월 요가 회원 수는 $a=50\times1.2=60$명이 되고, 세 번째 조건에서 2020년 4월 필라테스 예상 회원 수는 2020년 1분기 월 평균 회원 수가 되어야 하므로 2020년 4월 필라테스 예상 회원 수는 $d=\dfrac{106+110+126}{3}=\dfrac{342}{3}=114$명이다.

두 번째 조건에 따라 2020년 3월 G.X 회원 수 c를 구하면 $(90+98+c)+37=106+110+126 \rightarrow c=342-225=117$이다.

b를 구하기 위해 방정식 $2a+b=c+d$에 a, c, d에 해당되는 수를 대입하면 $2\times60+b=117+114 \rightarrow b=231-120=111$이다. 따라서 2020년 3월에 요가 회원 수는 111명임을 알 수 있다.

22

정답 ④

10명의 동아리 회원 중 3명이 당첨되는 경우는 $_{10}C_3=\dfrac{10\times9\times8}{3\times2\times1}=120$가지이고, 3명 중 남자가 여자보다 당첨자가 많을 경우는 다음과 같다.

ⅰ) 남자 3명이 모두 당첨자가 되는 경우
$\quad _4C_3=_4C_1=4$가지

ⅱ) 남자 2명, 여자 1명이 당첨자가 되는 경우
$\quad _4C_2\times_6C_1=\dfrac{4\times3}{2\times1}\times6=36$가지

따라서 남자가 여자보다 당첨자가 많을 확률은 $\dfrac{(4+36)}{120}\times100$

$=\dfrac{1}{3}\times100≒33.33\%$이다.

23

정답 ②

5명이 노란색 원피스 2벌, 파란색 원피스 2벌, 초록색 원피스 1벌 중 한 벌씩 선택하여 사는 경우의 수는 먼저 5명을 2명, 2명, 1명으로 이루어진 3개의 팀으로 나누는 방법과 동일하므로 $_5C_2\times_3C_2\times_1C_1\times\dfrac{1}{2!}=\dfrac{5\times4}{2}\times3\times1\times\dfrac{1}{2}=15$가지가 된다. 이때, 원피스 색깔 중 2벌인 색은 노란색과 파란색 2가지이므로 선택할 수 있는 경우의 수는 모두 $15\times2=30$가지이다.

24
정답 ②

A공단의 최소 서류 지원자를 x명이라 가정하자. 면접에서 최종 합격자 250명의 2배를 필기시험에서 뽑고, 면접시험 자격이 주어지는 인원의 4.5배수가 서류 지원자에서 필기시험에 응시할 수 있다. 따라서 A공단에 지원하는 최소 지원자는 $x = 250 \times 2 \times 4.5 = 2,250$명이다.

25
정답 ⑤

A업체 견인차의 속력이 63km/h일 때, 40분 만에 사고지점에 도착하므로 A업체부터 사고지점까지의 거리는 $63 \times \dfrac{40}{60} = 42$km이다. 이때, 사고지점은 B업체보다 A업체가 40km 더 가까우므로 B업체에서 사고지점까지의 거리는 $42 + 40 = 82$km이다.

B업체의 견인차가 A업체의 견인차보다 늦게 도착하지 않으려면 사고지점에 도착하는 데 걸리는 시간이 40분보다 적거나 같아야 한다. B업체 견인차의 속력을 $x$km/h라 하면

$$\dfrac{82}{x} \leq \dfrac{2}{3} \rightarrow 2x \geq 246$$

$$\therefore x \geq 123$$

따라서 B업체가 내야 하는 최소 속력은 123km/h이다.

26
정답 ①

제시된 조건을 정리하면 다음과 같다.

(단위 : 명)

구분	남성	여성	합계
운전 가능	36	24	60
운전 불가능	4	36	40
합계	40	60	100

여성으로만 이루어진 팀의 수를 최소화하려면 남성과 여성으로 이루어진 팀의 수는 최대가 되어야 한다. 먼저, 운전을 할 수 없는 남성 사원과 운전을 할 수 있는 여성 사원을 짝지어주면 운전을 할 수 있는 여성은 20명이 남게 된다. 운전을 할 수 있는 남성 사원과 운전을 할 수 없는 여성 사원은 둘 다 36명으로 36개의 남성 – 여성 팀을 편성할 수 있다. 따라서 여성 – 여성으로 이루어진 팀은 최소 10팀이다.

27
정답 ④

생산이 증가한 2016년, 2019년, 2020년에는 수출과 내수가 모두 증가했다.

오답분석
① 주어진 표에서 알 수 있다.
② 내수가 가장 큰 폭으로 증가한 해는 2018년으로 생산과 수출 모두 감소했다.
③ 수출이 증가한 해는 2016년, 2019년, 2020년으로, 내수와 생산도 증가했다.
⑤ 수출이 가장 큰 폭으로 증가한 해는 2019년으로, 생산도 가장 큰 폭으로 증가했다.

28
정답 ④

2019년 첫 일자리가 현 직장인 임금 근로자 수는 전체 임금 근로자 수의 $\dfrac{1,523}{4,012} \times 100 = 38\%$이므로 35% 이상이다.

오답분석
① 2018 ~ 2020년 비임금 근로자 수를 계산하면 다음과 같다.
  • 2018년 : $4,032 - 3,909 = 123$명
  • 2019년 : $4,101 - 4,012 = 89$명
  • 2020년 : $4,140 - 4,055 = 85$명
  따라서 비임금 근로자 수는 매년 감소하였다.
② 2018 ~ 2020년까지 졸업·중퇴 후 취업 유경험자 수의 평균은 $\dfrac{4,032 + 4,101 + 4,140}{3} = \dfrac{12,273}{3} = 4,091$명이다.
③ 2018년 첫 일자리를 그만둔 임금 근로자 수는 첫 일자리가 현 직장인 근로자 수의 $\dfrac{2,375}{1,534} = 1.5$배이다.
⑤ 2020년 첫 일자리를 그만둔 경우 평균 근속기간은 첫 일자리가 현 직장인 경우 평균 근속기간의 $\dfrac{14}{25} \times 100 = 56\%$이다.

29
정답 ②

• 2013년 전체 관람객 : $6,688 + 3,355 = 10,043$명
• 2013년 전체 관람객 중 외국인 관람객이 차지하는 비중
  : $\dfrac{1,877}{10,043} \times 100 = 18.69\%$
• 2019년 전체 관람객 : $7,456 + 6,259 = 13,715$명
• 2019년 전체 관람객 중 외국인 관람객이 차지하는 비중
  : $\dfrac{3,849}{13,715} \times 100 = 28.06\%$
• 2013년과 2019년의 전체 관람객 중 외국인 관람객이 차지하는 비중의 차 : $28.06 - 18.69 = 9.37\%$p

따라서 2019년의 전체 관람객 수에서 외국인 관람객이 차지한 비중이 2013년에 비해 15%p 미만으로 증가했다.

오답분석
① 2013년 외국인 관광객 수는 1,877명이고, 2019년 외국인 관광객 수는 3,849명이다. 따라서 2013년 대비 2019년 외국인 관광객 수의 증가율은 $\dfrac{3,849 - 1,877}{1,877} \times 100 = 105.06\%$이다.
③ 2018년을 제외한 나머지 해의 경우 유료관람객 수가 무료관람객 수보다 많음을 확인할 수 있다.
④ 제시된 자료를 통해 알 수 있다.
⑤ 제시된 자료에 의하여 무료관람객 수는 지속적으로 증가하는 것을 알 수 있다. 2014 ~ 2019년 무료관람객 수의 전년 대비 증가폭을 구하면 다음과 같다.
  • 2014년 : $3,619 - 3,355 = 264$명
  • 2015년 : $4,146 - 3,619 = 527$명
  • 2016년 : $4,379 - 4,146 = 233$명
  • 2017년 : $5,539 - 4,379 = 1,160$명

- 2018년 : $6,199-5,539=660$명
- 2019년 : $6,259-6,199=60$명

따라서 2017년의 무료관람객 수는 전년 대비 가장 많이 증가했고, 2019년의 무료관람객 수는 전년 대비 가장 적게 증가했다.

30 [정답] ④

흡연자 A씨가 금연프로그램에 참여하면서 진료 및 상담 비용과 금연보조제(니코틴패치) 구매에 지불해야 하는 부담금은 지원금을 제외한 나머지이다. 따라서 A씨가 부담하는 금액은 총 $30,000\times0.1\times6+12,000\times0.25\times3=27,000$원이다.

31 [정답] ③

A국과 F국을 비교해보면 참가선수는 A국이 더 많지만, 동메달 수는 F국이 더 많다.

오답분석

① 금메달은 F>A>E>B>D>C 순서로 많고, 은메달은 C>D>B>E>A>F 순서로 많다.
② C국은 금메달을 획득하지 못했지만 획득한 메달 수는 149개로 가장 많다.
④ 참가선수와 메달 합계의 순위는 동일하다.
⑤ 참가선수가 가장 적은 국가는 F로 메달 합계는 6위이다.

32 [정답] ⑤

각 국가의 승용차 보유 대수 비율은 다음과 같다.

- 네덜란드 : $\dfrac{3,230}{3,585}\times100 \fallingdotseq 90.1\%$

- 독일 : $\dfrac{17,356}{18,481}\times100 \fallingdotseq 93.9\%$

- 프랑스 : $\dfrac{15,100}{17,434}\times100 \fallingdotseq 86.6\%$

- 영국 : $\dfrac{13,948}{15,864}\times100 \fallingdotseq 87.9\%$

- 이탈리아 : $\dfrac{14,259}{15,400}\times100 \fallingdotseq 92.6\%$

- 캐나다 : $\dfrac{7,823}{10,029}\times100 \fallingdotseq 78.0\%$

- 호주 : $\dfrac{4,506}{5,577}\times100 \fallingdotseq 80.8\%$

- 미국 : $\dfrac{104,898}{129,943}\times100 \fallingdotseq 80.7\%$

따라서 유럽 국가는 미국, 캐나다, 호주보다 승용차가 차지하는 비율이 높다.

오답분석

① 승용차가 차지하는 비율이 가장 높은 나라는 독일이다.
② 트럭·버스가 차지하는 비율은 100%에서 승용차 보유 대수 비율을 뺀 것과 같다. 즉, 승용차 보유 대수 비율이 낮은 국가가 트럭·버스 보유 대수 비율이 가장 높다. 따라서 트럭·버스 보유 대수 비율이 가장 높은 국가는 캐나다이다.
③ 승용차 보유 대수 비율이 가장 낮은 국가는 캐나다로, 78%이다.
④ 프랑스의 승용차와 트럭·버스의 비율은 $15,100:2,334 \fallingdotseq 6.5:1$로 3 : 1이 아니다.

33 [정답] ③

2016~2020년의 남성 근로자 수와 여성 근로자 수 차이를 구하면 다음과 같다.

- 2016년 : $9,061-5,229=3,832$천 명
- 2017년 : $9,467-5,705=3,762$천 명
- 2018년 : $9,633-5,902=3,731$천 명
- 2019년 : $9,660-6,103=3,557$천 명
- 2020년 : $9,925-6,430=3,495$천 명

즉, 2016~2020년 동안 남성과 여성의 차이는 매년 감소한다.

오답분석

① 제시된 자료를 통해 알 수 있다.
② 성별 2020년 근로자 수의 2016년 대비 증가율은 다음과 같다.

- 남성 : $\dfrac{9,925-9,061}{9,061}\times100 \fallingdotseq 9.54\%$

- 여성 : $\dfrac{6,430-5,229}{5,229}\times100 \fallingdotseq 22.97\%$

따라서 여성의 증가율이 더 높다.
④ 제시된 자료를 통해 전체 근로자 중 여성 근로자 수의 비중이 가장 큰 것은 2020년임을 알 수 있다.
⑤ 2020년 여성 근로자 수의 2019년 대비 증가율은 $\dfrac{6,430-6,103}{6,103}\times100 \fallingdotseq 5.36\%$이다.

34 [정답] ②

ㄱ. • (2017년 전년 이월건수)=(2016년 처리대상건수)−(2016년 처리건수)=$8,278-6,444=1,834$건
• (2017년 처리대상건수)=$1,834+7,883=9,717$건
즉, 처리대상건수가 가장 적은 연도는 2020년이다.
2020년의 처리율은 $\dfrac{6,628}{8,226}\times100 \fallingdotseq 80.57\%$로, 75% 이상이다.

ㄹ. • 2016년의 인용률 : $\dfrac{1,767}{346+4,214+1,767}\times100 \fallingdotseq 27.93\%$

• 2018년의 인용률 : $\dfrac{1,440}{482+6,200+1,440}\times100 \fallingdotseq 17.73\%$

따라서 2016년의 인용률이 2018년의 인용률보다 높다.

ㄴ. 2017 ~ 2020년 취하건수와 기각건수의 전년 대비 증감 추이는 다음과 같다.
- 취하건수의 증감 추이 : 증가 – 증가 – 증가 – 감소
- 기각건수의 증감 추이 : 증가 – 증가 – 감소 – 감소

따라서 2017 ~ 2020년 취하건수와 기각건수의 전년 대비 증감 추이는 같지 않다.

ㄷ. • 2017년 처리대상건수 : 9,717건
- 2017년 처리건수 : 7,314건

∴ 2017년 처리율 : $\frac{7,314}{9,717} \times 100 ≒ 75.27\%$

35　　　정답 ②

2020년 11세 여학생의 제자리 멀리뛰기 기록은 143.3cm로, 16세 남학생의 제자리 멀리뛰기 기록의 60%인 225.0×0.6=135cm 이상이다.

오답분석

① 남학생의 경우, 2018년에는 17세 고등학생이 16세 고등학생보다 50m 달리기 기록이 0.1초 느려졌고, 15세와 16세 고등학생의 50m 달리기 기록이 동일하였다.

③ 2020년 14세 여학생의 경우에 2018년 14세 여학생에 비해 50m 달리기와 제자리 멀리뛰기 기록은 좋아졌지만, 윗몸일으키기 기록은 낮아졌다.

④ 2018년 중학교 남학생의 경우, 직전연령 대비 윗몸일으키기 증가율은 12세의 경우 $\frac{38.0-35.0}{35.0} \times 100 ≒ 8.6\%$, 13세의 경우 $\frac{41.0-38.0}{38.0} \times 100 ≒ 7.9\%$로 12세에 비해 13세에 직전연령 대비 증가율이 작아진다.

⑤ 남학생의 경우, 2018년과 2020년 모두 제자리 멀리뛰기 기록이 가장 좋은 연령은 17세이다. 그러나 윗몸일으키기 기록이 가장 좋은 연령은 2018년에는 16세와 17세지만, 2020년에는 15세이다.

36　　　정답 ③

B가 말한 두 번째 문장 "C가 나침반을 갖고 있어."와 C가 말한 두 번째 문장 "나는 나침반을 갖고 있지 않아."가 상반된 내용이므로, 둘 중 하나는 진실, 다른 하나는 거짓이다.

ⅰ) B가 말한 두 번째 문장이 진실, C가 말한 두 번째 문장이 거짓인 경우 : C가 나침반을 갖고 있으며, 각 사람이 말한 2개의 문장 중 적어도 한 개는 진실이므로, C가 말한 첫 번째 문장인 "B가 지도를 갖고 있어."는 진실이다. 그런데 A가 말한 문장을 살펴보면, 첫 번째 문장도 거짓, 두 번째 문장도 거짓이 되므로 각 사람이 말한 2개의 문장 중 적어도 한 개는 진실이라는 조건에 부합하지 않는다. 따라서 B가 말한 두 번째 문장이 거짓, C가 말한 두 번째 문장이 진실이다.

ⅱ) B가 말한 두 번째 문장이 거짓, C가 말한 두 번째 문장이 진실인 경우 : C는 나침반을 갖고 있지 않고, B가 말한 첫 번째 문장은 참이므로 A는 지도를 갖고 있지 않다.

- A가 나침반을 갖고 있는 경우 : A가 말한 두 번째 문장은 거짓이므로 첫 번째 문장이 참이 되어 D가 지도를 갖고 있는 것이 된다. 그러면 D가 말한 두 문장이 모두 거짓이 되므로 조건에 맞지 않는다.
- D가 나침반을 갖고 있는 경우 : D가 말한 첫 번째 문장은 거짓, 두 번째 문장은 참이 되므로 C가 지도를 갖고 있는 것이 된다. 그러면 A가 말한 두 문장이 모두 거짓이 되므로 조건에 맞지 않는다.
- B가 나침반을 갖고 있는 경우 : C나 D 중에 한 명이 지도를 갖고 있는데, 만약 D가 지도를 갖고 있다면 D가 말한 두 문장은 모두 거짓이 되므로 조건에 맞지 않는다. 따라서 지도를 갖고 있는 사람은 C이다. 이때 진실·거짓 여부를 정리하면 다음과 같으므로, 모든 조건이 성립한다.

구분	첫 번째 문장	두 번째 문장
A	×	○
B	○	×
C	×	○
D	○	○

37　　　정답 ①

ㄱ. B사원과 C사원의 진술이 모두 참이거나 거짓인 경우에 영업팀과 홍보팀이 같은 층에서 회의를 할 수 있다. 그러나 B사원과 C사원의 진술은 동시에 참이 될 수 없으므로, A·B·C사원의 진술 모두 거짓이 되어야 한다. 따라서 기획팀은 5층, 영업팀과 홍보팀은 3층에서 회의를 진행하고, E사원은 5층에서 회의를 하는 기획팀에 속하게 되므로 ㄱ은 항상 참이 된다.

오답분석

ㄴ. 기획팀이 3층에서 회의를 한다면 A사원의 진술은 항상 참이 되어야 한다. 이때 B사원과 C사원의 진술은 동시에 거짓이 될 수 없으므로, 둘 중 하나는 반드시 참이어야 한다. 또한 2명만 진실을 말하므로 D사원과 E사원의 진술은 거짓이 된다. 따라서 D사원과 E사원은 같은 팀이 될 수 없으므로 ㄴ은 참이 될 수 없다.

ㄷ. 1) 두 팀이 5층에서 회의를 하는 경우
　　(A·B 거짓, C 참), (A·C 거짓, B 참)
2) 두 팀이 3층에서 회의를 하는 경우
　　(A·B 참, C 거짓), (A·C 참, B 거짓), (A·B·C 거짓)
두 팀이 5층보다 3층에서 회의를 하는 경우가 더 많으므로 ㄷ은 참이 될 수 없다.

38
정답 ②

A, B, C 셋 중 가해자가 1명, 2명, 3명인 경우를 각각 나누어 정리하면 다음과 같다.

i) 가해자가 1명인 경우
- A 또는 C가 가해자인 경우 : 셋 중 두 명이 거짓말을 하고 있다는 B의 진술이 참이 되므로 성립하지 않는다.
- B가 가해자인 경우 : B 혼자 거짓말을 하고 있으므로 한 명이 거짓말을 한다는 A, C의 진술이 성립한다.

ii) 가해자가 2명인 경우
- A와 B가 가해자인 경우 : A, B 중 한 명이 거짓말을 한다는 C의 진술과 모순된다.
- A와 C가 가해자인 경우 : 가해자인 C는 거짓만을 진술해야 하나, A, B 중 한 명이 거짓말을 한다는 C의 진술이 참이 되므로 성립하지 않는다.
- B와 C가 가해자인 경우 : 셋 중 한 명이 거짓말을 한다는 A의 진술과 모순된다.

iii) 가해자가 3명인 경우
A, B, C 모두 거짓말을 하고 있으므로 A, B, C 모두 가해자이다.
따라서 B가 가해자이거나 A, B, C 모두가 가해자이므로 확실히 가해자인 사람은 B이며, 확실히 가해자가 아닌 사람은 아무도 없다.

39
정답 ②

주어진 명제를 통해 '세경이는 전자공학과 패션디자인을 모두 전공하며, 원영이는 사회학을 전공한다.'를 유추할 수 있다. 따라서 바르게 유추한 것은 ②이다.

40
정답 ②

오답분석
① 깊이 있는 커뮤니케이션을 통해 서로의 문제점을 이해하고 공감하게 한다.
③ 초기에 생각하지 못했던 창조적인 해결방법을 도출한다.
④ 구성원이 자율적으로 실행하는 것으로 제3자가 합의점이나 줄거리를 준비해놓고 예정대로 결론이 도출되는 것이 아니다.
⑤ 구성원의 동기가 강화되고 팀워크도 한층 강화된다는 특징을 보인다.

41
정답 ③

오답분석
① A지원자 : 9월에 복학 예정이기 때문에 인턴 기간이 연장될 경우 근무할 수 없으므로 부적합하다.
② B지원자 : 경력 사항이 없으므로 부적합하다.
④ D지원자 : 근무 시간(9 ~ 18시) 이후에 업무가 불가능하므로 부적합하다.
⑤ E지원자 : 포토샵을 활용할 수 없으므로 부적합하다.

42
정답 ①

'승우가 도서관에 간다.'를 A, '민우가 도서관에 간다.'를 B, '견우가 도서관에 간다.'를 C, '연우가 도서관에 간다.'를 D, '정우가 도서관에 간다.'를 E라고 하면 '~D → E → ~A → B → C'이므로 정우가 금요일에 도서관에 가면 민우와 견우도 도서관에 간다.

43
정답 ④

주어진 조건을 표로 정리하면 다음과 같다.

구분	중국	러시아	일본
봄		홍보팀 D차장	
여름	영업팀 C대리 (디자인팀 E사원)		
가을			재무팀 A과장 개발팀 B부장
겨울	디자인팀 E사원 (영업팀 C대리)		

〈조건〉에 따르면 중국에는 총 2명이 출장을 갈 수 있고, 각각 여름 혹은 겨울에 간다. 따라서 중국에 갈수 있는 C대리와 E사원 두 사람은 한 사람이 여름에 가면 한사람이 겨울에 가게 된다. 따라서 주어진 조건에 따라 항상 옳은 결과는 '영업팀 C대리가 여름에 중국 출장을 가면, 디자인 팀 E사원은 겨울에 중국 출장을 간다.' 이다.

오답분석
①·⑤ 홍보팀 D차장은 혼자서 러시아로 출장을 간다.
②·③ 함께 일본으로 출장을 가는 두 사람은 재무팀 A과장과 개발팀 B부장이다.

44
정답 ②

창의적 사고의 의미
1. 발산적(확산적) 사고로서 아이디어가 많고, 다양하고, 독특한 것을 의미한다.
2. 새롭고 유용한 아이디어를 생산해 내는 정신적인 과정이다.
3. 통상적인 것이 아니라 기발하거나, 신기하며 독창적인 것이다.
4. 유용하고 적절하며 가치가 있어야 한다.
5. 기존의 정보(지식, 상상, 개념 등)를 특정한 요구조건에 맞거나 유용하도록 새롭게 조합한 것이다.

45

정답 ②

문제해결 절차는 '문제 인식 → 문제 도출 → 원인 분석 → 해결안 개발 → 실행 및 평가'이다. ㉠은 강 대리가 문제 인식을 하고 팀장님께 보고한 후 어떤 문제가 발생했는지 도출해 내는 단계이므로 문제를 명확히 하는 '문제 도출' 단계이다. ㉡은 최 팀장에게 왜 그런 현상이 나타나는 것인지에 대해 대답할 차례이므로 문제가 나타나는 현상에 대한 원인을 분석하는 '원인 분석' 단계이다.

46

정답 ②

①~⑤의 정 과장 말은 모두 미래사업에 대한 토론을 시작하는 것이다. 그러나 ②를 제외한 나머지는 신입직원들에게 부담을 주어 관련없는 의견을 내면 반응이 안 좋을 것 같아 선뜻 말하지 못할 것이다. 따라서 ②와 같이 마음껏 의견을 제시할 수 있도록 유도하는 것이 적절한 말임을 알 수 있다.

47

정답 ④

고객 맞춤형 서비스 실행방안에 대한 개선방향을 제안해야 하므로 ④가 가장 적절한 방안이다.

오답분석
① 직원에게 전용 휴대폰 지급은 고객 맞춤형이 아니다.
②·③ 모바일용 고객지원센터 운영 서비스 제공과 고객지원센터의 24시간 운영은 고객지원의 편의성을 높이는 것일 뿐 고객 맞춤형이라고 할 수 없다.
⑤ 고객지원센터에서 피드백을 받는 것은 고객 맞춤형 서비스가 아니다.

48

정답 ③

영희는 방수액의 유무와 상관없이 재충전 횟수가 200회 이상이면 충분하다고 하였으므로 100회 이상 300회 미만 충전이 가능한 리튬이온배터리를 구매한다. 또한, 방수액을 바르지 않은 것이 더 저렴하므로 영희가 가장 저렴하게 구매하는 가격은 5,000원이다.

오답분석
① • 철수가 가장 저렴하게 구매하는 가격 : 20,000원
 • 영희가 가장 저렴하게 구매하는 가격 : 5,000원
 • 상수가 가장 저렴하게 구매하는 가격 : 5,000원
 따라서 철수, 영희, 상수가 리튬이온배터리를 가장 저렴하게 구매하는 가격의 총합은 20,000+5,000+5,000=30,000원이다.
② • 철수가 가장 비싸게 구매하는 가격 : 50,000원
 • 영희가 가장 비싸게 구매하는 가격 : 10,000원
 • 상수가 가장 비싸게 구매하는 가격 : 50,000원
 따라서 철수, 영희, 상수가 리튬이온배터리를 가장 비싸게 구매하는 가격의 총합은 50,000+10,000+50,000=110,000원이다.
④ 영희가 가장 비싸게 구매하는 가격은 10,000원, 상수가 가장 비싸게 구매하는 가격은 50,000원이다. 두 가격의 차이는 40,000원으로 30,000원 이상이다.
⑤ 상수가 가장 비싸게 구매하는 가격은 50,000원, 가장 저렴하게 구매하는 가격은 5,000원이므로 두 가격의 차이는 45,000원이다.

49

정답 ④

브레인스토밍은 어떤 문제의 해결책을 찾기 위해 여러 사람이 자유롭게 아이디어를 제시하도록 요구하는 방법으로, 가능한 많은 양의 아이디어를 모아 그 속에서 해결책을 찾는 방법이다. 따라서 제시된 아이디어에 대해 비판해서는 안 되며, 다양한 아이디어를 결합하여 최적의 방안을 찾아야 한다.

브레인스토밍 진행 방법
• 주제를 구체적이고 명확하게 정한다.
• 구성원의 얼굴을 볼 수 있는 자석 배치와 큰 용지를 준비한다.
• 구성원들의 다양한 의견을 도출할 수 있는 사람을 리더로 선출한다.
• 구성원은 다양한 분야의 사람들로 5~8명 정도로 구성한다.
• 발언은 누구나 자유롭게 할 수 있도록 하며, 모든 발언 내용을 기록한다.
• 아이디어에 대해 비판해서는 안 된다.

50

정답 ⑤

〈조건〉에 따르면 과장은 회색 코트를 입고, 연구팀 직원은 갈색 코트를 입었으므로 가장 낮은 직급인 기획팀의 C사원은 검은색 코트를 입었음을 알 수 있다. 이때, 과장이 속한 팀은 디자인팀이며, 연구팀 직원의 직급은 대리임을 알 수 있지만, 각각 디자인팀의 과장과 연구팀의 대리가 A, B 중 누구인지는 알 수 없다. 따라서 항상 옳은 것은 ⑤이다.

01	02	03	04	05	06	07	08	09	10
⑤	①	④	④	③	④	①	③	②	③
11	12	13	14	15	16	17	18	19	20
④	⑤	③	②	①	⑤	②	④	②	⑤
21	22	23	24	25	26	27	28	29	30
②	②	③	④	①	②	②	④	①	⑤
31	32	33	34	35	36	37	38	39	40
④	④	⑤	⑤	①	②	④	④	③	④
41	42	43	44	45	46	47	48	49	50
③	②	②	②	①	②	②	③	⑤	②

01
정답 ⑤

〈보기〉에서는 4비트 컴퓨터가 처리하는 1워드를 초과한 '10010'을 제시하며, 이를 '오버플로'라 설명한다. 이때 (마)의 바로 앞 문장에서는 0111에 1011을 더했을 때 나타나는 '10010'을 언급하고 있으며, (마)의 바로 뒤 문장에서는 부호화 절댓값에는 이 '오버플로'를 처리하는 규칙이 없다는 점을 설명하고 있다. 따라서 〈보기〉의 문장은 (마)에 들어가는 것이 적절하다.

02
정답 ①

갑은 기본 소득을 지급한다면 불필요한 행정 비용을 절감할 수 있으므로 기본 소득 보장제 도입을 찬성하며, 을은 재원이 부족한 상황에서 기본 소득 보장제가 도입되면 국민과 정부의 부담이 커질 것이라며 기본 소득 보장제의 도입을 반대한다. 따라서 갑과 을의 주장을 도출할 수 있는 질문으로 ①이 가장 적절하다.

03
정답 ④

㉠의 앞에서는 일반적인 사람들이 위기 상황에서 공황발작을 느끼는 것은 정상적인 생리 반응이라고 하였으나, ㉠의 뒤에서는 공황장애에서의 공황발작은 아무런 이유 없이 아무 때나 예기치 못하게 발생한다고 하였으므로 ㉠에는 역접의 의미가 있는 '그러나'가 적절하다. ㉡의 앞에서는 특별한 위기 상황이 아니어도 공황발작이 발생할 수 있고, ㉡ 뒤에서는 이렇게 공황발작이 나타나면 행동의 변화가 생기게 된다고 하였으므로 ㉡에는 앞 내용의 양상을 받아 뒤의 문장을 이끄는 말인 '이와 같이'가 적절하다.

04
정답 ④

제시문에서는 사유 재산에 대한 개인의 권리 추구로 다수가 피해를 입게 된다면 사익보다 공익을 우선시하여 개인의 권리가 제한되어야 한다고 주장한다. 따라서 이러한 주장에 대한 반박으로는 개인인 땅 주인이 권리를 행사함에 따라 다수인 마을 사람들에게 발생하는 피해가 법적으로 증명되어야만 권리를 제한할 수 있다는 ④가 가장 적절하다.

05
정답 ③

㉮ 효과(效果) : 보람이 있는 좋은 결과
㉯ 활용(活用) : 살려서 잘 응용함
㉰ 사용(使用) : 물건을 쓰거나 사람을 부림
㉱ 효율(效率) : 들인 노력과 얻은 결과의 비율

오답분석
㉡ 효용(效用) : 보람 있게 쓰거나 쓰임, 또는 그런 보람이나 쓸모
㉣ 조율(調律) : 문제를 어떤 대상에 알맞거나 마땅하도록 조절함을 비유적으로 이르는 말
㉺ 과시(誇示) : 자랑해 보임
㉻ 효능(效能) : 효험을 나타내는 능력

06
정답 ④

음악을 설명하기 전에 음악을 틀어줌으로써 청각 자료를 활용하여 발표를 진행하고 있음을 알 수 있다.

07
정답 ①

품질에 대한 고객의 세 가지 욕구를 고객이 식당에 가는 상황이라는 구체적 사례를 들어 독자의 이해를 돕고 있다.

08
정답 ③

해당 신문기사에서 문서작성 경진대회의 주제를 살펴보면 기획서를 작성하는 대회임을 알 수 있다. 기획서는 특별한 목적을 달성하기 위하여 설득하거나, 해결방안 또는 실행방안을 제시하는 문서이다. 따라서 숫자와 데이터를 활용하여 일관된 논리를 전개하고, 문장을 짧고 간결하게 작성하여 읽는 사람이 쉽게 이해할 수 있도록 해야 한다.

09
정답 ②

갑은 효율성과 세금 낭비 방지 등을 이유로 하여 공기업 민영화에 대해서 찬성, 을은 공공재의 공공성을 이유로 들어 공기업 민영화에 대해 반대하고 있으므로 적절한 질문은 ②이다.

10
정답 ③

(다) 문단에서 보건복지부와 국립암센터에서 국민 암 예방 수칙의 하나를 '하루 한두 잔의 소량 음주도 피하기'로 개정하였으며, 뉴질랜드 연구진의 연구에 따르면 '소량에서 적당량의 알코올 섭취도 몸에 상당한 부담으로 작용한다.'라고 하였으므로 가벼운 음주라도 몸에 위험하다는 결과를 끌어낼 수 있다. 따라서 가벼운 음주가 대사 촉진에 도움이 된다는 말은 적절하지 않다.

11
정답 ④

ㄹ은 올해 새롭게 오픈한 영문 포털을 통해 이용 가능한 서비스이므로 전년도 학기 연구 과제에서 사용하였다는 설명은 옳지 않다.

12
정답 ⑤

피드백은 상대방이 원하는 경우 대인관계에 있어서 그의 행동을 개선할 수 있는 기회를 제공해 줄 수 있다. 하지만 부정적이고 비판적인 피드백만을 계속적으로 주는 경우에는 오히려 역효과가 나타날 수 있으므로 피드백을 줄 때 상대방의 긍정적인 면과 부정적인 면을 균형 있게 전달하도록 유의하여야 한다.

13
정답 ③

전지적 작가 시점으로 등장인물의 행동이나 심리 등을 서술자가 직접 자유롭게 서술하고 있다.

오답분석
① 배경에 대한 묘사로 사건의 분위기를 조성하지는 않는다.
② 등장인물 중 성격의 변화가 나타난 인물은 존재하지 않는다.
④ 과장과 희화화 수법은 나타나지 않는다.
⑤ 과거와 현재가 교차되는 부분은 찾을 수 없다.

14
정답 ②

상대방의 이야기를 들을 때에는 각각의 어휘를 들으려고 노력하기보다는 의미 파악에 집중해야 한다.

15
정답 ①

제시문에 따르면 기존의 경제학에서는 인간을 철저하게 합리적이고 이기적인 존재로 보았지만, 행동경제학에서는 인간을 제한적으로 합리적이고 감성적인 존재로 보았다. 따라서 글의 흐름상 ㉠에는 '다른'이 적절하다.

16
정답 ④

(라)는 기존의 문제 해결 방안이 지니는 문제점을 지적하고 있다.

17
정답 ②

②의 '짜다'는 '사개를 맞추어 가구나 상자 따위를 만들다.'의 의미로 쓰였고, ①·③·④·⑤의 '짜다'는 '계획이나 일정 따위를 세우다.'의 의미로 쓰였다.

18
정답 ③

제시문과 ③의 '읽다'는 '사람의 표정이나 행위 따위를 보고 뜻이나 마음을 알아차리다.'의 의미이다.

19
정답 ②

인상적인 의사소통이란 의사소통 과정에서 상대방에게 같은 내용을 전달해도 이야기를 새롭게 부각시켜 인상을 주는 것을 의미한다.

오답분석
① 상대가 어느 정도 예측했다는 반응을 나타나게 하는 것이 아니라 상대방으로 하여금 감탄하게 만드는 것이다.
③ 자신에게 익숙한 말이나 표현만을 사용하면 전달하고자 하는 이야기의 내용에 신선함과 풍부함 등이 떨어져 의사소통에 집중하기 어렵다.
④ 회사 내에서만 생활하는 직업인의 경우 인상적인 의사소통의 중요성을 잊기 쉽다.
⑤ 인상적 의사소통에서는 선물 포장처럼 자신의 의견도 적절히 꾸미고 포장하는 것이 필요하다.

20
정답 ⑤

공문서는 반드시 일정한 양식과 격식을 갖추어 작성해야 한다.

오답분석
① 공문서는 회사 외부로 전달되는 문서로 누가, 언제, 어디서, 무엇을, 어떻게(혹은 왜)가 정확하게 드러나도록 작성해야 한다.
② 공문서의 날짜 작성 시 날짜 다음에 괄호를 사용할 경우에는 마침표를 찍지 않는다.
③ 도표를 사용하는 것은 설명서의 특징이며, 공문서의 경우 복잡한 내용은 '-다음-'이나 '-아래-'와 같이 항목별로 구분한다.
④ 공문서의 내용은 한 장에 담아내는 것이 원칙이다.

21

정답 ②

A건물 밑면의 한 변의 길이를 a라 하자. 두 번째 조건에 따르면 A건물의 밑면은 정사각형이므로 A건물의 밑면의 넓이는 $a \times a = a^2$이다. A건물의 높이는 밑면의 한 변의 길이의 2배이므로 A건물의 높이는 $a \times 2 = 2a$이고, 옆면의 넓이는 $a \times 2a = 2a^2$이다. 즉, A건물에 외벽 페인트 도장작업을 한 면적은 $a^2 + 4 \times 2a^2 = 9a^2$이다($\because$ 밑면 1개 제외). 첫 번째 조건에 의하면 B건물은 A건물을 눕혀 놓은 것이므로 B건물의 밑면의 넓이는 $2a^2$, 옆면의 넓이는 $2a^2$(2면), a^2(2면)이다. 즉, B건물에 외벽 페인트 도장작업을 할 면적은 $2a^2 + 2(a^2 + 2a^2) = 8a^2$이다.

- B건물 도장작업에 필요한 페인트 수량을 x통이라 하면, 세 번째 조건에 의해서 같은 방식으로 도장작업을 진행하므로 A건물 페인트 도장작업과 B건물 페인트 도장작업에 필요한 수량은 도장작업의 면적에 비례한다.

$$9a^2 : 36 = 8a^2 : x \rightarrow 9a^2 x = 288a^2 \rightarrow x = \frac{288a^2}{9a^2} = 32$$

- B건물의 도장작업을 한 사람이 할 때 걸리는 전체 시간을 y시간이라 하면 A건물의 도장작업을 한 사람이 할 때 걸리는 전체 시간은 $3 \times 15 = 45$시간이고, 도장작업에 소요되는 시간은 도장작업의 면적에 비례하므로 $9a^2 : 45 = 8a^2 : y \rightarrow 9a^2 y = 360a^2 \rightarrow y = \frac{360a^2}{9a^2} = 40$

B건물에는 총 5명의 작업자가 투입되므로 걸리는 시간은 $40 \div 5 = 8$시간이다. 따라서 B건물의 페인트 도장작업에 소요되는 작업시간은 8시간이고, 이때 필요한 페인트의 수량은 32통이다.

22

정답 ②

각 가게의 일일매출액을 a, b, c, d, e라고 하면 다음과 같은 식을 도출할 수 있다.

$a = b - 30$만 원 … (1)

$b = d \div 5$ … (2)

$d + e + 2,450$만 원 $= c$ … (3)

$2c - 12d = 3,500$만 원 … (4)

$30e = 9,000$만 원 … (5)

(5)에서 $e = 300$만 원

e를 (3)에 대입하면 $c - d = 2,750$만 원이므로 양변에 2를 곱하여 $2c - 2d = 5,500$만 원으로 만들고 이 식을 (4)로 빼면, $10d = 2,000$만 원이므로 $d = 200$만 원, 따라서 $c = 2,750 + 200 = 2,950$만 원

(2)에서 $b = 200 \div 5 = 40$만 원

(1)에서 $a = 40 - 30 = 10$만 원

그러므로 매출액 총합은 $10 + 40 + 2,950 + 200 + 300 = 3,500$만 원이다.

23

정답 ③

룰렛을 돌렸을 때 상품별로 당첨될 확률을 구한 뒤, 상품별로 당첨고객 수를 도출하여 총액을 계산하는 방식으로 접근한다.

- 볼펜
  - 당첨확률 : $\frac{6}{16}$
  - 당첨고객수 : $4,000 \times \frac{6}{16} = 1,500$명
  - 총액 : $1,500 \times 500 = 750,000$원
- 핸드로션
  - 당첨확률 : $\frac{4}{16}$
  - 당첨고객수 : $4,000 \times \frac{4}{16} = 1,000$명
  - 총액 : $1,000 \times 2,000 = 2,000,000$원
- 휴대전화 거치대
  - 당첨확률 : $\frac{2}{16}$
  - 당첨고객수 : $4,000 \times \frac{2}{16} = 500$명
  - 총액 : $500 \times 3,000 = 1,500,000$원
- 주방세제
  - 당첨확률 : $\frac{2}{16}$
  - 당첨고객수 : $4,000 \times \frac{2}{16} = 500$명
  - 총액 : $500 \times 5,000 = 2,500,000$원
- 밀폐용기 세트
  - 당첨확률 : $\frac{1}{16}$
  - 당첨고객수 : $4,000 \times \frac{1}{16} = 250$명
  - 총액 : $250 \times 10,000 = 2,500,000$원
- 상품권
  - 당첨확률 : $\frac{1}{16}$
  - 당첨고객수 : $4,000 \times \frac{1}{16} = 250$명
  - 총액 : $250 \times 10,000 = 2,500,000$원

따라서 행사의 총 필요 예산은 $750,000 + 2,000,000 + 1,500,000 + 2,500,000 + 2,500,000 + 2,500,000 = 11,750,000$원이다.

24

644와 476을 소인수분해하면

- $644=2^2 \times 7 \times 23$
- $476=2^2 \times 7 \times 17$

즉, 644와 476의 최대공약수는 $2^2 \times 7=28$이다. 이때, 직사각형의 가로에 설치할 수 있는 조명의 개수를 구하면 $644 \div 28+1=23+1=24$개이고, 직사각형의 세로에 설치할 수 있는 조명의 개수를 구하면 $476 \div 28+1=17+1=18$개이다. 따라서 조명의 최소 설치 개수를 구하면 $(24+18) \times 2-4=84-4=80$개이다.

25

정답 ①

2,800원, 2,500원짜리 커피를 각각 x개, $(12-x)$개라고 하면
$2,800x+2,500(12-x) \leq 31,000 \rightarrow 30,000+300x \leq 31,000$
$\rightarrow 300x \leq 1,000 \rightarrow x \leq \dfrac{10}{3}$

따라서 2,800원짜리 커피는 최대 3개까지 구입할 수 있다.

26

정답 ②

A가 이긴 횟수(=B가 진 횟수)를 x번, A가 진 횟수(=B가 이긴 횟수)를 y번이라고 하면
$2x-y=11 \cdots \bigcirc$
$2y-x=2 \rightarrow x=2y-2 \cdots \bigcirc$
$\bigcirc$에 $\bigcirc$을 연립하면
$x=8, \ y=5$
따라서 A가 이긴 횟수는 8번이다.

27

정답 ②

서희와 소정이가 첫 번째로 만나기까지 걸린 시간을 x초라고 하면
$7x+5x=600 \rightarrow x=50$
첫 번째로 만난 지점과 출발점 사이의 거리 중 더 짧은 거리, 즉 소정이가 이동한 거리를 구하면 $5 \times 50=250$m이고, 소정이가 세 번째로 만난 지점까지 이동한 거리는 $250 \times 3=750$m이다. 따라서 $750-600=150$m이므로, 세 번째로 만난 지점은 출발점으로부터 150m 떨어져 있다.

28

정답 ④

토마토의 개수를 x개, 배의 개수를 y개라고 하면
$120 \times x+450 \times y=6,150-990 \rightarrow 4x+15y=172 \cdots \bigcirc$
$90 \times x+210 \times y=3,150-300 \rightarrow 3x+7y=95 \cdots \bigcirc$
$\bigcirc$과 $\bigcirc$을 연립하면
$x=13, \ y=8$이다. 따라서 바구니 안에 8개의 배가 들어있다.

29

정답 ①

남성 합격자 수를 a명, 여성 합격자 수를 b명이라 하면
$a+b=40 \cdots \bigcirc$
남성 합격자 총점과 여성 합격자 총점의 합을 전체 인원으로 나누면 전체 평균과 같다.
$\dfrac{82a+85b}{40}=83.35 \rightarrow 82a+85b=3,334 \cdots \bigcirc$
$\bigcirc$과 $\bigcirc$을 연립하면
$a=22, \ b=18$
따라서 남성 합격자는 22명이고, 여성 합격자는 18명이다.

30

정답 ⑤

E씨의 자동차는 1종이고, 개방식 고속도로 10km를 운전했으므로 $720+44.3 \times 10 ≒ 1,160$원의 통행요금을 냈다.

오답분석

① $900+45.2 \times 12 ≒ 1,440$원
② $900+44.3 \times 20 ≒ 1,780$원
③ $720+62.9 \times 30 ≒ 2,600$원
④ $900+47.0 \times 28 ≒ 2,210$원

31

정답 ④

사원수를 a명, 사원 1명당 월급을 b만 원이라고 가정하면, 월급 총액은 $(a \times b)$가 된다. 두 번째 정보에서 사원수는 10명이 늘었고, 월급은 100만 원 작아졌다. 또한 월급 총액은 기존의 80%로 줄었다고 하였으므로, 이에 따라 방정식을 세우면 $(a+10) \times (b-100)=(a \times b) \times 0.8 \cdots \bigcirc$
세 번째 정보에서 사원은 20명이 줄었으며, 월급은 동일하고 월급 총액은 60%로 줄었다고 했으므로 사원 20명의 월급 총액은 기존 월급 총액의 40%임을 알 수 있다.
$20b=(a \times b) \times 0.4 \cdots \bigcirc$
$\bigcirc$에서 사원수 a를 구하면 $20b=(a \times b) \times 0.4 \rightarrow 20=a \times 0.4$
$\rightarrow a=\dfrac{20}{0.4}=50$명

$\bigcirc$에 사원수 a를 대입하여 월급 b를 구하면 $(a+10) \times (b-100)=(a \times b) \times 0.8 \rightarrow 60 \times (b-100)=40b \rightarrow 20b=6,000 \rightarrow b=300$만 원
따라서 사원수는 50명이며, 월급 총액은 $(a \times b)=50 \times 300=1$억 5천만 원이다.

32

ㄱ. 한국, 독일, 영국, 미국이 전년 대비 감소했다.

ㄷ. 2017년 한국, 중국, 독일의 전년 대비 연구개발비 증가율을 각각 구하면 다음과 같다.

- 한국 : $\dfrac{33,684-28,641}{28,641} \times 100 ≒ 17.6\%$

- 중국 : $\dfrac{48,771-37,664}{37,664} \times 100 ≒ 29.5\%$

- 독일 : $\dfrac{84,148-73,737}{73,737} \times 100 ≒ 14.1\%$

따라서 중국, 한국, 독일 순서로 증가율이 높다.

오답분석

ㄴ. 2015년 대비 2019년 연구개발비의 증가율은 중국이 약 3배가량 증가하여 가장 높고, 일본은 $\dfrac{169,047-151,270}{151,270} \times 100 ≒ 11.8\%$ 이고, 영국은 $\dfrac{40,291-39,421}{39,421} \times 100 ≒ 2.2\%$이다. 따라서 영국의 연구개발비 증가율이 가장 낮다.

33

정답 ⑤

총무부서 직원은 총 $250 \times 0.16 = 40$명이다. 2019년과 2020년의 독감 예방접종 여부가 총무부서에 대한 자료라면, 총무부서 직원 중 2019년과 2020년의 예방접종자 수의 비율 차는 $56-38=18\%$p이다. 따라서 $40 \times 0.18 ≒ 7$명 증가하였다.

오답분석

① 2019년 독감 예방접종자 수는 $250 \times 0.38 = 95$명, 2020년 독감 예방접종자 수는 $250 \times 0.56 = 140$명이므로, 2019년에는 예방접종을 하지 않았지만, 2020년에는 예방접종을 한 직원은 총 $140-95=45$명이다.

② 2019년의 예방접종자 수는 95명이고, 2020년의 예방접종자 수는 140명이다. 따라서 $\dfrac{140-95}{95} \times 100 ≒ 47\%$ 증가했다.

③ 2019년의 예방접종을 하지 않은 직원들을 대상으로 2020년의 독감 예방접종 여부를 조사한 자료라고 하면, 2019년과 2020년 모두 예방접종을 하지 않은 직원은 총 $250 \times 0.62 \times 0.44 ≒ 68$명이다.

④ 제조부서를 제외한 직원은 $250 \times (1-0.44) = 140$명이고, 2020년 예방접종을 한 직원은 $250 \times 0.56 = 140$명이다. 따라서 제조부서 중 예방접종을 한 직원은 없다.

34

정답 ⑤

ㄷ. 남성의 음주율은 '감소 – 감소'하는 추이를 보이지만, 여성은 '불변 – 증가'하였다.

ㄹ. 대한민국 2018년 전체 음주율은 28.1%이고, 2020년 전체 음주율은 24.7%로 $\dfrac{28.1-24.7}{28.1} \times 100 ≒ 12.1\%$ 감소했고, 리투아니아의 2018년 전체 음주율은 28.5%, 2020년 전체 음주율은 24.4%로 $\dfrac{28.5-24.4}{28.5} \times 100 ≒ 14.4\%$ 감소하여 대한민국의 음주율의 감소율은 리투아니아보다 낮다.

오답분석

ㄱ. 2018 ~ 2020년에 전체 음주율이 5위 안에 드는 국가는 대한민국, 리투아니아, 헝가리, 슬로베니아 4개국이지만, 순위가 동일한 국가는 없다.

ㄴ. 헝가리의 전년 대비 2019년의 전체 음주율은 전년 대비 증가하였다.

35

정답 ①

영화의 매출액은 매년 전체 매출액의 약 50%를 차지함을 알 수 있다.

오답분석

② 2013 ~ 2014년 전년 대비 매출액의 증감 추이는 게임의 경우 '감소 – 증가'이고, 음원은 '증가 – 증가'이다.

③ 2017년과 2019년 음원 매출액은 SNS 매출액의 2배 미만이다.

④ 2014년에 SNS의 매출액은 전년에 비해 감소하였다.

⑤ 영화와 음원의 경우 2017년 매출액이 2016년 매출액의 2배 미만이지만, SNS의 경우 2017년 매출액이 전년 매출액의 5배 이상이다.

36

정답 ②

경쟁자의 시장 철수로 인한 새로운 시장으로의 진입 가능성은 N공사가 가지고 있는 내부환경의 약점이 아닌 외부환경에서 비롯되는 기회에 해당한다.

SWOT 분석

기업의 내부환경과 외부환경을 분석하여 강점(Strength), 약점(Weakness), 기회(Opportunity), 위협(Threat) 요인을 규정하고 이를 토대로 경영전략을 수립하는 기법

- 강점(Strength) : 내부환경(자사 경영자원)의 강점
- 약점(Weakness) : 내부환경(자사 경영자원)의 약점
- 기회(Opportunity) : 외부환경(경쟁, 고객, 거시적 환경)에서 비롯된 기회
- 위협(Threat) : 외부환경(경쟁, 고객, 거시적 환경)에서 비롯된 위협

37

- ㉠ : A와 B 중 한 사람만 참석하고, A와 D 중 적어도 한 사람은 참석한다. '갑'은 이 상황을 인지한 후에 'A는 회의에 반드시 참석'하겠다는 결론을 내린다. 이때, 'D가 회의에 불참한다'면 A와 D 중 A만 참석하게 되고 A와 B 중에서도 A만 참석한다는 결론을 내릴 수 있다. 따라서 ㉠에는 'D가 회의에 불참한다'는 말이 들어가야 한다.
- ㉡ : 갑이 '우리 생각이 모두 참이라면, E와 F 모두 참석'한다고 하였다. B와 D가 회의에 참석하지 않는다는 생각이 참이라는 가정하에 갑의 결론이 나오려면 ㉡에 'B가 회의에 불참한다면 E와 F 모두 참석하기' 때문이란 조건이 들어가야 한다.

38

정답 ④

판단의 준거가 되는 명제와 그에 대한 대우를 만들어 보면 다음과 같다.
- [명제] A가 채택되면 B도 채택된다.
  [대우] B가 채택되지 않으면 A도 채택되지 않는다.
- [명제] A가 채택되지 않으면 D와 E 역시 채택되지 않는다.
  [대우] D나 E가 채택되면 A가 채택된다.
- [명제] B가 채택된다면, C가 채택되거나 A는 채택되지 않는다.
  [대우] C가 채택되지 않고 A가 채택되면 B는 채택되지 않는다.
- [명제] D가 채택되지 않는다면, A는 채택되지만 C는 채택되지 않는다.
  [대우] A가 채택되지 않거나 C가 채택되면 D가 채택된다.

위와 같은 판단 명제를 종합하면 'A업체'가 모든 사안과 연결되는 것을 알 수 있다.
A가 채택되는 경우와 되지 않는 경우를 보면 다음과 같다.
1) A가 채택되는 경우 : A · B · C · D는 확실히 채택되고, E는 불분명하다.
2) A가 채택되지 않는 경우 : 모순이 생기므로 제외한다.
따라서 A가 채택되어야 하고, 이 경우 A · B · C · D는 확실히 채택된다.

39

정답 ③

조건에 따르면 최소한 수학자 1명, 논리학자 1명, 과학자 2명이 선정되어야 하고, 그 외 나머지 2명을 선정해야 한다. 예를 들어 물리학, 생명과학, 화학, 천문학을 전공한 과학자 총 4명을 선정하면 천문학 전공자는 기하학 전공자와 함께 선정되고, 논리학자는 비형식논리 전공자를 선정하면 가능하다.

오답분석
① 형식논리 전공자가 1명 선정되면 비형식논리 전공자도 1명 선정된다. 따라서 논리학자는 2명 선정된다. 그러나 형식논리 전공자가 먼저 선정된 것이 아니라면 그렇지 않다.
② 같은 전공을 가진 수학자가 2명 선정될 수 있다. 예를 들어, 다음과 같이 선정될 수 있다.
논리학자 1명 – 비형식논리 전공자
수학자 2명 – 기하학 전공자, 기하학 전공자
과학자 3명 – 물리학 전공자, 생명과학 전공자, 천문학 전공자

④ 통계학 전공자를 포함하면 수학자는 3명이 선정될 수 있다. 예를 들어, 다음과 같이 선정될 수 있다.
논리학자 1명 – 비형식논리 전공자
수학자 3명 – 통계학 전공자, 대수학 전공자, 기하학 전공자
과학자 2명 – 천문학 전공자, 기계공학 전공자
⑤ 논리학자는 3명이 선정될 수 있다. 예를 들어, 다음과 같이 선정될 수 있다.
논리학자 3명 – 형식논리 전공자 1명, 비형식논리 전공자 2명
수학자 1명 – 기하학 전공자
과학자 2명 – 천문학 전공자, 물리학 전공자

40

정답 ④

제시된 대화의 내용을 벤다이어그램으로 정리해 보면 다음과 같다.

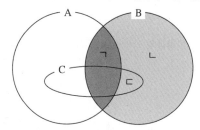

서희의 첫 번째, 두 번째 대화를 통해 ㄱ은 공집합이라는 것과 ㄴ이 공집합이 아니라는 것을 알 수 있다. 여기에 종범의 대화를 추가하여 ㄷ이 공집합이라는 결론을 얻어낼 수 있다면, 대화 내용은 모두 참이 된다. 따라서 ㄷ이 공집합이라는 결론을 얻어낼 수 있는 ④가 ㉠으로 적절하다.

41

정답 ③

TRIZ 이론(창의적 문제해결이론)은 문제가 발생된 근본 모순을 찾아내 해결하는 방법을 모색하는 것으로 발견은 해당되지 않는다.

오답분석
① 자전거 헬멧을 여러 구간으로 납작하게 접을 수 있는 접이식 헬멧은 TRIZ 40가지 이론 중 분할에 해당된다.
② 자동으로 신발 끈이 조여지는 운동화 TRIZ 40가지 이론 중 셀프서비스에 해당된다.
④ 회전에 제약이 없는 구형 타이어 TRIZ 40가지 이론 중 곡선화에 해당된다.
⑤ 줄 없이 운동할 수 있는 줄 없는 줄넘기 TRIZ 40가지 이론 중 기계 시스템 대체에 해당된다.

42
정답 ②

도색이 벗겨진 차선과 지워지기 직전의 흐릿한 차선은 현재 직면하고 있으면서 바로 해결 방법을 찾아야 하는 문제이므로 눈에 보이는 발생형 문제에 해당한다. 발생형 문제는 기준을 일탈함으로써 발생하는 일탈 문제와 기준에 미달하여 생기는 미달 문제로 나누어 볼 수 있는데, 기사에서는 정해진 규격 기준에 미달하는 불량 도료를 사용하여 문제가 발생하였다고 하였으므로 이를 미달 문제로 분류할 수 있다. 따라서 기사에 나타난 문제는 발생형 문제로, 미달 문제에 해당한다.

43
정답 ②

해결안별 세부실행내용을 구체적으로 작성하는 것은 실행의 목적과 과정별 진행 내용을 일목요연하게 파악하도록 하는 것으로써 '실행계획 수립' 단계에 해당한다.

오답분석

①·③·④·⑤ 실행 및 'Follow Up' 단계에서 모니터 시 고려할 사항이다.

44
정답 ②

C사원은 혁신성, 친화력, 책임감이 '상 – 상 – 중'으로 영업팀의 중요도에 적합하며 창의성과 윤리성은 '하'이지만 영업팀에서 중요하게 생각하지 않는 역량이므로 영업팀으로의 부서배치가 적절하다.
E사원은 혁신성, 책임감, 윤리성이 '중 – 상 – 하'로 지원팀의 핵심역량가치에 부합하기에 지원팀으로의 부서배치가 적절하다.

45
정답 ①

• (가)·(바) : 곤충 사체 발견, 방사능 검출은 현재 직면한 문제로 발생형 문제로 적절하다.
• (다)·(마) : 더 많은 전압을 회복시킬 수 있는 충전지 연구와 근로시간 단축은 현재 상황보다 효율을 더 높이기 위한 문제로 탐색형 문제로 적절하다.
• (나)·(라) : 초고령사회와 드론시대를 대비하여 미래지향적인 과제를 설정하는 것은 설정형 문제로 적절하다.

46
정답 ②

• A : 비판적 사고의 목적은 단순히 주장의 단점을 찾아내는 것이 아니라, 종합적인 분석과 검토를 통해 그 주장이 타당한지 그렇지 않은지를 밝혀내는 것이다.
• D : 비판적 사고는 논증, 추론에 대한 문제의 핵심을 파악하는 방법을 통해 배울 수 있으며, 타고난 것이라고 할 수 없다.

47
정답 ②

초고령화 사회는 실버산업(기업)을 기준으로 외부환경 요소로 볼 수 있으며, 따라서 기회 요인으로 적절하다.

오답분석

① 제품의 우수한 품질은 기업의 내부환경 요소로 볼 수 있으며, 따라서 강점 요인으로 적절하다.
③ 기업의 비효율적인 업무 프로세스는 기업의 내부환경 요소로 볼 수 있으며, 따라서 약점 요인으로 적절하다.
④ 살균제 달걀 논란은 빵집(기업)을 기준으로 외부환경 요소로 볼 수 있으며, 따라서 위협 요인으로 적절하다.
⑤ 근육운동 열풍은 헬스장(기업)을 기준으로 외부환경 요소로 볼 수 있으며, 따라서 기회 요인으로 적절하다.

48
정답 ③

탐색형 문제는 현재의 상황을 개선하거나 효율을 높이기 위한 문제로, 눈에 보이지 않지만 방치하면 뒤에 큰 손실이 따르거나 결국 해결할 수 없는 문제로 나타날 수 있다. ③의 현재 상황은 문제가 되지 않지만, 생산성 향상을 통해 현재 상황을 개선하면 대외경쟁력과 성장률을 강화할 수 있으므로 ③은 탐색형 문제에 해당한다.

오답분석

①·④ 현재 직면하고 있으면서 바로 해결해야 하는 발생형 문제
②·⑤ 앞으로 발생할 수 있는 설정형 문제

49
정답 ⑤

논리적 사고를 구성하는 다섯 가지 요소

• 상대 논리의 구조화(①) : 자신의 논리로만 생각하면 독선에 빠지기 쉬우므로 상대의 논리를 구조화하여 약점을 찾고, 자신의 생각을 재구축하는 것이 필요하다.
• 구체적인 생각(②) : 상대가 말하는 것을 잘 알 수 없을 때에는 구체적으로 생각해 보아야 한다.
• 생각하는 습관(③) : 논리적 사고에 있어서 가장 기본이 되는 것으로, 특정한 문제에 대해서만 생각하는 것이 아니라 일상적인 대화, 신문의 사설 등 어디서 어떤 것을 접하든지 늘 생각하는 습관을 들여야 한다.
• 타인에 대한 이해(④) : 상대의 주장에 반론을 제시할 때에는 상대 주장의 전부를 부정하지 않는 것이 좋으며, 동시에 상대의 인격을 부정해서는 안 된다.
• 설득 : 자신이 함께 일을 진행하는 상대와 의논하기도 하고 설득해 나가는 가운데 자신이 깨닫지 못했던 새로운 가치를 발견할 수 있다.

50
정답 ②

SWOT 분석이란 조직의 환경을 분석하기 위해 사용되는 정책환경분석 기법으로, 조직 내부환경과 관련된 강점(Strength), 약점(Weakness), 조직 외부환경과 관련된 기회(Opportunity), 위협(Threat)을 분석하는 방법이다. 이를 가장 잘 반영한 것은 ②이다.

학습플래너

Date 202 . . .	D-	공부시간 **3H50M**

◎

◎

◎

과목	내용	체크
NCS	의사소통능력 학습	○
	.	

MEMO

학습플래너

| Date | . . . | D- | | 공부시간 | H | M |

◎
◎
◎

과목	내용	체크

MEMO

| Date . . . | D- | 공부시간 H M |

◎
◎
◎

과목	내용	체크

MEMO

학습플래너

Date	.	.	.	D-		공부시간	H	M

◎
◎
◎

과목	내용	체크

MEMO

좋은 책을 만드는 길
독자님과 함께하겠습니다.

도서나 동영상에 궁금한 점, 아쉬운 점, 만족스러운 점이
있으시다면 어떤 의견이라도 말씀해 주세요.
SD에듀는 독자님의 의견을 모아 더 좋은 책으로 보답하겠습니다.

www.sdedu.co.kr

2023 최신판 LH 한국토지주택공사 업무직(무기계약직)
NCS + 실전모의고사 4회 + 무료NCS특강

개정6판1쇄 발행	2023년 03월 10일 (인쇄 2023년 01월 09일)
초 판 발 행	2018년 04월 25일 (인쇄 2018년 04월 10일)
발 행 인	박영일
책 임 편 집	이해욱
편 저	NCS직무능력연구소
편 집 진 행	이종훈 · 구현정
표지디자인	조혜령
편집디자인	김지수 · 채현주
발 행 처	(주)시대고시기획
출 판 등 록	제 10-1521호
주 소	서울시 마포구 큰우물로 75 [도화동 538 성지 B/D] 9F
전 화	1600-3600
팩 스	02-701-8823
홈 페 이 지	www.sdedu.co.kr
I S B N	979-11-383-4242-1 (13320)
정 가	22,000원

LH 한국토지주택공사
업무직(무기계약직)

AI면접 + NCS + 실전모의고사 4회

+ 무료NCS특강

기업별 맞춤 학습 "기업별 NCS" 시리즈

공기업 취업의 기초부터 합격까지! 취업의 문을 여는 *Hidden Key!*

기업별 기출문제 "기출이 답이다" 시리즈

역대 기출문제와 주요 공기업 기출문제를 한 권에! 합격을 위한 *One Way!*

시험 직전 마무리 "봉투모의고사" 시리즈

실제 시험과 동일하게 마무리! 합격을 향한 *Last Spurt!*

※ **기업별 시리즈** : 부산교통공사/한국가스공사/LH 한국토지주택공사/한국공항공사/건강보험심사평가원/국민연금공단/
인천국제공항공사/한국수력원자력/한국중부발전/한국환경공단/부산환경공단/한국국토정보공사/SR/신용보증기금&기
술보증기금/도로교통공단/한국지역난방공사/한국마사회/한국도로공사/강원랜드/발전회사/항만공사 등

※도서의 이미지 및 구성은 변동될 수 있습니다.

SD에듀가 합격을 준비하는 당신에게 제안합니다.

성공의 기회! SD에듀를 잡으십시오.
성공의 Next Step!

결심하셨다면 지금 당장 실행하십시오.
SD에듀와 함께라면 문제없습니다.

기회란 포착되어 활용되기 전에는
기회인지조차 알 수 없는 것이다.

– 마크 트웨인 –